新时代职业教育创新发展标杆建设成果
新征程现代职业教育体系建设改革成果

工程实践创新项目研究

模式·理念·方法·路径

——吕景泉「EPIP」主题论文集

吕景泉◎主　编
耿　洁　李　力　赵文平　张　磊◎副主编
高　洋　江　绛　刘　铭　刘　晶◎参　编

中国铁道出版社有限公司
CHINA RAILWAY PUBLISHING HOUSE CO., LTD.

内 容 简 介

本书是新时代职业教育创新发展标杆建设成果、新征程现代职业教育体系建设改革成果。全书共七篇：面向未来、贡献世界的工程实践创新项目（EPIP），基于师资队伍建设看工程实践创新项目（EPIP），基于课程资源建设看工程实践创新项目（EPIP），基于专业（群）建设看工程实践创新项目（EPIP），基于产教融合视域看工程实践创新项目（EPIP），基于鲁班工坊视域看工程实践创新项目（EPIP），工程实践创新项目（EPIP）探究与探微等。

本书是天津市工程实践创新项目（EPIP）研究与推广中心和高校智库“鲁班工坊国际发展研究中心”研究成果，是“吕景泉工作室”推出的首部研究著述，可供职业教育的专家学者和职业院校、应用型高校同仁参考，也可供中国对外人文交流、国际教育合作，特别是从事鲁班工坊项目建设及EPIP教学模式、国际教育交流研究的人员参考。

图书在版编目（CIP）数据

工程实践创新项目研究 ：模式•理念•方法•路径 ：吕景泉“EPIP”主题论文集 / 吕景泉主编. -- 北京 ：中国铁道出版社有限公司，2025. 7. -- ISBN 978-7-113-32424-7

Ⅰ. G71-53

中国国家版本馆CIP数据核字第2025F33Z78号

书　　名：工程实践创新项目研究：模式・理念・方法・路径
GONGCHENG SHIJIAN CHUANGXIN XIANGMU YANJIU: MOSHI·LINIAN·FANGFA·LUJING

作　　者：吕景泉

策　　划：何红艳　　　编辑部电话：（010）63560043

责任编辑：何红艳

封面设计：刘　颖

责任校对：刘　畅

责任印制：赵星辰

出版发行：中国铁道出版社有限公司（100054，北京市西城区右安门西街8号）

网　　址：https://www.tdpress.com/51eds

印　　刷：河北宝昌佳彩印刷有限公司

版　　次：2025年7月第1版　2025年7月第1次印刷

开　　本：787 mm×1 092 mm 1/16　印张：25.25　字数：389千

书　　号：ISBN 978-7-113-32424-7

定　　价：78.00元

工程实践创新项目（EPIP）是一种中国本土化、视野国际化的教学模式。它以当代中国职业教育实际为研究起点，体现继承性、民族性的立场主张，具有主体性、原创性的理论观点，彰显系统性、专业性的实践特色，形成中国职业教育的EPIP教育论、EPIP专业论和EPIP课程论。

工程实践创新项目（EPIP）从中国本土实践中来，再到中国本土实践中去。EPIP结合当代中国职业教育实践，举旗以彰理，举中国特色之旗，彰中国职业教育之理；落地以取效，落中国教育之地，取中国高质量发展之效。

改造我们的学习，让学习更有效！

构中国职教国际话语

同世界分享中国方案

前　言

在首届世界职业技术教育发展大会上，习近平主席向大会致贺信并指出，职业教育与经济社会发展紧密相连，对促进就业创业、助力经济社会发展、增进人民福祉具有重要意义。教育部向全球发布了《中国职业教育发展报告（2012—2022年）》，提出：坚持产业、行业、企业、职业、专业“五业联动”，创新教学模式。强调：继续推动工程实践创新项目（EPIP）应用，发挥已建立的泰国、葡萄牙、埃塞俄比亚等国EPIP教学研究中心作用，给更多境外合作伙伴带去先进的教学模式、优质的教学装备。

工程实践创新项目（EPIP）是中国化理论、国际化视野、本土化创新、全球化推广的教学模式，它以当代中国职业教育实践为起点，体现继承性、民族性，具有主体性、原创性，彰显系统性、专业性，初步构建起面向未来、贡献世界的中国职业教育理念、话语、模式，形成一批应用标准和典型范式。2014年，应用EPIP开发技能赛项与教学资源，推进综合实训教学的改革成果，获中国职业教育领域首个教学成果“特等奖”。2022年，EPIP模式创立与LUBAN WORKSHOP品牌创成，再次获得中国职业教育教学成果“特等奖”。2024年，以EPIP为核心内涵的“中国鲁班工坊”，获首届“世界职业教育大奖”。

近年来，EPIP的研究与应用，无论从深度，还是广度，都有了快速的发展。

2020年，《EPIP教学模式的课程论探究》《EPIP教学模式的专业论探究》等论文发表。

2021年，《EPIP教学模式的教育论探究》《工程实践创新项目（EPIP）的核心要义》《工程实践创新项目（EPIP）国际教育联盟：发展路径、效应与展望》等一批代表性论文发表。

2022年，《构建中国职业教育的国际话语——写在首届世界职业技术教育发展大会召开之际》《工程实践创新项目（EPIP）的技术哲学基础探微》《工程实践创新项目（EPIP）教学模式的逻辑演进与未来面向——试论中国职业教育的国际话语“EPIP教学模式”的创建创成》等一批论文发表。

2023年，《基于EPIP教学模式下的“课堂革命”研究与实践——以“铁路信号设计与施工”课程为例》《EPIP下高职“双创”课程思政教学模式的开发与应用》《基于EPIP理念的无人机应用技术专业人才培养路径探析》《基于EPIP的中国职业教育国际化发展路径研究——以埃塞俄比亚鲁班工坊为例》等一批论文发表。

2024年，《工程实践创新项目（EPIP）赋能职业教育课程改革与课堂教学》《工程实践创新项目（EPIP）教学模式在现场工程师培养中的应用研究》《普通工科高校EPIP教学模式的价值、实施困境与对策》《“工程实践创新项目”核心要义术语复译考察》等一批论文发表。

2025年，《基于EPIP理论的现代物流管理专业产教融合实践路径研究》《从职业教育到新文科：EPIP教学模式在国际中文教育课程中的探索与实践》《葡萄牙鲁班工坊EPIP教学模式的实践与创新研究》《EPIP教学模式在中高本贯通教学中的实践效果——“以解放桥项目”为例》等一批论文发表……

近年来，EPIP的研究应用与拓展推广，无论是境外，还是境内，也有了很大的发展。

2016年，以EPIP为核心理念的首个鲁班工坊在泰国大城技术学院落成。

2017年，EPIP国际教育联盟成立；泰国大城府成为首个EPIP教学研究与应用推广中心的落脚地。自此，相继在泰国、印度、巴基斯坦、葡萄牙、俄罗斯、波黑、埃塞俄比亚、埃及、肯尼亚、尼加拉瓜等亚欧非美四大洲20个国家的30所院校设立了EPIP的“教学研究中心”“应用推广中心”“认证试验中心”“师资培训中心”“拓展应用中心”和“教学示范中心”。

2018年以来，《EPIP教学模式——中国职业教育的话语体系》《工程实践创新项目（EPIP）解析》《鲁班工坊核心要义——中国职业教育的国际品牌》《鲁班工坊纵览与博观》等专著相继出版，获中宣部“中华文化走出去”重点任务清单和国家出版基金项目支持，由境内外出版社出版英语、葡萄牙语、泰语、俄语等版本……

2020年以来，推广“五业联动”的职业教育产教融合新机制，写入国务院办公厅《关于推广第三批支持创新相关改革举措的通知》；“推广EPIP教学模式应用”“推动EPIP教学模式应用”“推行EPIP教学模式应用”，相继写入《天津市教育现代化“十四五”规划》，纳入教育部与天津市共建“新时代职业教育创新发展标杆”建设协议、“新征程现代职教体系建设改革”实施方案，载入《中国职业教育发展报告（2012—2022年）》……

2021年以来，“基于EPIP的鲁班工坊教育援外能力建设研究”项目获批教育部中非高校“20+20”合作计划；首个非洲EPIP教学研究与应用推广中心在埃塞俄比亚技术大学设立，相继在泰国、葡萄牙、埃塞俄比亚设立工程实践课程、人工智能专业、师资培养培训EPIP认证试验中心；在葡萄牙塞图巴尔理工学院升级建设EPIP教学示范中心；EPIP教学研究中心率先在贵州省毕节市赫章县职教中心设立，助力中西部乡村振兴教育帮扶行动；同时，启动了在台湾省龙华科技大学的设置工作……

2024年，泰国职业教育委员会（VEC）主办第七届EPIP国际教育联盟学术年会，吕景泉获泰国教育部EPIP应用推广“特别贡献奖”；肯尼亚教育部授权在马查大学设立EPIP教学示范中心；中国—非洲（埃塞俄比亚）—联合国（工业发展组织）合作示范中心框架下非洲EPIP师资培养培训中心成立；欧洲EPIP教学认证中心在葡萄牙塞图巴尔理工学院成立；EPIP应用拓展中心相继在波黑塞族共和国巴尼亚卢卡大学和埃塞俄比亚的亚的斯亚贝巴大学落地；相继启动了新疆、四川、西藏三省区EPIP教学研究与推广应用中心的设置工作……

我们来详细说一说2025年。

2025年1月，天津市第五期EPIP教师教育教学能力提升专题高级研修班“整装”升级，五位EPIP新“讲手”李君、高玉昱、孙金一、吕炜帅、韩建华登场，多维度分享EPIP教学研究与应用推广成效。

2025年2月，天津市教育委员会多次召开工作座谈，研究部署EPIP认证试验项目；工程实践创新项目（EPIP）研推中心团队围绕专业、课程、师资、教材、装备五个领域初步形成推进方案，研制并确立了EPIP CENTER品牌内涵。

2025年3月，尼加拉瓜总统顾问劳雷亚诺·奥尔特加和中国驻尼加拉瓜大使陈曦共同见证，中方院校与尼方国家技术培训署（INATEC）建设运营鲁班工坊协议签署；协议签署同时，劳雷亚诺·奥尔特加、陈曦、罗伊达·巴莱达、张金刚、吕景泉、魏炳举共同为“尼加拉瓜工程实践创新项目（EPIP）教学研究与应用拓展中心”揭牌，标志着美洲第一个EPIP机构正式落地。尼加拉瓜联合总统罗萨里奥·穆里略在全国广播讲话中给予高度评价。

2025年4月，国家出版基金资助项目评审结果公示，“鲁班工坊国际发展研究系列丛书”入选“2025年度国家出版基金资助项目名单”;《鲁班工坊的教学模式：工程实践创新项目（EPIP）研究》位列其中。这是该系列丛书继2023年入选教育部主管出版单位主题出版物之后，再受关注。

2025年5月，全国职教活动周期间，“天津·雄安工程实践创新项目（EPIP）教学研究与应用推广中心”揭牌启运，雄安三个县域职校和天津对口帮扶三校的36位教学校长、骨干教师完成系统化专题研修，开启推进EPIP在雄安新区落地生根、开花结果的行动计划，以先进教学模式助力“津雄”职教合作迈上新台阶。

2025年6月，第八届EPIP国际教育联盟学术年会，将由俄罗斯数字发展和大众通信部主办，在莫斯科国立通讯与信息技术大学举办；圣比得堡国立大学揭牌设立“工程实践创新项目（EPIP）”工程俄语应用拓展中心；莫斯科国立通讯与信息技术大学谢尔盖校长受聘首席EPIP应用推广专家，成为第五位境外EPIP首席专家；2025年内，EPIP教学研究与应用推广中心，准备布局的省区市有：河南、内蒙古、湖北、山西、广西、北京……

EPIP的研究与应用，无论从深度，还是广度，都有了快速的发展。EPIP的研究应用与拓展推广无论是境外，还是境内，也有了很大的发展。

EPIP的教学研究与应用推广在不断深化、拓展，需要我们追溯它的过往与来路，寻其道理、学理、哲理、原理、机理，讲好这“五理”，做好“用中国道理总结好中国经验，把中国经验提升为中国理论，实现精神上的独立自主”这篇大文章。

作为工程实践创新项目（EPIP）教学模式的创立者，集此文集，以自己的职业生涯体悟、职教实践探索为主线，为广大教育战线中的实践者、研究者、应用者和推广者，呈现EPIP的纵览与博观；从“面向未来、贡献世界的工程实践创新项目（EPIP）”开篇，分别集成五个“基于”，即基于师资队伍建设看工程实践创新项目（EPIP），基于课程资源建设看工程实践创新项目（EPIP），基于专业（群）建设看工程实践创新项目（EPIP），基于产教融合视域看工程实践创新项目（EPIP），基于鲁班工坊视域看工程实践创新项目（EPIP），再用“工程实践创新项目（EPIP）探究与探微”收官，以带有强烈时代感的原汁原味“文章”为时空坐标，探寻“真实”“完整”的EPIP发现之旅、应用之旅、推广之旅，究其生成土壤、生长环境、长成状况，溯其实践探索、理论研究、经验总结、模式推广之历程，显其行与思、悟与觉。

工程实践创新项目（EPIP）是模式，也是理念、方法、路径、启示，更是一种探索……

劳动光荣，技能宝贵，创造伟大！

吕景泉

2025年5月5日（立夏）

目录

第一篇

面向未来、贡献世界的工程实践创新项目（EPIP）

名实耦，合也。

《墨子》第一篇《经上》提出“名”“实”“合”“为”。

“名”是“所以谓”即我们用以认识、说明事物的名词、概念；“实”是“所谓”，即我们认识、说明的对象；“名实耦”，谓之“合”。

“为”是认识的目的和检证，它包括：“志”，即行为的主观动机；“行”，即实际行动。中国的“知行合一”，此处能找到端倪及源头。

知有所合谓之智。

儒家的孔子、孟子、荀子，均有《正名》篇，都对“名”有所研究。

荀子的《正名》篇中：“知之在人者谓之知，知有所合谓之智。”其为我们在“知”与“智”的关系上做了很好的说明。我们的教育教学目标应该是获得这个“智”。

工程实践创新项目（EPIP）是中国化理论、国际化视野、本土化创新、全球化推广的教学模式，初步构建起面向未来、贡献世界的中国职业教育理念、话语、模式，形成一批应用标准和典型范式。

第一节　中国工程实践教育的探索路径

【此文发表于 2025 年 3 月】

工程实践创新项目（EPIP），是工程（Engineering）、实践（Practice）、创新（Innovation）、项目（Project）四个元素的有机组合，特指一种教学模式，其核心内涵是“工程化、实践性、创新型、项目式”。EPIP是结合中国本土实际而创立的教学模式，以实际工程为背景和基础，以工程实践为导向和贯穿，以工程实践创新能力培养为目标和归依，以真实工程项目为统领和牵引，适用于创新复合型、技术应用型和技术技能型人才培养。

孔子曰：“逝者如斯夫，不舍昼夜”。回望EPIP的探索之路，2002年，我们在《职教论坛》发表《“核心技术一体化”的探索》一文，创设“核心技术一体化”专业建设，奠基EPIP的专业应用层级。2008年起，我们开发综合实训教学装备，创设国赛、国际赛、行业赛的赛项标准和教学方案，研制出版《工程实践创新项目教程》《自动化生产线安装与调试》《数控机床安装与调试》《楼宇智能化系统安装与调试》《智能电梯装调与维护》《工业机械手与智能视觉系统应用》等一批EPIP教材，奠基EPIP的课程应用层级。2012年起，我们在与德国、西班牙、日本、新西兰、新加坡等国开展合作办学基础上，开展“创造性转化、创新性发展”实践探索与理论研究，转化墨子“行为本”“名实耦”思想，发展陶行知的“生活教育”思想，创新黄炎培的“建教合作”思想，将古今中外的教育理念、教学经验在中国本土实践中“耦”合，创立“工程实践创新项目（EPIP）”教学模式。2014年，我们系统提出产业、行业、企业、职业、专业“五业联动”产教融合机制，丰富了EPIP的办学应用层级。EPIP综合实践教学应用成果获中国职业教育领域首个国家级教学成果“特等奖”。

中国古代哲学主张，“格物致知，知行合一”。EPIP创建创立过程，就是格“真实工程、真实世界、现实生活”的“实事、实物、实情、实况”，探究工程实践教育之“理”，探索落实产教融合之“道”，构建“民族的就是世界的”格局的过程。2016年，以EPIP为核心理念的首个鲁班工坊在泰国大城技术学院建成。2017年，EPIP国际教育联盟成立，相继在泰国、印度、巴基斯坦、葡萄牙、俄罗斯、波黑、埃塞俄比亚、埃及、肯尼亚等亚欧非19个国家的20余所院校设立了EPIP的“教学研究中心”“应用推广中心”“认证试验中心”“师资培训中心”“拓展应用中心”和“教学示范中心”。2018年，“基于EPIP 教学模式研究与实践”获批教育部重点课题；EPIP在国际化专业标准建设的应用成果获国家级教学成果一等奖。2019年起，《EPIP职业教育教学模式：改造我们的学习》《EPIP教学模式——中国职业教育的话语体系》《工程实践创新项目（EPIP）解析》等专著相继出版，并获评中宣部“中华文化走出去”出版工程（国家出版工程）重点任务，《EPIP教学模式——中国职业教育的话语体系》由境外出版社出版英语版、葡萄牙语版、泰语版。2022年，EPIP教学模式创立与鲁班工坊品牌创成，获国家级教学成果“特等奖”。2024年，以EPIP为核心内涵的“中国鲁班工坊”，获得“世界职教大奖”。

在首届世界职业技术教育发展大会上，教育部向全球发布了《中国职业教育发展报告（2012—2022年）》，提出：继续推动工程实践创新项目（EPIP）应用，发挥已建立的泰国、葡萄牙、埃塞俄比亚等国EPIP教学研究中心作用，给更多境外合作伙伴带去先进的教学模式、优质的教学装备。EPIP是一种中国本土化、视野国际化的教学模式，以当代中国职业教育实践为起点，体现继承性、民族性，具有主体性、原创性，彰显系统性、专业性，初步构建起了面向未来、贡献世界的中国职业教育理念话语、模式标准和典型范式。

——摘自《职业教育研究》2025年第3期中吕景泉《面向未来、贡献世界的工程实践创新项目（EPIP）——论工程实践教育的探索路径与推广应用》。

第二节　工程实践创新项目（EPIP）内涵

【此文发表于2021年6月】

所以谓，名也；所谓，实也；名实耦，合也。

今存《墨子》有六篇，其第一篇《经上》提出“名”“实”“合”“为”作为认识、认知标准。它标志着墨家素朴反映论得到进一步深化，是墨家“三表”思想的发展。

“名”是“所以谓”，即我们用以认识、说明事物的名词、概念；“实”是“所谓”，即我们认识、说明的对象；名实相符即“名实耦”，谓之“合”。“为”是认识的目的和检证，它包括：“志”，即行为的主观动机；“行”，即实际行动。中国的“知行合一”，此处能找到端倪及源头。

工程实践创新项目（EPIP），是工程（Engineering）、实践（Practice）、创新（Innovation）、项目（Project）四个关键元素的有机组合，其内涵是“工程化、实践性、创新型、项目式”。EPIP是Engineering Practice Innovation Project（工程实践创新项目）首字母的缩写，其总称为工程实践创新项目（EPIP）教学模式。

一、教学模式与EPIP

国内外对教学模式概念的理解不完全一致。

在国内，概括起来分三种。第一种，认为教学模式是“在教学实践中形成的一种设计和组织教学的理论，这种教学理论是以简化的形式表达出来的”，称其为“理论说”。第二种，认为教学模式是“在一定教学思想或理论指导下建立起来的各种类型教学活动的基本结构或框架”，称其为“结构说”。第三种，认为教学模式是“在一定教学思想指导下建立起来的，完成所提出教学任务的比较固定的教学程序及其实施方法的策略体系”，可称其为“程序说”。

基于EPIP的教学实践与理论研究，EPIP首创者认为，把握教学模式，要注意：①模式不是方法，教学模式与教学方法不属于同一层次；②模式不是计划，教学计划是外在表现，不足以揭示所含的教学思想；③模式不是理论，至少不仅仅是教育理论，还含有程序、结构、方法、策略等，教学模式远比教育理论更丰富。教学模式应该是开展教育教学活动的一整套方法论体系，是在一定教育理念、教学思想、教学理论指导下，建立起来的较为稳定的教育教学活动策略方法、结构框架和活动程序。教学模式是教育理论的具体化，是教学实践的系统化。

EPIP是中国职业教育话语体系下的教学模式。它以中国职业教育实际为研究起点，体现继承性、民族性的立场主张，具有主体性、原创性的理论观点，彰显系统性、专业性的实践特色，构建起具有中国特色的院校办学思想、专业建设模式、课程结构体系、策略方法系统、标识品牌概念，形成职业教育的EPIP教育论、EPIP专业论和EPIP课程论。EPIP是结合技术技能人才培养的中国实际而创立的一种教学模式，是以实际工程为背景，以工程实践为导向，以能力培养为目标，以工程项目为统领的技术技能人才培养的教学模式。它是中国职业教育理论上发展成果的具体化，也是中国职业教育实践中改革经验的系统化。

二、EPIP 的内涵与要义

改革开放以来，中国的职业教育不断走向世界，职业教育科学研究逐步关注实际，形成了全面开放性的国际职业教育比较研究趋势。实践证明，任何片面地、孤立地、笼统地考察学习国外职业教育，而忽视职业教育的环境、土壤、本质及适配条件去介绍、引进、推广国外职业教育，原汁原味地吸收应用，都可能导致教育失误。世界上，各个国家都应根据自己的国情和教育环境，依据自己国家社会对职业教育的需求和受教育者的要求，选择适合的职业教育模式，而不是盲目照搬。新时代中国职业教育要增强服务意识和服务能力，扎根中国大地办教育，瞄准国家战略，聚焦区域经济发展，为生产服务，为生活服务，为青年人实现个人职业梦想服务，为人人都能够出彩服务。

中国职业教育在深度梳理、广泛汲取中国本土教育思想，形成独具自身特质的办学模式、教学模式、话语体系及研究成果。EPIP是在中国的职业教育实践和理论研究基础上，围绕职业教育的教学模式，汲取中国古代、近现代教育思想，借鉴国际先进职业教育经验创立的。EPIP，从中国本土实践中来，再到中国本土实践中去，是结合中国实际创立的教学模式。

EPIP的核心要义是：五观、四元、三谛、两核、一宗。

（一）EPIP 的“五观”

从应用层级来讲，EPIP主要有三个层级，即所谓三观：宏观、中观和微观，对应EPIP教育论、EPIP专业论、EPIP课程论。如果再进行细分，拓展应用层级，那么，可以说还有两个层级，或两观，即更大的宏观，叫“达观”或“宇观”，更小的微观，叫“纳观”。这样，就有了达观、宏观、中观、微观、纳观。达观，是指中国职业教育要结合中国实际办，要围绕重大战略办，要服务经济社会发展办，要为青年成长成才办，要为人人有出彩的机会办。EPIP的达观，是院校办学思想、办学策略层面的东西，是院校开展一切教育教学活动的整套认识论、方法论体系中的最高层次。达观，不仅是理念和思想，还要有路径和方法，重点是提供实现目标的“道”。这个“道”，一言以蔽之，就是“扎根”，真实地扎根，扎根中国大地，扎根中国大地办职业教育，解决中国实际问题。

EPIP更小的微观，即“纳观”，是指课程中每一个教学单元所含的一个一个知识点、技能点和素养点，也指院校的每一项细小的工作，每一个细碎的环节，每一处细微的环境，更是指教育教学“全时空”的微片段、微间隙、微元素。这些知技素点的教学，这些微片段、微间隙、微元素的教育，也应该遵循EPIP进行组织实施。

（二）EPIP 的“四元”

EPIP 是工程（Engineering）、实践（Practice）、创新（Innovation）、项目（Project）四个元素的有机组合。从元素组合讲，EPIP是以实际工程为背景和基础，以工程实践为导向和贯穿，以能力培养为目标和归依，强化实践创新，强化项目统领的技术技能人才培养的教学模式。

1．EPIP 的“工程化”

“工程化”是工程实践创新项目（EPIP）教学模式的根基。EPIP的“工程”，是指真实工程、真实世界、现实生活。EPIP“工程化”，是生活化、生产化、现实化、社会化。EPIP的“工程化”核心是“真实”，教与学基于真实，实践真实，创新真实，项目真实。离开了真实的教育，不是好教育，也不是成功的教育。EPIP的“工程化”，是指职业教育要让学生学会解决“真实”的问题、“实际”的问题，使学生能够在真实世界、现实生活中得心应手地工作、生活。为“真实”教，用真实工程教；依“真实”学，在真实工程上学；凭“真实”考，借真实工程来考。

2．EPIP 的“实践性”

“实践性”是指教育教学整体过程的实践性活动。EPIP的“实践性”要求是知技协进、德技并修、全面培养。EPIP设计与实施的整体过程，应该是动脑与动手真实结合的教育教学实践，理论与实际真实结合的教育教学实践，学校与企业真实结合的教育教学实践，职业教育与经济社会真实结合的教育教学实践，全面培养与成长成才真实结合的教育教学实践；更是“产教融合、校企合作、工学结合、知行合一”真实落地的教育实践与教学实践。

在工程背景下，实施工程实践导向、真实任务驱动的教育教学，其使用的载体和情境应该是真实的，或者是依据真实现场工程化仿真的；可以是借助信息技术工程化虚实结合、软硬结合的，当然也是校内校外、教育生活、学校社会结合的。

3．EPIP 的“创新型”

创新既是过程，也是结果。创新需要深厚的实践积累，更需要广阔的实践空间。

EPIP不仅强调，学而知其用，用而知其所，所而知其在。这个“在”，是“所”的具化，继续回推，也是“用”的具化，更是“学”的具化，是它们实化具化的所处所在，是真真实实的“扎根”，实实在在的“实际”。任何学，都要了解、知晓所学之用、所学之所、所学之在。这是“工程化”的强化。EPIP还要强调，在而知其代，代而知其原，原而知其衍。这个“衍”，就是繁衍、衍化、变化。EPIP教学，创新能力培养至关重要。

在而知其代，知其原，知其衍，强调教学中，很多情况是在高度仿真、虚拟情境、概念推理下具体的教与学，它是一个代替真实工程的情境、抽取要素的载体、以名举实的概念，是一种代替；教学过程中，教师应该让学生始终知道这个代替是什么，而且，要不断地“回象”到工程，“回象”到真实，“回象”到现实；可以说，正是因为营造了、使用了这个非纯真实的情境、载体、概念，也正是因为营造的、使用的是源自真实而又不是真实的情境、载体、概念，我们可以去探索、去尝试高于真实的更加丰富的工程实践空间，去体会“创新”的乐趣。

4．EPIP 的“项目式”

教育教学时常是片段的、割裂的、不完整的。职业教育，要在教学生学知识、练技能、强技术、重素养的过程中，注重关键能力培养，注重全过程的完整的教育教学。

关键能力的培养，主要是项目式的。在一个一个项目中，培养学生的认知能力，独立思考、逻辑推理、表达能力、信息加工、文字应用；培养学生的合作能力，自我管理，与他人合作；培养学生的创新能力，激发学生的好奇心、想象力和创新思维，鼓励学生勇于探索、大胆尝试、创新创造；培养学生的职业能力，引导学生适应社会需求，爱岗敬业、精益求精，动手实践和解决问题。

每门课程、每项活动、每个环节都要力求体现完整、体现过程、体现全面，教师指导学生（团队）不停地在“做”一件一件完整的事情，在一件一件完整的事情上“教”，在一件一件完整的事情上“学”。

（三）EPIP 的“三谛”

实谛、名谛、合谛“三谛”境界，是我们理解EPIP精髓的重要途径，它是《墨子》主张的“名、实、合、为”认识论和逻辑体系的传承创新。圆融三谛，衍生三千。这个“三千”，就是万事万物、万方世界，也是无数创意、创新、创造。

EPIP“创新型”强调了“学而知其用，用而知其所，所而知其在；在而知其代，代而知其原，原而知其衍”。在“四元”中，“工程化”强调“在”，是“学”的实化具化的所处所在，是真真实实的“扎根”，是实实在在的“实际”。“实践性”针对“原”，是依据“原”，根据事物本身的真实状况、发展变化实施教育教学，强调教育教学过程的知技协进、德技并修、全面培养。“创新型”针对“衍”，是事物真实与代替之间不断地“回象”与“营造”，不停地“升华”与“拓展”。而“项目式”针对“用”，就是干事创业、干活做事的“完整”和“完成”。

“衍”是EPIP的灵魂。“衍”的过程和结果，是“原”作为“实谛”境界，与“代”作为“名谛”境界的相耦与圆融，进而生成“衍”的“合谛”境界。《墨子》讲，名实耦，谓之合。“合谛”境界的生成，不是自然而然的，须经过“教”与“学”主动地、积极地、不断地努力才能达成，须我们行为主观动机的“志”和实际行动的“行”。这就是墨子讲的“为”的含义，也是“名”“实”“合”“为”的达成合一。“三谛”境界的达成，通过“为”生成“合谛”境界，就是知行合一。也可以说，“衍”是源于“原”，生于“代”，介于“原”与“代”之间，是“原”与“代”的耦合与圆融，而又高于“原”，高于“代”，是比“原”与“代”更丰富，更具活力的“念”在脑中、心中的意识反映。

“衍”的结果，是“合谛”境界的生成。在“合谛”境界中，学生看待学校内的办学空间、教学场所、工作情境、实践项目、训练装备、名词概念，就不再是简单的代替，就不再是一般意义上的假象、虚拟、理论，它们已经被“激活”。在“合谛”境界中，可以让我们到达见虚知实、遇假思真、理实一体、名实相耦的境界，可以让我们辨识真实工程、真实世界、现实生活中瓶颈、弱项、不足，并在此境界中完善改进，生发创新。

（四）EPIP的“两核”

EPIP的核心就是“真实”和“完整”。EPIP的核心，是在真上学，在真上教，在真上做，让教育教学真实；是让学生完整地学，让教师完整地教，让项目完整地做，让教育教学完整；也是让产教融合、校企合作真实落地，让技术技能人才培养与评价真实完整。

EPIP的运用，对于教师，就是为学生寻找、营造适合的工程目标和工程环境（真实世界、现实生活），在工程目标和工程环境下“一个一个项目”地培养学生；实施教学做一体，知技素协进，教会学生学，教会学生做；对于学生，就是要了解工程，掌握工程，养成工程思维和工程素养，在教学做的“一个一个项目”中，学会学习，学会做事，学会创新。EPIP需要建立一个一个从简单工程到复杂工程的情境和载体，真实、完整地培养学生的自主学习能力、问题观察能力、问题分析能力和问题解决能力。

（五）EPIP 的“一宗”

EPIP的宗旨是知行合一。EPIP是强调“以用立业”的教学模式，是在职业教育领域，落实以服务发展为宗旨，以促进就业为导向，为生产服务、为生活服务的一种教学模式，是在创新型、复合型、应用型技术技能人才培养领域中的一种教学模式。

EPIP是理念，是方法，是路径，是启示，更是探索。EPIP是一种理念，它对于职业教育发展、职业院校办学、专业组群构建、课程教学设计、师资队伍建设、实训装备研制、教育教学管理、培养绩效评价诸方面都有指导作用。EPIP是一种方法，是谋教育事业、做院校管理、干实际项目、当教师、做学生的方式方法。EPIP是一种路径，是聚焦服务区域经济社会发展、打造院校核心竞争力、构建专业核心技术技能、推进知技协进、德技并修、全面培养的路径。EPIP是一种启示，是我们的睿智圣者、职教先贤给予我们教育同仁的启示。

EPIP是一种探索，是结合中国职业院校办学实践、教育教学实践、改革创新实践和理论创新实践；举旗以彰理，举中国特色之旗，彰中国职业教育之理；落地以取效，落中国职业教育之地，取促进经济社会发展之效。

三、归结

工程实践创新项目（EPIP）是中国职业教育在模式、话语、标识、体系领域的探索。EPIP的核心要义是：一个宗旨，两个核心，三谛境界，四个元素，五个应用层级，即EPIP的“12345”——一个宗旨，知行合一；两个核心，真实、完整；三谛境界，名谛境界、实谛境界、合谛境界；四个元素，工程化、实践性、创新型、项目式；五个层级，达观、宏观、中观、微观、纳观。

EPIP首创者深度挖掘转化了墨子的“行为本”“亲知”“名实耦”朴素唯物思想及素朴反映论，转化发展了陶行知的“生活即教育、社会即学校”平民教育思想，发展创新了黄炎培的“建教合作”、教育与实业联为一体以解决生计、开发产业职业教育思想，亲历探索了“产教融合、校企合作、工学结合、知行合一”教育教学实践创新，创立了适合技术技能人才培养的教学模式。以工程实践创新项目（EPIP）应用为核心内容的成果，获中国职业教育领域首个国家级教学成果“特等奖”。

2018年9月3日，习近平主席在中非合作论坛北京峰会上宣布，在非洲设立10个鲁班工坊，向非洲青年提供职业技能培训。鲁班工坊建设以EPIP为主线，职业院校应用EPIP开发了国际化专业教学标准，并公开出版了《高职高专国际化专业教学标准》。应用EPIP开发了全国职业院校技能大赛赛项装备，并促其成为东盟十国职业技能大赛的指定装备，成为鲁班工坊选用的国际化教学装备载体。应用EPIP开展了标准化进阶式鲁班工坊EPIP师资培训，推进了国内外项目教师的深度融合。应用EPIP开发了EPIP规划教材，全面提升了鲁班工坊建设品质。以天津渤海职业技术学院等院校为代表的鲁班工坊建设成果，获国家级教学成果一等奖；天津市第二商业学校英国鲁班工坊教学资源建设成果，获国家级教学成果二等奖。

——摘自《天津职业院校联合学报》2021年第6期中吕景泉、于兰平《工程实践创新项目（EPIP）的核心要义》。

第三节　构建中国职业教育的话语体系

【此文发表于 2022 年 8 月】

举办世界职业技术教育发展大会，是立足我国职业教育发展的新阶段，推进职业教育国际化纵深发展的一项重大制度性设计。由我国发起并主办国际性职业教育大会，对提升我国职业教育对外开放水平、推动新时代职业教育高质量发展具有重大意义。

2022年8月18日至20日，由教育部、联合国教科文组织全国委员会、天津市人民政府联合主办“首届世界职业技术教育发展大会”，将打造“一会、一盟、一赛、一展”的国际化新平台和新范式，形成由我国主导、合作共赢、引领世界的职业教育国际交流合作机制。

“一会”，建立大会对话机制。主论坛的主题为“后疫情时代职业技术教育发展：新变化、新范式、新技能”，设置若干平行论坛，两年举办一次。聚焦热点，推动全球职业教育的共商、共建、共享，打造职业教育发展命运共同体。

“一盟”，发起成立世界职业技术教育发展联盟。

“一赛”，举办世界职业院校技能大赛。聚焦产业发展，以“鲁班工坊”为纽带，建立会赛一体、赛展一体的赛事机制，将大赛打造成促进中国职业教育理念、模式、标准、方案走出去的重要抓手和国际职业教育师生增进友谊、切磋技艺、展示风采的重要平台。

“一展”，建立会展合作机制。举办世界职业教育博览会，将其打造成以产教融合、鲁班工坊为主题，世界各国先进经验、典型案例、新技术新趋势的展示、分享、交流、合作平台。

一百年前，1922年，陶行知先生因为菲律宾召开远东教育大会，北洋政府毫无准备，没有找到代表参会而感到气愤。他说到“我们以后，若再懒惰，不早些准备，那世界真要以为中国没有教育了。世界以为中国没有教育尤为事小，若中国真无教育可说，那就真要惭愧了”。他还说到“国际的教育运动，是一天多似一天的，以后的准备，一是要靠着自有的成绩，二是靠彻底的自明”。

处于新时代，2022年，首届世界职业技术教育发展大会在天津召开，标志着中国职业教育发展开启了新征程。天津职业教育继首个国家职教试验区、唯一示范区以及示范区升级版建设之后，也全面开启了部市共建“新时代职业教育创新发展标杆”的新征程。天津职业教育探索构建了党委主导、政府主推、行业主办、教育主管、企业主体的“五主”体制，创设了产业、行业、企业、职业、专业“五业联动”机制，创建了工程实践创新项目（EPIP）教学模式，创立了“核心技术一体化”专业建设模式，创成了“鲁班工坊”国际品牌。鲁班工坊实现了中国职业教育的模式、标准、装备、教材、方案系统化体系化与世界分享。天津院校在泰国、印度、英国、葡萄牙、南非、埃及、埃塞俄比亚等亚欧非19个国家建成的20个鲁班工坊，在中国、泰国、葡萄牙、印度、埃塞俄比亚等国成立了EPIP教学研究中心，构建起中国职业教育的国际话语和影响力。

面对首届世界职业技术教育发展大会，我们可以告慰中国教育先贤，并且自信地说，我们已经准备好了！

——摘自《职业教育研究》2022年第8期中吕景泉《构建中国职业教育的国际话语——写在首届世界职业技术教育发展大会召开之际》。

第二篇

基于师资队伍建设看工程实践创新项目（EPIP）

1998年，我在工作了八年时，撰写的职业生涯中第一篇教育论文（如果能够称作为教育论文），是在《中国培训》杂志当年第1期发表的《我是这样做职校教师的——浅谈职业院校对教师的培养》。也是同年，还是第1期，在《天津教育》杂志发表了《德国职教“双元制”及思考》。

2015年，我编著了职业生涯中第一本学术性书籍《中德职教漫谈》，这本书我从2009年开始写，写了六年。书中有六个篇章，第一篇是：我所经历的——“人在师途”。

所以，基于师资队伍建设看工程实践创新项目（EPIP）这一篇，我们还是从德国职教谈起，从当职教教师说起……

2022年，在《职业教育研究》第2期，我应教育部教师工作司邀约发表了专题文章，题目很长，叫作《谈职业院校新教师入岗训练与“双师型”素质教师、“双师型”结构团队培养——EPIP视域下“双师型”教师队伍的培养机制与路径》。

2023年，在《中国职业技术教育》第17期，我和团队成员张磊总结鲁班工坊品牌项目中境内外教学团队建设经验和范式，发表了《鲁班工坊本土师资能力建设：内涵、逻辑、要素与行动》。

以此两篇文章，可以视作基于师资队伍建设看工程实践创新项目（EPIP）这一篇的总览。

第一节　从“我是这样做职校教师”说起

【此文发表于1998年1月】

我是1990年毕业的师范大学研究生，同年进入了天津中德培训中心（天津职工工业技术学院）成为职教战线上的普通一员。回想自己八年来走过的路，深切地认识到职校教师的培养是职业教育事业发展极其重要的环节。而职校本身如何培养自己的上岗和在岗教师是摆在每位关心职教发展人士面前的新课题。下面结合自己的亲身体会谈一谈认识。

一、职校教师应该学会如何做“先生”

职业院校的专业特色十分浓厚，在理论与实践相结合的教学过程中更突出实践环节。因此，职业院校应该结合本校特点和各专业特点对教师进行相关的教学法、教育理论方面的上岗培训。衡量职业院校教师的素质指标，不仅仅要求教师做到授课观点正确、重点突出、语言通畅、逻辑性强，更要注重衡量教师运用教学法、教具等的直观性如何。教师与学员课堂合作如何，学员的能动性发挥特别是学员的接受效果如何等指标。这些都要求职校教师在实际教学中具备新教学观念，运用新的教学法。

在我走上教师岗位之初，校领导就为我们这些从校门进校门的新教师开设了一门课“现代职业教学法及其教学实践”，由专门聘请的职教专家为我们“讲演”新的职教理论和教法。大到如何编写专业课程的教学大纲，小到如何运用手中的教鞭，边讲边示范，边让我们实践。每位新教师的授课实践都进行了摄像，课后专家同我们共同分析研究录像带上的每个姿态和语言，观察学员的各种反应和表情。通过这门课的培训，我们经受了各种锻炼，学到了许多实用的方法和技巧，也使我们对教育理论、教学法有了一种深刻、具体的认识。我们生动地看到了它在教学过程中的重要性。更为重要的是它使我们能更主动、自觉地关心和学习新的教育理论，培养了我们不断丰富自己教学思想、注重教学研究的习惯。

二、要做好“先生”先得做好“学生”

在为我们安排了教学法培训的同时，学校根据我们文化水平高、实践经验不足和动手能力差的共性以及各自不同专业的个性，有针对性地为我们制定了基础实践培训。我们在本校的两个机电车间内分别进行了“车”“钳”“铣”“刨”“磨”“电气安装”“元件焊接”“计算机应用”等一系列实践技能培训。凡是我校技工、大专层次学员在学期间要进行的实践操作练习、要学的加工方法我们都要亲手做一遍，并由经验丰富的老教师进行指导和评分考核。校领导多次告诫我们，你要想教好一门课，首先要清楚你的学员在我们这里都要学什么，他们需要什么，你们要亲身体验学员在学校的各个学习过程。如果你自己不能成为学校的好“学生”，就更不会是我们学校的好“先生”。

通过这一段基础实践培训，我们不仅学到了许多基本技能，也更加了解了我们的学校，更加了解了各门课程之间的相互依存和联系，更加了解了自己要讲授的课程在整个专业体系中的位置和作用。同样重要的是，我们深切地明白了我们施教对象的学习内容，建立了我们同各层次学员充分交流的基础和信心。从中我们也发现了一些值得研究和改进的地方，为今后的教学改革打下良好的基础。

经过教学法和基础实践技能培训，我们渐渐地融入了我们学校的教学活动中，成为一名她可以接受的成员。

三、既是“先生”也是“专家”

职业院校培养学员的目标，是为企业需要服务，培养适应能力强、企业生产实践中急需的应用型人才。从职业院校走出去的毕业生不应该再需要数年的理论到实践过渡。这种短过渡期、无过渡期型人才的培养，正是我校追求的办学特色，也应该是中国职业教育发展的方向。

针对这一目标，我校强调职校教师应该广泛地接触实际，同企业建立联系，了解企业之需，寻求自己所讲授专业课程同企业实际的结合点。校领导支持教师开展各种形式的校企合作，盼望教师在校企合作的实践中增长专业才能，学员在校企合作的实践中得到培养。

我在讲授大专的自动化课程中，同学员一起深入企业，熟悉生产工艺，了解生产设备运行情况，使学员在专业学习中学而知其用，增加了学员对专业知识的理解，调动了学员的积极性。同时，我还带领学员一同为企业解决了许多生产上的技术难题。例如，1991年完成的天津感光胶片厂涤纶片基生产线的电控装置改造工作；1993年完成的天津三峰客车有限公司的Y-28型冲压拉伸液压机的电气控制改造项目等。

更为重要的是，经过多年实践，我逐渐摸索出一条大专班学员毕业设计的新模式，受到校领导的重视并加以推广。这种新模式是：毕业设计的选题来源于企业，参加设计的学员在教师的指导下利用在校所学的专业知识去为企业解决实际问题。在整个新模式中充分体现了理论和实践相结合，动脑和动手相结合，学校和企业相结合的职业院校办学原则。在师生共同完成企业技术项目的同时，也完成 了将学员向企业所需人才的过渡；同样重要的是，教师也从中极大地充实了自己，提高了专业水平和利用专业理论进行实践的能力，使职校教师不仅是合格的教书“先生”，而且成为这门技术的“专家”。

四、不断“充电”做不过时的“专家”

现代化生产发展很快，而服务于现代化生产的科学技术的发展更是日新月异。要跟上时代的发展，培养出社会所需的人才，首先职校教师要树立终身学习、终身实践的观念。职校教师更应该充分利用各种培训、学习、交流机会丰富自己的头脑，给自己不断地“充电”。同时，职业院校应该为其在岗教师创造条件，不断提高教师的教学水平。

1996年，我获得到德国进行专业技术和职教方法培训的机会。校领导多次嘱托我要珍惜这难得的机会，将德国现代职业教育方法和先进的科学技术带回学校，提高学校的办学能力。在德国期间，我勤奋学习，刻苦攻关，广泛接触同行，不仅学到德国职教工作者严谨的工作态度和敬业精神，还学到了大量的先进教学方法。在专业技术培训中，通过了德国国家级考试，获得了西门子授予的符合德国VDMA和ZVEI标准的“自动化工程师”和“自动化技师”证书。

在德国九个月的培训对于我太宝贵了，多年的教学经验和体会、长期的知识积累和渴求，一下子迸发出来，完成了知识、技能、观念的更新和提高。回校后，我结合本校的特色努力尝试教学改革，新增设了技术短训班，撰写了多篇教学和专业技术论文，成为学校的教学骨干，自动化专业的带头人。最近，我又被提升为专业教研室主任。

我从自己的切身体会中感到，一个合格的职校教师应该用先进的教育理论和教学法武装自己，应该用丰富的专业知识和实践技能充实自己，应该在校企结合、理论联系实际的演兵场上锻炼自己，勇于实践；更需要将职教事业作为自己的终生奋斗的事业去工作的决心。

——摘自《中国培训》1998年第1期中吕景泉《我是这样做职校教师的——浅谈职业院校对教师的培养》。

第二节　从“有教无师，则教不立”说起

【此文发表于2021年8月】

习近平总书记曾强调：“要把师德师风建设摆在首要位置，引导广大教师继承发扬老一辈教育工作者‘捧着一颗心来，不带半根草去’的精神，以赤诚之心、奉献之心、仁爱之心投身教育事业。”

一、有业无教，则业不昌

2020年11月，习近平总书记参观了中国近代实业家、教育家张謇的生平展陈。习近平指出，张謇在兴办实业的同时，积极兴办教育和社会公益事业，造福乡梓，帮助群众，影响深远，是中国民营企业家的先贤和楷模。

张謇生于1853年，江苏南通人。正如他自己所言：“天之生人也，与草木无异。若遗留一二有用事业，与草木同生，即不与草木同腐。故踊跃从公者，做一分便是一分，做一寸便是一寸。鄙人之办事，亦本此意。”甲午战争（1894年）之后，张謇开启了实业救国的活动，他把家乡通州作为兴办实业的基地，埋头实干，拼命苦干。他提出“棉铁主义”，以棉纺织和钢铁工业为起点，发展形成完整的工业体系。《易经》有“天地之大德曰生”，张謇命名第一纱厂为“大生纱厂”，他利用盈利继续兴建二厂、三厂，他的实业救国之路初见成效。他的家乡南通也从一个闭塞小城步入具有近代意义的新型城市，享誉全国“模范”之名。大生纱厂是张謇实业救国的起点，也是他人生事业发展的基石，对其实施近代教育实践产生了重大影响。

创办实业的过程，让张謇深切意识到，中国实业发展面临一个大问题——劳动力知识水平低，直接影响实业持续发展。他是科举出身，1894年得中状元，“大魁天下”。他深知旧教育之弊，决定兴办实业教育（职业教育），“苟欲兴工，必先兴学”。张謇认为，不仅工业如此，“农工商皆资学问”。他提出“教育为

实业之母”。有业无教，则业不昌。实业之所至，即教育之所至。

张謇在近代实业教育领域开启了独特探索。短短10余年时间，在通州师范学校设农学，兴办第一所棉纺织高等学校，设纺织染传习所，20余所职业学校破土而出。随后，他还创办了盲哑学校、伶工学社、中国公学、复旦学院、水产专门学校、南京高等师范、金陵文正书院西学堂等学校。

终身爱国、实业救国、教育报国，是张謇一生的追求。他把自己摸索的近代教育理念全部用在学校的办学实践中。他以“求忠实，力精进”作为办学宗旨，要求师生员工忠于科学，忠于实际，以诚相待，不奸不诈；精益求精，不避艰险，勇于实践，积极进取。他对校风学风建设认识颇深，每所学校都有明确的校训。对学生，张謇认识到，应该在德育、智育、体育等方面全面培养，办学要抓好学生“国家思想、实业知识、武备精神”教育。在教学方式上，他要求要理论联系实际，重视学生的实践动手能力，对学生实习时间做出周密规定。在教学内容上，他主张通过国文教育，使学生确立“忠则不二、信则不欺、笃则不妄、敬则不偷”的准则，能够“谨行为、尽人道”。

二、有教无师，则教不立

陶行知生于1891年10月18日；1914年，他以优异成绩在南京金陵大学毕业，远渡重洋赴美留学；1917年，学成归国的他，在新文化运动中积极倡导新教育，提出要以科学之方法进行教育改革。在灾难深重的旧中国，陶行知体会到中国教育改造的根本在中国农村，“中国以农立国，住在乡村的人占全国人口85%”。要普及教育，就需开展乡村教育运动；要开展乡村教育，必须从乡村师范做起。1927年，陶行知首创乡村师范教育，建立晓庄师范。在晓庄师范，他亲自担任校长，对杜威的教育思想加以改造，逐渐形成了他的“生活教育”理论。

陶行知曾在《新教育评论》上发表《中国师范教育建设论》文章提出，中国教育最急切的问题，就是师范教育之如何改造，新师范教育之如何建设。国家所托命之师范教育，是绝不容我们轻松放过的。他怀着“捧着一颗心来，不带半根草去”的热忱，为中国教育探寻新路。毛泽东称，陶行知是人民教育家。

1902年，张謇刚刚开始将目光转向教育之时，他走出兴办教育的第一步，创立的第一所学校，也是从师范教育开始的。他说："欲教育普及国民而不求师，则无导。"他坚持己见，从头开始，从根本入手，奋力兴办师范教育，"家可毁，不可败师范"。他将办纱厂的多年积蓄拿出来创办师范学校，中国第一所私立师范学校——通州师范学校就这样成功开办。紧接着，南通女子师范学校、甲种师范讲习所、乙种小学教员讲习所、盲哑师范传习所等相继开办。

三、立德树人，实现师范教育振兴

《关于全面深化新时代教师队伍建设改革的意见》《中国教育现代化2035》都强调了强化师资队伍建设的重要性。前者提出到2035年，培养造就数以百万计的骨干教师、数以十万计的卓越教师、数以万计的教育家型教师；后者明确将"建设高素质专业化创新型教师队伍"确定为面向教育现代化的十大战略任务之一。

农村义务教育阶段学校教师特设岗位计划已实施15年，累计为中西部地区的乡村学校和教学点补充了95万名中小学教师。这些教师也是新中国成立以来数量最多、学历最高、待遇保障最为齐全的新一代乡村教师。实施教师教育振兴行动计划，我国初步形成了中国特色教师教育体系。陶行知先生的乡村教育普及梦已经高水平实现。张謇先生的"有教无师，则教不立"的担忧，也已经彻底消除。

回望中国师范教育的理论求索与实践探索，党和国家始终把师范教育视为教育事业发展的基石，师范教育始终将立德树人、精心育人作为主要任务。新时代，新使命。教师教育的改革与发展，将着力于建立健全新时代中国特色教师教育体系与制度，实现建设高素质专业化创新型教师队伍的目标，培养大批忠于党和国家教育事业的人民教师。

四、五业联动，提升职业教育服务能力

2021年4月，全国职业教育大会召开。习近平总书记强调，职业教育前途广阔、大有可为。他要求，增强职业教育适应性，加快构建现代职业教育体系。从理论上讲，职业教育承担着人力资本开发、人力资源供给、技术技能积

累，是一种与经济发展结合最为紧密的教育形式；然而现实中，企业参与意愿不强，校企合作明显呈现出校方“一头热”现象。究其原因，是因为职业教育未能与时代发展同频共振，固有的办学结构、人才供给不能适应和满足经济社会发展的需求，从而导致职业教育的服务能力和适应能力不强。

一百多年前，张謇兴办大生纱厂，践行实业救国，兴办师范教育，创建专门学校，服务公益，造福乡梓，振兴南通。立志从商之后，他对光绪、宣统两朝的海关贸易进行了详细的调研分析，发现中国输入的最大宗商品是棉纺织品和钢铁。这两种商品背后的产业是关乎国计民生的重要产业，棉纺织产业关系人民生活，制铁产业关系国家生存，于是他倡导并践行“棉铁主义”。他投资建立榨油厂、肥皂厂、冶铁厂、造纸厂、印刷厂，构建了以棉纺织产业为核心的产业链，并大力发展运输、仓储、电力、通信、食品、金融、地产等其他产业，将南通建成了中国近代“第一城”，为推动中华民族工业发展做出了巨大贡献。可以说，张謇创办的20余所职业学校、一生兴办300多所各类学校，都是针对南通经济社会发展、产业实业需要、民生民力增进之所为。

2014年，随着国家职业教育改革创新示范区建设发展，围绕办学模式，“五业联动”，即“产业、行业、企业、职业、专业”的产教融合办学模式悄然兴起。2018年，“服务智能制造产业发展，五度引领，五业联动，协同育人模式创新与实践”成果，获国家级教学成果一等奖。2020年1月23日，国务院办公厅发布《关于推广第三批支持创新相关改革举措的通知》，其中明确提出，在人才培养和激励方面：推进“五业联动”职业教育发展新机制。

五业联动，是新时代中国职业教育产教融合发展的新机制。它基于长期实践探索，理论研究，经验总结，成果推广过程，植根于国家现代职业教育改革创新示范区建设成效，经过实践检验，是一种有效的职业院校办学发展模式。

五业联动其内涵是：职业院校以就业为导向，以职业能力为本位，在专业建设方面与产业、行业、企业等要素密切联系，通过整合资源，相互对接、协同联动，将专业建设的各项内容落实到教学与实训的各个环节，从而实现办学结构和效能优化。

五、EPIP，提高职业教育适应能力

一百多年前，陶行知批判旧学校“读死书，死读书，读书死”，创办了与传统学校完全不同的晓庄师范、育才学校、社会大学等多种新型学校，也开创了山海工学团等新型的教育形式。他以“爱满天下”的情怀与中西合璧的智慧，提出了“社会即学校”“生活即教育”“教学做合一”完整的生活教育理论体系。生活教育是指“给生活以教育，用生活来教育，为生活向前向上的需要而教育”。EPIP是一种新型的教学模式，是在深度梳理、广泛汲取中国本土教育思想，立足中国本土职业教育实践探索和理论研究，借鉴国际先进职业教育经验而创立的。作为一种新型的技术技能人才培养的教学模式，EPIP是工程（Engineering）、实践（Practice）、创新（Innovation）、项目（Project）四个元素的有机组合，以实际工程为背景和基础，以工程实践为导向和贯穿，以能力培养为目标和归依，强化实践创新，强化项目统领。

EPIP深挖吸收墨子的朴素唯物思想，转化发展陶行知的生活教育理论，探索“产教融合、校企合作、工学结合、知行合一”教育教学实践。在宏观层面上，EPIP指出，职业教育发展不仅是现代产业体系发展的有机组成部分，更是改善营商环境的重要一环。EPIP注重以真实工程、真实世界、现实生活为根基进行全面育人，探索构建“服务—累积—孕育—优化”的核心竞争力建设机制，提高了职教适应能力。在中观层面，EPIP体现为“核心技术一体化”专业建设模式。校企共同调研决定专业的核心技术技能，通过“四个一体化”实施，为校企共同开发专业、协同教学、培养人才提供合作发展平台，打造了校企共赢发展的命运共同载体，很大程度上提升了专业适应能力。EPIP强调，职业教育与经济社会发展、产业结构调整、科学技术进步、国际产能布局协同发展。在微观层面，EPIP涉及课程所含的知识、技术（技能）、素养都要以工程为基础。这个工程为师生提供了一个由真实情境、真实问题、真实需求构成的世界。在此基础上，要因地制宜地从这个真实世界中去寻找确定课程实施主题、设计项目、选择内容。整个课程和教学过程就是真实世界、现实生活。它提高了每个教学单元的适应能力。

职业院校的一切部门、岗位、课程、管理都要以服务高素质的技术技能人才培养为目标，是在各自岗位以各自方式“做”每一项工程实践创新“项目”，“做”的是教书育人、管理育人、服务育人、环境育人、过程育人、全员育人的“完整”和“真实”的项目。EPIP的应用范围广阔，可用于打造优秀企业文化，培养劳动精神，崇尚劳模精神，孕育工匠精神，设置反映产业发展水平的综合实践教学现场、营造全程化真实，开展学风、教风、考风、班风、校风建设。同时，在院校办学实践中的各方面、各线路、各时段、各环节、各空间，都可以做精EPIP，提高院校整体教学管理与教育服务的适应能力。

六、新时代职业技术师范教育高质量发展新路径

陶行知创办晓庄师范，开启其拯救乡村、教育救国梦想。张謇创办大生纱厂，兴办通州师范，实施其“教育为实业之母”“有实业而无教育，则业不昌”主张，踏上其爱国、救国、报国之路。

五业联动，通过职业教育人才供给链与经济产业链的无缝对接，是陶行知生活教育理论之精髓的创新发展。EPIP模式，坚持以用立业，聚焦服务区域经济社会发展、打造院校核心竞争力、构建专业核心技术技能、推进知技协进、德技并修、精致育人的路径，更是职教先贤给予我们的启示。

立德树人、德技并修、潜心读书、精心育人，是新时代师范教育改革创新发展的新要求。新时代职业教育的教师，要做“五业联动”的开拓者，做产业发展关注者、行业发展受益者、企业发展服务者、职业发展指导者、专业发展贡献者。新时代职业教育的教师，也应该做EPIP的探路者，关注真实工程，关照真实世界，关切真实生活。

中国职业教育要为青年成长成才办，要为人人有出彩的机会办，要为服务经济社会发展办，要结合中国实际办，要围绕重大战略办。2021年10月18日，是一个值得纪念的日子。为纪念陶行知先生130周年诞辰，天津职业技术师范大学校园内的“行知园”已焕然一新，它向世人宣示：学校秉持动手动脑，全面发展，立足培养“工匠之师”，培养“中国制造卓越雕塑师”的决心与信心；向世界昭示：学校坚持立德树人，五育并举，以服务为宗旨，以改革作动力，

以质量谋生存，以特色求发展，提升适应能力，全面开启迈向建设世界一流职业技术师范大学新征程的决心与信心。

——摘自《天津职业院校联合学报》2021年第8期中吕景泉《从陶行知、张謇“有教无师，则教不立”说起》。

第三节 “双师型”师资培养机制与路径

【此文发表于2022年2月】

新入职的职业院校教师应该经过入岗训练、适岗锻炼、胜岗历练三个阶段，也就是“入岗、适岗、胜岗”三个阶段。这三个阶段一般为三年的时间跨度。它是一名新教师能够融入职业教育、从事职业教育、投身职业教育的必经阶段，也是一名新教师融入职业院校、认知职业专业、精熟职业课程的必由之路，更是培养一名“双师型”素质教师应该经历的过程。这个过程，要把校企双元要素、国际多元要素、教学综合要素、教育复合要素有机融合，要对教师进行多方面、多经历、多层级的“设计式”打造和锤炼；新教师要有“视自我提升为己任”的深潜意识、跨界视野、奉献精神，主动获取教师的综合职业能力水平的“升华”。

这个过程，是工程实践创新项目（EPIP）教学模式（简称EPIP）的首创者“入岗训练、适岗锻炼、胜岗历练”所经历过的真实的、完整的过程。现在来看，这其实就是EPIP运用于新教师培养培训的方法路径，是EPIP 在新教师培养培训领域的成功应用。它较为完整地体现了EPIP工程化、实践性、创新型、项目式“四元”，也体现了EPIP真实、完整的“两核”精髓。可以说，这一过程，是EPIP首创者萌动工程实践创新项目（EPIP）教学模式创设的实践原点和思考始点。

一、关于 EPIP 教学模式

EPIP，是工程（Engineering）、实践（Practice）、创新（Innovation）、项目（Project）四个关键核心要素的有机组合，其内涵是“工程化、实践性、创新型、项目式”。EPIP是 Engineering Practice Innovation Project（工程实践创新项目）首字母的缩写。EPIP是中国的教学模式。它以中国职业教育实际为研究起点，体现继承性、民族性的立场主张，具有主体性、原创性的理论观点，彰显系统性、专业性的实践特色，构建起具有中国特色、自身特质的院校办学思想、专业建设模式、课程结构体系、标识品牌概念，形成职业教育的EPIP教育论、EPIP 专业论和EPIP课程论。EPIP强调“改造我们的学习”，改变重教法轻学法，更轻做法的旧习；改进教师学生只认“假”，不识“真”，只会“技”，不知“用”的常规；用工程化实践代替封闭式训练，用一个一个由简单到复杂的工程情境和载体，完整、真实地培养学生。EPIP强调“以用立业”，落实以服务发展为宗旨，以促进就业为导向，为生产服务、为生活服务，为培养创新型、复合型、应用型技术技能人才服务。

EPIP，是理念，是方法，是路径，是启示，更是探索。EPIP是一种理念，它对于职业教育发展、职业院校办学、专业组群构建、课程教学设计、师资队伍建设、实训装备研制、教育教学管理、培养绩效评价诸方面都有指导作用。EPIP是一种方法，是谋教育事业、做院校管理、干实际项目、当教师、做学生的方式方法。

EPIP是一种路径，是聚焦服务区域经济社会发展、打造院校核心竞争力、构建专业核心技术技能、推进知技协进、德技并修、全面培养的路径。EPIP是一种启示，是我们的睿智圣者、职教先贤给予我们教育同仁的启示。EPIP是一种探索，是结合中国职业院校办学实践、教育教学实践、改革创新实践和理论创新实践；举旗以彰理，举中国特色之旗，彰中国职业教育之理；落地以取效，落中国职业教育之地，取促进经济社会发展之效。

二、职业院校的教师培养

培养具有国际视野和互鉴交流能力、校企协同和组织实施能力、工程实践和环境营造能力，专业知识与实践技能好，专业技术与信息化应用能力强，教学组织与协作方式活，职业道德与文化素养高的“双师型”素质教师和“双师型”结构教学团队，是提升职业院校办学质量的大命题，是职业院校办学的生命线。

职业教育产教融合、工学结合的人才培养，决定了职业院校必须打造

“双师型”素质教师，必须探索“双师型”结构教学团队培养的有效途径、模式与机制。以专业教学能力和工程实践能力提高为目标，以校企合作“项目驱动”为培养途径，实施新教师“三年三阶段（入岗训练、适岗锻炼、胜岗历练）”、在职教师“五年一轮次”的培养培训，形成教师职业能力提升的有效机制，实现师资队伍建设的专业化、系统化和规范化，为职业院校服务区域经济、专业建设服务产业发展、人才培养适应新时代需要的内涵发展提供支撑，是职业院校办学的重要任务。

三、EPIP 入岗训练

为了叙述方便，也为了增加“工程化”的真实感和现实感，在此，结合“我”的经历与感悟，从EPIP视角，真实、完整地讲述“我”的入岗训练过程。

1990年7月24日，是我硕士研究生毕业入职职业院校的第一天。这所院校是中德两国政府间在职业教育与培训领域最大合作项目中德现代工业技术培训中心（后为中德职业技术学院，现为天津中德应用技术大学，以下简称天津中德）。第一天上午是学校领导和德国专家做学校概貌性介绍，下午我们新教师就穿上了工装，开始在学校机电车间进行实践培训。我经历了为期一年的“入岗训练”。

这一年，我没有给学生讲过一节课，学校认为我们还不是合格的职业教师。新教师的入岗训练分为两个阶段、三项内容：第一阶段为校内训练，为期半年；第二阶段为针对性企业现场实习，也就是企业训练，为期半年；在这两个阶段中安排了由德国专家“讲”“演”“练”的职业教学法培训项目，为期80学时。

（一）校内训练

第一个阶段是在校内的主要实验、实训、实习场所内进行技术技能培训。学校为我们制定了半年的机电类基础实践和专业技术技能培训。在校内两个机电车间内进行车、钳、铣、刨、磨、电器安装、元件焊接、数控加工等一系列基础实践技能的训练；同时还要在校内的24个相关实验实训室进行计算机应用、可编程控制、电气测量、传感技术、驱动技术、机械手编程等方面的专业技术训练。凡是机电类专业学生在校期间要进行的实训操作训练，要学的加工方法和技术技能我们都要亲手做一遍。这是EPIP的“工程化”，是使新教师“真实”“完整”地了解学校“真实”的学生学习技术技能环境、设备、工艺的“实谛”境界，要“真实”“完整”地了解学校“真实”的学生所要学专业知识与技术技能运用的“实谛”境界。

在这一个阶段，指导教师对我们进行训练指导、专业考核和水平测试，训练指导采取“项目式”团队工作进行，构建一个一个“完整”的“教学做”项目；考核与测试采用过程评价和结果评价相结合，素养评价、工艺评价和功能评价相结合的方式进行。通过六个月的基本技能、专业技术训练，我接触到学校的近40位有经验的专兼职教师，通过他们对技术技能的传授，包括言行举止、职业素养的传递，使我熟知、体验了教学场所、设施设备、专业特点、知技素点及各种教学方法，为我融入学校教育教学打下坚实基础。现在回想起来，这个过程太重要了！它让我了解了学校，知道了学校都有哪些先进的实验实训室，在那里能够进行什么样的技术技能训练；我知道了学校都有哪些教师，他们都擅长什么，他们采用哪些教学方法；我知道了各门课程之间的相互依存和联系，我要讲的课程在整个教学体系中的位置和作用；我知道了学生都要学习什么，需要什么，他们在各个学习过程中的体验是什么；我知道了职业院校教师讲课不仅需要丰富的理论知识，还需要精湛的专业技能，更需要良好的职业素养和灵活的教学方法。EPIP 强调，“学而知其用，用而知其所，所而知其在”。“在”，是实化具化的所处所在，实实在在的“实际”。在入岗训练中，新教师的“学”，是为了学生这个“在”而学，是为了教学这个“在”而学，是为了培养学生技术技能这个“在”而学。以此，我的新教师专业成长的第一步（校内入岗训练），进行了彻底的“工程化”。这一阶段“真实”“完整”的入岗训练的“现实”描述，现在看来，可以说是EPIP在新教师校内入岗训练方面的极好运用，呈现了EPIP“四元”“三谛”“两核”“一宗”的效用。其实，这应该是EPIP首创者（我）开启EPIP思考、探索、研究的“开端”，也是EPIP思想启蒙的“首课”。

（二）企业训练

入岗训练的第二个阶段在企业进行。学校安排新教师下企业锻炼，同时，安排专职特派员定期到企业联系情况、提供支持。学校为新教师安排企业实习，让新教师深入接触生产实际，同企业建立联系，了解企业之需，寻求自己所讲授的专业课程与企业实际需要的结合点，熟悉真实生产工艺、了解真实企业生产设备的运行情况，使新教师学而知其用，教而知其用。

在这一阶段，我被安排到大型企业（天津感光胶片厂）进行企业实践。我选择了厂内重点项目（涤纶片基生产线）进行实习。该生产线是企业于1985年左右引进的欧洲先进生产线，进行感光片基生产。生产线长近300米，是由6个自动控制站组成，融可编程控制技术、液压气动、传感技术、驱动技术、罐装、压膜、自动化立体库、计量技术的光机电一体现代化生产线。企业导师是具有20多年现场经验的工程师。我从了解工艺流程、每个传感器的位置和作用开始，到对照图纸熟悉整个生产线的控制程序、集散系统。经过在生产线旁同工程师、机电维修工一起摸爬滚打，我将整个生产线了解得清清楚楚，认识了许多新器件、熟悉了许多新工艺、掌握了许多新技术、结识了许多新伙伴，全面感受了企业生产氛围。在企业实践中期，我同技术人员一起调研生产线的控制技术，了解到生产原料是由国外进口，随着产量加大和降低成本需要，急需改进控制程序与流程，使用国产原材料替代。经过一个多月的调研和现场试验，由我牵头主持，带领4名学校毕业班学生，与现场工程技术人员一道，承担了“涤纶片基生产线控制系统的改造和完善”项目。企业给予项目经费，我们通过近两个月的设计、试验、调试、验收、试运行、运行，顺利地完成了我的职业生涯中首个企业现场的技术改造项目，为企业创造了良好的效益，也出色地完成了企业实践任务。新教师带着问题、带着课程、带着专业下企业实习，向现场技术人员学习、向现场的设施设备学习，将自己的专业知识和技术技能，运用到企业现场实际，是新教师上岗训练和在岗提升的一项必要任务。这种方式的企业实践，让我体会了动脑和动手相结合，理论与实践相结合，教、学、用相结合的重要性。我从中极大地充实了自己、丰富了知识、开阔了眼界、了解了企业，使产业、行业、企业、职业与专业实现了联动联通，为成为一名合格的职业教师打下坚实基础。

EPIP强调“学而知其用，用而知其所，所而知其在”。通过“在”，搞清楚对象的实化具化的所处所在，实实在在的“实际”；搞清楚我们学习知识、练就技能、掌握技术、熏陶素养，要以真实工程为背景，知道学的东西如何用，用在哪；搞清楚它在真实工程中具体的、真实的存在形态，所处位置、所起作用、所生效果。EPIP提供了工程化的背景和基础，提供了实践性的载体和积累，也提供了工程实践的广阔创新空间。以此，我的新教师入岗训练的第二步，是在企业进行了彻底的“工程化”。

这一阶段“真实”“完整”的入岗训练的“现实”描述，现在看来，也是EPIP在新教师入岗训练方面的极好应用。第一个阶段在学校，第二个阶段在企业，这应该是EPIP首创者（我）深度思考、探索、研究EPIP的“开示”。

（三）教学法培训

说一说80学时教学法培训。当时，学校聘请了德国专家施泰歇尔（学校第三任德方专家组组长，曾获中国政府颁发的外国专家最高奖项“政府友谊奖”）讲授。我是师范院校毕业的硕士生，教育心理学、教学法、教育学是我们师范类学校的三大主课，但是，听施泰歇尔讲座，对于我当老师来说是受益终身的。他从教师如何着装、如何举教鞭、如何布置板书、如何掌控语言、如何演示实验、如何师生互动、如何分组分工，实训课如何“收—放—收”，如何安排团队项目、如何进行“自评”“互评”、如何进行过程评价等方面进行全方位讲解，其内容完全是具体的、真实的、情境化、可操作、可实施的。施泰歇尔的讲座，也是教学法的“工程化”。

例如，第一次上课，教师要拿出5分钟左右的时间进行自我介绍；如果是小班教学，还应安排学生进行自我介绍。前几次上课，教师最大的任务是认识学生、记住姓名。教师的自我介绍，要将自己的经历、业绩、成果对学生进行“形象性”介绍，要讲出自己在这个领域中“骄人的业绩”，教师的自我宣介是让学生信服，让学生更加愿意、更加倾心去接受施教，为提升教学效果服务。

例如，教师在上演示实验课时（演示实验课是指将实验台放置在教室中进行演示性教学），读仪表上的数据，大部分教师是自己读，然后自己写到黑板上，这种方式不可取。而应该由学生派代表来读，告诉教师和学生；再由学生写到黑板上，这样全班的学生都会认为这数据是由他们自己读到的、写上的，这又是一个小小的“工程化”。再如，教师写板书的回头频率，如何能够控制和调动学生；教师在教学过程中要随讲随走，不能只站在讲台旁；教师语言的调控，要通过声音的强弱、大小、快慢来吸引学生；教师要力争在前三次课把学生名字记下来，用“第几排第几个学生”来称谓，是对学生不尊重，会让学生感受到距离感。一个教师要让学生产生钦佩的感觉，也是教师完成课程教学非常重要的“功课”。这是重要的教学法“工程化”。

教无定法，教而有道。这80学时给我留下深刻的印象。通过这种培训，使我学到了许多“真实”“完整”的教学方法和技巧，也使我对教育理论、教学法有了深刻、具体的认识，让我看到“可用”“有用”的教育理论、教学方法；更为重要的是，它使我更加主动、自觉地关心教育理论，培养了不断丰富教学思想、注重教学研究的习惯和兴趣。我知道了什么是“能用”“真实”的职业教育理论和教学法！

现在，许多职业院校的新教师入岗后，直接指定他（她）一门课、一本教材、一套教参，教师抱着一本书进行备课、做教案、上课，这样做对新教师今后的成长，特别是参与课程改革、专业建设都是有问题的。教师是最容易成为“边缘人”的群体。只有真正融入学校，才能保证教师以后发挥更大的潜力。换言之，教师不知道自己的学校有哪些教学设备，有哪些可学的教师，学生在学校都学什么，那么这位教师今后的课程开发、专业建设就无从谈起。“融入”职业学校、“融入”产教融合、“融入”教学方法的过程，就是新教师的“入岗训练”过程，也是新教师开启立德树人、教书育人过程的第一步。这也是职业院校新教师入职从教的“工程化”。

四、“双师型”素质教师要求

职业院校教师应该学会如何做“先生”。职业院校的专业特色十分明显，在理论与实践相结合的教学过程中，更突出实践环节。因此，职业院校应该结合本校特点和各专业特点对新教师进行相关的教学法、教育理论方面的上岗训练。衡量职业院校教师的素质指标，不仅仅要求教师做到授课观点正确、重点突出、语言通畅、逻辑性强，更要注重衡量教师运用教学法、教具等的直观性如何，教师与学生课堂合作如何，学生的能动性发挥，特别是学生的接受效果如何等指标。这些都要求职业院校教师在实际教学中具备新的教学观念，运用新的教学方法。

职业院校教师要做好“先生”，先得做好“学生”。职业院校要根据入岗教师文化水平高、实践经验不足、动手能力差的共性以及各自不同专业的个性，有针对性地制定系列实践技能培训，全面系统地学习学生要进行的实践操作、要学的加工方法、要掌握的专业技术。教师要想教好一门课，首先要清楚你的学生都要学什么、需要什么，要亲身体验学员各个学习过程。如果你自己不能成为学校的“好学生”，就不会是学校的“好先生”。

职业院校教师既是“先生”，也是“专家”。职业院校培养人的目标是为企业需要服务，培养适应能力强、企业生产实践需要的应用技术技能人才。从职业院校走出去的毕业生不应该再需要数年的理论到实践过渡。这种短过渡期、无过渡期的人才培养正是职业院校追求的办学特色，也应该是中国职业教育发展的方向。职业院校教师应该广泛接触实际，同企业建立联系，了解企业之需，寻求自己所讲授专业课程同企业实际的结合点。学校要支持教师开展各种形式的校企合作，推进教师在校企合作实践中增长专业才干，学生在校企合作实践中得到工程培养。职业院校毕业设计的选题要来源于真实工程、真实世界、现实生活，师生共同完成真实现场技术项目的同时，也完成了学生向企业所需人才的过渡；同样重要的是，教师也从中充实了自己，提高了利用专业理论进行实践的能力。

职业院校教师要成为专业技术领域的“专家”。职业院校教师要不断“充电”，做不过时的“双师型”素质教师、“教育型”工程师。职业院校教师要树立终身学习、终身实践的观念，应该充分利用各种培训、学习、教研丰富自己，给自己不断地“加压”“续航”。学校也应该为教师创造条件，不断提高教师的教学能力和专业水平。

（一）“双师型”素质教师

职业院校教师要有“事业心、责任感、求知欲”。“双师型”素质教师是一个概念，需要实化具化。“双师型”素质教师应该包含八个要素：具有现代的职教理念和国际视野；能够讲授两门以上的专业理论课；能够运用实验、实训设备开设两门以上的专业实验、实训或综合实践课程；能够完成EPIP专业认知、企业实习和毕业设计；能够为行业、企业现场工程人员开展技术短训，为企业现场生产与管理解决实际问题；能够开展相关专业领域的科技研发、成果转化；能够指导新教师完成入岗训练，指导学生开展职业生涯设计、技能竞赛和创新创业教育；具有良好的职业素养、职业道德，不断地学习和进修，具有可持续职业发展能力。

（二）“双师型”教师“素质拓展”

“双师型”素质教师还应该懂一些职业教育理论和发展史，懂一些职业教育心理学和教育教学法，成为一个集理论、技术、技能、示范于一身的复合型人才；“复合”包括知识的复合（例如，机电复合、土建管理复合、外语与专业复合等）、能力的复合（例如，管理能力、创新能力、解决问题能力），要不断提高教育技术和信息技术应用能力，汲取中国古代、近现代教育思想，吸取现代教育理念，改进教学方式，注重国际交流，这样才能适应新时代的需要。

五、“双师型”结构教学团队

我曾经历“空客”招聘新员工的测评，下面就“真实”“完整”地说一说团队工作、团队合作意识与团队合作能力。2006年年初，欧洲空客的专家团队来到了中国，在正式签署协议前，来寻找空客人才测评中心和培训中心，当时有五家单位参加竞标，最终天津中德中标，成为欧洲空客A320天津总装项目的技术技能人才测评中心。

（一）“空客”测评的团队合作

在工厂开工建设之前，我们就承担起员工招聘测评工作。招进来的员工，在天津中德要经历52周的培训，再去汉堡做52周的培训，总共104周的培训。培训合格，这个人已经是身价上百万的技术技能人才（培训费成本）。

通过了初选，要到现场（天津中德）来接受测评。接受测评的人员一次要经历两整天，每次15个人左右。两整天，分为四个半天的测评。15个人来测评，空客来多少人呢？空客的专家团队有16个人，来自法国、德国等，都是空客有经验的技术专家。其实，这16个人还不够，还要加上天津中德的接受过专门培训的8位教师。第一个半天：有关空客的演讲介绍、视频宣介和项目描述。紧接着，四套纸介试卷分发，有逻辑性的、视图性的、基本计算等，趣味性很强。第二个半天：基本技能的测试。第三个半天：语言表达与综合。第四个半天：团队工作TEAM WORK测试。这是我们中方人员最不适应的测试。

重点说说团队工作TEAM WORK测试。测试要分为若干团队，每个团队三人。三个人进到一个大的室内空间里，中间有一张大桌子，桌上放纸、文具、各种日常工具等。测试教师宣讲项目：你们三人用两个小时时间，搭一座塔，越结实、越美观、越高越好。项目宣讲完毕。两个小时，搭一座塔，越结实、越美观、越高，就越好！我们参加测试的应聘者长时间没有反应，根本没反应过来。还有什么要求，都说完了吗？

三位应聘者在中间的大桌旁边坐好，宽阔明亮的空间顿时寂静了很多，远处站立或坐着4～6名测评师（原则上，2/3 是空客专家，1/3 是中方教师），他们依据测评点进行观察、考测。这时，问题来了，半天的测试让做什么？要考什么？标准答案是什么？这同专业技术技能有什么关系？应聘者一片茫然！

三位应聘者是随机抽取的，相互不认识。我记得，有一个团队，其中一位是厦门来的，他向两位同伴讲，他近年一直带自己的孩子，孩子3～5岁时，教过孩子做剪纸。厦门人让同伴们放心，他一定能做好。他又动剪刀又拿尺，找来糨糊，自己干起来了。另外两位很庆幸，踏实地开始小声聊天。这位厦门小伙子就自己一个人忙活了半个多小时，那两位好像发现了什么，看了看旁边的测评师，觉得不对劲，三个人考试，他俩什么也不做，分数怎么办？一时兴起，他俩也开始忙活起来，学着厦门人的做法，搭起了第二座、第三座塔。一个多小时以后，桌面上出现了貌似相同、又不一样的三座纸塔。

那么，团队工作（TEAM WORK）测试，它测的是什么呢？三个人的团队一起工作，在两小时里，共同搭一座塔，质量越高，结构越结实，外形越美观，高度越高越好。其观测点归纳为：团队成员之间的信息交流、经历介绍、彼此熟悉，这是首先要做的。彼此认识后，交流各自的擅长，共同研究团队工作内容，发挥各自智慧、分工协作、协同合作，共同搭建一座塔。如何搭这座塔？互相交流中，要了解工作条件、工作环境、工作用具；要使用笔、纸、尺，要画、要写、要算；要主动提出观点，相互研讨，制订计划，做出方案，设计环节，考虑用时，筹划用材；要事先考虑是搭建一座方形的、多角形的，还是圆形的塔；要事先考虑是用糨糊黏连为主，还是折叠交合为主；要考虑团队成员分工、配合，要商定形成共同认可的流程和标准。这一过程应该用很长时间，充分交流，应该逐渐趋向统一协调的过程。每个人都围绕工作任务，发表自己的观点，阐明自己的想法，提出自己的依据，讲明自己的道理，共同遴选、优化方案。这一过程，语言表达能力、逻辑思考能力、组织协调能力、形象展示能力很重要；说服别人，接受自己很重要；同时，经过交流阐释，能够心悦诚服的接受别人、采纳更优化的方案也很重要。方案实施中，三个人分工合作，相互配合，协同协作，将预设方案在实施中再优化、再磨合、再落地。这也是对职业素养和协作能力的测试！再好的理论，再好的方案，都需要实施的工艺、技巧、手法、经验来保障，来完善。实施的过程中，出现了超乎预想的情况，如塔身结构歪了、重量支撑有问题了、尺寸不吻合了……这时，就要停下来，进行再讨论、再商量，从中取得经验，重新完善方案和工作设计。最后，大家商量，为共同搭建的"塔"书写工艺流程、工作说明、结构描述、外形特色和工单纪要。一个"真实""完整"的团队工作被团队漂亮地完成。团队力量之塔，才会结实、美观、有高度（这个团队工作测评，大多数应聘者失分很多，甚至两个小时过去了，还不知道要干什么。应聘者总感觉要充分表现自我，要让团队其他人不如自己，让别人主要看我）。

我们的教育教学，时常是片段的、割裂的、不完整的。通常情况下，竞争，我们强调得多了；合作，对于我们陌生了。自己干自己的，我们练了很多。几个人合作完成"一项工作"，我们练得少。操作，我们练了很多，"真实”“完整”了解一件事，研究一件事，阐明一件事，完成一件事，我们练得太少了。EPIP“项目式”要求，在一个一个项目中，在一件一件事情上，培养学生认知能力，独立思考、逻辑推理、信息加工、文字应用；培养学生合作能力，自我管理，与他人合作；培养学生创新能力，激发学生想象力和创新思维；培养学生职业能力，引导学生适应社会需求，爱岗敬业、精益求精，动手实践和解决问题。每门课程、每项活动、每个环节都要力求体现完整、体现过程、体现全面，教师指导学生（团队）不停地在“做”一件一件完整的事情，在一件一件完整的事情上“教”，在一件一件完整的事情上“学”。EPIP的“实践性”，是知技协进、德技并修、全面培养。

（二）教学团队的分工合作

按照课程类型分工合作，实施人才共育，需要打造的是一支专兼结合、优势互补的“双师型”结构队伍，我们也习惯叫“教学团队”。这个教学团队建设，应该立足于专业群，而不是立足于一个专业，其核心目标是培养经济社会发展所需的高素质技术技能人才。这里，团队的分工协同与协作，至关重要。

基础课程，应该主要由学校的专任教师承担，探索采用“教学做”一体化实施；“专业认知”“企业认识”“企业实习”由学校专任教师和行业企业兼职教师共同承担，以行业企业兼职教师为主。素质课程，可以主要由学校的专任教师承担；其中，“就业指导”与“职业生涯设计”等课程由学校专任教师和行业企业兼职教师共同承担，以行业企业兼职教师为主。

技术课程，应该由学校专任教师和行业企业兼职教师共同承担，行业企业兼职教师承担部分实验、实训。拓展课程，应该由学校专任教师和行业企业兼职教师共同承担，依据教学团队中专任教师和兼职教师的各自优势，分工协作完成教学。

顶岗实习，应该以企业兼职教师为主，教学团队中部分专任教师作为企业特派员和联络员深入实习现场，共同指导，共同完成。资格取证，需要在有关部门、行业协会、重点企业指导下，将相应的资格标准纳入教学方案，由学院专任教师和行业企业兼职教师共同承担；高级资格证书以企业为主，以行业企业兼职教师指导和培训，学院专任教师辅助。

学校专业组群的教学团队建设，应该实施“双—双带头人”制，即两个专任教师与两个长期稳定的行业企业工程技术人员共同担当。学校国际化特色比较明显的，可以实施国外专家教师同专任教师、行业企业人员组合的国际化专业组群带头人制。

六、结语

天津职业教育在全面完成国家现代职业教育改革创新示范区建设任务的基础上，启动了新时代职业教育创新标杆建设，其建设任务明确提出，要完善“五业联动”产教融合机制，要推广工程实践创新项目（EPIP）教学模式应用，要实施新入职教师“入岗、适岗、胜岗”三年三阶段培养工程。中国职业教育的国际品牌“鲁班工坊”，要为合作国家的教师开展进阶式EPIP师资培养培训，其“进阶式”，就是指鲁班工坊本土化教师的“入岗、适岗、胜岗”训练过程。

新教师成长为“双师型”素质教师是一个系统工程，“双师型”结构教学团队的有效构建，更是一个系统工程。以专业教学能力和工程实践能力提高为目标，以校企合作“项目驱动”为培养途径，实施新教师“三年三阶段（入岗、适岗、胜岗）”培养培训，形成教师职业能力提高的有效机制，对于中国特色职业教育高质量发展是非常重要的。

师，是教之本。“双师型”素质教师，是职业教育之本。

——摘自《职业教育研究》2022年第2期中吕景泉《谈职业院校新教师入岗训练与“双师型”素质教师、“双师型”结构团队培养——EPIP视域下“双师型”教师队伍的培养机制与路径》。

第四节　德国职业教育“双元制”及思考

【此文发表于1998年1月】

德国“双元制”职教模式受到世界各国的普遍关注。20世纪80年代初，我国开始引进德国“双元制”模式，并同德国进行了“双元制”模式合作试点。其目的是：借鉴“双元制”促进我国的职教改革，形成中国特色的现代职教制度和职教模式。

天津中德培训中心是中德“双元制”合作的实验项目。笔者以参与“双元制”职教实践的亲身体会，谈一谈对“双元制”职教模式的认识，以及对我国职教改革的几点思考。

一、什么是“双元制”

“双元制”的德文词为Dualsystem，意指青少年既在企业里接受职业技能方面的培训，又在职业学校里接受专业理论和普通文化知识教育。这是一种将企业与学校、理论知识与实践技能紧密结合，以培养高水平的专业技术工人为目标的职业教育制度。

第二次世界大战以后，德国经济在一片废墟上得以重建，正是依靠“双元制”职业教育不断地培养出大批具备高职业素质的技术工人，才创造了令世人瞩目的经济腾飞奇迹。

“双元制”中的一元是职业学校，它是德国职业中等教育里最重要的一类学校。凡是中学的毕业生（类似我国的初中毕业生），都可以上职业学校。职业学校的任务是传授与职业有关的基础知识和专业知识，特别注重从事未来职业的实践技能培养。职业学校的文化课一般每周为12学时，采用每周1天到2天的方式或集中1至2周的方式进行课堂教学，其他时间则在实习培训场地或企业从事专业技能培训。

“双元制”中的另一元是培训企业，它是“双元制”教育的校外培训场所。凡在职业学校上学的学生，都要与培训企业签订培训合同，内容包括培训目标、培训起始时间、培训年限、生活津贴数额等。

职业学校与培训企业的紧密合作保证了“双元制”职业教育的质量。学生的结业考试由相应的行为协会负责。德国所有的企业都是行为协会的义务会员。

二、“双元制”的多重双元特征

1．两类法律基础——联邦法律和各州法律

德国“双元制”是有严格的法律、法规体系保证的。其中培训企业应遵循联邦政府的法律要求，而职业学校为州一级的国家设施，故遵循各州的法律。

2．两种经费来源——企业和国家

培训企业要承担3年职教期间的大部分费用，包括建培训场所、购置设备与器材、支付学生（学徒）的生活津贴等。政府则支付职业学校教师工资，另外要给予财政拨款，用于校舍建设、校内设备维护与购置。

3．两个学习地点——企业和职业学校

培训企业设置有实际的生产岗位和专为培训设置的企业培训中心。职业学校除了有通常的教学课堂以外，还有实训车间或实训工场。

4．两类教学内容——职业技能培训和专业知识教学

培训企业的培训主要是指职业技能实践，向学生（学徒）传授职业技能以及职业经验。职业学校的教学内容主要是传授与职业相关的专业理论和普通文化知识。

5．两种教材——实训教材和理论教材

两种教材的科学组合是完成好“双元制”教学的重要基础。

6．两类教师——实训教师和理论教师

企业培训需要的实训教师，他们是企业的雇员。职业学校需要的专业理论和文化课教师，则属于国家公务员。

7．两种培训身份——企业学徒和职校学生

在企业中，培训生是企业“学徒”，而在职校中，他们要完成德国12年义务教育中的后3年教育，因此，他们又是职校的“学生”。

8．两类考试——技能考试和理论考试

学生结业前要进行结业考试，它包括对学生技能方面的实践考试和专业理论方面的理论考试。

9．两类证书——考试证书和培训证书

一类证书与学习地点无关，只证明通过相应职业技能考试的证书。另一类是与学习地点有关，由职校颁发的毕业证书。

三、借鉴“双元制”，对我国职教改革的思考

1．关于“双元制”模式精髓的借鉴问题

“双元制”的精髓，概括地说就是：学校和企业合作，突出企业培训；理论和实践结合，突出技能培训。在我国，解决好企业与学校的合作问题是学习借鉴“双元制”办学的关键和难点。没有企业的直接、主动、有效参与，“双元制”中就少了“一元”，就没有了根基。虽然我国《中华人民共和国职业教育法》明确了企业对职业教育的责任，但是，要切实体现到职教实践中还有较长的一段路要走。

重视实践、动手，突出技能培养，是我国职业教育体系中最脆弱的环节，也是学习借鉴“双元制”办学的关键和第二难点。职业教育必须脱离普通教育模式，面向生产实际，职业学校应该是“应用型”和“操作型”人才诞生的摇篮。

2．关于打破学科体系，建立能力本位的综合课程体系问题

“双元制”不单是一种职教模式，也是一种重能力、重面向企业实际的职教新思想。德国“双元制”把要传授的技能和知识分解成若干个技能单元和知识单元，建立起与学科体系不同的“模块化”综合课程体系。它不强调各门学科的系统性、完整性，而注重广泛性、实用性与融合性。技能培训与理论培训的学时比重一般为7：3，使技能培训有足够的时间。采用模块教学不仅精简、

合并了课程内容，避免了不必要的重复，使专业知识有机结合，也避免了学科体系在课程安排上难协调的弊端，利于学生尽快掌握专业知识和技能。

“双元制”模式是现成的，而德国“双元制”的课程体系和教学内容却不能全部照搬，需要我们结合我国的职教情况建立我们中国特色的职教课程体系，即建立起以学科理论、专业实践及企业科技进步、生产实践经验为资源素材，面向企业需要，内在联系较紧密的课程体系。这应是我国职教今后的努力方向，但也是一大难题。

3．“双元制”对职校教师的要求

德国“双元制”职校教师有两个基本条件：一是有本科以上学历，二是要具有一定年限的专业实践技能。这同我国提倡的“双证制”“双师型”职业教师条件是相对应的。目前，我们国家职业学校的师资大多来源于学校，属单一学科型，缺少工作经历和实践经验，动手能力不强。解决好职校教师既做“先生”又当专业“能手”和技术“专家”问题，也是学习借鉴“双元制”的又一难题。为此，职校教师应该有目的地经常深入企业，一方面了解生产设备、工艺技术和科技信息，另一方面同企业结合进行开发与服务，用自己的成果指导教学，充实课程内容，提高教学质量。

“双元制”在中国的实践告诉我们：“双元制”并非职业教育的最终模式，它也存在着继承与发展问题。但是，无论如何，“双元制”所体现的教育思想对于我国的职教改革是有许多值得借鉴的地方的。

——摘自《天津教育》1998年第1期中吕景泉《德国职教“双元制”及思考》。

第五节　德国高等专业学院人才培养初探

【此文发表于 2001 年 8 月】

德国的高等学校体系由七种类型的高校组成，它们分别是大学（Universitaet），总体大学（Gesamthochschule），神学院（Theologische Hochschule），师范大学（Paedagogische Hochschule），艺术、音乐大学（Kunst-und Musikhochschule），高等专业学院（Fachhochschule），高等行政学院（Verwaltungsfachhochschule）。其中，高等专业学院（Fachhochschule）是德国高等学校中最年轻的一种类型，它是伴随着德国工业化的进程和经济的发展而产生和发展的。德国高等教育一直继承“洪堡传统”，以培养社会少数的精英人才为主，强调“纯学术”研究，把教学和科研禁锢在象牙塔中，其教育与经济的联系主要通过中学后的职业训练来实现。但20世纪60年代以来，随着德国经济腾飞与科技的发展，社会不仅需要传统大学培养的善于抽象思维的研究和发明型人才以及各级职业学校培养的中、初级技术人员，同时还迫切需要能将科研成果及时转化为产品的应用型工程师和善于管理的企业型工程师；另外，社会上要求接受高等教育的人也越来越多，高等专业学院正是适应这一形势而产生和发展起来的。

1968年10月31日，德国各州的州长讨论通过了《联邦共和国各州统一专科学校协定》，将当时的工程师学校及经济类、社会科学类、设计类以及农业类等中等技术学校改为高等专业学院。德国现有各类高等专业学院138所，其规模位于大学之后，居第二位，毕业生占整个高校毕业生总数的35%。

德国是世界上职业教育最发达的国家之一。职业教育被看作德国经济发展的柱石和经济腾飞的秘密武器。而德国高等专业学院以其鲜明的实践性、应用性教学目标充分体现了高等职业教育的特征。因此，考察和研究德国高等专业学院的人才培养模式对我国高等职业教育的发展不无借鉴意义。

一、德国高等专业学院的人才培养目标

德国的高等专业学院为经济界、设计领域和社会事业培养工程师类职业的实践工作者，从事的工作范围极其广泛，几乎能覆盖各个专业领域。具体地讲，他们能够从事于产品开发、质量检验、核算、设计、生产、装配、维修保养、营销工作等。一般，其学制短于大学，为4～4.5年，最终以一个学位考试结束学业，通过考试者由学校授予毕业文凭和学位，但须在括号中加入“高等专业学院”字样，以示区别，称为（高等专业学院）学士［Diplom（FH）］。

二、德国高等专业学院的“双元制”教学模式

“双元制”是指教学活动的一元在企业实施，另一元在学校里实施的教学模式。德国双元制的严格培训造就了享誉世界的技术工人，是德国技工教育的精髓。近年来，这种教学模式被引入德国高校，以借助工商企业界的财力来减轻国家扩建高校的财政压力，而且能更灵活、更有效地培养工商企业界所急需的高层次、高水平的理论与实践相结合的高级专门人才。在这方面，德国高等专业学院一马当先，卓有成效。1996年6月12日，德国科学委员会通过“对高等专业学院向双元制改革的建议”的决议，决议中首次承认企业也是高等专业学院的学习地点，在企业中学习是高等专业学院双元学习整体不可缺少的组成部分。该决议的公布进一步推动了高等专业学院和企业作为两个学习场所共同组织“双元制”教育的进程。它相对于大学教育，把专业理论教学与企业的职业实践培训结合得更紧密。“双元制”教学模式已经由技工层次教育，上移到高等职业教育，并且高等专业学院的“双元制”教育已成为德国承认的一种高等教育形式。

近年来，德国双元制也有了许多新发展，创立了“行为引导教学法”与“跨学科教学法”，其总体思路是在职业院校创造开放的、一体化的学习环境，按照职业生涯所需要的思维和行为要求组织教学，学生根据总体教学目标独立地进行整个学习过程，成为教学活动的主体与中心，教师成为学生学习的指导者和咨询者。行为引导教学方法的原则是既教相关知识，也教行为操作，在操

作中推理分析问题。通过观察与思考来指导和控制行为，通过学生的行为来发展其观察力和思考力，实现整体素质的提高。跨学科教学法是跨越学科界限，组织综合相关的学科教学，并在此基础上施以行为引导教育。当今世界产品换代快，多品种小批量生产的特点要求采取独立的复合型生产方式，于是德国职业教育在“双元制”下的这两种新的教学也就应运而生。

三、德国高等专业学院的课程模式

德国高等专业学院采用的是分段教学、阶梯训练型课程模式，逐渐由基础向专业化发展，它分为基础教育、专业教育及专长教育三个层面；基础学习和主体学习两个阶段（见图2-1）。

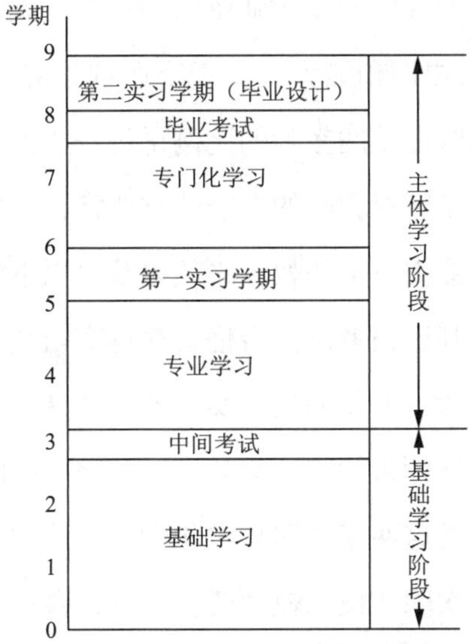

图　2-1

首先，在基础学习阶段，要完成基础教育层面教学，学生主要学习基础理论，并不获得职业方面的能力。该阶段主要在校进行，为期3～4个学期，这个阶段结束要举行一次学位预考，或叫中间考试。而主体学习阶段为期4～5个学期，完成专业教育和专长教育层面教学，学生可选择不同的专业方向（专业教育），在各个专业上还可选择用于专业加深的专门化课程（专长教育）。在基础学习阶段，各专业方向开设相同的理论课程，到主体学习阶段才分成不同的专业方向，开设课程才各有侧重。其中，在主体学习阶段还规定有两个实习学期，第一个实习学期一般安排在主体学习阶段的第二、三学期，其目的是在理论学习的基础上，使学生的技能和能力得以应用和拓宽，对职业有进一步的理解，获得一定的职业经验。第二个实习学期为最后一个学期，学生在完成毕业考试之后，主要做毕业设计和学位工作，毕业设计和学位工作一般采用实践中的真实课题，为实习企业解决技术上的实际问题。在工程类学科领域，与工业生产合作完成的应用性实际课题占70%左右，这将有效地促进学生应用能力、实践能力和创新能力培养。

四、德国高等专业学院的师资队伍

1969年德国《职业教育法》和1973年《高等教育、职业教育专业培训及考试细则》的颁布，使得德国的职教师资培训走上了规范化的通途。高等专业学院教师的实践方面的知识和能力对实现高职的培养目标具有极其重要的意义。不断地提高富有实践经验的教师的比例是每一所德国高等专业学院着力追求的。德国的高等专业学院对教师的要求非常严格，一般由高等职业技术师范学院毕业的学生，还不能去直接任教，必须先获得以下任职资格：参加国家组织的第一次职业技术教师资格考试，合格者获得实习教师的身份，进入州政府开办的教师实习学院，渡过两年的教学实习期。在这两年中，三分之二的时间在相应的职业学校里由导师带领实习教学，三分之一的时间在实习学院接受更高层次的师范教育。完成这两年实习教学和师范理论学习任务的实习教师，可以参加国家组织的第二次职业技术教师资格考试，合格者才可获得正式岗位资格证书，应聘去高等专业学院任教。从10 年普通教育后到成为高等专业学院的教师，还要经过至少10年的时间。这样培养出来的人员一旦独立任教，就已具备了相当雄厚的职业功底和很高的业务素质。另外，学院还采取中、短期脱产与不脱产相结合的方式对在岗的教师进行培训，以便更新知识，提高水平。除此之外，学院还定期安排教师到企业工作，以更新实践方面的知识和经验。

五、德国高等专业学院的人才培养途径

高等专业学院的学习时间在各州都有不同的规定，但都短于大学。因此，高等专业学院的学习安排不像大学那样宽松，学生不像大学学生那样在选择课

程方面有许多自主权。“双元制”引入高等教育的尝试首先是在德国巴登-符腾堡州开始的，早在1980年，该州就率先建立了引进“双元制”的高等专业学院。学员要先向有资格招收学徒的企业、工厂报考，录取后与企业签订合同，作为工厂企业的学徒，同时成为高等专业学院的学生。当前，德国高等教育机构引进“双元制”的做法已发展为以下三个模式，一是叠加式，即理论与实践培训相继进行；二是一体式，即理论和实践培训平行进行；三是交叉型，即理论教学与实践培训交叉进行。

六、借鉴与启示

1．德国“双元制”职教模式的上移

对于我国许多职教工作者来讲，他们不仅要继续深入研究“双元制”在技术工人培养上的如何运用问题，更要加大力量研究“双元制”在我国高职教育中的借鉴与运用，特别是许多高职院校更应该重视这一点。笔者认为“双元制”在我国现有国情下完全照搬，存在许多困难和问题，更何况它本身也存在着许多要完善和发展的地方。但是，“双元制”模式的本质和精髓是我们必须要加以借鉴和运用的，那就是动脑与动手真正的结合，理论和实践真正的结合，学校和企业真正的结合，教育与经济真正的结合。

2．德国职业教育拥有坚实的法律保障

纵观德国职业技术教育发展历程，可以看出，德国职业技术教育之所以得到蓬勃发展，能适应本国政治、经济发展的需要，其重要原因之一就是德国十分重视职教立法，而且日臻完善。他们充分运用国家政权的力量，通过立法手段，在不同时期制定有利于职教发展的措施，以法律形式公布于众，使职教发展有法律保障。例如，1869年的《强迫职业补习教育法》，1889年的《工业法典》，1919年的《魏玛宪章》和1969年的《职业教育法》都是当时历史条件下对职业培训和职业教育的发展起到重要作用的法律。

3．高职教育应该以能力培养为本

我国的高职教育无论从历史角度还是从现实角度都应该强调“能力本位”的思想，都应该重视技术、技能和关键能力的培养。“能力本位”思想抓住了

高职教育的根本点——立足于职业，服务于职业。笔者认为，在我国发展高职教育的初期，尤其应该强调高职教育中以“能力”培养为本。

4. 重视师资队伍、教学设施和教材建设

要想真正搞好高职教育，更新教育观念最为重要，同时师资队伍、教学设施和教材是物质保障。高职院校中缺少“双师型”教师，没有较完备的实验和实践实习场所，没有适合能力培养的教材作基础，再好的教学模式也无济于事。高等职业教育教学的发展是一个系统工程，需要政府、企业、社会团体、学校以及社会各界的共同参与支持。

——摘自《天津成人高等学校联合学报》2001年第3期中马雁、吕景泉《德国高等专业学院人才培养模式初探》。

第六节　德国高等职业教育教学改革启示

【此文发表于2009年5月】

随着国家示范性高职院校建设项目以及全国高职院校内涵建设的深入开展，中国的高职院校在办学定位、专业建设、课程建设、师资队伍建设、实训基地建设和社会服务等方面已经取得了突出成绩。如何加强高职院校教学质量保障体系和支撑体系建设，使得高职院校可持续发展能力进一步提升？这一更加重要的方面建设问题凸现眼前。

2008年10月，德国巴登-符腾堡州教育部副部长沃尔福冈-佛勒里希和负责职业教育的官员马特斯、巴符州教师进修学院院长布格曼一行三人受邀请拜会了我国教育部高教司高职高专处负责人，就高等职业院校质量保障体系建设、教师继续教育与培训等方面的合作进行了交流。

2009年1月15日—25日，笔者随教育部新世纪教学研究所项目考察团一行7人，受教育部高教司高职高专处委托，在德国巴登-符腾堡州开展针对德国职业院校教学质量保障体系为期10天的调研、考察、学习和签订合作框架协议活动。10天期间，我们受到了德国巴登-符腾堡州教育部副部长沃尔福冈-佛勒里希和负责职业教育的官员马特斯、巴符州教师进修学院院长布格曼等人的接待，聆听了德国巴登-符腾堡州教育部负责职业教育的官员有关德国职业教育、巴登-符腾堡州职业教育最新发展情况的介绍，聆听了德国巴登-符腾堡州教育部教学质量保障体系项目讲师苏珊蒂姆特女士有关“职业院校可持续自我完善质量保障体系（OES）”的讲座，聆听了飞利普-马特豪斯-汉院校OES项目实施负责人实施OES情况讲座，聆听了职业院校教师培训和院校“关键人力”资源建设的专题讲座，还聆听了巴符州教师进修学院院长布格曼先生关于德国职业院校教学支撑体系建设专题介绍；参观了德国巴登-符腾堡州教育部等相关机构，在飞利普-马特豪斯-汉职业院校进行了校内实训基地建设、专业、课程等方面参观和深度座谈交流；同时，在飞利普-马特豪斯-汉职业院校的合作企业知名的GROZ—BECKERT公司进行了座谈、交流和参观，深入了解了巴符州教师进修学院的培训活动和设施等情况。

提起德国职业教育，很多人都知道它是世界一流的。但是，如果不到德国，如果不走进德国的职业院校，不走进德国的开展双元制的培训企业，不走进德国职业教育和相关行业协会等机构，是不会知道德国职业教育的精髓所在，也就感受不到它的无穷魅力，更不会了解德国职业院校质量保障体系建设所发挥的作用。

一、德国巴登-符腾堡州的职业教育

德国有16个自治州，巴登-符腾堡是德国一个西南部的州。该州在工程机械、汽车、电子、印刷、医学研究和生物工程方面有很强的实力，尤其在机械和汽车产业方面，其中，该州的机械行业产值占全球的4.3%（英国占3%，法国占4%）。该州拥有12.5万家手工业企业，8 400家大中型企业，拥有许多闻名世界的企业。州政府斯图加特就是因为奔驰汽车和保时捷汽车而著名，奥迪汽车也是在斯图加特下线的。区域经济发展和行业产业的背景奠定了巴登-符腾堡州职业教育发展的广阔空间。它拥有德国各州公认的先进职业教育体系和优质的职业院校教育资源。该州目前拥有305所职业院校，企业中有40%的企业具有开展“双元制”职业教育办学资格。

世界著名的德国职业学院（Berufsakademie，BA）最早于1974年在该州创立。它是德国双元制办学的上移，是首先由企业在双元制职业培训的基础上建立起来的培养高层次技术应用和技能型人才的教育机构，被认为是企业与政府在高等教育领域内合作的一个创举。1985年联邦会议通过了《德国高等教育法》确认了高等职业教育在德国高等教育中的正统地位。

综观世界各国高等职业教育发展状况，德国高等职业教育无疑是成功的。在德国教育事业中没有哪个领域像德国职业教育体系那样在国际上引起人们如此强烈的兴趣和影响力。德国的“双元制”职业教育体系毫无争议地是一个极具重要意义的立足因素。而巴登-符腾堡州在高等职业教育的发展中做出了卓越贡献。

考察德国高等职业教育发展模式发现，坚持严格的质量观是其获得成功的关键因素。德国高等职业教育的高质量观体现在其办学模式的各个环节。

二、注重培养“关键能力”的教育理念

德国巴登-符腾堡州高等职业教育发展理念凸显能力本位。其培养目标就是要使学生在掌握基础理论知识和专业实践技能的同时，成为能够将科技成果转化为产品的应用型技术技能人才。为了使学生在将来的社会中有较强职业竞争力，它的教育尤其注重学生综合职业能力的培养，特别强调“关键能力”训练。

“关键能力”也叫“可携带的能力”（portable skills），这一概念最初由D. 梅腾斯提出。梅腾斯认为，关键能力是一种“普遍的、可迁移的、对劳动者的未来发展起关键性作用的能力”，“关键能力就是与纯粹的专业性职业技能和职业知识无直接关系、超越职业技能和职业知识范畴的能力，如独立学习、终身学习、获取信息、团队协作、独立计划与实施、独立控制与评价等能力”。西方职业教育经历了从产品驱动（product-driven）到市场驱动（market-driven）再到过程驱动（process-driven）的不同发展阶段，而劳动力市场变化莫测，正是非专业化的“关键能力”训练才使得学生在竞争条件下学会生存，具有创业精神和候鸟的“迁徙”能力。

三、以职业和能力为导向的专业与课程结构

随着科学技术的进步，新兴、交叉职业不断涌现。该州目前拥有250多个职业，其中70多个新的职业。知识结构单一的毕业生难以在竞争激烈的劳动力市场上找到位置。为此，德国巴登-符腾堡州及时对职业教育的专业设置、教学方案做出动态调整。从1996年开始，巴登-符腾堡州结合行业、企业和职业的不断变化，系统地对职业教育进行了全面的改革和创新，制订“职业教育改革计划”。在培养目标上由单项技能传授转向综合能力培养，在价值取向上更多地考虑用人单位的人才规格。

1996年以前，巴登-符腾堡州职业教育全州统一的课程设置有10～16门课程，而这些课程的描述长达120多页。1996年以后，对课程的描述变成了20多页。专业教师通过团队和新行业、企业、雇主进行交流之后自主确定课程目标，课程设置非常重视介绍新知识和新技术，所以学校和产业之间的交流也变得比原来多了，要不断把新的内容加到课程里面。

课程设置以现代科学技术为基础，以职业活动为核心，一般分为理论课程与实训课程两类（实训课程占主导），即德国特色的“双元制”课程模式70%左右的培训是在公司完成，30%左右是在职业院校完成，各个企业有责任按照培训条款来给学员提供培训。课程内容根据不同专业及其相关职业的能力需求有针对性地选择，并借助行业企业的发展及时融入相关的新科技或工艺成果，以保证其先进性。

德国高等职业教育不断改革专业、课程及教学内容，课程实施中以知识和技能单元相融构成的模块化授课方式，普通知识与专业知识技能的融合，保证了其较高的教育质量。

四、校企合作、重在实践的“双元制”教育模式

（一）德国的“双元制”教育模式

德国高等职业院校普遍实施“双元制”模式。“双元制”教育是指企业和学校以合作的形式对青年人进行职业培训。学生在职业学校接受专业理论和文化知识教育，在企业中接受职业技能培训。双元制教育的主要特征为：企业、学校两个培训教育的部门；培训教育依据两套法规，即企业培训合同根据民法签订，企业培训由联邦政府主管，而学校教育遵照公共教育法，教学由州政府主管；雇主与雇员组织的独立管理机构如行业协会及其委员会等掌握着职业教育的主要权力；职业教育经费方面，企业承担其培训费用约占70%，各州承担学校费用约占30%。

（二）校企合作，以“企”为主

“双元制”模式的核心在于学校与企业共同培养学生。学生要进入职业学校需首先寻求接收企业并与之签订合同，录用为企业预备员工，然后由企业

或个人寻找职业学校就读。二者以企业培训为主导，实训课一般占课时总量的60%～70%。在“双元制”模式下，学生在学校所学的专业理论知识可以在企业培训中获得实训，并可以得到企业的生产和技术人员的现场指导，真正做到“理论联系实际”，符合了职业教育的人才培养规律。这种理论与实践并举，突出职业教育培训价值的教育模式使德国职业人才有较高的质量保证。

（三）完备的法律保障体系

为了协调企业与职业学校之间的协作关系，德国制定了完备的法律法规，如《教育法》《职业培训条例》《劳动促进法》等，对双方的职责及相关的激励与制约措施进行了明确规定，实行依法治教。完备的法律法规体系为德国双元制模式提供了坚实保障。

五、重视师资队伍建设

从准入资格到培养、考核，以及继续教育，德国巴登-符腾堡州对从事职业教育的教师有着严格的规定。

（一）高职教师准入资格

高等职业学院教师一般要有5年以上的实践经验和相关专业的工作经历，熟悉企业生产流程。他们与企业有着密切联系，有助于校企合作，为学生提供实践和就业机会，保证高职教育与技术进步挂钩。

德国的兼职教师在职业学院教育中占相当大比例，主要为有经验的工程师或管理人员，其实践经验对加强学生职业能力培养起到了专职教师所不具备的作用。企业中的实训教师也必须是技术员学校或师傅学校毕业生，有5年以上的生产实践经验，并经过200多个学时的教育学专业培训且通过考试。

（二）师资培养

1969年《职业教育法》和1973年《高等教育、职业教育专业培训及考试细则》（以下简称细则）的颁布，使德国职教师资培训实现了规范化。细则规定，职业学校教师的培养（职前）分为两个阶段，首先是大学师范教育阶段（9～10个学期），学习一个职业教育主修专业，选修一个辅修专业，学习结束后参加国家考试Ⅰ或硕士结业考试。第二个阶段是为期4个学期的见习期，受训者一方面参加大学的教育学、专业教学法等方面的研讨；另一方面还要到职业学校见习，从事每周10课时的教学以及咨询、辅导、“学校构建”等。见习期结束，参加国家考试Ⅱ，主要内容是撰写论文，上公开教学实验实训课，还有相关专业教学法、教育法、学校法的口试。考试通过者获得教师资格证书，有资格成为职业院校教师。

（三）教师继续教育

根据德国法律规定，职教教师需参加继续教育。以巴登-符腾堡州为例，该州建立了四级教师进修网络：一是州属教师进修学院；二是巴符州各个行政区设立的教师进修学校；三是各行政区下属的教育局组织的教师短训活动；四是各学校内校长负责的师资培训。巴登符腾堡州还规定，教师每5年到州进修学院进修一次，每年到各行政区进修学校进修2～3次。除了专门的教师进修机构外，许多大学、企业也参与这种培训工作。为了激励教师参加进修，德国还规定每4年由各教育局督学对教师进行一次严格考核，并将考核成绩与教师晋升相联系。近年来，德国很多职业教育学校成立了教师参与的专门管理小组对教师继续教育、学习效果等进行监督。

德国高等职业教育严格的教师资格准入、完善的师资培养以及对教师继续教育的要求，造就了一支高水平的职教师资队伍，为其高质量的教育水平提供了保障。

六、全面的质量监控体系

德国高等职业教育质量的控制有赖于强有力的质量保障制度。

德国莱茵兰法尔茨州国家教师进修与教学心理咨询研究院院长普里贝在《质量体系及其对学校的重要性》前言中指出：“质量保障、质量提高、质量系统和质量管理是包括教育系统在内的所有重要领域”。

（一）质量保障的组织形式

德国在政府组织下设立常设机构——教育质量考评委员会，由受质量管理专门培训的教育专家、教育行政人员、企业人员组成，负责制定教育教学质量评估体系，并定期进行教育质量评估。一般每年各校要进行自评，每5年接受州组织的教育质量考核。委员会深入学校与企业，以合作的方式重点开展教育教学研究、学校质量体系建设的咨询与评估，有力地保证了教育教学质量。

（二）行业协会的监督

在德国高职教育质量保障体系中，行业协会发挥了重要作用。行业协会是双元制职业教育运作机制中的关键环节，其主要任务是保持和维护工商界信誉。按照德国《职业教育法》规定，每个行业协会都有一个职业教育委员会，其职责包括：认定企业培训资格，包括企业必须具备一定规格的培训场所与设备、企业必须具备同培训职业相关专业的文凭及职业教育与劳动学知识；监督、咨询，即协会通过培训顾问对培训人员与培训场所进行监督，对资格条件变化的企业采取相应处理，同时，还接受企业和学徒就培训提出的咨询，并对职业教学中出现的问题及时向政府教育部门反映等；此外，行业协会还具有审查培训合同、组织技能考试等职责。

（三）“宽进严出”的教学过程

德国高等职业院校入学资格相对宽松，但教学过程管理是很严谨的。德国《职业教育法》规定学生要顺利毕业，必须通过中间考试、毕业考试、师傅考试和进修考试。学生很少按期毕业，淘汰率在30%左右。高等职业学院的正规学习时间是8个学期，但实际上学生需要10个学期甚至更长时间才能拿到毕业文凭。“宽进严出”有效地保证了德国高职教育的质量。

（四）有效的国家干预

为了保证职业教育的较高水平，联邦政府对职业教育的各个环节（包括职业学校、企业及学生各自的责任及他们之间的关系）都规定了明确和统一的标准。学生完成职业教育后，要接受全国统一的结业考试。一般来说，实践技能考试为14小时，专业知识考试5～6小时。国家《职业培训条例》规定了职业考试的最低标准，通过考试者由工商联合会统一发给合格证书。考试的组织实施由行业协会承担，保证了考试的客观性和严格性。

总之，德国在发展高等职业教育过程中，始终坚持严格的高质量观，并贯彻到高等职业教育发展的每个环节。其先进的教育发展理念、科学的专业与课程结构、以实训为核心的“双元”教育制度以及严格的师资要求、质量监控和学生入学资格等，体现出科学的职业教育质量观。德国高等职业教育的成功为世界各国发展职业教育提供了宝贵经验，尤其是我国高等职业教育正处在初级发展阶段，积极借鉴德国职业教育发展模式具有重要意义。

——摘自《天津职业院校联合学报》2009年第5期中吕景泉《谈德国高等职业教育教学改革——考察德国巴符州职业院校的启示》。

第七节　借鉴德国注重“关键能力”培养

【此文发表于2000年4月】

21世纪的到来，意味着技术的变化愈来愈带全球性，技术与工艺的进步愈来愈快。技术与工艺的变化必然导致工作组织的变化。因此，在职业教育中只进行单一职业岗位的培训，并在此基础上仅仅培养学生一些具体岗位技能，已经远远不够。而要使学生将来能适应并胜任新的工作、新的任务和新的环境，就必须让学生获得一种非常有价值的、与人的素质有关的能力——关键能力。

一、什么是关键能力

培养学生的“关键能力”是德国劳动力市场专家梅尔腾斯先生最早提出的。他从未来劳动领域需求的角度，强调培养人的能力，而能力的培养不能仅局限于一项专门的技术内容上，而应适应多种职业。

关键能力区别于与工作岗位相关的知识和技能。它既不会过时，又可以应用于各种工作。

德国专家雷斯诺认为：在关键能力之外还包括由简单知识和初等技能构成的“基础能力”，由专门开发的高层次知识和技能构成的“特殊能力”。而一个人要想更好地、更有效地运用上述能力，关键能力是至关重要的。

关键能力包括以下三个方面：

1．专业能力

会系统、综合地学习和掌握专业知识与技能。

2．方法能力

掌握并具有自我学习、处理和解决问题的方法和能力，适应未来不断变化的需求。

3．社会能力

具有与人交往、合作的能力，以及责任意识和组织纪律性等。

概括地讲，关键能力是一种跨职业的在职业生涯中起关键作用的综合能力。在未来社会里，我们不可忽视劳动者的专业能力。然而，劳动者的方法能力和社会能力要比专业能力更有意义。后两项能力富有成效地满足了以技术快速变化为标志的职业需求。

二、如何培养学生的关键能力

围绕有关关键能力的培养，德国对职业教育的教学组织形式、教学方法、课程模式等进行了改革。主要表现在以下几个方面：

1．以项目为导向的教学方法

以项目为导向的教学方法实质上是让学生通过承接和完成某个具体项目（任务）来掌握专业能力、方法能力和社会能力。所承接的项目完全是依据教学计划、大纲的要求，从易到难，从简到繁。在这个过程中，学生基本是独立思考，主动获取和加工信息，设计工作步骤和方式方法，分析并优化解决的问题途径，完成理论知识向实践的转化，并通过互帮互学来完成项目工作。

2．小组教学的组织方式

无论是职业学校的专业理论学习，还是实验实践及实训，在德国均一改原先的排式教学组织形式为现在的圆桌式教学组织形式，包括实习工具（台虎钳）等的连接。一般是5～6名学生围在一起，组成一个小组，在专业理论课中共同切磋和讨论某项专题；在企业的实习中，共同加工并完成某个加工工件……在这一过程中，他们学会了合作，增强了团体工作精神、独立工作以及解决个人所负责工作中问题的能力；学会了和他人交流、进行创新性思考；锻炼了批判性地评价自己工作成果的能力。

3．教师作用和地位的改变

在以项目教学小组教学等新颖教学组织形式中，德国的职业院校教师不再是传统意义上的知识技能传授者，而是一个顾问、支持者和咨询专家。教师一般不再站在教室的前方宣讲知识，而是站在小组的旁边，随时解答学生前来求教的问题。教师地位和作用的这种变化并非说明对教师的要求降低了，相反却是提高了。教师经常要面对一组学生，解答一个群体所提出的问题。因此，要求教师要不断学习，掌握新知识、新技能，以适应新形势不断变换的要求。

4．产教结合的实训基地

在德国，原先的企业培训基地（中心）大多是脱离生产现场的独立培训车间，生产和教学是分离的。近年来，德国的许多企业改变这种做法，在生产车间建立了“学习岛”，使教学直接融于生产环境中。有了“学习岛”，既节省了企业开支，也能使学生尽早接触生产实际；培训教师也可经常亲临现场，感受企业技术革新的不断变化。

三、小结

（1）技术和工艺的进步需要适应能力强的劳动者。

（2）职业教育有责任采用适当的方式培养未来工作需要的人才。

（3）只有把知识、技能同关键能力结合在一起学习并掌握，学生才能够适应未来社会的需要。

（4）为了培养学生的关键能力，职校教师要运用现代教学方式方法来创造出关键能力培养的条件和环境。

——摘自《中国职业技术教育》2000年第4期中吕景泉《借鉴德国职教经验注重“关键能力”培养》。

第八节　鲁班工坊“本土化”师资能力建设

【此文发表于2023年6月】

新时代以来，以天津职业院校为代表的中国教育机构走出国门，在境外与当地教育机构和国际化企业合作创建了一种名为“鲁班工坊”的实体化国际合作平台，与世界分享中国职业教育的教学模式、专业标准、技术装备和教学资源，为当地培养熟悉中国技术、了解中国工艺、认知中国产品的技术技能人才，创建创成了中国职业教育的国际品牌。鲁班工坊品牌化、规模化、可持续地与世界分享中国职业教育的话语体系、标准体系、装备体系和资源体系，向全球提供中国教育的国际公共产品，实现了中国职业教育由“引进来”到“走出去”的历史转折。支撑这个转折成功的内涵要素，除了模式、标准、装备和资源，还有一个师资要素尤其值得关注。

一、问题的提出

在教育国际化的进程中，早期的境外办学是以中方提供师资和高级管理人员为特征和主要内容的，特别是在理工等专业教学领域，中方人员的专业素养、教学能力、职业操守和管理方法发挥了关键作用。然而，对中方人员的过度依赖也成为了境外办学体系化、规模化、可持续性发展的瓶颈。鲁班工坊通过“本土师资培养先行”成功突破了这个瓶颈，为与世界分享中国职业教育创新发展成果提供了一个有效的解决方案。因而，解析鲁班工坊的成功之道，离不开对本土师资培养培训问题的研究。

2016—2018年期间，随着泰国、英国、印度等鲁班工坊的建成，鲁班工坊建设团队在一系列的文章中总结凝练了鲁班工坊的核心要义，即一块品牌，两项功能，三条路径，四个内涵，五项原则，有效指导了鲁班工坊的建设与运营。在第七个鲁班工坊葡萄牙鲁班工坊建成后，作为鲁班工坊品牌的主要创建者，吕景泉教授总结了鲁班工坊核心要义四个内涵，其中之一就是“以师资培训先行及教材教学资源为必要保障”，成为鲁班工坊本土师资培养理念的学术史源头。在后续的一系列研究中，吕景泉教授一再提及本土师资对于鲁班工坊建设与运营的重要性，主张“每个鲁班工坊建设之初，需要对国外合作单位的教学团队、管理团队进行系统化、进阶式培养培训，使其掌握职教新理念、教学新模式、技术新应用，具备实际操作装备的能力，能够掌握专业技术技能及其综合应用”。此外，李云梅研究了鲁班工坊“交替互动”师资培训模式，祖晓东探析了鲁班工坊涉外师资培训形式等问题，张磊解析了本土师资在鲁班工坊教学活动中的教育社会学地位。

纵观鲁班工坊本土师资培养的学术史和研究动态，既有的研究确认了本土师资培养是鲁班工坊建设运营的重要保障，并就本土师资培训的现实需要进行了论述。然而，就鲁班工坊运营中本土教师“具有什么样的内涵，应该具备什么能力，如何赋予这些能力”这一问题，尚未有学者进行系统性的理论研究。

二、本土师资能力的内涵

鲁班工坊的本土师资可以定义为外方院校聘任的在鲁班工坊从事教育教学活动的当地教师，这些教师能够按照鲁班工坊的教学要求以当地通用语言、习俗和方式针对当地学生开展教育教学活动，是一个与中方派出教师相对应的概念。本土师资能力就是鲁班工坊的本土师资作为一种职业应该达到的要求。

（一）本土师资能力的解析基础

鲁班工坊本土师资能力建设的解析和推演基础是鲁班工坊的核心要义。根据鲁班工坊核心要义的“12345”表述，鲁班工坊是中国职业教育的国际品牌，在境外实施学历教育和技术培训，通过国际化的校校合作、国际化的校企合作以及政府间项目合作为当地培养技术技能人才；在内涵上，鲁班工坊以视野国际化、中国本土化的工程实践创新项目（EPIP）为教学模式，以中外双方共同合作开发的国际化专业教学标准为基本依据，以各级各类技能大赛赛项装备为主要载体，以师资培训先行和教学资源开发为重要保障，构建了中国职业教育在境外建设与运营实体化机构的合作办学体系；此外，平等合作、优质优先、强能重技、产教融合、因地制宜成为鲁班工坊国际合作遵循的五项基本原则。基于此，鲁班工坊的本土师资的内涵、能力和要求均应从核心要义中加以推演。

（二）本土师资能力的内涵推演

本土师资能力是一种职业能力，因而，基于鲁班工坊核心要义可以通行地从职业能力评价的知识、技能和态度三维模型来定义其内涵。从知识维度来讲，本土师资能力包含从事技术技能人才培养所必须掌握的专业知识、教育教学知识和行业发展知识，其中的教育教学知识主要以工程实践创新项目（EPIP）教学模式及其教育理念为主。从技能维度来讲，本土师资需要掌握的能力包括能够使用中国职业教育的教学模式开展教育教学活动、能够会同中方老师开发专业教学标准、能够使用教学装备进行教学和竞赛等活动、能够协同开发课程和教学资源。从态度维度来讲，除了具备教师职业道德，还应对中国职业教育的教学模式、国际化专业标准、优质技术装备和教学资源有着基本的认同，也就是要认同中国职业教育的特色和优势。

基于鲁班工坊核心要义和职业能力评价，可以对本土师资能力进行如下界定：本土师资能力是在鲁班工坊品牌追求、功能达成、路径选择、内涵实现和原则遵循过程中，本土教师围绕教学模式、专业标准、教学装备和教学资源方面所应具备的知识、技能和态度。

三、本土师资能力建设的逻辑

鲁班工坊品牌的主要创建者吕景泉教授曾断言："鲁班工坊成败的关键，在于本土师资的培养。"在讨论本土师资能力建设的要素构建和行动路径前，有必要对鲁班工坊跳出传统以中方教师远赴合作国当地开展教学的合作模式，转而以培养合作国本土师资开展境外办学的现实逻辑、底层逻辑和发展逻辑进行深入考察。

（一）现实逻辑

在跨境办学的合作中，持续的批量选派中方教师赴外教学存在着现实困难，这使得中方师资供给较难满足当地需求。其原因在于，第一，在以当地学生为教育对象的教学过程中，教师需以当地学生能够理解的语言来讲授专业知识和技能，这种非母语的专业教学在保障教学质量和实现教学目的方面是极其具有挑战性的。中国的职教师资很难既是“双师型”教师，又能讲鲁班工坊所在国通用的法语、葡萄牙语、泰语、阿姆哈拉语等语言。第二，选派中方教师赴外教学会产生较高的人力成本，主要来自教师出国补贴、境外交通和食宿等，这些成本在大多数境外办学合作项目中难以得到充分补偿。第三，由于境外教学存在对于教学语言、专业知识和技能的多重要求，招募合格的教师赴外工作并非易事；而教师本身还存在对境外教学生活环境、安全、个人学术发展以及职业生涯规划方面的疑虑，这使得批量持续选派教师赴外任教难上加难。因此，靠中方提供师资对于鲁班工坊的可持续发展并不是一个良好的模式。如此，培养当地本土师资就成为一个现实的选择。

（二）底层逻辑

本土师资能力建设的底层逻辑在于本土师资是鲁班工坊教育社会关系网络的关键性群体，处于接受、应用和推广鲁班工坊所使用的教学模式、专业教学标准、教学装备和教学资源的关键节点，是鲁班工坊所要分享的知识、技能和职业素养等教育内容流动的必经之路。本土教师具有遴选基数大、雇佣成本低、服务周期长、本土语言专业表达力强等客观优势，也是易于被校方和师生认可的正式和正规教育从业者。唯有本土师资掌握了工程实践创新项目（EPIP）教学模式，中国职业教育的教学理念才能真正分享于鲁班工坊的教育教学实践；唯有本土师资参与开发、应用与推广国际化专业教学标准，国际化的专业合作才能真正服务于鲁班工坊的学历教育与技术培训；唯有本土师资熟悉使用优质教学装备和赛项装备，赛教互动和资源开发才能真正激发鲁班工坊培养人才的技术、工艺和产品属性；唯有本土师资参与联合开发、应用和推广课程、教材、案例等教学资源，知识、技能和职业素养才能具化于鲁班工坊的专业建设中。可以说，只有相当数量的本土师资掌握了鲁班工坊核心要义所提出的模式、标准、装备和资源并将其具体应用于鲁班工坊的教育教学活动中，鲁班工坊才算真正在境外当地落地生根，才能够可持续地为当地培养技术技能人才。

（三）发展逻辑

本土师资能力建设的发展逻辑在于鲁班工坊要与世界分享中国职业教育的话语体系、标准体系、装备体系和资源体系，实现中国职业教育150多年来从“引进来”向西方学习到“走出去”与世界交流互鉴的历史转折。通过鲁班工坊这个跨境的实体化合作办学平台，中国职业院校与世界分享的是一个中国职业教育150多年学习、引进、消化与创新发展而成的体系化的国际合作品牌，这个品牌包含以工程实践创新项目（EPIP）为教学模式的国际话语，包含以中外双方共同开发并嵌入当地国民教育体系的国际化专业教学标准，包含以赛项装备、竞赛赛项和教学设施为支撑的国际化通用教学装备，包含以教材、大纲、案例、资源库等为支撑的国际化通用教学资源。也就是说，鲁班工坊与世界分享的是集话语体系、标准体系、装备体系和资源体系为一体的中国职业教育创新发展的最新成果。这些体系化的成果一旦被本土师资所接受、验证、掌握和应用推广，能在很大程度上规避非技术风险，推进中国职业教育在境外办学与合作的本土化进程。更为重要的是，中国职业教育真正的、真实的国际影响力是境外本土教师对其的吸纳程度和运用成效。

四、本土师资能力建设的要素构建

本土师资能力建设就是针对外方聘任的服务鲁班工坊教育教学工作的本地教师进行知识、技能和态度方面的涵养与提升，使其具备从事鲁班工坊教学模式、专业标准、教学装备和教学资源相关教育教学活动的能力。这种能力的提升，在静态方面涉及本土师资培养的教育社会学解析，也就是在教育者、教育对象、教育内容、教育环境和教育手段的框架内对本土师资培养的要素进行分项构造和系统组合，这也是鲁班工坊核心要义的致用之道。

（一）教育者

教育者是鲁班工坊本土师资能力提升的主体教育社会学要素。考虑到鲁班工坊的核心要义，本土师资能力建设的教育者应该是由中方为主的高水平EPIP专家、专业导师、技能大师、竞赛专家组成的以培养培训鲁班工坊本土师资为目标的教育教学和能力开发团队。这个团队的教育者扮演着“教师的教师”（trainer of trainers，即TOTs）的角色。其中，EPIP专家是整个教师团队的核心和引领成员，担负着向教育对象讲授“工程实践创新项目EPIP教学模式”的任务，其本身需要对中国班墨文化传承、EPIP原理与应用、鲁班工坊核心要义及中国职业教育的话语体系有着深入的掌握并能够带领教育对象开展世界职业教育发展的比较研究和互动对话。专业导师在本土师资能力提升中担负着向教育对象传授专业知识并全程指导其进行专业学习的任务，通常以学历教育中的研究生导师和专业培训中的课堂讲师等角色出现；另一方面专业讲师还担负着与教育对象进行专业教学标准研制和教学资源联合开发等拓展性的工作任务。技能大师是在本土师资能力提升过程中向教育对象展示技术、工艺和产品，并传授专业技能的高级技能人员，其担负着提升本土师资技术技能水平的关键任务。此外，教育者团队中还应有技能竞赛类的专家，这些专家主要来自世界技能大赛、世界职业院校技能大赛、全国职业院校技能大赛以及各类行业技能比赛的指导老师、裁判、组织者、获奖选手等，能够带领本土师资进行赛教互动、赛项应用和资源开发，提升鲁班工坊师生的技能交流能力。

（二）教育对象

教育对象是鲁班工坊本土师资能力提升的主体教育社会学要素，通常为境外合作院校安排参加能力提升项目的本土教师人选，其完成能力提升后将到鲁班工坊任教或已经是在鲁班工坊任教的本土教师。于鲁班工坊本土师资能力建设而言，教育对象的选择余地相对较小，主要来自合作院校推荐的与鲁班工坊教育教学相关的人员，或者中方招收的有志于到鲁班工坊工作的高层次来华留学生。为达成既定的教育目的，双方需提前就参加师资能力提升项目的候选人选拔条件进行充分磋商。这其中基本的选拔条件包括掌握较高水平的专业知识、具备一定的专业技能、具有良好的职业素养以及良好的身体健康条件。此外，教育对象的选择优先考虑具备“五认同”条件的学员，即认同中国经济社会发展；认同中国产业发展与技术创新；认同中国优秀传统文化与人类命运共同体；认同中国职业教育促进经济社会发展的有力有效作用；认同中国特色国际视野的教学模式、国际化专业框架标准、中国优质技术装备和教学资源。

（三）教育内容

本土师资能力建设的教育内容是教育者在特定教育环境下使用一定的教育手段向教育对象传授的知识、技能和职业素养，使教育对象具备在鲁班工坊实施高水平教育教学工作的合格能力。从知识角度而言，本土师资能力提升的教育内容包括鲁班工坊通识认知、专业理论知识，以及以工程实践创新项目EPIP教学模式为核心的学习是能力提升的关键，应该贯通于整个能力提升项目实施的全过程。从技能角度而言，本土师资在能力提升过程中需要掌握的教育内容包括专业技术技能力模块、联合研制专业教学标准能力模块、赛教互动能力模块和教学资源开发能力模块，此外还应有鲁班工坊品牌推广应用能力模块。从职业素养而言，本土师资应具备所教授专业的行业职业态度和作为教师的职业素质，因此，在鲁班工坊本土师资的能力提升中，相关的行业职业道德、师德师风以及对于鲁班工坊的认同涵养等内容应作为提升本土师资职业素养的重要内容。作为拓展，相关的文化交流与文明互鉴内容也可纳入教育内容中。根据教育类型的不同，本土师资能力提升的三方面教育内容可以依据培训周期、教育层次等进行难度和侧重点的优化设计。

（四）教育环境

本土师资能力提升的教育环境的搭建应以实现教育对象在教育认知和教育行动上知行合一为宗旨，即将教育内容融合于未来的教育教学活动中。教育环境搭建的两个核心就是“真实”和“完整”，要真实地再现专业知识和技术技能应用以及教育教学实施的具体场景，完整地呈现解决真实工程问题和实施教学环节的具体过程，使得教育对象能够在工程化、实践性、创新型、项目式的教育教学过程中提升专业能力和教学能力，实现“学而知其用，用而知其所，所而知其在，在而知其代，代而知其原，原而知其衍”。这就要求教育环境能够再现知识技能素养点应用与操作的“纳观”场景、课程开发与应用的“微观”进程、专业教学与技能训练的“中观”过程、教学组织与实施的“宏观”架构以及鲁班工坊建设与运营的“达观”框范。这些要求需要在研修教室、实训场地、行业场所、竞赛现场、学术论坛、空中课堂等具体场景中通过产业、行业、企业、职业和专业的“五业联动”去营造本土师资能力提升的教育环境。同时，作为一种环境氛围的营造手段，有关鲁班工坊、EPIP的标识和相应的寓意场景也应在本土师资能力提升的教育环境中予以体现。

（五）教育手段

本土师资能力提升的教育手段由系列化的教育方式组成，这些手段可以在境外的鲁班工坊和合作院校通过中方教师实地教学和空中课堂远程教学实施，也可以在境内院校、企业等机构以来华留学或培训的方式实施。从类型而分，本土师资能力提升的教育手段可以分为学历教育和项目培训，其中学历教育是针对鲁班工坊本土骨干师资实施的以硕士和博士研究生层次为主的系统性教育教学活动，项目培训是针对鲁班工坊本土师资实施的以教学模式和技术技能为主的专门性的研修与培训活动。除了学历教育与培训，联合开发专业教学标准、参与技能竞赛和联合开发教学资源是本土师资能力提升的拓展教育手段。中外师资联合开发专业教学标准能够提升本土师资对专业课程教学的标准认知、开发和应用素养，进而提升本土师资团队的标准化教育教学能力。通过参与世界技能大赛、世界职业院校技能大赛、地区或国家技能竞赛以及行业性技能竞赛，本土师资能够在赛事筹备、集训、指导、参赛、执裁、赛项开发与赛事研究中熟悉和了解教学设施和赛项装备的运用，实现鲁班工坊教学的赛教互动，这有助于提升鲁班工坊教育教学和师生交流的开放性。联合开发教学资源能够促使本土师资在与中方教师的互动中提升教学资源的本土开发能力，有助于因地制宜拓展和提升鲁班工坊教学装备和专业课程的服务能力。

五、本土师资能力建设的行动路径

根据教师发展理论，教师的职业成长要经历新手、熟练新手、胜任、业务精干、专家的五阶段，据此可以设计鲁班工坊本土师资能力建设的行动路径，也就是在教育社会学的静态框架下对教师的职业发展进行规划和实施而构建的动态进程，这其中包括教师能力养成、教师能力提升、骨干素养进阶、专家成长引领和认证体系构建等阶段，不同阶段的行动内容可以交互进行。

（一）教师能力养成

本土师资进入鲁班工坊承担教育教学相关工作任务必须具备的基本条件就是教师能力，这包括基础的专业知识和教学法知识，基本的专业技能和教学技能，以及良好的师德师风和职业态度。这可以在对既有师资和候选人员进行遴选后，有针对性地开展专项培训，使其加深对特定专业的知识的了解，熟练掌握对特定专业技能的操作，增强作为鲁班工坊本土师资的师德师风意识和文化自觉。这个能力养成的过程中最关键的是掌握工程实践创新项目EPIP教学模式并将其融合到专业提升和教学过程中。一般，这个阶段能力的养成可以通过EPIP标准化进阶式培训获得。

（二）教师能力提升

本土师资通过学习和培训养成教师能力后可进入鲁班工坊参加教育教学活动，要经历“入岗训练、适岗锻炼、胜岗历练”的教师能力三阶段提升方可成为合格的鲁班工坊本土教师。其中，入岗训练主要指在实训场地和生产现场实地了解所从事专业的工程化场景和实践应用环节，并将之与教学设计与教授过程串联起来。适岗锻炼是指本土师资在鲁班工坊教学或管理岗位上进行实习授课或教辅工作，逐渐适应鲁班工坊的教育教学模式和运营实践。胜岗历练是指本土师资在经过试岗锻炼后继续开展相关方面的拓展锻炼，达到能够熟练使用工程实践创新项目EPIP教学模式开展教育教学活动，从而成为能够胜任鲁班工坊本土教学任务的合格教师。

（三）骨干素养进阶

鲁班工坊是职业教育的国际化合作平台，其合作内涵包括教学模式、专业标准、教学装备、师资培养和资源开发。本土教师在沿着“入岗训练、适岗锻炼、胜岗历练”三阶段进行教师能力提升的过程中主要接触的是以工程实践创新项目EPIP教学模式引领的教育教学活动。从“胜岗历练”阶段开始，专业标准研制、赛教互动和教学资源开发等将逐渐进入本土教师能力提升的行动路径，并衍生出新的能力发展阶段——骨干进阶阶段。在骨干进阶阶段，本土教师将在中方教师团队的带领下参与专业教学标准的研制工作，并参与后期的认证和推广应用；将在中方技能大师和竞赛专家的带领下参与世界性、地区性或国别性的各类技能竞赛，通过参与赛事筹备、参赛、指导、执裁等环节提升赛教互动能力和赛项开发能力；将在中方开发团队的带领下参与开发鲁班工坊专业课程、教材、教学大纲等教学资源乃至技能竞赛赛项从而提升教学资源开发能力。通过这些进阶提升，本土师资从广义上掌握了鲁班工坊教育教学与运营发展的全部内涵要义，具备了成为骨干师资的基本条件。

（四）专家成长引领

本土师资经过较长时间的教育教学实践，尤其是在骨干进阶之后，随着教育实践的增多，对于教学活动相关的思考和认知也将不断深入，这是一个知行合一的螺旋上升过程。思考和认知的深入将激发本土师资研究和推广鲁班工坊话语体系、标准体系、装备体系和资源体系的主动性和自觉性。这些研究和推广活动终将使得本土师资成为鲁班工坊建设、教学、运营和发展方面的专家。这个过程伴随着参加国际学术会议、开展科学研究和教学研究、执裁和指导技能赛事等实践活动，能够呈现出本土师资的思考结晶和认知成果，提升其在国际职业教育领域的学术地位和影响力。世界职业技术教育发展大会、EPIP国际教育年会、产教融合发展大会、世界技能大赛、世界职业院校技能大赛、地区性和国别性技能竞赛为本土师资的专家成长之路提供了良好的平台。目前，境外鲁班工坊已经出现了一批在国际上引领工程实践创新项目EPIP研究与推广应用的本土师资，其代表性人物有葡萄牙鲁班工坊的卢卡斯教授和泰国鲁班工坊的哲仁教授等。

（五）认证体系构建

在鲁班工坊师资能力的涵养进程中，标准化进阶式的EPIP认证体系的构建及其认证机构国际网络的授权设置是解决方案系统推进的归结所在和行动框架：在认证机构方面，构建一个以“工程实践创新项目（EPIP）研究与推广中心”为中心并辐射境内、境外的认证体系；在认证标准方面，就本土师资能力的分级、进阶研制一套标准描述和相应的评估体系；在认证内容方面，规范中国职业教育的标准体系、装备体系和资源体系，为境内、境外师资的培养和鲁班工坊教育教学活动提供标准化的教育内容和教学方案；在认证应用方面，强化认证资质的基本应用领域使之成为在鲁班工坊从事教育教学活动的基本任职条件，进而开发认证资质的拓展应用领域使之成为产业、行业、企业、职业和专业五业联动的产教融合通行证；在认证推广方面，联动境内外工程实践创新项目（EPIP）应用机构，逐步建立认证机构试点、认证项目试验、认证资源及数据开发推广直至全面认证的实施路径。

2022年8月，在首届世界职业技术教育发展大会上，《中国职业教育发展报告（2012—2022年）》宣示：发挥已建立的泰国、葡萄牙、埃塞俄比亚等国EPIP教学研究中心作用，给更多境外合作伙伴带去先进的教学模式、优质的教学装备。2023年4月，"东非职教师资EPIP认证试验中心"成立；2023年5月，"葡萄牙自动化与人工智能类专业EPIP认证试验中心"成立；2023年6月，"泰国综合实训类课程EPIP认证试验中心"即将成立。这些认证机构的成立必将推进工程实践创新项目（EPIP）认证体系在全球的构建与分享应用。

六、归结

鲁班工坊是中国职业教育与世界分享的国际公共产品，已经成为中国职业教育的国际品牌。擦动这个品牌的重要一环是本土师资能力建设。将中国职业教育的教学模式、专业教学标准、教学装备和教学资源融合到本土师资能力建设的教育社会学框架内，从教育者、教育对象、教育内容、教育环境和教育手段等方面构建全方位提升本土师资的职业能力的教育体系，构建教师能力养成、教师能力提升、骨干素养进阶、专家成长引领和认证体系构建的行动路径，是鲁班工坊本土师资能力提升的经验总结、理论提升和实践探索的整体解决方案。

鲁班工坊的可持续发展需要高水平本土师资，高水平本土师资能力建设需要基于工程实践创新项目（EPIP）主线的系统性解决方案，系统性解决方案需要师资能力标准的构建和认证。

——摘自《中国职业技术教育》2023年第17期中张磊、吕景泉《鲁班工坊本土师资能力建设：内涵、逻辑、要素与行动》。

第三篇

基于课程资源建设看工程实践创新项目（EPIP）

课程资源建设是EPIP应用的重要落脚地，也是彰显“工程化、实践性、创新型、项目式”四元要素的施工地，更是“激活”教师教育教学的主阵地。

从“天津中德职业技术学院理论与实践教学”说起，到专业课程改革，到精品课建设、教材建设、模型建模、赛项设计、资源开发、综合实践教学，再到赋能课堂教学，纵览EPIP“微观”应用层级的深度、宽度与高度。

2014年，由天津中德职业技术学院（现为天津中德应用技术大学）吕景泉牵头完成的《开发技能赛项与教学资源，推进高职机电类专业综合实训教学的改革与实践》，获中国职业教育领域首个国家级教学成果“特等奖”。

第一节　天津中德职业技术学院理论与实践教学

【此文发表于 2002 年 9 月】

天津中德职业技术学院是中德两国政府间在职业教育方面迄今为止最大的合作项目。学院设有机械工程系、电气工程系、计算机工程系、工商管理系、外经外语系、基础课部等教学系部。开设有数控机床应用技术、模具设计与制造技术、机械工程自动化、计算机辅助设计、电气工程自动化、楼宇自动化技术、计算机控制技术、信息多媒体技术、计算机网络技术、国际商务、商场管理技术、会计电算化、经贸英语等15个专业。其中，数控机床应用技术、电气工程自动化是全国高职高专教育专业教学改革试点专业。学院建有40个实验室和10余个实习车间。除德国长期专家外，中方专职教师共200余名，70%以上均派往德国、新加坡、日本等培训进修。学院与近20个国家和地区建立了友好关系，与国内百余家三资企业、国有大中型骨干企业、全国百强乡镇企业建立了长期稳定的校企合作关系。

一、课程结构

以电气工程自动化专业为例。借鉴德国高等专业学院（Fachhochschule）和职业学院（Akademie）教学模式，采取分段教学、模块训练型课程模式，分基础教学、专业教学、专长教学、毕业设计与专业实习四个层面，基础学习和主体学习两个阶段。

基础学习阶段为第一、二两个学期，学生除进行公共课学习外，主要学习专业基础理论课程（电工学、电子学、机电原理与制图、计算机应用和专业英语等）。同时开设3个为期6周的专业基本技能实训模块教学（金工技术、电子电路装配与调试、电气安装）。基础学习结束后，组织严格的院级、系级统考，统考门数一般为3～4门。

主体学习阶段为4个学期，完成专业学习、专长学习、毕业设计与专业实习。专业学习和专长学习中，进行8个为期14周的专门化技能实训模块的培训，这些模块包含了电气自动化领域内的最新应用技术，大量采用“实例”和“真实环境”方式培训。一般采用“分组实施、小班教学”的方法进行，保证每位学生独自使用一个工位、一个机台，一名教师指导12名学生。主体学习阶段有两个实习期，第一个实习期在第三学期的相关专业课和实训课中安排学生到企业和校内车间实习，目的是使学生对职业有进一步的了解，获得一定的职业经验，并使其学到的专业基础理论得到应用和拓展。第二个实习期为最后一学期，学生在完成毕业考试后，主要进行毕业设计和企业实习工作，企业实习培训计划由校企协调委员会中的企业委员与毕业设计指导教师共同商议确定，结合学生专业特点和企业实际情况共同确定具体实习内容、实习目标和考核方式。毕业设计一般采用实习企业或校内实践中的真实课题。坚持理论教学和实践教学比例1∶1，理论知识的讲授以“必需、够用”为原则，强调“实用、适度”。

二、模式特点

对课程进行整合，形成上下贯通的理论和实践教学体系，两个教学体系相互平行，相互融合，相互交叉，把技术的综合应用能力、实践能力和创新能力培养作为交叉点和教学重点（见图3-1）。相互平行，是指两套体系的教学计划相互平行，课程流程相互平行；相互融合，是指课程知识内容与技术、技能培养相互融合，理论和实践教学场所相互融合；相互交叉，是指两套体系的功能相互交叉，知识、技术和技能培养的落脚点相互交叉。

例如，“电气安装”实训室模块课主要对学生进行各种实际照明电路和电器机床控制电路的布线方法、安装工艺、维修技巧和控制布线图绘制等方面的培训，其中涉及电机、机床电器和故障诊断方面的内容，但是电机、各种电器只是作为被连接对象让学生获得感性接触，并不涉及原理方面的内容。此实训课程对“电机与拖动技术”“机床电器和工厂供电”“故障诊断技术”等课程的学习及学生的企业实习起到了铺垫作用。

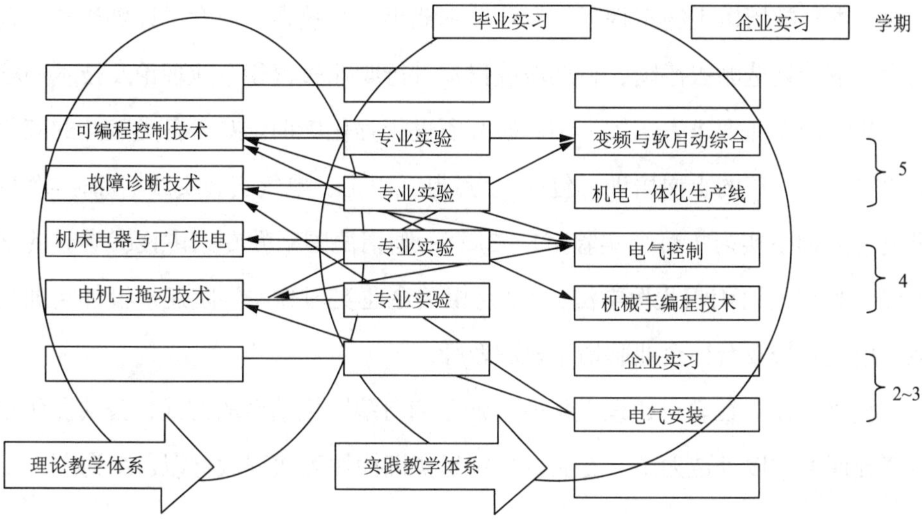

图　3-1

“机械手编程技术”实训模块课程涉及机械手的电气控制、可编程控制、机械手电气控制系统的故障诊断以及电机驱动技术，该课程同“电机与拖动技术”“故障诊断技术”“可编程控制技术”相互平行、交叉融合，既让学生获得相关知识的准备，也使学生熟悉了不同环境下相关技术的具体应用。

“机电一体化生产线”实训模块要在真实的机电一体化生产线上实现6个可编程控制站对铅笔刀生产线控制的调度和程序设计与维护。学生将“可编程控制技术”“故障诊断技术”“机床电器与工厂供电”“过程监控与仪表”“电机与拖动技术”等专业课中学到的知识和技能进行综合应用。

三、保障条件

实践基地。进行这种课程体系改革，还需要有适应高职办学理念、符合先进职教教学方式方法的实践基地作为物质保障。该院的可编程控制（PLC）、电机拖动等实训室完全按理论与实验相结合的教学方式进行配置，而且实训室建设与先进的职教方法相结合，符合“行为引导教学法”“项目教学法”“小组工作法”“技术技能一体化”培训的需求。机电一体化实训室是仿真的现代化生产线。

师资力量。针对不同的师资来源，该院采用不同的上岗培训方法。中德双方专家共同挑选国有大中型企业及其他所有制企业或公司内有5年以上实践经验、本科学历以上的工程师、专业技术能手，在熟悉专业教学计划和教学大纲后，按计划选派去德国、新加坡或日本进行职业教育和专业理论及技术的培训，并结合专业要求去相关大学、研究所进行强化培训。对于各类院校的应届毕业生进行一年的上岗培训，包括2个月电气钳工、电气安装实践培训，4个月机电类实训室实习（每个实验室1～2周），聘请德国职教专家讲授80学时的德国现代职教理论和职业教学法，3个月相关企业实习等。学院还从校外实训基地、相关院校及合作企业聘请了兼职教师。

教材建设。在教材建设上采取“外选和自编”相结合的方式，公共课和专业基础课教材以外选为主，专业课特别是实训模块类课程教材以自编为主。

——摘自《职业技术教育》2002年第9期中吕景泉、马雁《天津中德职业技术学院理论与实践教学》。

第二节　高职“电气工程自动化”专业课程改革

【此文发表于2001年11月】

天津中德职业技术学院（中德现代工业技术培训中心）是中德两国政府间在职业教育领域最大的合作项目，是天津市属的独立设置的高等职业技术学院。我院开设的电气工程自动化专业是1989年开始对外招生的较为成熟的专业，在该专业建设初期，我们完整采用德国同类院校的教学计划和教学大纲进行理论和实践教学。1994年之后，我们结合我国国情，认真分析社会需求，在重“仿”的基础上，开始进行专业理论教学和实践教学的创新。在该专业的建设上，我们坚持了“前期重仿，后期重创，仿创结合”的思路，在深刻理解并实践“能力本位”的职教思想的基础上，坚持专业教学计划必须针对职业岗位（群），由职业岗位（群）对人才的知识、能力、素质的具体要求进行倒排的方法，建立了相应的理论教学体系和实践教学体系。在多年实践和探索的基础上，我们探讨、研究并进行了高职教育的课程模式改革，坚持课程观是课程模式的“纲”，提出了“多元整合的素质本位”课程观。我们认为，这种课程观能够适应多元、多变的高新技术的不断发展，能够适应社会对生产、建设、管理和服务一线人才的需要，适应高职学生个性全面发展的需要。

下面结合我们对高职电气工程自动化专业课程模式的改革尝试，介绍一下我们的具体做法和体会。

一、建立符合高职特色的课程结构

电气工程自动化专业在借鉴德国高等专业学院（Fachhochschule）和职业学院（Akademie）教学模式的基础上，结合我们自身办学的经验和条件，采用分段教学、模块训练型课程模式，逐渐由基础向专业发展，它分为基础教学、专业教学、专长教学、毕业设计与专业实习四个层面，基础学习和主体学习两个阶段。在整个三年教学时间内，专业技能实践培训模块不断线（见图3-2）。

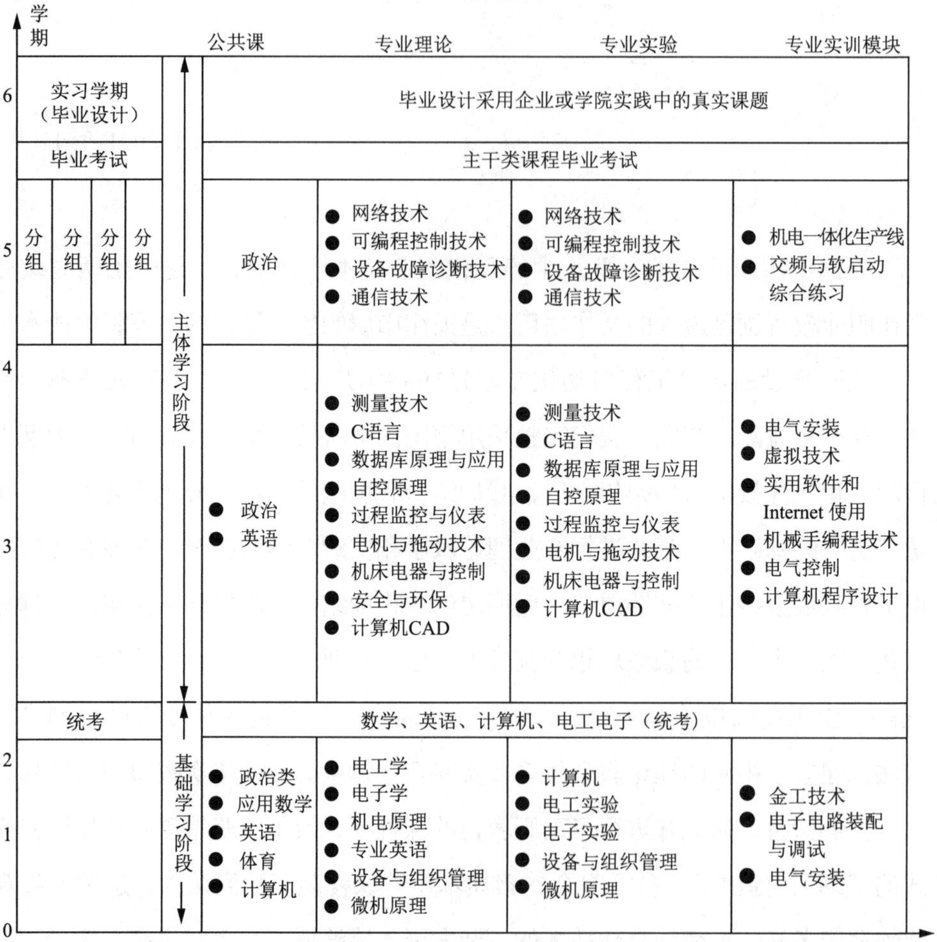

图 3-2

1．基础学习阶段

基础学习阶段为第一、二两个学期，学生除进行公共课学习之外，主要学习专业基础理论课程（电工学、电子学、机电原理、计算机和专业英语等）。同时伴有相应的基础实验教学和3个为期6周的专业基本技能实训模块教学（金工技术、电子电路装配与调试、电气安装）。作为基础学习阶段的结束，将按照学院有关考试规定组织严格的院级、系级统考，统考门数一般为3～4门，检查学生在此阶段的学习情况。

2．主体学习阶段

主体学习阶段分4个学期，完成专业学习、专长学习、毕业设计与专业实习。其中，在主体学习阶段中规定有两个实习期，第一个实习期在第三学期的相关专业课和实训课中安排学生到企业和校内车间实习，其目的在于使学生对职业有进一步的了解，获得一定的职业经验，并使其学到的专业基础理论得到应用和拓展。第二个实习期为最后一学期，学生在完成毕业考试后，主要进行毕业设计和企业实习工作。企业实习首先由校企协调委员会中的企业委员会同毕业设计指导教师共同商议，结合学生专业特点和企业实际情况共同确定具体实习内容、实习目标和考核方式，然后由该专业的企业特派员（我院设有两名专职企业特派员）具体负责学生的企业实习安排，毕业设计指导教师每周一个半天深入企业，同企业中的工程技术人员共同指导学生的实习。毕业设计一般采用实习企业或校内实践中的真实课题，为实习企业和学院解决技术上的实际问题。

专业学习中，学生获得大量的专业知识和专业技能，为其打下较为宽泛的职业基础。而专长学习是专业能力培养的深化，学生将学习到该专业中最新、最具特色的专业知识和技能。专业学习和专长学习中，学生将利用学院内得天独厚的先进实验、实践场所和校内外实训基地进行8个为期14周的专门化技能实训模块的培训，这些模块包含了电气自动化领域内的最新应用技术，大量采用“实例”和“真实环境”方式培训。学生动手动脑相结合，专业能力培养和素质培养相结合，独立思考、独立探索能力培养同集体协作、共同交流能力培养相结合。

专长学习中，为了保障实训模块的有效进行以及先进教学方式和方法的有效应用，一般采用“分组实施、小班教学”的方法进行，保证每位学生独自使用一个工位、一个机台，一名教师指导12位学生。所以，实训模块课时利用率高、实效性强，从而保证了实训质量。

在基础学习阶段，该专业同我院开设的“智能楼宇与综合布线”专业的教学内容完全相同，到主体学习阶段才分成不同的专业形式，开设的课程和实训模块才各不相同，这也是我们对“宽基础、活模块”的具体尝试，通过教学实践，收到良好效果。

借鉴德国高职经验，我们在专业教学中注重动手能力、技术应用能力和关键能力的培养，坚持理论教学和实践教学的1∶1比例，同时，理论知识的讲授以“必需、够用”为原则，强调“实用、适度”（见图3-3）。

项　　目	学　　时		总学时	理论讲授与专业实训总比例
	理　论	实　训		
公 共 课	665	30	695	
专业基础课	392	238	630	
专 业 课	304	264	568	
集中专业技能实训课		520	520	
毕业设计		300	300	
合　　计	1 361	1 352	2 713	1∶0.993

图　3-3

二、专业教学中的探索与尝试

1．整合

（1）为了强化应用数学的工程性和该课程对于专业基础理论课程、专业课程和技术技能实训课程的直接支持，我们将应用数学中的举例同相关专业课程的具体内容进行适度“整合”，让学生加强公共课程学习的针对性和目的性，使其学而知其用，消除了公共课程同专业类课程的脱节现象，同时也相应增强了课程的实效性，减少了大量的理论推证。

（2）将模拟电子学与数字电路两门课程进行有机整合成为电子学。这样，在总课时适度减少、内容调整的情况下，加强了该课程的连续性和该课程对后继专业课的服务和支持。

2．行为引导教学法

电子电路装配与调试、电气安装和电气控制等专门化技能实训模块采用先进的行为引导教学法进行授课。行为引导教学法，又称实践引导法，是从传授一门专业知识和技能出发，全面增强学生的行为能力，使学生在从事职业技术活动时，能系统地考虑问题，具备独立计划、实施、检查能力的一种教学方法。经过多年的教学实践，我们已经开发出一整套适合于高职实践课教学中运用行为引导教学法的实训教材，收到良好效果。

3．项目教学法

机电一体化生产线、机械手编程技术、实用软件和Internet使用、虚拟技术和变频与软启动这五个实训模块采用项目式教学进行。该教学方法实质上是以项目为导向，让学生通过承担和完成某个具体项目来培养学生的专业能力、方法能力和社会能力。

4．技术、技能的一体化教学

对可编程序控制技术，我们采用理论—实验—实践—毕业设计的一体化培训方式，并且该技术在多种教学模块、多个实验室中反复出现，例如，电气安装、电气控制、机械手编程技术、机电一体化生产线和变频与软启动等实训模块中都有PLC控制器的教学内容，但是角度不同。PLC实验室的主要核心技术是PLC，同时，其他相关实验室（电机拖动实验室、电机变频与调速实验室、气动液压技术实验室、机电一体化实验室、模块化柔性加工实验室、调节技术实验室）内同样能看到PLC，即每个实验室有一个主要核心技术单元，同时实验室内还能看到其他的技术单元，宾主相拥，多次重复，但角度不同。

三、探索课程模式改革需要做好的几件事

（1）要搞好高职课程模式的改革，首先需要学校领导和教师一道进行教育教学理念的更新。没有先进的教育教学理念，无法搞好高职，无法办出特色。

（2）要搞好高职课程模式的改革，还需要有适应高职办学新理念、适合先进职教教学方式的实践基地作为物质保障。

在这一方面，我们进行了一些尝试。

可编程控制（PLC）、电机拖动等实验室完全按理论与实验相结合的教学方式进行配置，使专业理论与专业实验有机结合，“讲”与“练”有机结合。

实验室的建设与先进的职教方法相结合，建设符合“行为引导教学法”“项目教学法”“小组工作法”“技术技能一体化”培训需求的实验室。机电一体化实验室是仿真的现代化生产线，教师进行真实故障设置，学生通过故

障诊断和故障排查的训练，掌握工业现场的实用技术和技能。

（3）要搞好高职课程模式的改革，还需要拥有一批适合高职办学特色的“双师型”教师。

（4）要搞好高职课程模式的改革，教材建设同样十分重要。我们采取了“外选和自编”相结合的方式，公共课和专业基础课教材以外选教材为主，专业课特别是实训模块类课程教材以自编为主。我们积极鼓励专业骨干教师结合自己多年教学实践活动的经验，学习和借鉴德国同类学校同类专业的教学大纲和教材，在深入企业了解实际情况并听取教材编写委员会意见的基础上，编写适合需要并具有高职特色的实验、实训类教材，在教学使用中取得明显实效。

总之，高职教育教学的改革和创新是一个系统工程，高职课程模式的改革更需要多方面的共同配合和支持。

——摘自《职教通讯》2001年第11期中吕景泉《高职“电气工程自动化”专业课程模式的改革》。

第三节　把握精品课建设机遇提升高职办学水平

【此文发表于 2005 年 3 月】

2003年，教育部启动了“高等学校教学质量和教学改革工程”的国家级精品课建设工程。实施“高等学校教学质量与教学改革工程”是教育部为不断提高教学质量而推出的一项重大战略举措，同时也是教育部《2003—2007年教育振兴行动计划》的重要组成部分。精品课程建设是“质量工程”的重要内容，教育部计划用五年时间（2003—2007年）建设1 500门国家级精品课程。

2004年初，天津市教育委员会（以下简称天津市教委）领导同志在天津中德职业技术学院调研时指出，2004年是天津高等职业教育质量年，要实现由规模发展向更加注重质量建设的转变。2004年天津高等职业教育必须实现国家级精品课建设的“零”突破，打造天津高等职业教育质量办学、特色办学的品牌。同时指出，天津中德职业技术学院要为实现这个“零”突破作出贡献。2004年3月，天津市教委高职高专处下达《关于在我市高等职业教育中开展精品课建设工作的意见》（津教委专〔2004〕10号文），全面启动了天津高等职业教育的精品课建设工程，并进行了全方位的支持和指导。

2005年初，天津市属高校获得国家级精品课四门，其中天津高等职业院校获得三门，占市属高校75%。天津中德职业技术学院的“数控机床维修技术”和“可编程序控制技术”两个课程双双获得国家级精品课。这些成绩的取得，进一步奠定了天津高等职业教育在制造业类技能型紧缺人才培养的优势，进一步打造了天津中德职业技术学院机、电两大类课程教学的优势品牌，实现了天津高等职业教育精品课建设“零”的突破，充分展现了天津高等职业教育办学的实力，并且在全国高等职业教育院校2004年申报的国家级精品课总体成绩中位列三甲。

一、国家级精品课标准分析

国家级精品课程就是具有一流教师队伍、一流教学内容、一流教学方法、一流教材、一流教学管理、一流实训基地等特点的示范性课程。

一流的教师队伍，就是要形成一支以主讲教授（或副教授）负责的、结构合理、人员稳定、教学水平高、教学效果好的“双师型”素质队伍。

一流教学内容，就是要具有先进性、科学性、前瞻性，要及时反映本学科、本专业领域的最新技术成果，注重符合职业行为能力的培养。

一流教学方法和手段，就是教学模式要先进，教学方法要符合人的认识过程，相关的教学大纲、教案、习题、实验指导、参考文献、教学课件和影像要上网，实现优质教学资源共享。

一流教材，就是要建设精品系列教材，包含多种媒体形式的立体化教材，特别是注重能力培养的实例教材。

一流教学管理，就是要建立科学的教研、质量监控体系，以市场和就业为导向、以服务社会和学生为宗旨，完善教学管理。

一流实训基地，就是要具有符合职教理念，适应现代职业教育教学法的职业现场氛围的实验实训场所。

二、国家级精品课建设实践

（一）制定建设规划

依据天津市教委下达的津教委专〔2004〕10号文件要求，天津中德职业技术学院确定首次精品课建设在教育部国家级专业改革试点“数控机床应用技术”和“电气自动化技术”两个专业中选择核心课程进行，以精品课程建设带动其他课程建设和整体专业建设，构建了以系级精品课建设为基础，院级精品课建设为重点，市级精品课建设为核心的三级精品课建设阵列。2004年学院将精品课建设作为教学工作重中之重的大事，在广泛调研、学习和教研的基础上，学院制定了切实可行的高标准精品课建设规划。

（二）精品团队建设

精品课程建设是任课教师的知识、人品、理念、能力、追求的综合体现。学院运用适当的机制，调动教师积极参加精品课程建设，树立精品课建设是每位教师获取展示空间和发展平台的重要机遇的信念。精品课由学术造诣高、具有丰富授课经验和丰富实践经验的“双师型”副教授以上职称教师主讲，并按比例配备了辅导教师和实验、实训教师。以德国模式开展的在岗教师培养、新教师上岗实习制度得到充分的认可，一专多能教师，既能讲理论、实验，又能讲实训，胜任为企业服务教师的能力得到尽情地发挥，教师的团队精神和拼搏精神得到充分地展现。

（三）教学内容改革和教学体系改革

教学内容和教学体系建设是精品课建设的核心。为配合精品课建设，学院2004年全方位启动了的专业建设、教学计划调整工作，较好地处理了单门课程建设同系列课程改革的关系，课程建设与人才培养方案、课程结构、理论与实践教学体系、教学模式的相互关系。

在学院进行的制造业类专业建设改革中，强化了以服务为宗旨以就业为导向，以专业核心技术为主线，构建专业大类教学平台，强化两个工具能力教学，整合教学资源，突出课程核心知技点的教学改革方案。

（1）推行专业评定制度，对学院的现有专业和拟开设专业实施专业结构战略调整，全力打造中德的“机械”“电气”“信息”三大类强项专业，并将其办“精”、办“强”、办“优”，树天津高等职业教育的“亮点”。

（2）每个专业明确2～3个核心技术技能，整体培养方案为其服务，让毕业生都能真正掌握就业本领，充分利用学院师资和设备资源，创新学院的“质量、特色”，培养“短过渡期”或“无过渡期”高级职业型实用型人才。

（3）每个专业都强化英语和计算机能力教学，重实效、重应用，为高职学生整体素质提升水平服务。

（4）每门课程明确3～5个核心知技点，整个课程强化为核心知技点教学服务，让每个学生清楚地知道各门课程到底都要学什么、重点掌握什么。

（5）构筑机类专业、电类专业的专业大类平台，在专业大类平台基础上，构建具体专业平台，强化技术技能特色模块教学，优化选修课。

（6）强化理论为实践服务，理论、实验、实训为技术技能培养服务，构建“相互平行、融合交叉的理论实践教学体系”，构建“四层两段一贯穿”的教学结构和“核心技术技能一体化”教学模式。

（7）结合实际，学院的每个专业至少要做实1～2个校外实训基地，开展有效的“双赢”模式校企合作，为开展订单式培养服务。

（8）专业建设的总原则是在特色专业上进行外延拓展，围绕天津产业结构特点，发挥学院机械、电气、信息的强项。

（四）教学方法和教学手段改革

教学方法是教学改革、课程建设的关键和切入点。在精品课建设中，大量采用了国际先进的职教方法“行为引导教学方法”“项目教学方法”“系组工作法”，教学过程中遵循了“学为主体，导为主线，知识传授与能力培养并重”的原则，大量引入现代信息技术教学手段。

三、国家级精品课建设之思考

（一）课程设置与教学内容建设

教学内容建设是精品课程建设的核心之一，内容要有科学性、先进性、趣味性，要反映本学科领域最新科技成果。教学内容建设涉及课程设置问题，当今社会科技发展日新月异，新兴学科和专业不断出现，没有哪一个专业的课程设置是一成不变的。课程设置的调整、课程内容的整合，课程与其他各门课程之间相互衔接和有机结合等，都在随着社会的发展而变化。有时一门课程的内容体系设置的变化就将引起一连串的连锁反应。因此，精品课程建设首先应从设置什么课程，为什么要设置这门课程，课程内容等方面着手，否则将功亏一篑。

（二）教材建设与精品课程建设

教材建设是精品课程建设的重要组成部分，系列化的优秀教材应当与精品课程相呼应。我国高等职业教育教材建设普遍存在着教材形式单一，跟不上时代发展的节奏。一本与课程配套的教材出版后内容就落后于现实的情况屡见不鲜，而再出新版又不现实，这将会影响精品课程的实施效果。为此应该在所有精品课程建立动态教材和电子教材，并列入教学计划和授课计划执行，动态教材和电子教材应作为精品课程建设的重要组成内容和充分条件。

（三）教学环境与精品课程

教学环境决定着精品课程的效果。教学环境是由每一讲课在施教过程中涉及的教具、挂图、课件、教室、实验设备、实训演练设备、实训教学场所、教学内容、教学方法、课堂组织形式、师资形态、风格、气质、现代教育技术的运用以及任课教师所营造的使学生感受到的课堂教学氛围等因素构成。教学环境直接影响和关系到精品课程的效果，营造良好的教学环境，将在精品课程实施中起到重要作用。如何明确和提倡对精品课程所需要的教学环境进行营造和设计（不否定只靠一支粉笔、一份教案的方法），实质上是反映了能否树立先进的教育理念和以学生为本的思想，能否以创新的教学方法和手段实施精品课，教学环境应是精品课程建设的重要因素。

（四）加强对精品课程的研究实践

建设精品课程本身是一个教学实践和教学研究的过程，精品课程建设需要以的理论来推动其前进，而对精品课程、精品课的内涵、外延分析，目前的研究是远远不够的。各高职院校的研究机构应与各教学系、部协同配合，努力实践并及时总结积累有益经验，为促进精品课程建设和发展做出积极努力。

综上所述，精品课程建设关系到高职院校的教育质量，关系到人才培养的质量。精品课程建设绝不是单纯的教材建设或是简单的“课程设计”，而是一项实实在在的系统质量工程。建设精品课程最终的成果应体现在学生的学习质量、学生的就业率、学生的创业成功率和学生为社会所能创造的价值上。

——摘自《天津成人高等学校联合学报》2005年第3期中李大卫、吕景泉《把握精品课建设新机遇，再上天津高职办学新水平》。

第四节　高等职业教育教材及教学资源建设思考

【此文发表于 2002 年 4 月】

随着我国现代化建设的推进以及经济转型和高等教育大众化的进程逐步加快，高等职业教育正以迅猛之势加速发展。随着教育部《新世纪高职高专教育人才培养模式和教学内容体系改革与建设项目计划》的启动，高职教育改革进入了一个新阶段。教材建设、“双师型”教师队伍建设和实践教学基地建设是办好高职教育，办出高职特色的三大基本建设，也是实现高职人才培养的重要保证。相对而言，教材建设是当前高职教育中最薄弱的环节。

一、当前高职教育教材建设存在的几个问题

教材改革是教育改革的核心，教育思想、课程体系、教学方法和学法的改革最终必须通过教学内容，即教材的改革才能落实。我国目前高职教材建设存在的主要问题是：

（一）缺乏适合现代高职教育特色的教材，更缺乏精品教材

目前现有的高职教材多是借用本科或中专同类教材，由教师删减、增补而成。这些教材过分强调知识的系统性，基础理论分量太重，应用技能训练比例偏低，不能很好地体现以能力培养为中心，也很少有新模式的探索与试验，不能实现“有大学文化水平的能工巧匠”的教学目的。

（二）教材内容交叉重复，脱离实际，针对性不强

由于缺少对生产实践的深入了解，缺少调查研究，缺乏对职业岗位群所需专业知识和专项能力的科学分析，缺乏科学的课程理论的支持，使得目前编写出版的许多高职教材出现体系不明，内容重复交叉，脱离实际，针对性不强等问题。

（三）教材内容、体系、结构陈旧

传统教材的编写方式占多数，缺乏对科学技术最新进展的体现，对学生能力培养，特别是自学能力、创新实践能力和素质养成教育的培养体现不够。教材形式呆板，文字多，图表少，结构陈旧。

（四）新教学技术、教学方法的体现不够

由于教材编写还没有突破传统学科课程的羁绊，形成自己有特色的内容结构体系，没有充分运用多样的现代教育技术和新的教学形式、教学方法，因此，高职教学仍然普遍存在以教师为主体的现象，还没有真正转换到以学生为主体的轨道上来。同时，这种教材本身也阻碍了教师运用新的教学技术和教学方法的积极性和主动性。

（五）具有高职特色的实践教材严重缺乏

实践教学由于各地情况差异大，教学规范性差，缺乏较为统一的标准，各高职院校目前对实践教材重视不够，这已经成为制约高等技术应用型人才培养的突出环节。

二、高职教材建设五原则

（一）体现高职教育特色原则

高职教育培养的是具有较强技术应用能力，服务于生产建设一线的技术人员和管理人员。要实现这种培养目标需要教学模式的整体创新，高职教育不能再成为本科教育的“压缩型”，“只重视学科体系，忽视技术应用能力”或“只重操作能力培养，忽视理论”都不算是高职特色。通过高职教学和教材编写的改革，我们力图建立以学生为主体、以能力培养为中心、以分析和解决实际问题能力培养为目标、以全面素质教育为宗旨的新模式。教材编写要体现高职教育中理论和实践两大教学体系的有机联系，体现理论教学以“必需、够用”，强调“实用、适度”的原则，提高理论知识中高新技术的含量；体现实践教学以“技术应用”为主旨，提高学生独立解决问题的能力、综合技术应用能力和创新能力。保证高职毕生具有基础理论知识适度、技术应用能力强、知识面

宽、素质高的特点。

高职教材还应避免将理论课、实验课、实习课、实训课、习题课等课程内容完全割裂开来的传统方式，探索将它们有机结合起来的新方式。另外，改革对技术问题的定性分析、定量分析和计算的旧模式，适度减少纯定量分析和纯推理计算的内容，增加“实例”和“案例”分析内容，增加现场排除故障、解决实际问题的内容，将定性分析内容以形象、有趣、充满色彩的形式表现出来。

（二）体现现代教法与学法原则

在高职教育教学中，要坚决贯彻“以教师为主导，学生为主体，教与学互动”的原则，采用多种教学形式，如启发式、讨论式、参与式教学和现场教学。特别是要借鉴发达国家高职教育的经验，大量采用“行为引导式教学法”“项目教学法”“小组工作法”等新的教学方法，充分发挥教师、学生两方面的积极性和主动性。同时，要大力推广计算机多媒体、网络教学等先进的教学手段，增大课堂信息量，提高教学质量和效果。作为反映教法和学法的信息载体，高职教材的编写必须充分体现现代职业教育教学方法和手段的成果，达到辅助教学的目的。

（三）体现理论与实践的紧密结合原则

高职教材的编写要按照学生的认识规律和教学计划安排教材内容和教学过程，要千方百计将实验、实训与课堂教学有机地结合起来，重视专业理论为专业技术、技能训练服务的原则，对公共课、专业基础理论课、专业理论课的教学内容进行有机“整合”，增强这些课程的针对性、实用性和实效性。

（四）体现编写形式创新原则

编写高职教材应该适量增加职业岗位所需要的有关实例和题目内容，增加现场环境、运行管理方式的介绍，以激发学生的学习兴趣和职业意识；同时，编写高职教材还要打破常规，图文并茂，以“图”代文，通俗易读，引人入胜。还要紧扣时代脉搏，使教材体现科学性、时代性、趣味性、可教性和可学性的特点。

（五）体现国际化原则

随着我国加入世界贸易组织，特别是经济全球化进程的加快，高职人才的培养同样面临国际化的要求。编写高职教材时要尽量参考国外同类院校的相近专业的教材，要采用国际标准，适度采用专业术语的双语化出现方式。在条件许可的情况下，编写外文专业教材。

三、我院在高职教材建设方面的探索与实践

天津中德职业技术学院（中德现代工业技术培训中心）是中德两国政府在职业教育领域内最大的合作项目，是一所独立设置的高等职业技术学院，同时也是教育部批准的全国高职高专师资培训基地之一，也是全国重点建设职教师资培训基地。学院自1989年开始借鉴德国职教模式进行职业教育办学以来，无论在师资队伍建设与培养、创建独具特色的职业教育新模式等方面都取得了一定成果。我院的电气工程自动化专业和数控机床应用技术专业，经教育部专家组评审被列入全国高职高专教育专业教学改革试点。下面以电气工程自动化专业为例，介绍我院在高职教材建设方面的探索与实践。

（一）专业教材建设目标

力争在3～4年全部使用高职高专教材。在教材的选用上我们采取外选与自编相结合，公共课程和专业基础课程教材以外选为主，专业课程特别是实训模块类课程教材以自编为主的原则。

（二）专业教材建设思路

10余年来，我院十分重视教材建设工作，学院成立教材编写委员会，吸收有实际工作经验的一线工程技术人员和学院的骨干教师作为委员会成员。积极鼓励专业骨干教师结合自己多年的教学实践活动的经验，学习和借鉴德国同类院校的教学大纲和教材，在深入企业了解实际情况并听取教材编写委员会意见的基础上，编写适合培养目标需要并具有高职特色的教材。到目前为止，由该专业自编并公开出版的高职规划类教材8本，校内印刷并投入使用的教材10本。这些教材是坚持针对高职教育的特点，参照德国的“双元制”模式，结合运用“行为引导教学法”来编写的。这些教材以培养学生实践动手能力、综

合技术应用能力、分析和解决实际问题能力为出发点，注重学生关键能力的培养，在教学使用中收到明显的效果。

另外，对于部分公共课和专业基础课教材由教研室主任与任课教师共同研究商定，根据培养目标选定正式出版的高职高专规划教材。鼓励任课教师积极参与统一安排的高职高专规划教材的编写工作。该专业的教师还同出版社共同研究、编写适用“项目教学法”教学的高职教材，采取共同投资的方式，边编写，边试验，边改进，争取出版独具特色的精品教材。我们充分认识到，具有高职特色的教学计划、教学大纲、教法和学法最终都应该反映到教材中去，高职教育的教学模式不仅反映在教学计划、教学大纲中，还应该在很大程度上反映在教材中。

（三）教材建设中的具体探索与尝试

1．课程整合

在高等数学教材的编写上，强化其工程性及应用性的内容，强化其对专业基础理论课程、专业课程和技术技能实训课程的直接支持。将高等数学中的举例同相关课程的具体内容进行适度整合，让学生加强公共课学习的针对性和目的性，使其学而知其用，消除公共课同专业类课程内容脱节的现象，同时，也相应增强了课程的实效性。

在电子学教材的编写上，将模拟电子学同数字电路两门课程内容进行有机整合，在总体授课学时适度减少、内容调整的基础上，加强了该课程内容上的连续性，删减了不必要的定量分析和推导运算，加强了该课程对后续专业课的服务和支持。

2．行为引导教学法的运用

对于电子电路装配与调试、电气安装和电气控制等专门化技能实训课教材，我们采取配合行为引导教学法教学的方式进行编写。

行为引导教学法（Handlungsorietierung），又称行动导向教学法，是从传授一门专业知识和技能出发，全面增强学生的行为能力，使学生在从事职业技术活动时，能系统地考虑问题，了解完成工作的意义，明确工作步骤和时间安排，具备独立计划、实施、检查能力；以对社会负责为前提，能有效地与他人合作和交往；工作积极主动、仔细认真、具有较强的责任心和质量意识；在专业技术领域具备可持续自学能力，以适应发展的需要。

多年的教学实践和借鉴德国先进教学内容和经验，已经使我们开发出了3整套适合于高职实践课教学中运用行为引导教学法的实训教材，收到良好效果。

3．项目教学法的运用

对于机电一体化生产线、机械手编程技术等实训模块，我们正在尝试运用项目教学方式进行教材编写。该教学方法实质上是以项目为导向，让学生通过承担和完成某个具体项目来掌握专业能力、方法能力和社会能力。

4．核心技术一体化的运用

可编程序控制技术（PLC）是电气工程自动化专业中的核心技术，也是我院的特色专业技术，该技术的教学我们采用理论—实验—实践—毕业设计的一体化培训方式，并且该技术在多种教学模块、多个实验室中反复出现，例如，电气安装、电气控制、机械手编程技术、机电一体化生产线和变频与软启动等实训模块中都有PLC的教学内容，但是侧重点不同。PLC实验室的主要核心技术是PLC，同时，其他相关实验室（电机拖动实验室、电机变频与调速实验室、气动液压技术实验室、机电一体化实验室、模块化柔性加工实验室、调节技术实验室）内同样能看到PLC，即每个实验室有一主要核心技术单元。同时，实验室内还能看到其他的技术单元，宾主相拥，多次重复，但角度不同。

结合我院的这种特点，在《可编程序控制技术》教材的编写上，我们采用理论与实践紧密结合、动脑与动手紧密结合、教学与实例紧密结合、程序设计与故障诊断紧密结合的方式进行编排，有效地发挥了教材建设对教学改革的支持作用。

5．国际标准的广泛运用

我院在专业课、实训模块课程教材的编写上，借助中德合作优势，完全采用国际标准符号和规范进行编写，同时，增设一门24学时的“机电符号与识图”课程，将专业上使用的国家标准与国际标准进行对比和互识，增强学生的专业适应面。

6．图文并茂、以图载文

由我院教师主编、高等教育出版社出版的教材《可编程控制器技术教程》一书，全书31万字，204页，其中图表300多个，几乎每页都有1～2个图表。通过这些图表，可以使学生广泛了解各种型号的自动化设备和器件，形象地学习程序编写和排故方法，清晰地对比各种技术规格和参数，增强了可读性。该教材的这种编写尝试深受高职学生欢迎。

——摘自《天津成人高等学校联合学报》2002年第4期中吕景泉、陈愚《高职教育教材建设之思考》。

第五节 基于职业能力的系统化模型建模与研究

【此文发表于2012年2月】

《国家中长期教育改革和发展规划纲要（2010—2020年）》提出要建立体现终身教育理念，中等和高等职业教育协调发展的现代职业教育体系。而当前中高等职业教育在专业设置、课程与教材体系、教学与考试评价等方面仍然存在脱节、重复、断层现象，与技能人才系统培养的要求有较大的差距。如何实现职业教育要促进专业与产业对接，课程内容与职业标准对接，教学内容与生产过程对接，学历证书与职业资格证书对接，职业教育与终身教育对接，天津中德职业技术学院在长期的高职教育与企业培训中，研究探索技能人才在中职、高职、职后培训及终身教育不同阶段的系统化培养途径，并在风电企业运行、维护、检修技能人才校企合作培养中进行了实践。

一、技能人才知识、技能、素质建模策略

由行业企业人力资源管理部门在行业、企业内建立以职位簇为线条的知识、技能、素质（knowledge，skills，attitudes，以下简称KSA）模型。职位簇是由相同工作性质和相似任职能力要求的不同职位构成的一个集合。职业院校的专业组群应与产业对接，而具体到某个专业时，专业就应与职位簇对接。当对企业的职位簇划分后，就需要对职位簇所具备的职业能力进行识别，制定各职位簇技能人才的分级能力要求标准，从知识、技能和职业素养等方面规定基本任职能力要求，还需要对某一职位簇的KSA进行分级，描述现有职位簇不同层级对KSA的要求以及未来人才目标对KSA的要求，建立KSA模型，实现课程体系与知识、技能、素质模型对接。通过不同层级的KSA要求来建立中职、高职以及职后职业生涯中学习与发展的学习地图。在这种以职位簇为线条的地图

中，每个人都能找到自己职业生涯的学习成长路径。

二、KSA 建模

KSA模型是能辨别技能人才在知识、技能、素质等方面的差异，并将发现的数据整合、量化，从而形成可以用以对照判断技能人才现有能力及相应层次的可操作的体系。建立KSA模型的具体步骤如图3-4所示。

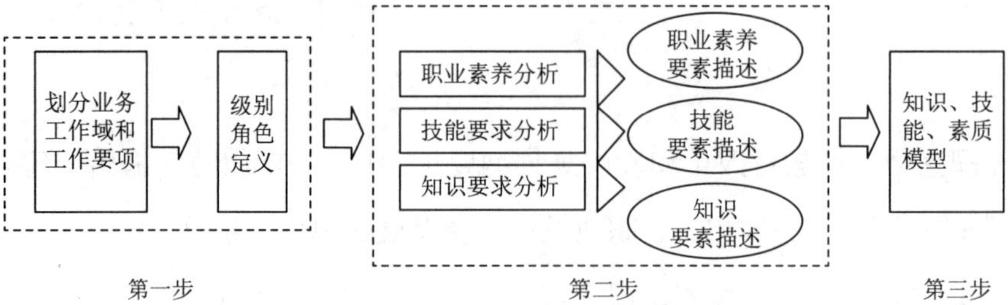

图 3-4

第一步是进行工作分析，从划分工作域和工作要项入手。根据技能人才本职位簇的工作业务进行分类，划分工作域；然后根据工作域梳理出业务要点、工作要项；根据工作要项，按分级标准梳理出各级别所承担的工作内容和业务流程，让一个工作要项的全部内容被不同能力等级的技能人才合理分担，即对于同一专业中职、高职毕业生在从事一项工作任务时，工作要项所涉及的能力高低和范围大小这两个维度应给予清楚的界定。职位簇或岗位簇与职业资格有一定的关联性，可借鉴初级工、中级工、高级工、技师、高级技师这五级来划分能力级别，如一级适用于新进的辅助作业人员。

第二步是进行能力要素分析及提炼。在工作分析的基础上，按等级对工作要项的能力要素进行分级分析定位，确定相应的业务行为应掌握的知识、技能及职业素养，用精练、规范的语言来描述，形成不同等级的能力项要求。

第三步是编制KSA模型分析总表。KSA分析总表是KSA模型的第一级表述，对全部要素按照基础知识、专业知识、相关知识、基本技能、专业技能、相关技能、职业素养等种类进行梳理和归并。表3-1是某风电有限公司与学校共同制定的风能动力技术专业运维职位簇的KSA模型分析总表。

表 3-1

序号	KSA要项	KSA要素分解项							
		1	2	3	4	5	6	7	8
A	基础知识	电工基础	机械基础	机械制图	电气识、绘图	液压			
B	专业知识	风力发电基本知识	继电保护、自动装置及二次回路	电气控制原理知识	电机学	电气一次设备及运行维护	变电站综合自动化和集中控制	电力系统分析	高压电技术
C	相关知识	电力系统通信	变电检修	电气试验	新技术、新设备	电网调度运行	调度、变电运行相关规程标准	数字化变电站及智能电网	
D	基础技能	电气运行方式	调度操作术语应用及相关工作流程	调度范围内的电源，负荷分布情况	变电站主接线及设备	安全用具的使用及紧急救护	计算机操作	工作票、操作票执行	
E	专业技能	风电场设备运行	风电设备维护	风电设备检修与倒闸操作	异常运行与事故处理	低压电气及维护	电气安全接地与防雷	设备交接与验收	
F	相关技能	调度报表管理	新技术应用	电网事故处理					
G	职业素养	法律法规	职业道德	企业文化	电力安全生产及保护	电力应用文	沟通协调和团队建设	技能培训与传授技艺	组织管理

第四步是编制KSA模型分析分解表。KSA分解表是对KSA模型分析总表的各个要素项按照Ⅰ～Ⅴ级分级进行描述。KSA的某项要求在低级别已作要求，较高级别同样要求掌握。表3-2是“风电设备运行”专项技能的四级KSA模型分析分解表。

根据分级的KSA模型，中职、高职及职后培训就可以分级设计课程体系。

三、学习地图制作

学习地图是指以职业技能发展为主轴而设计的一系列学习活动，提供了一个结构化的学习方案。通过学习地图，新员工可以找到自己从进入企业开始，直至成为公司内部专家的学习发展路径。在企业中，根据专业分工的不同，可以设立不同的学习路径图，如销售人员学习路径图、生产人员学习路径图等；根据岗位任务的不同，技能人才在培养中可以只跟随一个专业的学习路径图，也可以同时跟随多个专业的学习路径图；按照职业发展路径有相应的晋级包，依据岗位核心工作要点有轮岗包，如图3-5所示。

学习路径图的绘制包括四个步骤：分析工作任务、分析学习任务、设计课程学习方案、绘制路径图。

表 3-2

<table>
<tr><th rowspan="5">专业技能</th><th rowspan="5">工作内容</th><th colspan="8">Ⅳ</th></tr>
<tr><th colspan="6">Ⅲ</th><th colspan="2" rowspan="3"></th></tr>
<tr><th colspan="4">Ⅱ</th><th colspan="2" rowspan="2"></th></tr>
<tr><th colspan="2">Ⅰ</th><th colspan="2"></th></tr>
<tr><th>技能要求</th><th>相关知识</th><th>技能要求</th><th>相关知识</th><th>技能要求</th><th>相关知识</th><th>技能要求</th><th>相关知识</th></tr>
<tr><td rowspan="4">风电设备运行</td><td>（一）监视风电设备</td><td>1.能看懂变电站控制室的设备配置图
2.能看懂控制屏的屏面布置图
3.能看懂继电保护的屏面布置图
4.能看懂其他屏的屏面布置图
5.能完成本站一次设备、站用电、直流电等系统电气设备的监视
6.能通过终端设备监视风电设备的运行状态</td><td>1.微机的基本操作方法
2.风电设备运行基本知识
3.变电站控制室的布置
4.变配电控制盘二次回路图
5.变配电控制盘一次接线图</td><td>1.能在微机上操作风电设备
2.能看懂电气二次回路的接线图和安装图
3.能按图检查电气二次回路的接线和电缆走向</td><td>1.风电设备相关运行规程
2.风电设备监控程序的操作方法
3.控制室各种设备的布置方式
4.控制柜的各种布置方式志的种类</td><td>能查看和存储风电设备运行数据</td><td rowspan="3">1.风电设备运行指标与分析方法
2.风电设备异常情况分析方法</td><td rowspan="3">能根据实际运行情况在允许范围内正确调整风力发电设备运行参数</td><td rowspan="4">1.风力发电设备相关技术资料
2.与风电设备相关的控制及通信知识</td></tr>
<tr><td>（二）记录运行数据</td><td>1.能抄录风电设备有关的运行数据
2.能填写风电设备运行日志
3.能抄录有关指示仪表的数据</td><td>1.指示仪表的常识
2.各种记录的作用，填写的内容和要求
3.风力发电运行规章制度
4.各种常用电工仪表的作用
5.指示仪表的布置
6.绝缘监察装置的作用
7.各种指示仪表的结构及原理</td><td>1.能对抄录的运行数据和运行日志进行核对
2.能抄录有关测量仪表的数据</td><td>1.指示仪表的常识
2.各种记录的作用，填写的内容和要求
3.风力发电运行规章制度
4.测量仪表的布置
5.各种测量仪表的结构及原理</td><td>能分析风电设备运行数据</td></tr>
<tr><td>（三）巡回检查风电设备</td><td>1.能填写运行日志
2.能根据运行日志布置当班的工作</td><td>1.各种记录的作用、填写的内容和要求
2.运行制度</td><td>1.能发现风电设备异常现象并向有关人员报告异常情况
2.能正确填写各种运行日志并与实际相符</td><td>1.有关电气设备巡视、检查的规定、要求、基本方法
2.风电设备系统图
3.运行日志的种类</td><td>能分析风电设备异常现象</td></tr>
<tr><td>（四）分析运行情况</td><td></td><td></td><td></td><td></td><td></td><td></td><td>能撰写风力发电设备运行与分析报告</td></tr>
</table>

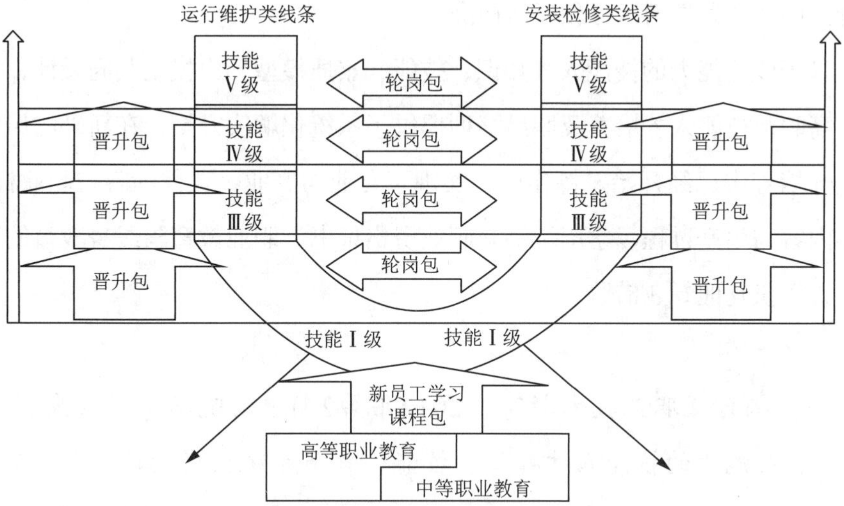

图　3-5

分析工作任务，又称分析工作流程。其区分的依据不是两个专业所需的KSA有何不同，而是它们的工作流程不同。例如，销售专业的工作流程与生产专业的工作流程截然不同，但他们所需要的KSA却有很多重叠之处。因此，分析工作任务的目的就是描述工作流程、流程级别以及流程中的典型任务。

分析学习任务。根据工作任务的重要性、学习难度、执行频率、执行不当后果、缺欠可能性以及准入水平等标准，找出应学、应会、应熟练的学习内容。学习任务同工作任务一样，必须是可观察的和可衡量的。

设计课程学习方案。把锁定的学习内容进行分类，然后有针对性地采用学习策略。学习内容分为态度、动作技能、智慧技能、学习技能和言语信息等五类，不同类型内容的学习目标、学习方法和评估策略都是不同的。

绘制路径图。根据不同职业发展路径的要求，汇总其所有的学习内容，用生动的图画、动画或多媒体等形式体现学习路径图。技能人员每通过一个学习包的考核，就会取得一个“学习护照”，拿到一定“学习积分”。每个技能人员都可以看到基于职业生涯发展的清晰完整的学习路径图。

在应用KSA模型进行课程内容的设计时，可以考虑转换到任务模型，就是直接针对工作任务而非针对知识技能展开学习活动，以典型工作任务作为学习主题，即每次以执行一个工作任务作为学习目标，以技能人才在学习后能否执行工作任务为学习目标和评估标准。

基于职业能力的技能人才知识、技能、素质模型，由校企共同设计，给中职、高职及技能人才培养及职后培训提供了系统化解决方案，在新兴的风电产业人才培养中已经开始发挥作用，实现了专业与产业、课程内容与职业标准、教学内容与生产过程、学历证书与职业资格证书、职业教育与终身教育的有效对接，可供其他专业借鉴。

——摘自《职业技术教育》2012年第2期中汤晓华、吕景泉、洪霞《基于职业能力的技能人才知识、技能、素质系统化模型建模与研究》。

第六节　职业院校技能大赛赛项设计与资源开发

【此文发表于2012年12月】

一、全国职业院校技能大赛赛项教学资源开发历程

天津中德职业技术学院从2008年第一届全国职业院校技能大赛到2012年的第五届，先后策划、组织、实施了“自动化生产线安装与调试”“数控机床安装与调试”“楼宇智能化系统安装与调试”“机器人技术应用”“智能电梯安装与调试”五个赛项，并进行了立体化赛项教学资源的开发。其中，“自动化生产线安装与调试”赛项自2008年以来，每年在全国高职范围内进行比赛，已经连续两届成为东盟技能大赛正式指定赛项，其竞赛设备选用的是中国职业院校技能大赛的指定设备，竞赛内容和标准均采纳中国职业院校技能大赛内容。2012年，越南、菲律宾、新加坡、印度尼西亚、马来西亚和非洲联队等国外选手正式参与全国职业院校技能大赛“自动化生产线安装与调试”赛项，学院与企业深度合作开发的全国职业院校技能大赛赛项“自动化生产线安装与调试”的“天津标准”不仅在全国职业院校机电类专业广泛使用，编写的《自动化生产线安装与调试》双语教材是中国第一本结合职业院校技能大赛开发的国际化教学资源，已成为东盟国家技能竞赛和教学培训的载体，作为将竞赛成果转化为教学资源的一个范例，获得中国联合国教科文组织和德国国际继续教育与发展协会的高度赞赏。

二、高职院校技能大赛的赛项设计

大赛引领高端技能人才培养的目标与方向，本质是以社会需求为导向来设计赛项，赛项设计与专业培养目标相结合，与专业教学相结合，与就业岗位相结合，与国家职业标准相结合，强调要充分发挥技能大赛对专业建设、课程改革的引领作用。

1．赛项设计紧扣产业发展方向

赛什么？竞赛平台的选择与研制是关键的第一步。高职专业必须跟着市场走，产业结构调整、升级换代，高职院校必须要跟上。通过产业的引领组织大赛，大赛再引领专业的建设、教学的改革。对以后加强专业建设、跟上市场对人才发展的需求十分有利。

五年的全国职业院校技能大赛紧密围绕我国产业发展的实际设置竞赛项目，2008年技能大赛高职组分为“自动化生产线安装与调试”“产品部件的数控编程、加工与装配”“注塑模具CAD设计与主要零件加工”“机器人技术应用”等4个项目都是适应国家产业结构调整和工业化进程的需要，是以制造业、电子通信业和先进技术应用为主题的，它们的技术层次和技术含量都非常高，紧扣了先进的技术方向。2009年的赛项“产品造型设计及快速成型”，这是目前工业化进程当中，企业现在技术应用比较领先的技术。3G基站建设维护及数据维护建设是我们配合工业和信息化部，3G刚刚推出，3G基站建设是目前工业和信息化部正在抓的工作，大赛马上就为他们提供一线的技能型人才，还有“电子产品的设计和制作”，都是目前在产业界的先进技术来组成的。2010年高职组设建筑楼宇、装备制造、电子信息、现代物流、农业技能5大类赛项，涵盖一、二、三产业的紧缺人才的需要专业；2011年机器人应用技术比赛、机械部件创新设计与制造比赛、光伏发电系统安装与调试比赛、三网融合与网络优化比赛、芯片级检测维修与信息服务比赛、信息安全技术应用比赛，赛项所设计的工作任务都源自新兴的产业领域，并且以企业或行业为主导，融入了国际标准、国际化理念，更加贴近职业岗位需求。

技能大赛紧密围绕我国产业发展的实际设置竞赛项目，以实际的行动服务和支撑产业发展，为行业企业提供生产第一线急需技能型人力资源。

2．赛项设计与专业建设相结合

2008年、2012年大赛举行的高职组“自动化生产线安装与调试”赛项是高职机电类专业综合实训项目的开发，项目开发的载体选择是基于工业现场真实生产线的典型提炼设备，符合教育部专业指导目录中的高职机电类专业培养目标，并且将该类专业的核心技术技能进行了综合；该赛项为高职院校校内生产性实训基地建设提供了新选择，为教学团队培养学生专业技术综合应用能力提供了新平台，为基于工作过程的课程开发、行动导向教学实施找到了新载体。竞赛内容所涉及的技术应用范围，符合《普通高等学校高职高专教育指导性专业目录（试行）》自动化类（5802）中的机电一体化技术、电气自动化技术等专业的核心能力要求，它将机电类专业中的各种专业核心技术和技能集成于一条高仿真度的柔性化自动化生产线之中，突出强调技术的综合应用。

3．赛项设计引领课程体系改革

职业技能大赛的内容、要求应体现行业发展的前沿技术，反映最新的职业技能要求和行业对技能型人才的需求。参赛院校必须按照竞赛要求进行课程体系和教学内容的改革，才可能取得良好的成绩，培养出更多受社会和企业欢迎的学生。传统的“重理论轻实践”“重分析轻综合”教学方法已不适应高职教学要求。已开发的“自动化生产线安装与调试”“数控机床安装与调试”“楼宇智能化系统安装与调试”被许多高职院校机电类专业采用，在课程体系的建立和教学内容的选择中均与技能大赛紧密结合，特别是把大赛的内容作为专业综合实训课程得到普遍的认可。让大赛项目与内容进入课堂，使职业技能大赛的思想、理念对学生起到较大影响，让大赛的硬件投入对教学起到有益作用，让大赛的优良资源使众多学生得到分享。同时，借鉴大赛项目内容，整合课程，通过大赛项目挖掘出大量知识型、技能型实用训练知识，将技能大赛与“项目化”教学方式相结合，并应用在教学实践中，使职业课程教学改革产生良好效果。

4．赛项设计紧扣职业资格要求

高职组“自动化生产线安装与调试”竞赛设备YL-335中至少包含的10项技术要素有：传感器技术、气动技术、低压电气控制技术、工业网络技术、可编程控制器技术、变频器技术、步进电机技术、电气系统安装和调试技术、机械系统安装和调试技术和系统维护与故障检测技术等；竞赛设备YL-335包含有供料单元工作站、输送单元工作站、加工单元工作站、装配单元工作站和分拣单元工作站等5个子站；通过10项技术和5个工作子站的综合，通过工业网络和可编程控制技术将它们汇总联动，完成整体工业自动化生产线的安装和调试，赛项内容包含了国家职业资格证书“可编程序系统设计师（三级）”和“维修电工”的标准要求。

5．赛项设计紧抓职业素养培养

五年来的大赛赛项设计的目的还在于使技能大赛能检验高职学生的团队协作能力、计划组织能力、交流沟通能力等，并将团队学习、团队训练、团队精神融入整体竞赛过程中。“自动化生产线安装与调试”竞赛既要考技能，也要考素养，坚持过程评测、工艺评测和功能评测相结合，以社会需求为导向设计竞赛、学习方式，这些都是代表着高职教育的方向。赛项考评设计检验高职学生的机电设备安装调试能力、工程实施能力、团队协作能力、计划组织能力，检验高职学生的职业素养、交流沟通以及效率、成本和安全意识，指明了高职院校机电类专业教学的改革发展方向，促进了工学结合人才培养模式改革与创新，有利于培养可持续发展的满足企业需求的高端技能人才。

三、赛项立体化教学资源开发

技能大赛引领专业建设与课程改革，最为重要的就是将大赛赛项丰富的资源开发为可操作可实施的教学资源，并嵌入到专业教学体系，融入日常教学过程中去。下面以《自动化生产线安装与调试》为例来说明结合赛项进行立体化教学资源开发。《自动化生产线安装与调试》是第一本以大赛为载体开发出来综合实训立体化教学资源，包含彩色纸质教材、配套的资源丰富的光盘、全开放的教学资源网站；经过升级改版后，得到全国高职院校机电类专业的广泛使用，作为将竞赛成果转化为教学资源的一个范例，并获得中国联合国教科文组织和德国国际继续教育与发展协会的高度赞赏。当前《自动化生产线安装与调试》进行了英文版的开发，双语教材已成为中国第一本结合职业院校技能大赛开发的国际化教学资源，已在东盟国家技能竞赛和教学中得到应用。

1．立体化教学资源的定位与特色

《自动化生产线安装与调试》是基于工作过程导向、面向全国职业院校技能大赛、服务于高职机电类职业能力培养的立体化综合实训教材。编写高职教材应该适量增加职业岗位所需要的有关实例和现场环境、运行管理方式的介绍，以激发学生的学习兴趣和职业意识；同时，编写高职教材还要打破常规，图文并茂，以图载文，通过丰富的图表，可以使学生直观了解各种型号的设备和器件，形象、清晰地表达各个技术要点，深入浅出，紧扣时代脉搏，使教材体现科学性、时代性、趣味性、可教性和可学性的特点。立体化教学资源开发将技能大赛的内涵用教学资源的挖掘与固化，本身就是将技能大赛的目标进一步深化，将技能大赛的成果进一步推广，将技能大赛的成效进一步延伸。立体化的教学资源开发使高职机电类专业综合实训项目更加科学性，使系统培养学生职业能力、体现专业综合技能应用、强化团队协作精神养成、工程实践能力和创新能力提高有了有效的“载体”。

2．立体化教学资源的架构设计

立体化教学资源由纸质教材、多媒体光盘、教学网站三部分组成。纸质教材以完成大赛项目为线索，采用任务引领、项目驱动的模式编写，由点到面，从局部到整体，由易渐繁，通过小任务去学习专项技术，反映认知规律；又通过技术去完成工作任务，体现职业属性。纸质教材由五部分组成，第一部分为“项目开篇”，教材的编写从典型自动化生产线介绍入手，从普遍的自动化生产线技术聚焦到高仿真自动化生产线YL-335这个“载体”，让学生全面了解基于大赛竞赛平台的技能、技术学习与训练可直接应用或迁移到将来的工作中；第二部分为“项目备战”，以小任务来讲技术，将典型自动化生产线安装与调试应具备的“知识点、技术点、技能点”进行了综合讲解，让学生在大生产线的实境中通过完成小的工作任务学习核心技术；第三部分为“项目迎战”，主要内容是以典型自动化生产线单站调试项目为载体，以工作过程的六个典型步骤为导向，通过综合应用多项核心技术，去完成一个较为综合的单站调试项目；第四部分为“项目决战”，以完成整个自动化生产线的安装与调试为项目任务，按照大赛的考核标准和要求，引导学生完成自动化生产线总体调试中的设备安装、气路连接、电路设计、电路连接、程序编写、整体联调、故障排除，对所学知识、技能进行全面综合应用；第五部分为“项目挑战”，主要针对典型自动线讲述自动化生产线发展趋势及先进技术的运用，对伺服技术、触摸屏技术、工控网络技术、柔性系统、光机电技术等进行简要介绍。

纸质教材反映的内容是最为精要的，不可能将所有技术内容在书中展现，为拓展学生的视野，激发学生的兴趣，大量的视频、图片、技术资料放入配套的多媒体光盘中，比如含大赛实况、自动化生产线的元器实物图、全部的电气机械图纸、可供参考的全部的程序、设备运行过程仿真程序、大赛的完整样题、评分标准、大量的技术参考资料等，使得学生在使用教材时，可有的放矢地进行资讯，制定学习性工作计划方案。同时光盘中还为教师提供了参考的教案。

配套的课程网站充分利用现代化教育技术手段和教学方式，建设立体化的教学内容体系，包括课程介绍、教学大纲、教学日历、教案或演示文稿、重点难点指导、作业、参考资料目录和课程全程教学录像等反映教学活动必需的资源，在网络上全面反映课程教学思想、教学内容、教学方法及教学过程等；同时还包括案例库、专题讲座库、素材资源库，学科专业知识检索系统、演示/虚拟/仿真实验实训（实习）系统、试题库系统、作业系统、在线自测/考试系统，课程教学、学习和交流工具及综合应用多媒体技术建设的网络课程等，应用于各教学与学习环节，支持课程教学和学习过程，较为成熟的多样性、交互性辅助资源。

3. 教学法在立体化教学资源设计中的应用

作为反映教法和学法的信息载体，高职教材的编写必须充分体现现代职业教育教学方法和手段的成果，达到教学的目的。《自动化生产线安装与调试》教学资源的编写按照项目导向、任务驱动组织，充分应用了行动导向的教学理念、项目教学及六步教学法。

对于“项目备战”中各单站调试等实训模块，就是运用项目教学方式进行教材编写，让学生通过承担和完成某个具体的项目来培养学生实践动手能力、综合技术应用能力、分析和解决实际问题能力及关键能力。每一个项目都按照任务提出、信息资讯、工作步骤制定、材料准备清单、电路设计、程序流程框图、项目验收、项目拓展等要素来编写。灵活地应用了行动导向教学理念的“六步教学法”，配套的光盘、网站给了学生资讯的空间和效率，同时采用卡通人物跳出来说一些注意事项，使得教材表述更为鲜活。

考核、评价学生的学习效果是教学过程的一个重要环节。为了全面考核每个学生掌握各种知识及技能的程度，必须完善考核评价机制。高职技能竞赛的裁判评分标准为相关专业、相关学习领域的考核机制提供了新的思路。学生所学所练，最终落脚点是应用、创新，在项目拓展部分让学生以小组为单位完成一个项目，内容可以是学生自主设计或制作一件作品。学生经过调查市场、查阅资料，设计出了多种具有实际价值的作品，如行走式自动垃圾清扫小车、脚踏式拖把拧干器、风吸式黑板擦等。这既让学生在轻松的气氛中学习，又启发和调动了学生主动学习的积极性，鼓励一部分学生将一些有创意的项目纳入毕业设计，实现综合实训与毕业综合设计的系统衔接，培养学生的创新意识和创新能力。

4．用故事贯穿立体化教学资源设计中的教育理念

《自动化生产线安装与调试》教学资源以“功夫熊猫”学功夫为线索，传达了许多教育理念，比如，一开始熊猫笨笨的，但他热爱功夫，凡事皆有可能，只要内心有强烈的学功夫的愿望，都能成为顶尖高手；比如龟仙人的点石成金，暗喻着老师们要相信学生，要给他们信心，每一个学生都有自己的特点，他们都能成才；又比如，浣熊师傅开始采用传统的方法训练功夫熊猫，没有效果，但发现熊猫饿了时，潜能一下子被激发，于是改变训练的方法，获得成功，这也告诉老师们针对不同的学生特点应采用不同的教学方法，而且兴趣是最好的老师等；又比如，功夫熊猫打开最高功夫秘籍时，发现上面一个字没写，他最终悟出学无定法、教无定法、贵在得法，灵活应用各种学法、教学。将这些有意义的故事串在教材中，寓教于乐，让教书育人融为一体。

四、展望与思考

职业院校技能大赛为高端技能人才系统化培养提供了目标与标准。进一步研究职业院校技能大赛在高端技能人才系统化培养中的定位和引领作用，将技能大赛赛项嵌入专业教学之中，系统开发基于赛项的立体化教学资源，将高职特色的教学理念、教学模式、教学计划、课程标准、教法和学法最终都应该反映到以教材为主体的教学资源中去，将高职教育的教学模式很大程度上反映在教学资源中，是形成“以赛促教、以赛促学、教赛结合”的长效机制建立的“微观”落地，对推进我国职业院校技能赛项与国际接轨，推动赛项开发和赛项成果转化，扩大我国职业院校技能大赛在国际上的影响力，造就具有国际水平高端技能人才具有重要意义。

——摘自《中国职业技术教育》2012年第35期中汤晓华、吕景泉《全国职业院校技能大赛赛项设计及其立体化教学资源开发》。

第七节　综合实践教学资源共享与应用探索实践

【此文发表于2014年8月】

一、引言

自教育部联合12个国家部委办共同举办2008年首届全国职业院校技能大赛以来，全国职业院校技能大赛（以下简称“大赛”）已连续举办六届。大赛如何引导专业和课程建设，发挥服务教学作用，如何让院校和师生受益面更大，如何实现“以赛促学、促教、促改、促建”？我们从信息化的角度进行了探索。

大赛综合了职业教育实践教学的内涵要素。“基于全国高职技能赛项成果，促进机电类综合实践教学资源广泛共享和应用模式探索”是教育部第一批教育信息化试点项目。项目以围绕提高机电类专业学习者实际操作能力和实践能力为根本任务，在已有的省市级、国家级机电专业相关15个赛项的基础上，进一步进行赛项教学资源转化，建设数字化、共享型优质机电类专业赛项教学资源库，以大赛为依托，探索分阶段递进、项目式训练，构建专业综合实践课程体系；研发基于大赛的立体化教学资源，为专业综合实训课程提供丰富的教学资源平台；搭建学校教学过程向企业生产过程转化的桥梁；引导教师的“教”和学生的“学”，为学生自主学习提供平台，为教师运用现代教学组织形式和方法提供支撑。

二、赛项教学资源开发

在赛项资源建设过程中，大力探索“将竞赛理念、内容、考核方式融入日常教学，将现代生产流程、技术标准、服务规范引入实践教学，将生产过程和教学过程结合”的教学资源转化模式，建设了指向技能赛项对应装置、兼顾通用性的学习资源，基于技能赛项对应专业的综合性实践教学资源，衔接国际技能赛项和师生开展赛项活动的服务资源。

开发基于技能大赛成果、服务于高职机电类专业综合实训教学的教学资源，遵循的“法则”是：立足于工程实践案例的“真度”，机电技术应用的“深度”，训练创新空间的“广度”，教学资源内容的“厚度”，软硬系统结合的“密度”，虚拟仿真形式的“效度”，教学学习过程的“乐度”，人才培养目标的“适度”。

1．赛项教学资源开发的定位和形式

基于工作过程导向、面向全国职业院校技能大赛、服务于高职机电类专业综合职业能力培养的立体化教学资源，增加了职业岗位所需要的有关实例和现场环境、运行管理方式的介绍，以激发学习者学习兴趣和职业意识；图文并茂，以图载文，通过丰富的图表，形象清晰地展示技术要点，深入浅出，紧扣时代脉搏，使教学资源体现出科学性、时代性、趣味性、可教性和可学性的特点。

2．赛项教学资源开发的架构

立体化教学资源由竞赛训练装备、彩色纸质教材、数字资源光盘、专题教学网站等四部分组成。彩色纸质教材以完成大赛项目为线索，采用项目引领、任务驱动的模式编写，由点到面，由易渐繁，通过小任务学习专项技术，反映认知规律；通过大任务学习技术综合应用，体现职业属性。教学指导、专业标准、精品课件、典型视频、题库案例、工程实景、工具器件、实训条件、教师参考、学习拓展等音视频文案资料放入配套的数字资源光盘中，使得学习者在使用教材时，可有的放矢地制定自主学习和工作计划，实现以教师为中心向以学习者为中心的转换。

配套的专题学习网站上有多样性、交互性的辅助资源，能够有力支持课堂教学和课外学习，支撑教师教学和“泛在式”学习。

3．赛项教学资源开发适合现代教学法的运用

赛项教学资源充分适应现代职教教学方法和教学手段的运用，按照项目导向、任务驱动方式组织。每一个项目按照任务提出、信息资讯、工作步骤制定、材料准备清单、电路设计、机械装配、程序流程、项目验收、项目拓展等

真实工作流程组织编写。在项目拓展部分，让学习者以小组为单位完成一个创新项目，以实现综合实训与综合设计的系统衔接，培养学习者的创新意识和创新能力。

4．赛项教学资源开发融入国际要素

在竞赛内容与装备设计中，融入国际要素，开发国际通用性教学装备，强化国际通用的“工艺考核、过程考核、功能考核和素养考核”的融合渗透，为赛项资源国际化奠定基础。

“自动化工程实践创新项目”“自动化生产线安装与调试”赛项英文版教学资源开发，促成了“自动化生产线安装与调试”赛项被指定为2010年、2012年东盟第八届、第九届技能大赛赛项。“自动化工程实践创新”赛项成为2012年、2013年的国际化赛项，标志着中国职教成果“软实力”的国际化输出。

三、赛项信息化教学资源库的建设思路

信息化平台的建设是实现赛项教学资源共享的有效途径，教学资源的信息化不是简单的文字图片搬家，而是“系统化设计、模板化组合、碎片化资源”的资源重组与再造。

1．以职业能力为依据，设计资源体系

技能大赛强调学习者综合技能训练，依循学生—学徒—熟手—能手—大师的职业发展轨迹，针对每个发展阶段，为学习者提供一套完整的综合实践教学解决方案和丰富的教学资源素材，满足学习者自主选择课程、个性化定制学习资源的需求。

2．信息碎片化，满足个性需求

引进微学习理念，采用基于微资源的资源分类管理模式，将资源按知识点和技术技能点进行切割、序化，使原来较为冗繁和死板的资源变得精炼而灵活，使学习者可以按需对微资源进行检索、下载、重组、序化，有效解决了信息超载等问题。

四、赛项信息化教学资源库建设框架设计

机电类专业赛项教学资源库主要包括：系统化资源（技能赛项资源包）、

微资源（微课程、微资讯、微素材）和教学资源库应用管理平台（教学应用系统、学习管理系统、资源管理系统）。以建设系统化资源包及微资源为核心任务，以教学资源库应用管理平台为关键，构建资源共享与泛在学习应用模式。

资源库分为物理层和逻辑层。物理层是基础，也是教学资源库建设的重点；逻辑层是实现智能化学习的关键。

1．物理层

物理层由碎片化素材库、系统化资源和微资源三类资源组成。

（1）碎片化素材库。碎片化素材库是按资源类型（文本、音频、视频等）分类存储碎片化素材，即每个素材涉及的知识点、技能点或概念等尽量单一，并且对所有素材进行科学规范的统一分级编码。

（2）系统化资源。系统化资源是体系结构相对完整，内容前后衔接连贯，能够进行系统学习或培训的教学资源。根据不同的赛项，资源内容可动态增加。

（3）微资源。微资源包含微课程、微素材、微资讯等。微资源是将赛项教学资源中的知识点、技能点进行最小单元拆分，学习者和教师根据自身需求，自定义微资源间的逻辑链接，进行微资源选取、编辑、定制、整合、提升。

2．逻辑层

逻辑层是资源与用户之间的接口。系统化资源的获取主要是通过模板来组合不同资源，以此来满足不同用户的需求。对于微资源的获取是通过检索关键词来实现的。

模板是为帮助用户达到其目标所设计的流程，以及每个流程中要用到的系统化资源中的资源编码组成的。系统根据模板到系统化资源中提取对应资源，组合成完整的教学单元或学习单元呈现给教师或学习者。

模板是依据用户的目标进行分类的，主要包括：（1）为教师提供各种教学应用模板；（2）为学习者提供赛项学习模板；（3）为希望学习某个部分内容的学习者提供单元学习模板；（4）为希望参加各级机电类技能竞赛的学习者提供竞赛培训模板。

机电类专业赛项教学资源库主要服务于三类用户群：教师、在校学习者和社会学习者。每类用户群不必直接面对数以万计的教学资源，而是根据自身需求从系统提供的多种不同的固化模板中进行选择，也可以完全自行定制模板。

五、赛项信息化微资源设计

赛项信息化微资源包含微课程、微素材等微资源。微资源既可以是教学视频中知识点、技能点的拆分，也可以是工业图片分类和电子课件碎片化处理后形成的最小元。在校学习者、教师和社会学习者根据自身需求，自定义微资源间的逻辑链接，进行微资源选取、编辑、定制、整合。

针对所有赛项信息化资源进行碎片化处理，形成微课程、微素材及微资讯等微资源，同时按标准进行资源的编码，然后上传至资源库服务器。

为了进一步提高学习者的学习效率，满足其个性化学习需求，将课程及相关培训课程进行微课程的设计和建设。微课程是围绕技能赛项的知识点、技能点中的最小元，组织相应的课件、视频、图片、动画、练习、反思、点评等形成的微小学习单元。以视频为例，可以短至几分钟甚至几十秒，只要具有相对完整和具体的结构和形式，都可以成为微课程。再如微课件，它能完整说明一个问题，所以能够独立构成一个微课程资源。

教师和学习者既可以根据实际情况，将微课程资源任意组合，也可以单个使用，满足其个性化教学和学习需求，其借鉴意义和交流价值更大，更加方便师生随时随地通过网络下载或点播。

六、赛项信息化教学资源库应用管理平台设计

通过搭建满足信息多元互动、提供个性化定制服务、适应不同用户学习需求的赛项信息化教学资源库应用管理平台，使资源的利用更加灵活、高效、便捷，营造自主学习、互动学习、快乐学习的优质教学环境。从功能上看，平台建设包括几大系统：学习管理系统、教学应用系统、资源管理系统。

1．学习管理系统功能

学习者根据自身学习需求，按个性化学习模板自主选择所需要学习的课程，制订学习计划。系统用户可以灵活创建学习社区，私有的、共享的、公共的，小组成员可以进行互动交流，企业行业技能专员与专业授课教师可以给学习者提供在线答疑与学习指导。系统记录学习者学习进展情况，记录学习者学

习节点考核成绩，跟踪学习者能力提升进度，对学习者的学习方案和学习计划进行实时更新和改进。同时系统可以测量、评估学习者学习状况，分析学习者的知识、技能掌握状况。学习者也可通过笔记本电脑和手机客户端登录个人学习系统，实现随时随地随心所欲地移动学习。

2．教学应用系统功能

教师可参考资源库中现有的专业资源，确定教学内容，制定授课计划等。课程内容支持交互式教与学。系统支持学习者对课程的评价、对教师的评价，以及学习者之间的互评，提供课程内容的下载及学习任务管理，实现学习者学习成绩的个性化分析和学习行为分析，为学习者提供个性化学习指导。教师可按照课程标准，选择适当的教学方法和所需的教学素材，设计教学情境，制定考核方式和考核标准。

3．资源管理系统功能

系统支持用户有组织地创建、审核、发布各种类型的教学资源，并可跟踪资源使用状况、系统访问状况，对资源的创建、应用、分享等采用积分制管理。

七、结语

构建机电类专业赛项教学资源库的微资源体系及资源库应用管理平台，为全国职业院校、企业和社会学习者提供高效实用的机电类专业资源检索、信息查询、资料下载、教学指导、学习咨询等服务，更好地体现大赛服务日常教学、推动专业教学改革、推动课程改革的初衷。将大赛与当下国际前沿的微学习理念、信息化技术相结合，采用基于微课程、微素材的资源分类管理模式，学习者可以按需对微资源进行重组、序化和再创造，使资源的利用更加灵活高效，同时，模板套餐式系统化资源可实现学习个性化和可定制化。管理平台通过分析学习者的测评结果和追踪记录学习者的学习过程，自动提供适合学习者的学习路径图、学习策略和相关学习素材，形成集信息多元互动、个性化定制、自主学习、互动学习、快乐学习于一体的资源超市。

——摘自《中国远程教育》2014年第8期中吕景泉、汤晓华、周志刚《高职机电类专业综合实践教学资源共享与应用模式探索与实践》。

第八节　高职机电类专业综合实训教学改革实践

【此文发表于2014年10月】

一、引言

自2008年开始，教育部、天津市政府联合国家的相关部委办（从2008年11个部委办，到2013年31个部委办）共同主办了六届全国职业院校技能大赛（以下简称大赛或国赛）。它成为我国职教工作的一项重大制度设计和创新，也是新时期职教改革与发展的重要推进器。职业教育已成社会系统的神经，国赛作为一项改革和创新的举措必然牵涉到诸多部门，也必然引起相关要素的变化。这无疑要求教育的决策与行动转变为以系统的、客观的、持续的、整体性的教育创新，准确把握制约职业教育发展的关键问题，创造性地解决具有战略性的个性化问题。

职业教育目标是职教改革和创新的根本依据，国赛的成果转化怎样才能体现职业教育目标？如何引导专业建设、课程开发、课堂教学这三个原点性的基本问题？如何找到制度管理升级到文化管理的方法与途径？

天津中德职业技术学院先后与德国西门子、日本三菱电机自动化、德国DMG、德国博世力士乐、美国NI、深圳汇川工控、北京昆态等企业全方位合作，联合相关职业院校，从首届全国职业院校技能大赛开始，开发技能赛项及其教学资源，策划、设计了“自动化生产线安装与调试”等6个国赛赛项，“自动化工程实践创新项目”等4个全国性技能赛项，“飞机蒙皮维护”等3个国际化赛项，航空电子技能大赛等多个企业赛项，围绕实现“以赛促学、促教、促改、促建”进行了系统研究与实践。

二、赛项设计及其教学资源开发解决的教学问题

首届全国职业院校技能大赛结束，通过赛项设计及其教学资源开发，解决

了技能大赛引领专业建设途径不明晰问题，引导职业教育教学改革方向；解决了综合实训课程的教学载体和资源短缺问题，发挥了服务日常教学的作用；解决了高职专业综合实训教学的标准不清晰问题，使得更多的院校、更多的学生受益。

开发的赛项积极回应经济转型、产业升级和社会发展对技能人才的需求，瞄准战略性新兴产业，顺应工业发展趋势，为专业设置和调整指明方向；研发的高仿真赛项装备选取企业现场的典型设备要素，结合专业培养目标，为专业综合实训教学和实训基地建设提供解决方案；设计的竞赛内容强化学生的综合职业能力培养，强化工程实践和创新能力培养，引领教学改革方向。

以大赛为依托，探索分阶段递进、项目式训练，为构建专业综合实践课程体系、培养学生综合职业能力提供了教学载体；研发的立体化教学资源，为专业综合实训课程提供丰富的教学资源；搭建了学校教学过程向企业生产过程转化的桥梁；引导教师如何“教”、学生如何“学”，促进企业、岗位、职业资格与专业教学的有机衔接，为教师运用现代教学组织形式和方法提供了支撑。

将赛项设备转化提升为教学设备、赛项任务转化设计为教学项目、赛项内容转化建设为课程内容、赛项标准转化完善为教学标准、赛项评价转化形成为教学评价，形成了高职机电大类多个专业的综合实训教学标准，得到高职院校普遍认可，被教育部高等学校高职高专自动化技术类专业教学标准采纳。

三、赛项设计与开发的模式、路径

赛项设计与开发是赛项引领高等职业教育专业建设与教学改革的关键，天津中德职业技术学院在进行赛项设计与开发的实践中，探索了“服务产业升级与社会需求，面向教学改革实际，聚焦综合实训教学，融入行业企业标准，采纳国际通用技术，着眼大赛教学资源转化”的开发模式。按照“社会需求调研—实际应用分析—提炼专业技术—研发竞赛实训装备—开展竞赛资源建设—举办全国性技能赛项”的赛项开发六步骤，实施了“技能赛项设计、教学资源转化、赛事国际对接、文化体验活动”为一体的系统化赛项承办组织方式。

1．赛项设置对接产业发展和社会需求

竞赛内容设计主要源自国家支柱产业、战略性新兴产业和社会生活服务领域，为产业发展和社会生活需要的技能人才服务。例如“自动化生产线安装与调试”“机器人应用技术”等赛项开发顺应国家产业结构调整和升级的需要，紧扣了工业化进程的技术方向；“数控机床安装、调试与维护”“飞机发动机拆装与维护”等赛项，以装备制造业对人才的新需求为出发点，衔接产业升级需要；“楼宇智能化系统安装与调试”“智能电梯安装与调试”等赛项开发，以频发的电梯惊魂事件为背景，以城市让生活更美好为主调，瞄准了职业教育服务人民群众生活的需要；而“工业机械手与智能视觉系统”赛项，面对世界“智能制造”回流，引导高职专业向服务智能制造转型。

2．赛项设计引导专业建设、课程改革

围绕高职机电类专业综合实训教学项目，赛项设计团队会同行业企业工程技术人员共同设计赛项内容和装备载体，从社会需求调研出发，由典型工程应用提取专业技术和生产工艺，研发竞赛实训装备，共同制定竞赛标准，研讨教学资源建设，力求为职业院校的专业与产业对接、课程实施载体与典型现场装备结合、教学与企业管理运行联系搭建一个共通的“桥梁”。

技能赛项和竞赛实训装备以专业核心技术作为统领，嵌入多项技术领域的专项技术。赛项内容和装备通过局部与整体、单体与总体、机械与电气、机构搭建与编程调试等架构组合方式，进行设计。例如，单站、双站、多站、整体联调（自动化生产线安装与调试），单梯、双梯、连梯联调（智能电梯安装与调试），居室、小区、管控中心、整体联调（楼宇智能化系统安装与调试），物料配送生产线、工业机械手搬运中心、物料仓储立体库、成品储藏库、各部联调（工业机械手与智能视觉系统）……实现引领专业综合实训课程改革，同时，为现代教学方法运用提供载体支撑。

3．赛项标准融入行业企业标准和职业资格要求

“自动化生产线安装与调试”赛项的内容设计参照了“可编程控制系统设计师”“维修电工”国家职业资格标准，“楼宇智能化系统安装与调试”赛项参照了“智能楼宇师”及行业安装标准……同时，竞赛装备的开发立足于日常教

学，全面融入行业企业和生产现场要素，满足职业资格取证的训练要求，满足行业企业的操作规范和工艺。赛项设计围绕专业核心技术展开，实现了专业核心技术与课程系统设置一体化、训练竞赛装备一体化、职业资格取证一体化和企业顶岗实习一体化的目标。为技能竞赛、日常专业教学有效融入行业企业标准、职业资格标准提供了支撑。

4．赛项内容对接国际通用技术、器件和工艺

在竞赛内容与装备设计开发过程中，研究和借鉴国际赛项经验，立足本土的国际化资源开发，大量选取在工业技术领域国际通用性强、应用效果好的主流技术和器件，参考现代生产工艺流程，分析典型跨国企业、高端技术企业用人标准，研究工程现场实际和综合职业能力要素，强化国际通用的“工艺考核、过程考核、功能考核和素养考核”，为赛项国际化奠定基础。

通过开发国际通用的“自动化工程实践创新项目”“自动化生产线安装与调试”教学装备和双语教学资源，为中国职教与国际职教对接提供了交流平台。

5．服务高职机电类专业综合实训教学

在赛项设计、开发中，将团队协作能力、计划组织能力、交流沟通能力等职业素养纳入竞赛内容，引领综合实训教学的课程设计与教法、学法改革；将专业教学中的多项技术在高仿真现场环境下进行综合应用，结合赛项内容和装备在局部与整体、单体与总体、机械与电气、机构搭建与编程调试协同设计的条件下，增强了专业课程体系中各个课程、各个实验实训场所的有机关联，融会贯通；将教师日常教学的线性流程改造为并行、综合实施流程，构建“相互平行、融合交叉”的理论和实践教学体系。

6．为赛项注入技术与文化传承、体验与经验分享

在赛项策划、设计和申报之初，联动国内外相关机构、技术企业、教学装备公司，启动配合国赛赛项的承办主题、体现赛项特点、融合技术文化传承、新技术体验和分享、生活技术文化交融的竞赛环境设计与实施。将赛项的举办与师生的技术文化体验相结合，将赛项开发设计理念体现出来。

2010年以来的四个主题体验活动：

2010年，主题为“当一天智能家居人”技术文化体验活动为“楼宇智能化系统安装与调试”赛事创设了“科普性”竞赛环境。

2011年，主题为“机器人世界体验之旅”技术文化体验活动为“机器人技术应用”赛事创设了国际主流机器人“大聚会”的展示比擂环境。

2012年，主题为“自动化穿越之旅”技术文化体验活动为“自动化生产线安装与调试”赛事创设了自动化技术“全生活”感受环境。

2013年，主题为“自动化创新之旅”技术文化体验活动为“工程实践创新项目”等多个赛事创设了自动化技术在高科技领域“创新应用”的体验环境。

四、赛项教学资源开发模式

在赛项资源建设过程中，探索了“将竞赛理念、内容、考核方式融入日常教学，将现代生产流程、技术标准、服务规范引入实践教学，将生产过程和教学过程结合”的教学资源转化模式，建设了指向技能赛项对应装置、兼顾通用性的学习资源，基于技能赛项对应专业的综合性实践教学资源，衔接国际技能赛项和教师学生开展赛项活动服务资源。

赛项资源开发立足于工程实践案例的“真度”，机电技术应用的“深度”，训练创新空间的“广度”，教学资源内容的“厚度”，软硬系统结合的“密度”，虚拟仿真形式的“效度”，教学学习过程的“乐度”，人才培养目标的“适度”，开发基于技能大赛成果，服务高职专业综合实训教学的教学资源是成为国赛遵循的“法则”。

1．明确教学资源开发定位和形式

基于工作过程导向、面向全国职业院校技能大赛、服务于高职机电类专业综合职业能力培养的立体化教学资源，增加了职业岗位所需要的有关实例和现场环境、运行管理方式的介绍，以激发学生的学习兴趣和职业意识；编写图文并茂，以图载文，通过丰富的图表，可以使学生直观了解各种型号的设备和器件，形象清晰地展示技术要点，深入浅出，紧扣时代脉搏，使教学资源体现科学性、时代性、趣味性、可教性和可学性的特点。图3-6所示为立足“八度”

开发的赛项教学资源。

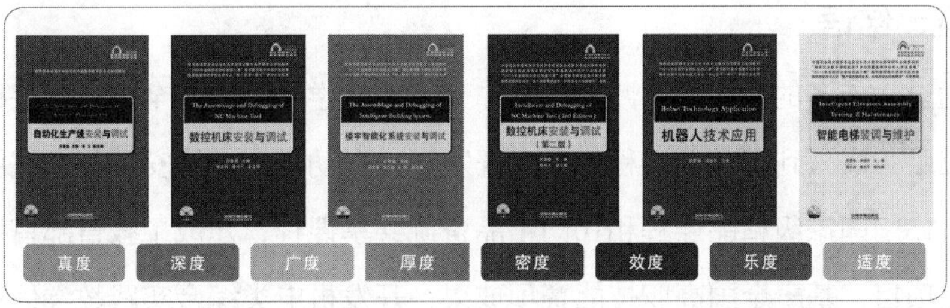

图　3-6

2．设计教学资源开发的架构

立体化教学资源由竞赛训练装备、彩色纸质教材、数字资源光盘、专题教学网站等四部分组成。彩色纸质教材以完成大赛项目为线索，采用项目引领、任务驱动的模式编写，由点到面，从局部到整体，由易渐繁，通过小任务学习专项技术，反映认知规律；通过大任务学习技术综合应用，体现职业属性。

教学指导、专业标准、精品课件、典型视频、题库案例、工程实景、工具器件、实训条件、教师参考、学习拓展等音视频文案资料放入配套的数字资源光盘中，使得学生在使用教材时，可有的放矢地进行资讯，制定自主学习和工作计划，从教师为中心向学生为中心转换。

配套的专题学习网站是多样性、交互性的辅助资源，有力支持了课堂教学和课外学习，支撑了教师教学和“泛在式”学习。

3．开发适合现代教学法运用的教学资源

教学资源充分适应现代职教教学方法和教学手段的运用，按照项目导向、任务驱动式组织，应用了行动导向的教学理念、项目化教学及小组式工作。每一个项目按照任务提出、信息资讯、工作步骤制定、材料准备清单、电路设计、机械装配、程序流程、项目验收、项目拓展等真实工作流程组织编写。在项目拓展部分，让学生以小组为单位完成一个创新项目，实现综合实训与综合设计的系统衔接，培养学生的创新意识和创新能力。

4．开发推动职教国际交流的教学资源

成果建设团队在竞赛内容与装备设计中，融入国际要素，开发国际通用性教学装备，强化了国际通用的“工艺考核、过程考核、功能考核和素养考核”

融合渗透，为赛项资源国际化奠定了基础。

五、结语

通过六年多的研究、实践与探索，开发的教学资源已在全国高职院校得到普遍应用，嵌入到了专业课程体系，开发了《自动化生产线安装与调试综合实训》等15门国家级精品课程和10门精品资源共享课程，建成了教育部首批信息化试点项目“基于全国高职技能赛项成果，开发机电类综合实践教学信息化应用平台”，并融入日常教学过程中，逐渐形成了职业院校的竞赛文化，有效推动了全国高职机电类人才培养质量的提升。

其中，“自动化工程实践创新项目”“自动化生产线安装与调试”赛项英文版教学资源开发，促成了“自动化生产线安装与调试”赛项被指定为2010年、2012年东盟第八届、第九届技能大赛赛项。“自动化工程实践创新”赛项成为2012年、2013年的国际化赛项，标志着中国职教成果“软实力”的国际化输出。

2013年，“飞机蒙皮技术”“工程实践创新项目”赛项引进国外智力资源，被评为国家级引智项目。通过东盟参赛的推广，泰国机电一体化专业留学生班正式在学院实施。

通过实践探索的“以赛促学、以赛促教、以赛促改、以赛促建、教赛结合”的机制和途径，推动职业技能赛项开发和赛项成果转化，推进我国职业院校技能赛项国际化，扩大了我国职业教育在世界上的影响力。

——摘自《中国职业技术教育》2014年第30期中吕景泉、张兴会、汤晓华，等《开发技能赛项及其教学资源推进高职机电类专业综合实训教学的改革与实践》。

第九节　赋能职业教育课程改革与课堂教学探索

【此文发表于2024年7月】

2021年10月，中共中央办公厅、国务院办公厅印发《关于推动现代职业教育高质量发展的意见》，指出“建设技能型社会，弘扬工匠精神，培养更多高素质技术技能人才、能工巧匠、大国工匠，为全面建设社会主义现代化国家提供有力人才和技能支撑。”2023年5月，习近平总书记在中共中央政治局第五次集体学习时指出，“统筹职业教育、高等教育、继续教育，推进职普融通、产教融合、科教融汇，源源不断培养高素质技术技能人才、大国工匠、能工巧匠。”

当前，我国经济已经进入高质量发展的新阶段、新征程，质量之魂，存于匠心，工匠是高质量发展的践行者。国家把发展高等职业教育作为培养大国工匠、能工巧匠的重要方式，为高职人才培养指明了重要方向——培养现代工匠。拥有精湛的技艺、能够在追求卓越的道路上坚持不懈地创新是现代工匠的显著特征。职业院校要肩负起培养现代工匠的使命，就必须进行课程改革和课堂教学的再造。课程、课堂是培养现代工匠的主战场、主渠道，其关键在于教学模式的创新。工程实践创新项目（EPIP）教学模式由吕景泉教授提出，并在其主导下广泛应用于天津职业教育教学改革，收到了空前效果，获得国家级教学成果特等奖，成为天津国家职业教育改革创新示范区的重要支撑，得到了中外职业教育领域的极大认可，伴随着鲁班工坊走入世界二十余个国家，为世界职业技术技能人才培养贡献了中国智慧和中国方案。

一、对EPIP教学模式的再认识

EPIP是“工程实践创新项目”的简称，四个字母分别取自工程

（Engineering）、实践（Practice）、创新（Innovation）、项目（Project）的英文首字母。其核心要义是将理论教学与实践教学融为一体，在真实的工作情景中形成与发展学习者的综合职业能力与创新能力。EPIP 教学模式是以实际工程项目为导引，以实践应用为导向，培养学习者科学探究能力和问题解决能力的新型教学模式。

（一）全面推行 EPIP 教学模式，应时代之召唤

2024年1月31日，习近平总书记在中共中央政治局第十一次集体学习时强调："要按照发展新质生产力要求，畅通教育、科技、人才的良性循环，完善人才培养、引进、使用、合理流动的工作机制。要根据科技发展新趋势，优化高等学校学科设置、人才培养模式，为发展新质生产力、推动高质量发展培养急需人才。"发展新质生产力呼唤着新型劳动大军的涌现，这对以培养高素质技术技能人才为目标的职业教育提出了更高要求。《中华人民共和国职业教育法》第二条规定，职业教育"是指为了培养高素质技术技能人才，使受教育者具备从事某种职业或者实现职业发展所需要的职业道德、科学文化与专业知识、技术技能等职业综合素质和行动能力而实施的教育，包括职业学校教育和职业培训。"EPIP教学模式表现出四个特征：一是将职业道德、职业精神的培养以润物细无声的方式融入日常教学；二是将技术技能训练和科学文化知识学习集成为具体的工作任务、项目，且任务、项目之间又互为依存，科学递进；三是任务、项目全部来源于真实的生产一线，具有开放性、实践性的同时也具有创新性；四是师生关系发生了同堂异构，由传统灌输式教育转化为师生在共同研究与创造中完成具体的工作任务。EPIP教学模式根植于真实生产实践，教学内容与真实岗位无缝对接。教学内容会伴随产业升级而持续迭代，新技术、新工艺、新规范、新标准会以教学任务为载体融入课堂教学，进而达成培养适应科技革命和产业变革需求的创新型人才的育人目标。

（二）全面推行 EPIP 教学模式，破教改之难题

2019年至今，国家一直在密集发布发展职业教育的政策与制度，职业教育发展步入了快车道。纵观这些政策与制度，从顶层设计到具体实施，其主要

目的是推进职业教育高质量发展，更好地适应经济社会发展，推进职业教育供给侧改革。在国家政策的驱动下，职业教育教学改革不断深化，人才培养质量稳步提升，但是课程改革难落地、课堂教学内容更迭与技术发展不同步等卡点问题依然存在，亟需破解。没有一个先进的教学模式就没有成功的课程改革和课堂教学。EPIP教学模式是针对每一项训练、每一项技能，在让学习者学而知其用的同时，做到用而知其所、知其在、知其源，最终可以广泛地应用衍生与自主创新。EPIP 教学模式有效应用的基础是深度的校企合作，作为教师要时刻提示自己教学内容是不是最新的，要具有把真实工程、实际问题转化为具化的教学资源、教学载体的开发能力，实现在教学中由真实的工程项目、岗位任务导入，培养学习者从“知道做什么”到“知道为什么而做”，进而实现创新与突破，着力培养学习者的工程实践能力和创新能力，让课堂教学具有不竭的生命力和创造力。

（三）全面推行 EPIP 教学模式，彰中国之特色

EPIP 教学模式作为鲁班工坊的核心内容，与鲁班工坊一道走向了世界。EPIP教学模式萌芽于天津国家职业教育改革试验区，伴随着国家现代职业教育 的改革与创新而不断成长与完善，经过螺旋式的研究、实践、创新，成为独具中国特色的职教话语，得到了世界的高度认可。EPIP教学模式不但是天津的，还是中国的，更是世界的。EPIP教学模式具有鲜明的实践导向，采取任务驱动方式，以工程中的实际任务为载体，激发学生的探究欲望，给予学生较大的自主性，促使他们主动寻找解决方案，激励学生深入探究科学原理、技术细节，培养其批判性思维和创新能力。如果以工程思维把EPIP拆成EP和IP则发现，EP即工程实践侧，注重实践操作和经验积累；IP为创新项目侧，是发现问题、创新与探索。EP是基础、前提，IP是重点、载体，二者互为因果，不可分割。2023年，联合国教科文组织联合世界银行、国际劳工组织发布的《建设更好的正规职业技术教育与培训体系：中低收入国家的原则与实践》（Building Better Formal TVET Systems：Principles and Practice in Low- and Middle-Income Countries）显示，许多中低收入国家的职业技术教育与培训体

系同技能和劳动力市场需求不匹配，许多培训机构提供的课程与学生和企业的需求不匹配，教师准备不足、设备陈旧等导致学生无法获得优质服务，削减了学生接受职业技术培训及进入相关行业工作的积极性。联合国教科文组织教育助理总干事斯蒂芬妮亚·贾尼尼（Stefania Giannini）表示："青年失业是我们这个时代面临的最大挑战之一，需要我们坚定不移地关注、下定决心，并全心全意地为他们提供全纳的、可获得的终身学习和技能提升机会。我们要通过职业技术教育与培训，让青年掌握所需的技能和知识，使他们不仅能够在当今的就业市场上脱颖而出，而且能够在瞬息万变的世界中茁壮成长。"开展技能培训最好的模式非EPIP教学模式莫属，这也是EPIP一经问世，就得到世界各国响应的重要原因之一。天津职业院校基于EPIP教学模式的探索，构建了产业、行业、企业、职业、专业"五业联动"办学机制，形成了"核心技术技能一体化"专业标准开发机理，开发了"工程化、实践性、创新型、项目式"系列化综合实训课程，研制了100余部双语教材与教学资源，系统实施了以工程实践为导向、以实践创新能力培养为目标的中外"双师型"职教师资培养计划，取得了重大改革实践与理论创新突破。

二、基于 EPIP 教学模式的课程改革

课程改革说到底就是要解决"教师怎样教，学习者怎样学"这一问题，需要从教学模式改起。2021年10月，中共中央办公厅、国务院办公厅印发《关于推动现代职业教育高质量发展的意见》，要求创新教学模式与方法；按照生产实际和岗位需求设计开发课程，开发模块化、系统化的实训课程体系，提升学生实践能力；普遍开展项目教学、情境教学、模块化教学，提高课堂教学质量。EPIP 的核心恰为"基于真实的工作任务、项目开展教学"。要实现"在真上学，在真上 教，在真上做"，就必须重新修订课程标准，优化实训基地建设，提升教师双师素养，改善教学评价。

（一）基于模块化课程建设修订课程标准

课程标准明确规定了课程的教学目标、教学内容、教学实施和教学保障，是开展课程教学的依据，是课程的灵魂和核心。2019年1月，国务院印发的

《国家职业教育改革实施方案》规定，将标准化建设作为统领职业教育发展的突破口。模块化课程是一种以学生为中心、注重实践能力培养的课程新形态，具有灵活性、实用性、开放性、项目式的特点，这些属性与 EPIP 教学模式高度契合。因此，选用EPIP教学模式进行模块化课程建设，会起到事半功倍的效果。

模块化课程建设应充分发挥课程标准的权威性、指导性和规范性作用，以制定课程标准为统领，全面而系统地进行教学实施、教材编写、资源配置、教学评价等方面的改革与创新。在改革过程中要以落实EPIP教学模式的核心要义为指导，将价值塑造、知识传授和能力培养三者融为一体。以岗位工作过程作为课程标准制定的依据，按照生产实际和岗位需求设计开发课程内容，在标准中要明确具体的任务载体，载体的内容要源于真实工作与生活。例如，“动力电池系统检测与维修”课程，在分析动力电池检修岗位能力的基础上，根据岗位主要工作领域设定为“动力电池检修”“动力电池管理系统检修”“综合故障检修”3个项目，每个项目再序化成若干教学任务，例如，将“动力电池拆装与检测”重构为“检、拆、查、测、装、调”6个教学任务。

（二）基于工程实践优化实训基地建设

持续强化学习者校内学习与实际工作的一致性，须适应EPIP的教学要求，基于工程思维的逻辑，以实际工程为背景和基础，打造综合、系统、真实的工程实施环境。从实际岗位工作任务出发，创造真实的工作场景，打造一批通过训练项目而得到的真实产品，让作业向作品、产品转换。例如，在模具专业中，按照模具加工的工作流程调整原来的专业实训室，由立式加工中心、电火花、线切割和钳工工作台组成一个学习岛，遵从学习者的认知规律，按照从简单到复杂、从单项到综合的产品加工过程创设任务载体，以完成具体工作任务的方式有序地开展教学活动。

（三）基于双师素养提升教师能力

职业院校的教师是集理论、技术、技能、教学于一身的复合型人才。早在“十一五”时期，教育部就开始了以提高教师双师素质为重点的职业院校教师培养计划。2019 年8月，教育部等四部门印发的《深化新时代职业教育“双师型”教师队伍建设改革实施方案》指出，“同时具备理论教学和实践教学能力的‘双师型’教师和教学团队短缺，已成为制约职业教育改革发展的瓶颈。”实施EPIP教学模式离不开教师与团队。在“双高”建设期间，天津职业大学开展了基于教师专业创新团队建设的教师个人与团队共成长攻坚计划，构建了以师德师风建设为引领、以双师素养提升为目标、以数字素养提升为关键的“三基本一专长”教师职业发展成长模型，引导教师塑造“大品格”，练就“大技艺”，成为“大先生”，成为支撑新时代国家职业教育改革的关键力量。

（四）基于学习者习得改善教学评价

2020年10月，中共中央、国务院印发的《深化新时代教育评价改革总体方案》明确要求，改进结果评价，强化过程评价，探索增值评价。在推行EPIP教学模式的过程中，要以“过程性、表现性、成长性”重构教学评价体系，在评价的主体、手段多元化的基础上，从认识、熟悉、掌握、创造四方面开展全过程评价；在具体任务完成过程中，对学习者在小组、团队中发挥的具体作用给予表现性评价；对学习者在整体项目任务完成过程中所表现出的创新能力和创新意识给予成长性增值评价。例如，在酒店专业“高端对客服务”课程中，运用教学平台和酒店客户管理系统中的评价功能，全过程精准记录学习者的学习过程，从团队协作、操作规范、任务完成、服务满意等方面由企业导师、学校教师、小组团队等多元评价主体进行评价，对于突发事件、过程中的创新开展增值评价，激励学习者个性化发展。

三、以 EPIP 教学模式打造课堂教学新形态

课堂教学是教学的基本形式，是学习者获取知识、提高技能和形成思想观念的主渠道。一个全新的教学模式终将改变课堂教学的形态，也将改变学习者的学习范式。EPIP的“以实际工程为背景，以工程实践为导向，以能力培养为目标，以工程项目为统领”的理念，将充分激发课堂“教”与“学”的双重动力，有效解决课堂教学内容与岗位变化不同频、课堂教学组织形式不开放等问题，在课堂中呈现国家对职业教育的新要求、新期盼，让课堂凸显职业教育

的典型特征。

（一）建构校企共轭相融共生的跨界课堂

以共生、共育、共赢为主线，依托行业产教融合共同体，与龙头高端企业深度合作，建设校企命运共同体，实施EPIP教学模式，可有效提升课堂教学的针对性和时效性。EPIP教学模式突破了传统课堂的单向性、封闭性。通过与行业头部企业深度合作，开展双师同堂授课，企业教师从“岗位能力需求”出发，将最新的产品、任务、技术带入学校；学校教师从“课堂教学目标、课堂教学需要”出发，提取典型任务。双师共同进行项目载体转化，为EPIP教学模式提供载体支撑，也为学习者提供与实际工作紧密相关的技能和知识培训。将劳模精神、劳动精神、工匠精神的培养深度融入具体任务中，建立师生学习共同体，促进师生共同成长，不断激发学习者内生学习动力，为他们未来能够在各个行业中成为技艺精湛、敬业奉献的专业人才提供有效支持。

（二）职业教育课堂教学应凸显的6I特质

EPIP 微观课程论的“工程化”，强调课程所含的知识、技术（技能）、素养要以工程为基础，源自工程，瞄准工程，服务工程。这个“工程”是承载课堂教学的具体目标与任务，也是新技术、新标准、新规范在教学实施中的具体路径。天津职业大学经过多年实践探索，针对课堂教学存在的主要问题，从课堂教学的价值、岗课、师生、资源、评价等五个方面系统实施“思政导航、岗课共轭、数字赋能、三元嵌合、评价重构”五大策略，梳理出“思想价值引领（价值性，Ideology）、校企深度互动（互动性，Interactivity）、信息技术支撑（信息化，Information）、任务有效实施（实施性，Implementa tion）、行动思维创新（创新性，Innovation）、持续改进提升（进步性，Improvement）”等6个具有职业教育典型特征的课堂属性，简称为“6I”。EPIP教学模式所倡导的理念与6I课堂属性高度互为印证，也可以说，是 EPIP教学模式在课堂层面的具体呈现。

（三）EPIP 教学模式应成为教师必备的能力

2019年5月，教育部印发的《全国职业院校教师教学创新团队建设方案》

指出，开展国家级团队教学改革课题研究，创新模块化教学模式，打破学科教学 的传统模式，探索“行动导向”教学、项目式教学、情景式教学、工作过程导向教学等新教法。正因如此，应将实施EPIP教学模式作为国家创新团队教师必备的能力，这也是教师破解课堂教学难题的制胜法宝。模式的实施可以有效加强学校与企业之间的联系与合作，让学习者更加准确地了解企业的实际需求和工作流程，在实景真情中去完成任务，在反复训练中提高技术技能水平。在教学过程中，教师需要不断创新方法、手段和载体，持续激发学生的学习兴趣和主动性，以实现教学目标。在教学过程中，可由学校教师、企业导师和若干名学生组建学习共同体，学生以员工、学徒、合作者等诸多角色参与不同项目训练，师生在观点的碰撞中共情与共鸣，学习变被动为主动，增强学生的创新意识和创新能力。企业大师的参与能让学生感知未来的自己，为成为大国工匠埋下理想的种子。

四、结语

EPIP 是中国职业教育的教学模式，伴随着鲁班工坊走向了世界，在国内、国外得到广泛应用与推广。天津职业大学与南非德班理工大学共建的鲁班工坊中，增材制造、物联网应用技术两个专业成为德班理工大学2023年的新专业，而实施EPIP教学模式开展技能训练与人才培养，也被明确地写入了招生简章，成为吸引考生的重要利器，也成为天津职业大学主持的国家级课题“新时代职业院校新一代信息技术专业领域团队教师教育教学改革创新与实践”中的重要实践内容。展望未来，数字经济迅速发展，产业变革日新月异，各种新技术不断涌现并迅速普及，极速催生了对数字人才的需求。职业教育必须主动拥抱数字化，不断拓展EPIP教学模式的外延与内涵，与数字技术深度融合，拓展学习资源和互动方式，积极适应不断变化的产业环境和技术发展，更全面地培养学生的综合能力，让学生能够从容应对产业升级和技术进步，迎接未来的挑战和机遇，为成为大国工匠、能工巧匠强基筑本。

——摘自《职业教育研究》2024年第7期中杨荣敏《工程实践创新项目（EPIP）赋能职业教育课程改革与课堂教学》。

第四篇

基于专业（群）建设看工程实践创新项目（EPIP）

专业（群）建设是EPIP实践探索的源起处。

2002年《职教论坛》杂志第8期，刊发我的一篇文章，叫《“核心技术一体化”的探索》，并同时刊发编者的按语：“教学模式是各门类学科在长期教学实践中形成的并有一定定势的有关内容和方法的集中体现。随着教学改革的不断深化，新的教学模式也在不断涌现。本期发表的吕景泉等三位老师的文章，分别就他们所任教的学科作了一些探索，欢迎读者提出自己的看法，或奉献你的研究成果。”

“核心技术一体化”专业建设模式，是EPIP在“中观”应用层级的一种典型范式。

2002年《高等工程教育》杂志第5期，刊发我撰写的一篇论文《相互平行，融合交叉——高职理论和实践教学体系的探索》。自此，从专业课程结构与课程体系，到专业群对接产业群“名实耦”探索、职教试验区与大赛互动、国际化专业标准，再到现场工程师培养、普通高校EPIP应用实施策略，显现了EPIP“中观”应用层级的广度、适度与效度。

第一节　“核心技术一体化”专业建设模式的探索

【此文发表于2002年8月】

“核心技术一体化”教学模式包括两个一体化，即“核心技术课程设置一体化”和“核心技术教学环境一体化”，它是以技术应用能力培养为中心，以核心技术综合应用能力培养为重点，将理论与实验、实训相结合，以课堂与实验（实训）室、实习车间、生产车间四点为交叉网络的一体化教学模式。它强调理论与实践两个教学体系的相互平行，融合交叉，纵向上前后衔接，横向上相互沟通。

一、核心技术课程设置一体化

在天津中德职业技术学院电气工程自动化专业的课程体系中，我们尝试构建了“可编程控制技术”“驱动技术”“传感技术”“工业监控和网络技术”“电控仪表技术”五个核心技术。为了突出对高职学生在这五种反映工业自动化技术中最具代表性和先进性的技术综合应用能力的培养，我们构建了针对这五种核心技术的一体化。下面以“可编程控制技术一体化”为例，介绍服务于该核心技术的课程设置一体化。

以可编程控制技术为例，该专业开设了60学时的“可编程控制技术”主干专业课，其中30学时为专业理论，30学时为专业实验。理论教学与学生上机编程、调试相结合，使学生能够较完整地掌握PLC的基本原理、程序编制、程序操作和故障诊断技术。此外，在“过程监控与仪表”“电机与拖动技术”“机床电器与工厂供电”等专业课中，也将涉及PLC在不同场合的应用。在技术实训模块课中，还开设有“电气安装”“电气控制”实训模块，让学生在真实环境中学习和应用PLC技术。

二、核心技术教学环境一体化

为了配合核心技术课程设置一体化，我们实现了核心技术教学环境一体化。专为可编程控制技术课程服务的有两个PLC实验室，配置了西门子、欧姆龙等公司的PLC设备。此外，在电气安装实训室、气动、液压实验室等七个教学场所，也分别有各种PLC设备在不同场合下的应用。这样的教学环境让学生在不同场景下反复接触和应用PLC技术，加深了对技术的理解和掌握。

三、服务于“核心技术一体化”教学模式的课程结构体系

一种教学模式的成功实施，必须有一整套与之相适应的理论实践教学体系作保障。我们借鉴德国高等专业学院和职业学院的教学模式，结合自身办学经验和条件，采用分段教学、模块训练型课程模式。整个课程体系分为基础教学、专业教学、专长教学、毕业设计与专业实习四个层面，以及基础学习、主体学习两个阶段。在三年教学时间内，专业技能实践培训模块不断线，形成了“四成两段一贯穿”的课程体系结构。

四、核心技术一体化教学模式的特色

该教学模式从教学内容上对核心技术进行了扩充、深化和丰富，激发了学生的学习兴趣和钻研精神。通过对相关专业技术课程的有机整合，让学生在各种工业应用实例的导向下，全面了解和掌握核心技术及其应用。通过大量真实案例的反复递进式学习和实践，开拓了学生的专业思路，对其技术创新能力的培养起到了潜移默化的作用。

五、“核心技术一体化”教学模式的教学实践体会

该教学模式强调了高职学生技术综合应用能力、自主学习、探索能力以及创新能力的培养。实施该教学模式后，电气工程自动化专业的学生对现代工业自动化领域中最具代表性的各种核心技术有了全面了解和掌握，成为现代企业急需的动手能力强、专业技术过硬、掌握最新现代工业技术、具有良好的职业素养的“无过渡期”的电气自动化技术人才。

在实施过程中，我们注重转变传统的教育思想和观念，构建相互平行、融合交叉的理化实践教学体系，优化教学计划，建立“双师型”师资队伍，整合

优化实验实训场所，巩固和发展校企、校际合作关系。经过多年努力，我院电气工程自动化专业被教育部评定为教学改革试点专业，并获得了多项教学成果奖。

“核心技术一体化”教学模式符合现代职业教育教学理论，具有许多优越性。要想真正搞好我国高职教育，创建独具特色的高职教育教学模式，更新教育观念最为重要。同时，师资队伍、教学设施和教材建设是物质保障。只有诸多方面协调配合，才能收到实效。

——摘自《职教论坛》2002年第8期中吕景泉《“核心技术一体化”的探索》。

第二节 “相互平行、融合交叉”理论与实践体系

【此文发表于2002年5月】

天津中德职业技术学院是中德两国政府在职业教育领域的最大合作项目。电气工程自动化专业于1989年开始对外招生，初期完整采用德国同类院校的教学计划和教学大纲；1994年之后，结合国情开始进行专业理论教学和实践教学的改革创新，建立了“相互平行、融合交叉的理论和实践教学体系”，由此被评定为国家级专业教学改革试点。本文介绍我们的具体做法和体会。

一、创建符合高职特色的专业教学课程结构体系

借鉴德国高等专业学院（Fachhochschule）和职业学院（Akademie）的教学模式，结合自身办学的条件，我校采取分段教学、模块训练型课程模式，它分为基础教学、专业教学、专长教学、毕业设计与专业实习四个层面，基础学习和主体学习两个阶段，在整个三年教学时间内专业技能实践培训模块不断线。我们称之为“四层两段一贯穿”课程结构体系（见图4-1）。

基础学习阶段为第一、二两个学期，学生除进行公共课学习之外，主要学习专业基础理论课程，同时伴有相应的基础实验教学和3个为期6周的专业基本技能实训模块教学；学院规定，基础学习阶段结束时进行的院级、系级统考一般为3～4门。

主体学习阶段为4个学期，完成专业学习、专长学习、毕业设计与专业实习。

专业学习中，学生获得大量的专业知识和专业技能，为其打下较为宽泛的职业基础。而专长学习是专业能力培养的深化，学生将学习到该专业中最新、最具特色的专业知识和技能。专业学习和专长学习中，学生将利用学院内得天独厚的先进实验、实践场所和校内、外实训基地进行8个为期14周的专门化技

能实训模块的培训，这些模块包含了电气自动化领域内的最新应用技术，大量采用“实例”和“真实环境”方式培训。学生动手、动脑相结合，专业能力培养和素质培养相结合，独立思考、独立探索能力培养同集体协作、共同交流能力培养相结合。专长学习中，为了保障实训模块的有效进行以及先进教学方式和方法的有效应用，一般采用“分组实施、小班教学”的方法进行，保证每位学生独自使用一个工位、一个机台，一名教师指导12位学生。实训模块课时利用率高，时效性强，实训质量得到切实保证。

学习阶段	理论教学体系		实践教学体系	
	公共课	专业理论	专业实验	专业实训模块
基础学习阶段	政治、英语、体育等	电工学、电子学、机电原理、专业英语、设备与组织管理、微机原理	计算机、电工实验、电子实验、设备与组织管理、微机原理	金工技术、电子电路装配与调试、电气安装
	数学、英语、计算机、电工电子（统考）			
主体学习阶段	政治、英语	测量技术、C语言、数据库原理与应用、自控原理、过程监控与仪表、电机与拖动技术、机床电器与控制、安全与环保、计算机 CAD	测量技术、C语言、数据库原理与应用、自控原理、过程监控与仪表、电机与拖动技术、机床电器与控制、计算机CAD	电气安装、虚拟技术（Labview）、实用软件和 Inernet 使用、机械手编程技术、电气控制、计算机程序设计
	政治	网络技术、可编程控制技术、设备故障诊断技术、通信技术	网络技术、可编程控制技术、设备故障诊断技术、通信技术	机电一体化生产线、变频与软启动综合练习
	主干类课程毕业考试			
	实习，毕业设计（采用企业或学院实践中的真实课题）			

图　4-1

在主体学习阶段中规定有两个实习期，第一个实习期在第三学期的相关专业课和实训课中安排学生到企业和校内车间实习，其目的在于使学生对职业有进一步的了解，获得一定的职业经验，并使其学到的专业基础理论得到应用和拓展。第二个实习期为最后一学期，学生在完成毕业考试后，主要进行毕业设计和企业实习，企业实习的培训计划由校企协调委员会中的企业委员与毕业设计指导教师共同商定，结合学生专业特点和企业实际情况共同确定具体实习内容、实习目标和考核方式，然后由该专业的企业特派员（我院设有两名专职企业特派员）具体负责学生的企业实习安排，毕业设计指导教师每周一个半天深入企业，同企业中的工程技术人员共同指导学生实习。毕业设计一般采用实习企业或校内实践中的真实课题，为实习企业和学院解决技术上的实际问题。

在基础学习阶段，我们还对“宽基础、活模块”进行了尝试，收到良好效果。借鉴德国高职教育的经验，在专业教学中注重动手能力、技术应用能力和关键能力的培养，坚持理论教学和实践教学1：1，同时，理论知识的讲授以“必需、够用”为原则，强调“实用、适度”。

二、创建相互平行、融合交叉的理论和实践教学体系

在建立了上述独具特色的课程结构体系的基础上，我们将课程进行了有机整合，使每门专业理论课、专业实验课、实训模块课、两次企业实习和毕业设计都具有较强的针对性和目的性，同时注重相互配合、相互补充，纵向上相互衔接，横向上相互沟通，将学生的知、能、素协调发展作为培养目标，突出技术技能培养，特别是综合技术应用能力的培养。让学生在各种工业应用实例的导向下，在各种不同学段、不同课程、不同实验实训场所，全面了解和掌握相关技术及其应用，形成了上下贯通的理论和实践教学体系。两个教学体系相互平行，融合交叉，把技术的综合应用能力、实践能力和创新能力培养作为交叉点和教学重点。

相互平行，是指两套体系的教学计划相互平行，课程流程相互平行；相互融合，是指课程知识内容与技术、技能培养相互融合，理论和实践教学场所相互融合；相互交叉，是指两套体系的功能相互交叉，知识、技术和技能培养的落脚点相互交叉。

举例来说，“电气安装”实训室模块课主要对学生进行各种实际照明电路和电器机床控制电路的布线方法、安装工艺维修技巧和控制布线图等方面进行培训，涉及电机、机床电器和故障诊断方面的内容，但是电机和各种电器只是作为被连接对象让学生获得感性接触，并不涉及原理方面的内容。此实训课程对于“电机与拖动技术”“机床电器和工厂供电”“故障诊断技术”专业课的学习进行了前期铺垫和准备；第三学期的下厂企业实习对于学生了解工业现场，并获得电气控制经验也起到了相关铺垫和扩展作用。

又如，“机电一体化生产线”实训模块要在真实的机电一体化生产线上实现6个可编程控制站对铅笔刀生产线控制的调度和程序设计与维护。学生将“可编程控制技术”“故障诊断技术”“机床电器与工厂供电”“过程监控与仪

表”“电机与拖动技术”等专业课中学到的知识和技能进行综合应用，使学生全面掌握现代控制系统的综合技术能力应用。

此外，我们注重建设了部分职教实验实践场所，建设适合高职办学特色的“双师型”教师队伍，编写适合需要并具有高职特色的实验、实训类教材。所有这些为实施新的教学体系提供了坚实的基础。

通过不懈地努力，我院培养出被众多企业称之为“动手能力强、专业技术过硬、掌握最新现代工业技术、具有良好职业道德的无过渡期型电气自动化技术人才”。2000年、2001年我院自动化类专业毕业生一次就业率达94%。

——摘自《高等工程教育研究》2002年第5期中吕景泉、马雁《相互平行，融合交叉——一个高职理论和实践教学体系的探索》。

第三节　创建专业理论和实践教学体系的实践与思考

【此文发表于2003年4月】

天津中德职业技术学院是中德两国政府在职业教育领域最大的合作项目。我院在电气工程自动化专业的建设上，坚持了“先期重仿，长期重创，仿创结合”的思路，坚持专业教学计划必须针对职业岗位（群），由职业岗位（群）对人才的知识、能力、素质的具体要求进行倒排的方法，建立了“相互平行、融合交叉的理论和实践教学体系”。

一、创建符合高职特色的专业教学课程结构体系

电气工程自动化专业在借鉴德国高等专业学院（Fachhochschule）和职业学院（Akademie）教学模式的基础上，结合我们自身办学的条件，采取分段教学、模块训练型课程模式，逐渐由基础向专业发展。它分为基础教学、专业教学、专长教学、毕业设计和专业实习四个层面；基础学习和主体学习两个阶段；在3年教学时间内专业技能实践培训模块不断线。我们称之为“四层两段一贯穿”课程结构体系。

1．基础学习阶段

基础学习阶段为第一、二两个学期，学生除进行公共课学习之外，主要学习专业基础理论课程（电工学、电子学、机电原理、计算机和专业英语等）。同时伴有相应的基础实验教学和3个为期6周的专业基本技能实训模块教学（金工技术、电子电路装配与调试、电气安装）。基础学习阶段结束，将按照学院有关考试规定组织严格的院级、系级统考，统考门数一般为3～4门。

2．主体学习阶段

主体学习阶段为4个学期，完成专业学习、专长学习、毕业设计与专业实

习。专业学习使学生获得大量的专业知识和专业技能，为其打下较为宽广的职业基础。而专长学习是专业能力培养的深化，学生将学习到该专业中最新、最具特色的专业知识和技能。在专业学习和专长学习中，学生将利用学院内的先进实验、实践场所和校内、外实训基地进行8个为期14周的专门化技能实训模块的培训。这些模块包含了电气自动化领域内的最新应用技术，大量采用“实例”和“真实环境”方式培训。学生动手、动脑相结合，专业能力培养和素质培养相结合，独立思考、独立探索能力培养同集体协作、共同交流能力培养相结合。

在专长学习中，一般采用“分组实施、小班教学”的方法进行，保证每位学生独自使用一个工位、一个机台，由一名教师指导12位学生。所以，实训模块课时利用率高、实效性强，从而保证了实训质量。

在主体学习阶段中规定有两个实习期，第一个实习期在第三学期的相关专业课和实训课中安排学生到企业和校内车间实习，其目的是使学生对职业有进一步的了解，获得一定的职业经验，并使其学到的专业基础理论得到应用和拓展；第二个实习期在最后一学期，学生在完成毕业考试后，主要进行毕业设计和企业实习工作，企业实习的培训计划由校企协调委员会中的企业委员与毕业设计指导教师共同商议确定，结合学生专业特点和企业实际情况共同确定具体实习内容、实习目标和考核方式，然后由该专业的企业特派员（我院设有两名专职企业特派员）具体负责学生的企业实习安排，毕业设计指导教师每周一个半天深入企业，同企业中的工程技术人员共同指导学生的实习。毕业设计一般采用实习企业或校内实践中的真实课题，为实习企业和学院解决技术上的实际问题。

借德国高职经验，我们在专业教学中注重动手能力、技术应用能力和关键能力的培养，理论教学和实践教学的比为1：1。同时，理论知识的讲授以“必需、够用”为原则，强调“实用、适度”（见表4-1）。

表 4-1

项　目	学　时		总学时	理论讲授与专业实训总比例
	理　论	实　训		
公 共 课	665	30	695	
专业基础课	392	238	630	
专 业 课	304	264	568	
集中专业技能实训课		520	520	
毕业设计		300	300	
合　计	1 361	1 352	2 713	1：0.993

二、创建“相互平行、融合交叉的理论和实践教学体系”

在建立了上述独具特色的课程结构体系的基础上，我们将课程进行了有机整合，形成了上下贯通的理论和实践教学体系，两个教学体系相互平行，融合交叉，把技术的综合应用能力、实践能力和创新能力培养作为交叉点和教学重点。

相互平行，是指两套体系的教学计划相互平行，课程流程相互平行；相互融合，是指课程知识内容与技术、技能培养相互融合，理论和实践教学场所相互融合；相互交叉，是指两套体系的功能相互交叉，知识、技术和技能培养的落脚点相互交叉。

例如，“电气安装”实训室模块课主要对学生进行各种实际照明电路和电器机床控制电路的布线方法、安装工艺维修技巧和控制布线图等方面进行培训，其中涉及电机、机床电器和故障诊断方面的内容。但是，电机、各种电器只是作为被连接对象，让学生获得感性接触，并不涉及原理方面的内容。此实训课程对于“电机与拖动技术”“机床电器与工厂供电”“故障诊断技术”专业课的学习进行了前期铺垫和准备，第三学期的下厂实习对于学生了解工业现场，并获得电气控制经验也起到了相关铺垫和扩展作用。

“机械手编程技术”实训模块课程涉及机械手的电气控制、可编程控制、机械手电气控制系统的故障诊断以及电机驱动技术，该课程同“电机与拖动技术”“故障诊断技术”“可编程控制技术”相互平行、交叉融合，既让学生获得相关的知识，也使学生熟悉了不同环境下相关技术的具体应用。“机电一体化生产线”实训模块要在真实的机电一体化生产线上实现，学生将“可编程控制技术”“故障诊断技术”“机床电器与工厂供电”“过程监控与仪表”“电机与拖动技术”等专业课中学到的知识和技能进行综合应用，使学生全面掌握现代控制系统的综合技术能力应用。

通过实施该种理论和实践教学体系，我们培养出被众多企业称之为“动手能力强、专业技术过硬、掌握最新现代工业技术、具有良好职业道德的无过渡期型电气自动化技术人才”。2000年、2001年我院自动化类专业毕业生一次就业率达94%。同时，该专业已被评定为天津市专业教学改革试点和国家级专业教学改革试点。

三、在专业教学中实施两种体系的探索与尝试

1．课程的有机整合

为了创建“相互平行、融合交叉的理论和实践教学体系”，我们在课程整合方面进行了大胆的尝试。使每门专业理论课、专业实验课、实训模块课、两次企业实习和毕业设计都具有较强的针对性和目的性，同时注重相互配合、相互补充，在纵向上相互衔接，横向上相互沟通，突出技术技能培养，特别是综合技术应用能力的培养。让学生在各种工业应用实例的导向下，在各种不同阶段、不同课程、不同实验实训场所，全面了解和掌握相关技术及其应用。

2．建设适合先进职教教学方式场所的实验实践方法

要搞好高职课程体系的改革，还需要有适应高职办学理念、符合先进职业教育教学方式方法的实践基地作为物质保障。在这一方面，我们也进行了一些尝试。

（1）可编程控制（PLC）、电机拖动等实训室完全按理论与实验相结合的教学方式进行配置，使专业理论与专业实验有机结合，“讲”与“练”有机结合。

（2）实训室的建设与先进的职业教育方法相结合。建设符合“行为引导教学法”“项目教学法”“小组工作法”“技术技能一体化”培训需求的实训室。机电一体化实训室是仿真的现代化生产线，教师进行真实故障设置，学生通过进行故障诊断和故障排查的训练，掌握工业现场的实用技术和技能。

3．建设适合高职办学特色的“双师型”教师队伍

要搞好高职课程体系的改革，还需要拥有一批适合高职办学特色的“双师型”教师。我院的专职教师来源大体分为两种，针对不同的来源，我们采取了不同的上岗培训方法。

（1）由中德双方专家共同挑选并认可的各类国有大中型企业及其他所有制类型的企业或公司内具有本科学历，有5年以上实践经历的工程师、专业技术能手、车间主任等。他们首先要熟悉专业教学计划和教学大纲，按计划选派去德国、新加坡和日本进行职业教育和专业理论及技术的培训，并结合专业要求去相关大学、研究所进行强化培训，使这部分教师理论知识系统化，成为专业骨干和“双师型”教师。

（2）各类院校的应届本科和硕士毕业生，进行为期一年的职业教师上岗前综合培训，培训计划由院领导、德方专家、校企协调委员会和专业建设委员会共同确定，即2个月的电气钳工、电气安装实践培训；4个月的机电类实验室实习，聘请德国职业教育专家讲授80学时的德国现代职业教育理论和职业教学法；3个月的相关企业实习等。为期一年的岗前综合培训，采取过程考核与结果考核相结合的方式进行。既让新教师充分了解和熟悉了学院的教学仪器、设备和办学特色，也培养了他们的专业技术和技能，锻炼了他们为企业生产服务的能力，开阔了视野，为日后成为“双师型”教师打下良好的基础。

该专业在拥有比较齐备的专职教师队伍的基础上，我们又从校外实训基地、相关院校及合作企业聘请具有实践经验的一线工程技术人员和学有所长的教师组成长期稳固的兼职教师队伍。同时，聘请他们参加专业建设委员会和校企协调委员会，参与职业能力分析、教学计划的制定、指导学生实践技能的培养与考核，并参与毕业生的推荐与就业计划实施。

4．建设适合两大体系教学的高职教材

要搞好高职课程体系的改革，教材建设同样十分重要。我们积极鼓励专业骨干教师结合自己多年教学实践经验，学习和借鉴德国同类学校同类专业的教学大纲和教材，在深入企业了解实际情况并听取教材编写委员会意见的基础上，编写适合需要并具有高职特色的实验、实训类教材。这些教材针对高职教

育的特点，参照德国的“双元制”模式，结合“行为引导教学法”的运用来编写。在教材建设上我们采取“外选和自编”相结合，公共课和专业基础课教材以外选为主，专业课特别是实训模块类课程教材以自编为主的方法。

总之，高职教育教学的改革和创新是一个系统工程，高职课程体系的改革更需要多方面的共同配合和支持。

——摘自《中国职业技术教育》2003年第4期中吕景泉《创建“相互平行、融合交叉的理论和实践教学体系”的实践与思考》。

第四节 “核心技术一体化”专业建设模式的实践

【此文发表于2010年2月】

“核心技术一体化”专业建设思路是针对高等职业教育专业建设模式在“电气自动化”等专业建设中进行试点应用，同时分别从专业的理论和实践教学体系构建、课程结构构建、实践教学基地构建、教材建设、人才培养模式建设、课程建设等方面进行深入的思考、设计、研讨和实践而形成的理念。

天津中德职业技术学院（以下简称学院）“电气自动化技术”“机电一体化技术”等机电类三个专业进行为期四年多的实践探索和理论研究，形成了完整方案和专业建设成果，自2006年开始，在学院相关专业和全国近20所高职院校机电类专业建设中逐步进行成果应用推广和实践检验。学院申报的“核心技术一体化”5个专业及组群建设成功立项为教育部、财政部重点支持的国家示范性高职院校建设专业，取得很好效果。

经过学院各专业和全国相关高职院校专业建设中的应用与推广，项目成果建设团队不断学习、实践和创新，在工学结合、校企合作的人才培养模式下，提炼整理出五个层次高职教育教学改革理念，进一步指导成果的推广和应用：

第一层次：“以服务为宗旨，以就业为导向，走产学结合之路”的指导思想。

第二层次：“工学结合、校企合作”的高技能人才培养模式和机制。

第三层次：“专业核心技术一体化”的专业建设模式和培养方案。

第四层次：“基于工作过程导向，真实任务驱动”的课程建设体系。

第五层次：以“行动导向教学”为主导的现代职业教育教学组织方式。

一、“核心技术一体化”专业建设模式

在高职机电类专业群人才培养方案的设计中，依据区域经济和产业、行业、企业需求，针对人才市场和相关职业岗位（群）要求，以校企共同确定的专业核心技术技能为主线，搭建机电类专业群教学平台，每个专业明确若干个核心技术或技能，根据核心技术技能整体规划专业课程体系，明确每门课程的核心知识点和技能点（核心知技点），形成基于工作过程导向的教学情境（模块），实施理论与实验、实训、实习、顶岗锻炼、就业相一致，以课堂与实验（实训）室、实习车间、生产车间四点为交叉网络的一体化教学方式，强调专业理论与实践教学的相互平行、融合交叉，纵向上前后衔接、横向上相互沟通，使整体教学过程围绕核心技术技能展开，强化课程体系和教学内容为核心技术技能服务，使该类专业的高职毕业生能真正掌握就业本领，培养“短过渡期”或“无过渡期”高技能人才。

该专业建设模式具体体现在：“核心技术与课程设置一体化”“核心技术与教学环境一体化”“核心技术与顶岗实习一体化”“核心技术与职业资格一体化”。

1．核心技术与课程设置一体化（以可编程控制技术为例）

可编程控制技术（PLC）作为电气自动化技术专业核心技术之一，该专业核心课程分为48学时的理论和48学时的专业实验实训，学生较完整地掌握PLC的基本原理、程序编制、程序操作和故障诊断技术；而在“过程监控与仪表”“电机与拖动技术”“机床电器与工厂供电”等专业技术课程中也将分别涉及PLC在过程监控应用、PLC与驱动装置相结合控制和PLC在机床控制应用。除此之外，在技能实训体系中，开设有“电气安装”“电气控制”“机械手编程”“自动化生产线安装与调试”实训模块，按照操作工艺与规范，实际安装继电接触器控制和可编程序控制系统，学习现场故障诊断和排除方法，在真实的自动生产线上完成6个可编程序控制站对转笔刀生产线控制的调度和程序设计（该生产线是学院投资140万元人民币同中国8358研究所共同开发的融控制技术、调节技术、传感技术、驱动技术、监控技术、网络技术和集散技术于一

体的综合实训场所）。另外，同PLC技术相关的实训模块还有“变频与软启动”实训模块 和“虚拟技术工控”实训模块等。最后，学生通过在专业核心技术针对性强的校外实训基地开展半年的顶岗实习，全面实现“教、学、做”一体化培养。

该种课程体系设计使学生将PLC专业核心技术综合应用到各种不同的生产环境中，强化了学生专业核心技术的掌握。

2. 核心技术与教学环境一体化（以可编程控制技术为例）

为实现“核心技术与课程设置一体化”改革，教学团队对实验、实训、实习条件和教学环境进行了较大程度的完善，课程改革与建设同时拉动了校内外实训基地建设，并收到良好效果。

作为专业核心技术的可编程序控制技术（PLC），专为该课程服务的有两个可编程序控制技术实训室，其中配置了真实的PLC机实训环境；而在电气安装实训室、气动、液压实训室等七个教学场所、实习车间和企业顶岗实习中分别有各种PLC机在不同场合下的应用。在每个实训室和实习车间都有一种主要技术单元，同时，还有其他技术单元出现，宾主相拥，多次重复，但角度不同，强调的应用领域和水平不同。PLC核心技术与教学环境一体化如图4-2所示。

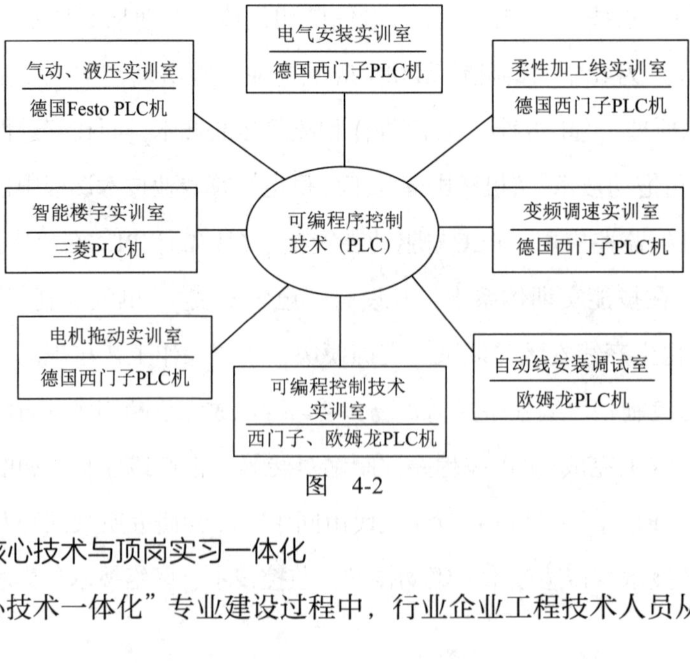

图 4-2

3. 核心技术与顶岗实习一体化

“核心技术一体化”专业建设过程中，行业企业工程技术人员从专业建设的最前端开始介入，校企专业人员共同从典型职业岗位群的现场需求中确定专业核心技术技能，保证了行业、企业、职业的各种要素和人员全程融入专业建设，强化了专业建设的开放性、针对性和职业性，有效实现了学生校内学习与实际工作的一致性，有效推进了理论、实验、实训、实习、顶岗、就业的一致性，校内成绩考核与企业实践考核相结合，为校企共同开发专业、校企共同实施教学、校企共同培养学生、校企共同实现发展提供了平台，实现“教、学、做”一体化培养。

4．核心技术与职业资格一体化

通过对专业课程核心知技点的分析，参照职业岗位要求，对照国家职业分类大典和职业岗位技术证书的知识和技能点要求，有效地将职业岗位要求嵌入到高职专业教学体系，实现高职院校机电类专业技能考核与国家职业资格考试及社会化技能证书考试接轨，实施以工作过程为导向、以真实任务为驱动、项目/产品为载体的教学培训取证一体的教学过程，为推动构建专业认证体系，推行“双证书”制度提供了知识技能互换对照依据。

二、“核心技术一体化”专业建设模式的支撑条件

1．服务于“核心技术一体化”专业建设模式的课程结构体系

一种专业建设模式的成功实施必须有一整套与之相适应的理论实践教学体系作保障。以专业核心技术技能作为工学结合高技能人才培养的主线，三年教学过程分为基础教学、专业教学、专长教学、毕业设计与顶岗实习四个层面；平台学习和主体学习两个阶段，专业技能校内外实践培训始终不断线，即所谓“四层两段一贯穿”课程体系结构（见图4-3）。

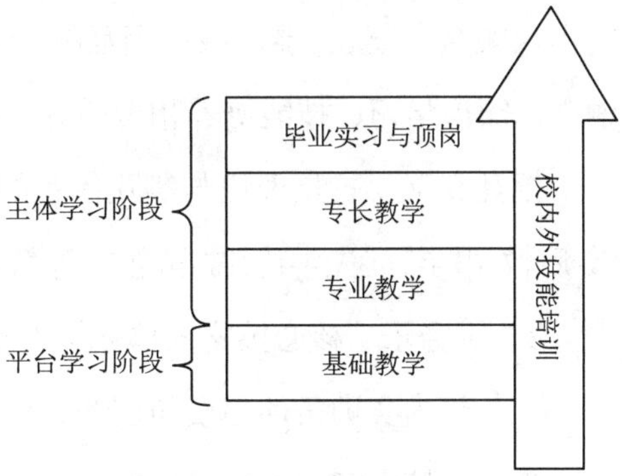

图　4-3

2．服务于“核心技术一体化”专业建设模式的理论和实践教学体系

在建立了上述机电类专业课程结构体系的基础上，将课程进行有机整

合，形成上下贯通的理论和实践教学体系，两个教学体系相互平行，融合交叉（“相互平行、融合交叉”的理论和实践教学体系），把核心技术的综合应用能力、实践能力和创新能力培养作为交叉点和教学重点（以“电气自动化专业”举例，如图4-4所示）。

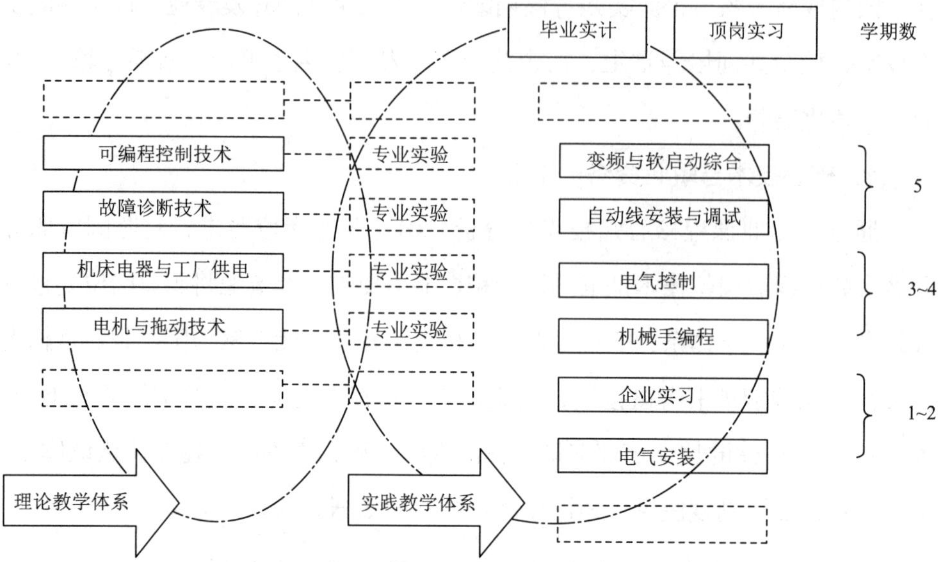

图 4-4

相互平行：是指理论与实践体系的教学计划相互平行，课程流程相互平行。

相互融合：是指课程学习与技术、技能培养相互融合，理论和实践教学场所相互融合，“教、学、做”相互融合，校内学习、企业实习和顶岗锻炼相互融合，知识学习、技能培养和素质养成相互融合。

相互交叉：是指理论与实践体系的功能相互交叉，“先教-后学-再做”“先做-后教-再学”“先学-后做-再教”等教学组织顺序的相互交叉。

3．服务于“核心技术一体化”专业建设模式的校内外教学条件

（1）校内实训条件建设与创新，内容包括：

第一，校内实训室建设按理论与实训相结合的教学方式进行配置，使专业理论与实训融合，“讲”与“练”融合，硬件建设与先进的职教理念和职教方法融合，建设符合“行动导向教学”“项目教学”“小组工作”“专业核心技术与课程设置”“教学环境及职业资格一体化”需求的实训场地。校内实习车间

建设强化企业环境、工艺流程的模拟与再现，寓学生职业素质培养于实训、实习教学之中。

第二，校内实训基地在不断扩大规模的同时，注重保持设备的先进性，注重主流生产设备和仪器的配置，增强企业培训、职业鉴定、生产与技术服务能力，使学生的技能培养适应企业技术发展需要。

第三，将有条件的校内实训车间建成具有先进职教理念的“教学工厂”，将“排式”教学组织形式改造成便于先进教学方法实施的“圆桌式”“六角式”等组织形式。

第四，将条件成熟的校内重点实训室和实习车间进行了网络化连接，实现车间级、现场级和设备级的三级监控和管理，将企业生产现场的工艺管理、组织形式融入实训教学。

第五，校内实训基地采用多渠道、多形式、多元化的建设模式，学校与行业企业联合设计和系统组织校内生产性实训，推动校内实训基地的建设和生产性实训的实施。

（2）校外实训条件建设与创新，内容包括：

第一，调整教学计划，适度前移核心技术技能培养，使学生在参与企业顶岗实习时已基本掌握专业核心技术技能，提升学生实习的“服务”“参与”能力，使企业体会到学生是企业实际生产的“有效力量”。

第二，根据企业需求开发技术培训，为企业提供技术服务，用学院专业建设的技术服务能力和行业企业影响力来加强“双赢”模式下的校外实训基地建设。

第三，开展“订单”或“委托”培养。根据企业订单组建专业方向班，调整教学内容，一方面使教学内容满足企业需要，另一方面使校内培养与校外企业培养有机结合。

第四，加强“学校特派员”或“企业联络员”制度，在学生校外实习或顶岗实习的全过程中实施监控和管理。

第五，加强与校外实训基地的合作，聘请校外实训基地的技术骨干或能工巧匠承担校内实训课程、企业现场指导、毕业设计指导等实践教学环节的教学。

第六，探索多元化的校外实训基地建设途径，学院通过收购、入股等形式直接参与校外实训基地的运营和管理，逐步建立以学院为主体的校外实训基地。

三、“核心技术一体化”专业建设模式价值的展现

通过课程设置、教学环境、顶岗实习、职业资格与专业核心技术“四个一体化”的专业建设实践证明：

“核心技术一体化”专业建设模式的有效实施保证了高技能人才专业培养目标与区域经济、行业企业需求的一致性，保证了教育教学过程中“教、学、做”的一致性，保证了企业需求、学校学习和实际工作的一致性，保证了校企共同开发专业、校企共同实施教学、校企共同培养学生、校企共同实现发展的一致性。

“核心技术一体化”专业建设模式的有效实施实现了理论学习、技能培养和素质养成相互融合，理论和实践教学场所相互融合，“教、学、做”与职业资格要求相互融合，校内学习、企业实习和顶岗就业相互融合。

“核心技术一体化”专业建设模式的有效实施能够推动行业、企业、职业要素全程融入专业建设，能够推动“以就业为导向”的职教办学理念指导“中观”的专业建设和“微观”的课程改革实践，能够推动工学结合、校企合作专业建设机制的有效建立，能够推动高职专业建设人才培养方案的整体化解决进程。

——摘自《天津职业院校联合学报》2010年第2期中吕景泉《“核心技术一体化”建设模式实践与探索》。

第五节　专业群对接产业群需求“名实耦”探索

【此文发表于2014年10月】

天津市教育委员会按照《教育部关于开展2014年国家级教学成果奖评审工作的通知》要求，2014年3月3日组织专家组对该成果进行了鉴定，专家组听取了项目负责人汇报，查阅了资料，进行了质询，经过认真讨论，形成如下鉴定意见：

（1）该成果主动服务天津滨海新区重大项目，优化调整专业组群结构，强化专业内涵建设，形成5个服务“高端化、高质化、高新化”产业体系的专业组群，探索与实践了职业院校专业组群服务现代产业发展的方法和途径，理论上有所创新。

（2）该成果以校企合作为支撑，吸引高端企业，共建校内实训基地，形成了实训条件建设的倍增效应和教学资源开发的聚集效应，在教育教学实践上有重大示范作用。

（3）该成果在以国际合作为依托，引进优质资源，结合学校实际进行专业内涵建设，提高了教学水平，对教育教学质量产生重大成效。

（4）该成果在全国职业院校中进行了交流和推广，并在天津滨海新区航空航天、装备制造、电子信息、新能源四大支柱产业中进行了应用，经过4年的实践，在职业教育教学中产生很大影响。

一、概念明晰

1．滨海新区及产业需求

推进天津滨海新区开发开放，是党中央、国务院从我国经济社会发展全局出发做出的重大战略部署。《国务院关于推进天津滨海新区开发开放有关问题的意见》（国发〔2006〕20号）明确了推进天津滨海新区开发开放的重大意义、指导思想、功能定位和主要任务，批准天津滨海新区为全国综合配套改革试验区，要建成中国北方对外开放的门户、高水平的现代制造业和研发转化基地、北方国际航运中心和国际物流中心、宜居生态型新城区，被誉为“中国经济的第三增长极”。

2006年是天津滨海新区开发开放纳入中国总体发展战略的第一年，对天津市经济增长贡献率达到51.4%，已经成为天津经济增长的最大引擎。尤其是自2009年以来，滨海新区着力优化经济结构，发展方式进一步转变。截至2013年，累计实施566项重大工业项目，全区工业总产值突破1.62万亿元，比2009年增长1.2倍。八大优势产业占全区工业比重达到90%，汽车及装备制造规模突破5 000亿元，石油化工突破3 300亿元，电子信息突破2 600亿元，粮油轻纺突破1 600亿元，航空航天、新材料新能源等战略性新兴产业突破1 500亿元。建成5个国家级新型工业化示范基地。培育超百亿级企业集团21个，其中超千亿级企业集团3个，126家世界500强外资企业落户。

随着经济增长方式的转变、经济结构的调整和技术进步，滨海新区产业正在由劳动密集型产业向资本密集型产业、技术密集型产业过渡，高技能人才的总量、结构和素质还不能满足产业发展需要，“十二五”期间，滨海新区正在实施“技能人才培养工程”，培训技能型人才超过6万人，其中高技能人才总量要达到1.6万人。特别是在制造、能源、环保等传统产业和电子信息、航空航天等高新技术产业以及现代服务业领域，高技能人才严重短缺已成为制约产业升级的“瓶颈”。

2．专业群建设

职业院校专业群建设的研究，可以追溯到20世纪70年代一些技术学校中教师和管理人员对于专业建设的相关论文和著作中。随着高职教育发展及中职学校升格为高职院校，专业群建设的思想也被引入高职领域。2006年，《教育部、财政部关于实施国家示范性高等职业院校建设计划加快高等职业教育改革与发展的意见》提出，“十一五”期间将在全国100所示范性高职院校中建设500个左右的专业群，以促进资源共享，提高示范院校对经济社会发展的服务能力。这是“专业群”作为名词第一次出现在国家正式文件中。

专业群，顾名思义是指若干专业以某种联系而组成群。所以，按照专业间的各种不同联系形式，可定义专业群。一种观点认为专业群是由一些或工程对象相同或技术基础相同或基础技能相近的相关专业组成的集合。一种观点认为专业群应整体服务区域经济发展，应当基于产业情况进行设置。还有一种观点认为专业群即专业链，从产业链反推出职业岗位人才需求，从而将对应专业形成与产业链匹配的专业群。

上述三种构建模式的实质区别在于专业群建设目的不同，同一所高职院校在自身发展的不同阶段可以选择不同的构建模式，但作为高职院校内部各专业的发展不能停留在彼此相对独立、一个专业相对封闭和单打独斗的有限水平。每一个专业的发展都需要相关专业的支撑，按照专业内在联系和发展规律，除了关注重点专业和特色专业发展外，还应重视专业交叉点的边界融合，积极发展多个专业群体，坚持以产业发展需求为导向，加强专业间的交叉融合，实现专业群链式发展。通过专业交叉、融合和嫁接，繁衍出更多的专业生长点，形成富有生机与活力的、网络化的、良性的专业群，而这正是专业群作为复合生态系统中开放性、协同性和非平衡性的基本要求。

二、专业群面向产业需求的人才培养问题分析

1．向滨海新区输送紧缺高技能人才的培养途径

滨海新区现代产业项目急需的高技能人才尚不能完全从区域职业教育人才培养体系中获得有效支撑。需要高职院校对接产业项目需求，通过整合现有专业资源，引入企业标准，或直接为企业开展短期技术培训；或通过增加现代产业要素，针对性调整专业方向，为企业提供高水平服务，在服务中集聚校企资源，累积孵化新专业，及时开展系统化专业培养。通过各种短期培训、订单培养和专业系统培养及时为重大项目提供了高端技能人才支撑。

2．职业院校课程体系和教学内容与企业发展不同步

高职院校课程内容和企业岗位要求尚不能完全对接，毕业生职业能力距离企业需求差距较大。需要通过企校密切联动、校企深度合作，积极引进国际跨

国企业岗位技能标准和培训资源，消化、吸收并开发具有自主知识产权的优质教学资源；聘请国外高端智力资源，组建国际化“双师型”结构教学团队，开发职业培训资源包，构建理实一体化课程体系，强化教学资源应用，培养适应企业技术升级需要的高端技能人才。

3．职业院校实践教学装备与企业真实生产设备脱节

高职院校的实践教学装备尚存在着真实性或仿真性不强、通用性和先进性不高的问题，制约了高端技能人才培养质量，使教师专业技术教学、技能训练及课程改革无用武之地。高职院校需要同行业龙头企业合作，学校教师与企业工程技术人员依据工业现场情境，融入国际化企业工艺要求和文化要素，建设高仿真虚拟技术教学环境，引进国际通用的新技术装备，共建符合现代职教组织形式、适应产业发展和企业技术升级的实验实训场所。

三、匹配滨海新区产业发展的专业群建设路径分析

1．以课题研究为引导，对接滨海新区重大项目需求，优化调整专业组群布局

为强化制造业和制造类服务业优势，提高专业建设针对性，天津中德职业技术学院在天津市有关部门的支持下，联动滨海新区政府部门，依托行业企业，历时两年开展了12轮次、6个产业领域、3个层次的滨海新区产业项目与专业组群对接专项调研，组织十数场企业专家、人力资源和技术人员对接会，对滨海新区产业发展现状与规划、重大项目建设情况、学院专业建设现状及重大项目对接情况、技能人才需求等进行了调研分析、问卷调查、归纳统计，形成了调研分析报告，支撑了学院“十一五”“十二五”专业建设发展规划。

2006年教育部重点课题“制造业技能型紧缺人才培养的理论与实践研究”；

2007年教育部、联合国教科文组织“制造业技能型紧缺人才师资培训框架和培训标准”研发项目；

2008年教育部重点课题“制造业高技能人才培养专业建设的实践教学体系研究与实践”；

2011年天津市教育科学“十二五”规划重点课题“天津工业重大项目与天津高职院校专业对接及人才需求分析实证研究”。

2．积极构建服务区域经济发展相适宜的专业群

天津中德职业技术学院利用天津作为首个国家职教改革试验区和创新示范区优势，深度探索专业群服务现代产业发展的建设模式。以校企合作为支撑，产业调研和课题研究为引导，对接滨海新区重大项目，优化调整专业群布局；以行业企业和岗位技能需求为导向，整合现有专业资源，实施企业项目服务，提升专业和产业、课程和岗位的匹配度；以项目服务集聚校企资源，推动现有专业改造，孵化新专业；专业设置对接产业变化，专业建设适应产业发展，产教、校企资源在技术服务、教学团队、装备仪器、培训资源、标准模式方面高度融合聚集。

构建新专业群，着眼滨海新区紧缺高端技能人才，整合现有资源，配备国外高端智力和培训资源，引进企业典型装备，主动服务龙头企业，进行专业群内的首个专业布点，实施校企联动的重点建设，提升专业领域的影响力和服务能力，并衍生相关配套专业，构建专业群。

完善现有专业群，从产业匹配度高的专业入手，借助资源优势开展技术服务，在服务中累积新资源，优化课程体系和核心课程内容，打造组群龙头专业，并构建专业平台，带动相关专业调整优化。自2007年以来围绕滨海新区航空航天、装备制造、电子信息、新能源产业，校企合作共育飞机制造、航天器制造、风能与动力、新能源等17个新专业，改造整合16个原有专业，构建了服务产业发展的5个优势专业组群，形成了对接产业发展的“服务—累积—孕育—优化”专业群建设新模式。

天津中德职业技术学院九大专业组群与滨海新区行业企业对接汇总表见表4-2。

表 4-2

<table>
<tr><th>专业组群</th><th>专　业</th><th>专业关联度高的代表产业和企业</th></tr>
<tr><td>航空航天技术与服务类专业组群</td><td>飞机制造技术、航空电子设备维修、航天器制造技术、空中乘务</td><td rowspan="9">航空航天产业：天津航天长征火箭制造有限公司、空中客车（天津）总装有限公司、西飞国际、古德里奇航空结构服务（中国）有限公司；
国防科技产业：八三五七研究所、八三五八研究所、航天精工（天津）制造有限公司、中国船舶第七〇七研究所；
装备制造产业：森精机（天津）机床有限公司、中核（天津）机械有限公司、阿尔斯通水电设备（中国）有限公司、西子奥的斯电梯有限公司、中海油能源、天津地下铁道运营有限公司、天津第一机床总厂、斯伦贝谢（天津）采油机械有限公司；
电子信息产业：中国电子科技集团公司第十八研究所和第四十六研究所、天津市中环通讯技术有限公司、摩托罗拉（中国）、曙光信息、三星电子、天津光电通信；
新能源新材料产业：歌美飒（天津）、维斯塔斯风电、力神迈尔斯动力电池系统有限公司、东方电气（天津）风电有限公司；
汽车产业：一汽丰田天津有限公司、天津汽车模具股份有限公司、天津长城汽车有限公司、天津一汽夏利汽车股份有限公司；
文化艺术创意服务：中新天津生态城、滨海科技创意创业产业园、天津九宸数字影像技术有限公司、宝龙欧洲城、滨海港湾休闲文化产业园、东软天津软件园</td></tr>
<tr><td>先进制造技术类专业组群</td><td>数控技术、精密机械技术、模具设计与制造、数控设备应用与维护、计算机辅助设计与制造</td></tr>
<tr><td>自动化技术类专业组群</td><td>电气自动化技术、机电一体化技术、楼宇智能化工程技术、液压与气动技术、计算机控制技术</td></tr>
<tr><td>新能源与新材料技术类专业组群</td><td>风能与动力技术、新源应用技术、材料工程技术</td></tr>
<tr><td>信息与通信技术类专业组群</td><td>软件技术、移动通信技术、信息安全技术、物联网应用技术、计算机多媒体技术、计算机信息管理、计算机网络技术</td></tr>
<tr><td>汽车交通技术与服务类专业组群</td><td>汽车检测与维修技术、汽车电子技术、汽车技术服务与营销</td></tr>
<tr><td>经贸管理与公共服务类专业组群</td><td>物流管理、连锁经营与管理、会展策划与管理、国际商务、会计电算化、人力资源管理</td></tr>
<tr><td>应用语言类专业组群</td><td>应用德语、涉外旅游、商务日语、应用西班牙语、应用英语</td></tr>
<tr><td>文化创意与艺术类专业组群</td><td>电脑艺术设计、装饰艺术设计、产品造型设计、动漫设计与制作、音像技术</td></tr>
</table>

3．探索国际智力资源、跨国企业资源有效支撑专业内涵建设

借助为产业服务的优势，以贡献求支持促发展，引进德国、西班牙、日本等国家高端智力专家配备九大专业组群，强化教学团队国际化视野和能力水平，外国专家团队形成工作专业化、任务项目化、长短期结合的优化遴选模式，学院被评为国家级“引进国外智力成果示范推广基地”；与国际跨国企业合作，引入岗位技能要求，引进国际通用职业标准，开发国际化优质教学资源，有效提升了学院专业建设和人才培养的国际化水平，成为国家级滨海新区技能型紧缺人才培养基地。

航空航天专业组群：在欧洲空客（汉堡）原培训经理、空客航空标准80T主要制定者等专家的指导下，成功完成了飞机制造技术培训课程包的本土化开发，配套空客技术人员的培训和专业教学，同时，成功立项2011年中央财政支持的飞机制造技术实训基地。

先进制造技术专业组群：在德国专家的支持下，成功与博世力士乐、麦格

纳共建课程体系，实施订单式培养；在西班牙专家的帮助下，数控技术专业成功申报国际合作专业并启动招生。

新能源专业组群：在多位外国专家的共同支持下，与澳大利亚中央技术学院新能源应用技术专业开展合作，并成功申报新能源技术国际合作专业。

信息与通信专业组群：在德国专家的指导下，成功立项中央财政支持的物联网应用技术专业服务产业发展项目；2011年，软件技术专业被天津市外专局评为天津市优秀国际合作办学项目。

汽车专业组群：在德国专家的指导下，全方位实施项目教学；在加拿大专家的帮助下，汽车检测与维修专业与加拿大BCIT相关专业完成了课程对接。

……

4．搭建配套专业群课程体系

目前，高职院校专业课程设置基本分为公共基础课、职业能力课、职业拓展课和职业技能训练课四大版块。天津中德职业技术学院的公共基础课按照专业群类别分类，形成机电类、信息类、语言类、艺术类等公共基础课大类；职业能力课、职业拓展课和职业技能训练课三大版块中，相关相近专业形成一个共同的“专业基础平台”，该“平台”中课程一样，课时相同；各专业核心课程在第四和第五学期开设；鼓励相关相近专业选择“楼宇安装与调试”“数维安装与调试”“自动化生产线安装与调试”“机器人综合实训”“企业管理模拟沙盘”等多门目前学院较为成熟的综合实训课程，作为各专业的职业拓展课、职业技能训练课或职业能力课。

四、建设成效与展望

本着“战略合作、资源共享、优势互补、互惠互利、共同发展”原则，多渠道、多形式、多元化，服务滨海重大项目技能人才和产业升级需求。

1．服务滨海新区技能人才需求

自2006年以来，学院累计为滨海新区企业进行新员工考核测评2 543人、新员工技术培训1 287人、订单式培养588人、毕业生推荐就业累计1 764人。平均每年为滨海新区企业在职员工进行技能和管理培训近万人次。

以服务滨海新区航空航天产业为例，2006年学院成功竞标成为“空客A320”总装公司的测评中心和培训中心，总装线上首批招募的255名员工有90%以上经学院测评与培训，学院在项目初期卓有成效的培训与测评服务得到了外方的高度评价。随之学院的“飞机制造专业”“航空电子设备维修专业”等申办成功；2010年和2011年，学院与空客公司再度成功合作，以订单培养方式、按照国际标准为其新入职员工实施了为期6个月的电工技术和机械技术等专业培训，截至2014年7月11日，空客天津总装线共组装180架飞机，公司高层表示，天津公司所产飞机质量与欧洲同类产品完全一致。同时学院为空客的诸多配套企业培训了大批一线员工，为“大飞机”产业链在天津滨海新区的形成做出了贡献。2010年，学院成功实现了与中国运载火箭技术研究院的全面战略合作，并一举实现了与火箭研究院下属天津火箭公司、首都航天机械公司、十八所等6家大型航天制造骨干企业和研究单位的合作，学院成为首个与“中国航天”全面合作的高职院校；与天津航天长征火箭制造公司合作举办了2010年/2011年/2013年三期“火箭订单班”，涉及学生92人，占火箭项目一线员工的三分之二，成为中国航天高技能人才订制培养基地；成功申办了“航天器制造技术”新专业，成为全国首个也是唯一拥有该专业的高职院校；首都航天机械公司成为“火箭订单班”校外实训基地；设立了泰达-大火箭奖学金、奖教金；2011年，我国火箭系统控制专家、中国科学院院士梁思礼来校做题为“中国航天与素质教育”专题报告，并受聘天津市特聘专家和学院特聘教授、航空航天专业建设委员会名誉主任……一系列不断深化的合作成果，特别是校企合作人才培养的新模式和新机制，在全国产生了重大影响。

2．服务滨海新区企业员工培训和技术研发服务

为配套滨海新区产业升级和新兴产业发展，校企合作在学院共建培训中心和技术中心。中广核风电培训中心、天津航空E系列飞机全球首家乘务员资格训练中心建设之后，同CSIP（工业和信息化部软件与集成电路公共促进中心）全面战略合作，共建“工业和信息化部软件与集成电路公共促进中心天津平台物联网培训中心”，整体推进物联网、云计算、移动互联网等方面的课程体系、师资体系、评测体系建设。中国汽车技术研究中心与学院积极协作，共同建设

“中国汽车技术研究中心——天津中德职业技术学院产学研示范基地”，双方依托中国汽车技术研究中心的重点实验室开展科研与学术合作，合作共建汽车研发、实验以及相关专业高端技能型人才培养的平台。校企共建培训中心和技术研发中心10余个。

中广核风电培训中心建成包括风力发电设备（包括单机850 kW的维斯塔斯和歌美飒风机各一台及配套工器具等）、风机模拟装置、风力发电仿真系统及扇叶等真实实训教学装备，还全面引入企业整套培训课程体系和系统，目前已为企业提供风机运行维护人员的岗前技术培训、变频器实训等专项技术培训、工作技巧教导等技能提高培训、安质环人员授权认证培训、国际项目管理认证培训、校招新员工职前培训等共计21期，培训规模达1 081人，为其员工培训和人才储备提供了强有力的支撑；基地同时也可以为在滨海新区的风能制造企业培训技术人员。天航客舱乘务员培训基地和员工训练基地，兼具学生就业实习基地、学员订单培养基地和教员培养基地功能人，服务于空中乘务、飞机维修、航空运输等相关专业，包括E190机型乘务员客舱模拟器、E190灭火舱、A320舱门训练器、实操灭火间设备、E190舱门训练器实训装备，截至2014年6月底，共在我院实施了21期乘务员初始培训（每期历时12周，平均60人）、2期乘务员复训、1期乘务员新雇员培训和6期安全员培训，培训规模1 208人。为配套天津电子信息产业转型升级和物联网等新兴产业的发展，与CSIP（工业和信息化部软件与集成电路公共促进中心）实现全面战略合作，共建“工业和信息化部软件与集成电路公共促进中心天津平台物联网培训中心”，开展国家紧缺人才培养项目，建立物联网、云计算、移动互联网课程体系、师资体系、评测体系，共建MIIT-MS物联网创新体验与推广中心天津中德学院分中心等，服务于企业技术研发和推广服务。

3．服务滨海新区企业技能发展战略

学院联合滨海新区行业企业，举办行业企业技能大赛。联动行业企业，发挥专业优势、师资优势，牵头设计赛项，举办产业内跨企业和同企业的员工技能大赛8项，主办的天津港保税区首届航空职业技能大赛，吸引了天津空客A320、古德里奇、西飞国际、中航工业津电、PPG航空涂料等30多家航空企业参赛；以学院的风电培训中心为平台，策划并主办了风电设备安装与维修企业技能比武等赛事；协助举办中国兵器工业集团所属北方通用动力集团的职业技能大赛（兵器集团技能大赛选拔赛），主要包括加工中心操作工、工具钳工、发动机装配工、数控车工等工种。

以学院为核心，以教育部高等学校高职高专自动化技术类专业教学指导委员会为平台，与行业企业对接，从2008年首届全国职业院校技能大赛开始，先后策划、设计、组织实施了“自动化生产线安装与调试”等6个全国职业院校技能大赛赛项，“现代电气控制系统安装与调试”等4个全国性高职院校技能大赛，“飞机蒙皮技术”等3个国际化赛项，“航空技能大赛”1个企业赛项，开发8个“基于大赛，服务日常教学的立体化赛项教学资源”，其中2个双语教学资源包，形成服务企业技能发展战略、高职教学、国际交流等多方面的教学资源平台。

实践证明，主动服务区域经济社会发展，专业群建设跟踪产业和企业发展，规划专业布局，优化专业结构，引进国际行业企业标准，消化、吸收并开发本土化优质教学资源，引进国外高端智力专家，组建国际化“双师型”结构教学团队，国际合作依托、校企合作支撑，强化内涵建设，打造职教品牌，是职业院校专业群服务现代产业发展的必由之路。同时，在继续推进校企合作开发融“教、学、做”为一体的课程改革，重视学生在校学习与实际工作的一致性，强化专业学习后端综合实训课程开发方面，我们还将任重道远。

——摘自《中国职业技术教育》2014年第30期中李大卫、于海祥、吕景泉《专业群对接产业需求的实践探索》。

第六节　职教改革试验区与技能大赛互动协同机制

【此文发表于2014年10月】

2014年3月13日，以国务院参事黄尧教授为组长的市内、外专家接受天津市教育委员会聘请，对该成果进行了成果鉴定。专家组形成以下鉴定意见：

（1）该成果是贯彻落实党中央、国务院大力发展职业教育方针政策的一项重大举措，是教育制度的设计与创新。大赛紧扣国家经济社会发展和产业结构调整需求，实现了校企深度合作，形成了多方协同育人机制，拓展了技能型人才培养路径，创新了人才选拔制度体系，提高了职业教育与社会需求的适应度，显著提升了职业教育的社会影响力。

（2）该成果从“教育制度创新、培养模式创新、就业准入制度、中西部合作、对外开放”等视角，揭示了全国职业院校技能大赛功能和作用，及其对“职业教育理念、职业教育制度设计、职业教育政策制定、工学结合人才培养模式、师资队伍建设、人才评价和选拔制度、赛项设置与职教发展”的推动力和影响力，为全国创造了技能大赛促进教育教学改革的成功范例，在理论和实践上取得重大突破。

（3）该成果通过“以赛促学、促教、促改、促建”的实践，推动了专业建设、课程建设、师资队伍建设、实践教学基地建设，开展了中高职系统化衔接、人才培养评价等方面的教学实践与创新，体现了广泛的应用价值。

（4）该成果推动了首个国家职教改革试验区（天津）建设进程，使之升级为国家职教改革创新示范区。组建16个职教集团，共建8个国家级滨海新区技能型紧缺人才培养基地，形成20个中、高职优势专业联合办学体，构建了“赛训结合”三级学生技能竞赛体系。为滨海新区现代制造业提供了大量技能型人才，拓展了职业教育国际交流与合作，形成了全社会关心、支持职业教育发展的社会风尚。

该成果原名称为“以全国职业技能大赛助推国家职教改革试验区建设校企合作培养技能型人才”，专家组建议改为“‘大赛—职教改革试验区—人才培养’互动模式的系统设计与实践”。

伴随天津滨海新区开发开放纳入国家总体发展战略布局，2005年，教育部与天津市人民政府签署协议，建立了全国首个“国家职业教育改革试验区”。为加速推动《国家职业教育改革试验区建设实施方案》落实，2007年，教育部和天津市政府召开了试验区工作领导小组会议，决定实施“每年举办全国职业院校技能大赛（以下简称大赛)”重大举措，助推试验区建设，全面探索校企合作培养技能人才。自2008年开始，在大赛实施、改革试验区建设、人才培养质量提升的实践过程中，围绕大赛与教学改革的互动、专业建设与产业结构的互动、大赛作为教育服务创新与职业教育改革试验区的互动，天津市政府印发了《关于进一步推进职业教育改革创新的意见》。围绕产业链发展动态需求，谋划人才支撑链，打造人才培养链；产业资源集群与教育资源集群双向紧密互动，完善基于全国职业院校技能大赛的沟通交流常态化平台，在职教改革示范区的框架下推动建立人才培养的互动协同机制，为全国职业教育改革提供示范和引领。2009年6月，开工建设天津海河教育园区；2010年3月，天津职业教育试验区升级为“国家职业教育改革创新示范区”。

一、互动协同机制的机理分析

在教育部职业教育与成人教育司、天津市教育委员会（以下简称天津市教委）的领导下，天津职业院校、行业企业多方协同，通过举办大赛，把“校企合作、工学结合”的经验和做法加以规范化和制度化，助推国家职业教育改革试验区建设。

“全国职业院校技能大赛与职教改革试验区”的互动协同中，既包括了“政府、行业、企业、学校、协会”之间的协同培育产业生态链，也包括职教系统内部的协同打造教育资源集群，行业企业间协同发展产业资源集群。国家职教改革试验区内的院校、参加全国大赛的院校、企业、协会具有不同的定位，并且各具特色、各具优势，具有多维的特点，因而其互动协同包含了学校之间、学校和企业之间、学校和师生之间协作。在大赛这样一个共同的事业平台、共同的责任平台、共同的利益平台上，在政府主导下，企业与职业院校的协作，以服务滨海新区开发开放、建设国家职教改革试验区为纽带，形成良性互动协同关系。

“全国职业院校技能大赛与职教改革试验区”的互动协同中，通过对赛项系统分析，提出“以赛促学、促教、促改、促建”的教学改革路径。以岗位需求为“基准”，大赛为“探测器”，“测量”学生职业能力的“偏差”；以“试验区”为平台，“调控”专业布局、课程标准、师资队伍、实训条件、中高职衔接、教学组织形式。大赛具有展示、宣传、评价、激励、导向等多重功能，对学校、企业、社会影响广泛而深入、长久而有力。学校、企业专家深度合作，整合赛项优质资源，将赛项设备转化为教学设备、赛项任务转化为教学任务、赛项内容转化为教学资源、赛项标准转化为教学标准、赛项评价转化为教学评价。开发赛项资源网络平台、赛项立体化教学资源包和“职业培训包”，制订了国际化专业教学标准，有效支撑了课程标准与职业标准、教学过程与生产过程的对接。

“全国职业院校技能大赛与职教改革试验区”的互动协同机制的系统设计对于优化专业布局和调整，优化课程体系和标准，优化师资队伍建设途径，优化实训基地建设内涵，优化中高职衔接培养方案，优化综合职业能力培养方式，起到了极大的促进作用，助推了职教改革试验区“体制机制创新、培养模式改革、就业准入、对外开放、中西部合作”等任务的完成。通过职教界在全国职业院校技能大赛平台上的协同创新、成果的推广应用，实现了大赛作为职教发展助推器的设计目标。

“全国职业院校技能大赛与职教改革试验区”的互动协同从实践层面深入探究了大赛与“职教理念创新、制度设计、政策制定、人才培养、教学团队、人才评价和选拔”的内在联系，揭示了互动的功能作用及其机理，丰富了职业教育的理论内涵。

二、互动协同机制的实践

面对职业教育社会吸引力不足，专业建设与产业结构转型升级相脱节，职业院校学生学习兴趣不高、动力不足等问题，天津市职业院校积极发挥行业办学的优势，进行了系列教育教学改革与实践。

1．专业设置对接产业变化，专业建设适应产业发展

每年一届的全国职业院校技能大赛汇集了全国职教骨干、行业和企业专家开发的赛项，赛项及时反映了产业、企业及技术热点。天津市教委按照赛项设置情况，组织院校和行业骨干，直接参与或主持赛项的设计；组织院校和企业人员团队，深入研究赛项设计理念、赛项考核内容和赛项技术要求，比对职业院校发展定位和专业布局，分析区域经济发展趋势和滨海新区“高端、高质、高新”企业需求，通过赛项设置感知产业需求，通过竞赛装备体悟教学支撑，通过竞赛内容了解核心技术，通过竞赛评价熟悉现场工艺，通过竞赛准备锻炼教师队伍，通过学生训练探索工程实践，制度化设计，项目化实施，将大赛作为校企合作、产教融合的重要平台，为职业院校设置新专业、改造老专业、调整现有专业提供导向，优化了专业布局、专业设置、专业调整和专业改造，为建立职教与行业、学校与企业长效合作机制提供保障。

2008年，“自动化生产线安装与调试”赛项整体带动了自动化领域的专业调整，“注塑模具CAD与主要零件加工”赛项、“产品部件的数控编程、加工与装配”赛项全面拉动了装备制造类专业建设……

通过大赛，天津职业院校相继新增航空航天、现代制造、新能源新材料、物联网和移动通信等8个专业组群，组建了16个行、校紧密合作办学的职教集团，改造了21个适应产业结构升级转型的专业，行业企业支持天津职业院校专业建设的设备仪器资金达5.2亿元。

2．课程标准对接职业标准，教学过程对接生产过程

全国职业院校技能大赛的赛项内容设计与企业生产实际保持了高度一致，学校、企业专家深度合作、共同设计的赛项载体和竞赛环境，集中反映了产业

新技术、典型生产装备和现场工艺要求，体现了职业标准和岗位要求。

天津职业院校教师和行业企业工程技术人员，按照赛项序列，及时将技能大赛的赛项内容、技术工艺、素质素养等要求纳入专业教学，嵌入课程体系，构建综合实践教学模块。引导专业基础课程、专业技术课程、专业核心课程的协同配套与改革。将竞赛考核点分解为专业教学的知识点、技能点、素养点，完善人才培养方案和专业教学标准。强化现场实际、工程实践和职业素养。天津市教委组织职业院校专业带头人和骨干教师，将赛项成果转化作为重要教改内容，组建跨院校、跨企业的专项工作团队进行教学资源建设，编写服务项目教学的教材，开发数字化教学资源，建设资源服务平台。优化了课程体系、课程标准、课程内容和课程资源，实现了职业院校的课程与职业标准、教学过程与生产过程的对接。

截至2014年，天津职业院校建成了以大赛赛项为主题，支撑赛项纳入日常教学教改的教材144部，建设辐射全国的国家级精品课程32门，国家级精品资源共享课程47门，建成了基于“赛项六要素分析”的资源网络平台和赛项服务平台。

3．提升教师“双师”素质，建设“双师型”教学团队

通过大赛，天津市教委和天津职业院校充分意识到专业教师的技术技能水平、教学组织方式等多方面与现代职教发展、行业企业需求存在较大差距；通过对“赛项六要素分析”，发现专业教师对于现场生产工艺、技术应用场景、新技术发展、国际化通用技术的了解、熟悉、运用存在更大差距。

天津职业院校参与赛项设计的骨干教师、参与技术服务的专业教师、参与竞赛指导的教师团队贴近行业企业、贴近竞赛装备、贴近赛项内容，全方位得到了锻炼。技能大赛，广泛吸引了行业龙头企业直接参与，引入了当今最新专业技术，专业教师通过赛初接受技术培训，赛前指导学生训练，赛中配合涉赛企业技术人员调试设备，赛后将竞赛成果嵌入日常教学，教师的教学实践能力和技术应用能力得到快速提升。大赛的实施，为行业、企业、学校三方搭建了信息、人员、技术、装备、管理充分交流共享的平台，行业企业人员深度参与职业教育改革实践，学校专业教师深度融入企业生产现场氛围，形成了良好的互动。

2008年，抓住技能大赛契机，天津市教委牵头，人保局、财政局联动，制定《天津市职业教育师资培训工作实施意见》，以职业能力发展和职业技能竞赛为导向，全面实施职业院校师资提升计划。随后，天津市教委更加明确规定，新任职业院校教师必须接受不少于120学时岗前培训，必须在指定企业进行不少于3个月的实习；在岗教师每两年必须进行不少于2个月的企业实践锻炼，强化社会实践活动等规定。以大赛为导向，构建了“如何学做职校教师”、“要作教师，先做学生”、“既当教师，也做专家”、“企业充电，作不过时的教师”四个主题提升机制，全面促进了职业院校教师“双师”素质提高。

技能大赛的行企、院校交流共享平台，为天津职业院校的高水平专兼职“双师型”结构的专业教学团队建设提供了新途径、新方法，大量的企业技术人员成为职业院校稳定的兼职教师，在专业建设、课程改造、设备更新、教学组织创新等方面作出贡献，优化了职业院校“双师型”师资队伍建设途径。

4．追踪企业生产技术与管理，实训条件建设对接企业技术装备

通过大赛，学生的赛前训练及竞赛过程，按照企业操作规范、生产标准、评价标准进行，指导教师按照企业的工艺规程进行指导；学生使用的设备是典型生产过程“高仿真”设备，学生加工的产品是企业生产的真实产品，评价学生的标准是行业企业通用的标准。全国职业院校技能大赛的竞赛装备、技术内涵、竞赛氛围充分体现现代产业、典型企业、生产现场的要求，成为天津职业院校加强实训基地建设的明确导向和重要依据。

天津职业院校在教育部、天津市教委推动的示范校、央财和地财实训基地、院校自身实训场所建设实践中，以技能竞赛为引领，认真消化、吸收竞赛成果，联合龙头企业，从“实训场所、氛围营造、装备选用、指导教师、实训耗材、场地管理、教学标准、课程教材、技能鉴定、培训服务、过程监控”11个维度，本着“理论实践一体化、强化技能训练、职业资格培训鉴定、职业素质训导、对外技术服务、企业文化促进”六个主要功能建设原则，为专业组群搭建综合实训基地，为专业搭建情境化技术训练场所，为学生专业认知搭建技术传承、文化体验、产业发展的体验中心，建设了集技能竞赛、实践教学、技能鉴定、社会培训、技术研发为一体的，与企业技术装备水平紧密对接的实

训基地，优化了职业教育实训基地建设内涵。

以大赛为引领，天津职业院校形成广泛的校际、校企共建，实训资源共享的良好氛围。

5．中高职有效衔接，系统化培养技能人才

大赛的中高职系列化赛项设计为中职和高职院校的有效对接、系统化培养提供了新途径，技能大赛赛项理念、竞赛标准、赛项内容和竞赛装备为中职和高职院校专业教师系统化构建课程体系，开展深度教研、课程改革提供了新平台。

天津市教委明确要求，以高职院校牵头，中、高职院校按照赛项系列类型，融入赛项要素进行专业对接，从培养目标、实训装备、课程资源、师资融合四个方面入手，设计中高职一体化课程体系，探索中高职技能人才系统化培养新方法，优化了中高职衔接人才培养方案。

2008年，天津中德职业技术学院和天津机电工艺学校结合中职组、高职组分别开设的“自动化生产线安装与调试”赛项，先行启动“机电一体化技术”等专业对接，进行系统化培养探索，招收了“人才培养模式改革实验班”。依据中、高职课程既相对独立、又相互承接的原则，围绕技能赛项蕴含的专业核心技术，制定了“整体设计、分段实施、分工合作”的一体化教学方案，实现了系统化培养的有效推进。

2009年，以大赛为引领，中、高职衔接一体化的教学方案推广到其他专业，天津职业院校广泛采用或借鉴此种模式。实施中、高职紧密衔接的系统培养，形成20个中、高职优势专业联合办学体。

6．建立技能人才综合评价机制，培养学生职业技能和素养

全国职业院校技能大赛的竞赛内容既涉及技术应用，也突出了对学生工程实施能力、团队协作能力、计划组织能力的检验，突出了对学生的职业素养、交流沟通以及效率、成本和安全、环保意识的考察，指明了职业院校教育教学改革方向，引导了现代教学组织方式和教学法的应用。

2008年以来，在天津市教委的指导下，天津职业院校有计划、有步骤地开展教学改革，以“工程实践创新项目”为抓手，校企合作，实施竞赛引领的

毕业设计实践、学生专业社团活动、工程化项目教学，提升学生的工程实施能力；以“跨专业、跨年级组队参赛”为抓手，团队协作，强化日常教学中的“小组工作法”运用，探索“基本技能单工位训练、专业技能团组训练、综合实践项目团队训练”的教学组织方式，强化学生计划组织能力、交流沟通能力、团队协作能力的培养；以“每年的赛项学生志愿服务”为抓手，注重职业素养、工作效率、奉献精神、安全规范、环保意识的培养和锻炼，并将其引入到教育教学各项活动中；以“自评、互评、教师评”为抓手，探索在竞赛项目准备中，广泛提升学生的质量意识，提升学生客观评价自己和别人的素质；以大赛倡导的“过程评价、工艺评价、功能评价、素养评价”为抓手，将多维度工作评价方式运用到教学中；以“行动导向教学法”为抓手，将现代教学方法和教学组织形式应用到教育教学各个环节，优化了学生综合职业能力培养方式。

通过建立技能人才培养与选拔的综合评价机制，探索了学生综合职业能力培养，天津职业院校的毕业生得到企业的高度认可，平均就业率连续5年高出全国平均就业率近五个百分点。

三、互动协同机制的成效

互动协同机制的实践推动了首个国家职教改革试验区建设任务的高水平完成，天津升级为国家职教改革创新示范区。以大赛为推手，组建16个职教集团，共建8个国家级滨海新区技能型紧缺人才培养基地，形成20个中、高职优势专业联合办学体。天津职业院校相继新增8个专业组群，改造了21个适应产业结构升级转型的专业，校企合作新建实训场所154个，吸引行业企业设备投入约5.2亿元。互动机制的实践及理论研究，带动了四川、河南等8个国家级职教改革试验区建设，吸引行业企业专家、职教学者、教师关注天津实验改革的经验和成果。

“赛训结合”的三级技能竞赛体系，使得近40万学生受益。天津职教制定了50个国际化专业标准，开发了本土化职业培训包319个，职业资格证书取证率99%以上，促进了天津职业院校学生的就业率、对口率、就业层次屡创新高，为滨海新区航空机电、现代制造业、电子信息、现代物流现代化企业提供了8万多名高端技能人才，支撑了滨海新区重大产业项目建设。大赛吸引国内近万所院校、近千万名师生参与，千余家中外大型企业融入，涉及中高职26个专业大类100个专业对接产业的教改实践活动。

中西部地区职业院校师生参与大赛活动，洞悉了现代职教理念，交流专业建设成果，有效带动了中西部职业教育的发展。职业院校技能大赛从国外职教界的观摩，发展到承办国际赛事、举办国际研讨会、开展交流活动，搭建了职教对外展示的平台。来自60个国家的近万名代表参赛和观摩，2个大赛标准、资源走出国门，成为东盟大赛赛项，引领中国职教走向世界。

“全国职业院校技能大赛与职教改革试验区”的互动协同机制推动了国家职教改革试验区、改革创新示范区建设，推进了我国职业院校与国际接轨，推动了赛项开发和赛项成果转化、扩大了我国职业院校技能大赛在国际上的影响力，对造就具有国际水平技术技能人才具有重要意义。

——摘自《中国职业技术教育》2014年第30期中张兴会、戴裕崴、张维津《“职教改革试验区与全国职业院校技能大赛”互动协同机制的研究与实践》。

第七节 建设国际化高职专业教学标准的学理考量

【此文发表于2014年9月】

为鼓励我国经济发达地区围绕区域支柱产业和特色产业发展需求，对接国际产业发展，培养具有国际视野的高素质技术技能人才，2012年教育部下发《关于借鉴国外先进经验开展职业教育部分专业教学标准开发试点工作的通知》，同时组织部分城市进行了试点。然而，国际化专业教学标准的质的规定性是什么？选择什么理论分析工具厘清其现实价值和发展趋势?如何从实践上系统考察其建设路径和教学支撑体系？这一系列问题仍是教学改革实践探索中亟待解决的问题。

一、专业教学标准的质的规定性

高水平的产业发展需要高水平的职业教育支撑。走向世界的中国现代职业教育，必然要求具有国际水准、中国特色的职业教育专业教学标准与之匹配。然而，什么标准才是国际化专业教学标准?

1．对专业教学标准的认识

专业教学标准是一种在专业教学和专业建设范围内、用于衡量教学质量的客观尺度。作为一种“标准系统”，它必须具备公信力。因此，它又是以科学、技术和教学实践的综合成果为基础，经社会有关方面协商一致制定，由主管机关批准，以特定形式发布的一种规范性文件。一经发布，它将成为该专业教学共同遵守的准则和依据。鉴于此，教育部有关文件给出的界定是：“专业教学标准是开展专业教学的基本文件，是明确培养目标和规格、组织实施教学、规范教学管理、加强专业建设、开发教材和学习资源的基本依据，是评估教育教学质量的主要标尺，同时也是社会用人单位选用高等职业学校毕业生的重要参考”。2012年12月，教育部公布了首批高等职业学校专业教学标准。该标准涉及18个大类410个专业，并在各专业的名称、代码、招生对象、学制学历、就业面向、培养目标与规格、职业证书、教学内容、办学条件及教学建议、学习深造建议等十个方面提出了具体要求。

高职专业教学标准是国家教育质量标准之一，也是高职院校进行教学基本建设和专业建设的标尺。它清楚地反映了培养什么人、怎样培养人的基本要求。在培养目标方面，高职专业教学标准要求高职教育为生产、管理、服务一线培养具有良好职业道德、专业知识素养和职业能力的高素质技能型人才；在课程设置方面，要求高职教育与中职教育衔接、与职业岗位对接、与个人发展相适应；在教学方式方面，要求高职教育工学结合，推行任务驱动、项目导向等教学模式；在办学条件方面，规定了高职教育专业建设应具备的师资、教学设施等基本条件。

2．对国际化专业教学标准的理解

一般认为，所谓国际化专业教学标准是指以国内现行专业教学标准为基础，将一些发达国家行之有效且获得国际公认的专业教学标准适当融入相关专业的教学过程之中，以引导学生掌握国际通行的行业规则、技术要求、服务规范，增强学生对跨国企业职业环境适应能力的教学标准。国际化专业教学标准的定位与国内现行专业教学标准具有明显的区别。

与“普适性”的、基本的专业教学标准不同，国际化专业教学标准是一种更高层次的标准体系。第一，这是一种瞄准国际先进产业和高水平职业教育的专业教学标准。一般而言，涉及国际先进产业、新兴产业、先导性产业的专业教学标准，应该加以消化吸收；一些国际公认的、成熟的发达国家或国际重要教育组织的专业教学标准，应该消化借鉴，以便向国际高水平看齐。第二，这是一种国际互认的专业教学标准。要赢得国际互认，就应拥有“国际要素”。也就是说，这种专业教学标准，除从内容到方法都应遵循国际通用规则以外，还应具备广阔的国际视角，既能俯瞰缤纷世界复杂多元的各类“高标准”，又能聚焦其中共同的元素，寻求共同的规律。第三，这是一种突出本土特色和优势的专业教学标准。具体说，它应结合我国具体国情，借鉴发达国家职业教育成功经验，进而确定专业教学标准的人才培养目标，决定教育内容的选择及教学模式的选用，最终通过跨文化学习借鉴而形成的、体现中国文化软实力、具有国际竞争性的专业教学标准体系。

二、建设国际化高职教育专业教学标准可借鉴的理论分析工具

建设国际化专业教学标准除了要以科学发展观为指导外，还需要以一些理论为分析工具，从观念、整体设计、实践操作等层面对标准本身及其建设过程进行综合的价值判断。

1．在观念层面，要体现文化软实力

建设国际化高职专业教学标准是一种职教文化的全球竞争，体现的是一个国家的职教文化实力。因而，以文化软实力理论为分析工具来讨论这一标准及其建设过程，有助于我们判断其现实价值和发展趋势。

文化“软实力”概念（soft power）由美国哈佛大学教授约瑟夫·奈于20世纪90年代提出。他在2004年出版的《软实力——国际政治的制胜之道》一书中对软实力理论作了较为完整的阐述。他认为，一个国家的综合国力既包括由经济、科技、军事实力等“硬实力”，也包括以文化、价值观、政治观和政策吸引等构成的“软实力”。该理论的核心是强调“软实力”的发挥，特别是通过价值观的影响去吸引、引导人们的观念和行为。依据软实力理论，建设国际化高职专业教学标准无疑是凸显国家职业教育软实力的重要环节。首先，国际化高职专业教学标准作为一种高层次的教学质量和专业建设的衡量系统，它不仅会影响国内社会民众对职业教育的价值判断，进而影响职业教育的发展趋向；在国际社会多元文化相互碰撞、融合的背景下，它也将成为我国职业教育质量保障和职教文化软实力的具体体现，成为我国现代职业教育综合实力竞争的品牌标志。其次，要确立文化自信。中华职教文化源远流长，我们要在新的国际环境和新的教育发展使命中学会古为今用，逐步建立起以中华文化为核心的高职教育专业教学标准体系。再次，高职教育要感知世界、融入世界。世界职教文化璀璨多姿，我们要善于取其精华，学会洋为中用，在吸收优秀文明成果中推进我国国际化高职教育专业教学标准建设的特色创新。

2．在整体设计层面，要突出测量和评价

教育测量是指依据一定原理、规则，运用特定的测量工具对教育现象进行数量化描述；教育评价则是根据一定的教育目标，运用一切有效可行的技术手段，对教育活动的效果和影响进行价值判断。

测量和评价作为一种广泛应用于质量管理的理论和质量认证手段，越来越引起人们的关注。目前，各国都在认真考虑将国际公认的质量认证控制体系引入到教育领域。美国国家教育测量理事会（the national council on measurement in education，NCME）在每年春天举行的年会上，关于信度和效度的研究报告占很大比重，成为年会的一大特色。

从原理上看，由于教育测量和评价理论是在哲学、心理学、教育学、管理学、教育测量学、教育统计学与系统科学等学科的基础上建立起来的，因此它不仅可以为国际化高职教育专业教学标准建设的质量监控提供理论指南，还可以为专业教学标准本身提供一个综合性的质量考察视角。具体包括以下三方面:（1）国际化高职教育专业教学标准建设需要教育测量和评价理论为其监测专业教学标准本身的效度，即保障这套专业教学标准能够准确和有效衡量出它所涉及的相关教学要素的各项特质。（2）国际化高职教育专业教学标准建设需要教育测量和评价理论为其监测专业教学标准本身的信度，即保障这套专业教学标准在各种使用环境和条件下的可信和可靠程度。（3）国际化高职教育专业教学标准建设需要教育测量和评价理论为其监测专业教学标准本身的稳定性，即反映职业教育的客观规律对教学实践提出的共同要求，保障这套专业教学标准的内涵在相当一段时间内、在不同国家或地区不会频繁修订和更换，保持相对恒定。

3．在实践操作层面，要强调系统性

毫无疑问，建设国际化高职教育专业教学标准是一项系统工程，应当遵循一般系统理论的基本原理。也就是说，我们在建设国际化高职教育专业教学标准的过程中，要从多个层次、多个侧面探讨专业教学标准系统的整体性，研究系统的结构与功能，探究系统、要素、环境三者的关系，并用优化系统的观点看问题。如在讨论具体的专业教学标准的度量基准时，一方面应以“适度够用”为基础，充分尊重学科知识的整体性，不仅不能人为割裂其中的联系，相反还要尽量通过教学留下知识链接的线索，以便为学生的自主学习打好基础；另一方面应充分尊重操作技能的形成规律，循序渐进而不是突击强化地开展实训教学。

在讨论专业教学标准的整体结构时，要突出职业教育为现代产业服务的主题，特别关注教学要素与实习实训环境之间的关系，关注专业建设与产业发展趋向之间的协调互动，注重产教融合、校企结合。

在讨论专业教学标准的衡量与导向功能时，应结合国情，注重与时俱进，紧跟现代产业国际化发展的步伐。一要全面考察现代产业发展的国际潮流，从中筛选出代表未来趋势的案例；二要系统梳理一些发达国家和重要国际组织的专业教学标准，从中遴选出国际公认的专业教学标准；三要深入研究我国的职教传统，从中找出优良的文化基因。只有全方位、立体地考察这些要素，才能保障国际化高职专业教学标准系统的整体功能优化，进而保证该标准体系的先导性。

三、国际化高职教育专业教学标准的建设路径和教学支撑

基于我国经济社会和职业教育发展均处于转型升级时期这一现实，建设国际化的专业教学标准面临两个关键问题，即在建设路径上如何与国际专业教学标准的发展相协调，在教学实践上又如何与之相适应并对其内涵加以支撑。

1．建设路径分析

国际化专业教学标准的建设路径分析是指基于一定的教育理念，对专业教学标准的国际化内涵和发展指向进行探讨和梳理。当前，我国正由制造业大国向制造业强国转变。在这个过程中，建设国际化专业教学标准在宏观上要着力推进建设具有中国特色、世界水平的现代职业教育体系；微观上要着力提升职业教育的专业教学质量，打造有国际影响力的品牌特色专业，培养国际化技术技能人才。正是这种内在的发展需求，要求在专业教学标准的建设发展方向上要转变观念，树立全球化的教育发展理念，既要立足我国职业教育的优良文化传统和特色，又要注重学习借鉴发达国家的经验与模式，达到办学理念和教学

实践与国际先进教育思想相融合。

国际化专业教学标准的形成与完善是一个开放的、动态平衡过程。因此，在建设路径方面，既要求我们围绕区域支柱产业和特色产业发展需求，集聚有实力的学校、行业和中资及外资企业共同参与，合作制定并适时修订；又要体现我国现行的专业教学标准与发达国家或重要国际组织专业教学标准（或类似标准）在核心构成要素方面的协调与融合。依据上海、天津等试点城市部分院校的经验，在以下方面应特别关注与国际专业教学标准的协调、融合：

（1）人才培养目标的协调与融合。一是要积极引进国际通用的专业技术技能人才培养标准，并通过职业院校的国际合作，消化完善这些标准。二是要重视与国际跨国公司和知名企业合作，培养既服务区域经济社会发展，适应产业结构升级要求，能从事生产一线生产、经营、管理工作；又有国际意识，国际文化背景，国际交往能力，国际化知识、能力、素质结构，具备获取国际职业资格证书实力的高素质技术技能人才。

（2）人才培养模式的协调与融合。在师资、课程、教学理念与方法等人才培养要素中，要强调国际视野。要在人才培养模式中，融入德国“双元制”等国际先进人才培养理念；要以国际先进技术应用为导向，强化学生基础知识和基础技能的学习和训练；要突出学生的综合技术技能、职业素养的培养；要坚持工学结合、校企合作共同育人。

（3）专业课程体系的协调与融合。要以国家职业资格标准和国际化专业教学标准为依据、以跨国企业岗位技能要求为导向、以实践创新能力培养为核心，着力构建生产过程无缝对接的课程体系；要强调突出综合实践能力培养，开展课程与职业证书相融合的“双证书”一体化教学改革，鼓励将国际职业资格证书纳入课程框架；要广泛采用项目式课程、学习领域等课程模式，课程体系设计中突出企业实践能力培养；毕业设计要立足为实习企业解决技术上的实际问题，鼓励采用企业生产中的真实课题，真题真做。

（4）教学模式的协调与融合。要坚持在七个维度上向国际先进水平的教学模式看齐，即坚持实践教学案例的“真度”，将工程案例转换成教学案例；坚持技术应用教学的“深度”，着眼于问题导向教学，训练学生解决问题的能力；坚持实训教学创新空间的“广度”，不仅关注技能训练，更关注关键能力、职业素养的培养；坚持教学资源的“厚度”，为学生的自主学习准备丰富的知识链接；坚持虚拟仿真形式的“效度”，用信息化手段创建高效学习环境；坚持教学与学习过程的“乐度”，从学生的兴趣出发设计教学内容；坚持教材内容的“适度”，使教学和实训内容的难易程度恰当，提倡适度紧张下开展教学活动。

（5）教学方式的协调与融合。要积极引入国外先进的教学方法，强化教学方法的改革。一是加强教育资源信息化建设，建设共享型、国际化的教学资源库，搭建校企互动的信息化教学平台，开展微课程教学，拓展学生学习空间，促进学生自主学习。二是采用“行动导向教学”“项目教学”“CDIO”等教学方式，加强教学过程的学生主体性及工程实践性。三是提升跨国企业对教学活动的参与度，努力为学生争取跨国企业岗位实践学习机会，提高国际化专业实践教学和技能训练的效率和效果。

2．教学实践支撑

（1）国际化课程体系及课程建设。国际化专业教学标准必然是基于国际化课程的标准。因此，它理所当然地要求在现行职业教育课程框架体系内积极引进与专业培养目标相适应的国际职业资格证书课程；要求推进外语教学改革，并根据职业教育的特点，强化听说能力，突出专业应用；要求适当增加国际知识与文化等课程的比重；要求开发多种课程形式，举办跨文化专题讲座等丰富多彩的第二课堂活动。

（2）国际化教学团队建设。具体途径有三个：一是通过国内外进修和培训，提高教师团队的专业技能、教学能力和外语水平；二是通过参与企业项目开发和到企业实习，了解企业的研发及生产过程，提高教师实践能力，打造“双师型”教师团队；三是建设稳定的外籍教师团队，通过中外教师的协同合作，在共同完成核心专业课程双语教学的过程中，提升整个教师队伍的国际化水平。

（3）国际化实训教学环境建设。必须注重与国内外跨国公司和知名企业合作，共建操作性强、技术先进、具有示范作用的实训基地，建设具有仿真企业环境的校内实训基地；必须注重紧跟行业企业国际化发展趋势，充分满足专业理论与实践“一体化”教学需要，扩大实训项目的覆盖面。唯有如此，才能把实训基地真正建设成为融教学、培训、职业技能鉴定、技术研发为一体的多功能、开放型的高素质技术技能型人才养成基地，才能使国际化专业教学标准真正拥有“用武之地”。

——摘自《中国高教研究》2014年第9期中吕景泉、汤晓华、周志刚《建设国际化高职教育专业教学标准的学理考量》。

第八节　工程实践创新项目（EPIP）现场工程师培养应用

【此文发表于 2024 年 7 月】

制造强国的建设要坚持创新化、优质化、绿色化 的发展方向，不断向高精尖迈进，必然需要大量适应产业需求、具备创新能力的高素质技术技能人才。为此，2022年 9月，教育部办公厅等五部门发布《关于实施职业教育现场工程师专项培养计划的通知》（以下简称《通知》），明确提出“培养一大批具备工匠精神，精操作、懂工艺、会管理、善协作、能创新的现场工程师。”现场工程师是中国特色的创新人才培养类型，探索契合现场工程师培养的教学模式，有助于提高现场工程师培养的适应性和质量，更好地助力制造强国建设。

一、我国现场工程师培养质量提升的时代诉求

自教育部办公厅等五部门正式发布《通知》并于 2023年3月开展第一批现场工程师专项培养计划项目申报工作后，学界针对现场工程师培养开展了丰富 的理论研究。现场工程师是我国提出的职业教育创新人才培养类型。《通知》为现场工程师的培养提供了指南，即“具备工匠精神，精操作、懂工艺、会管理、善协作、能创新”。部分学者在此基础上针对现场工程师培养的内涵和目标定位进行了深入探讨。有学者对《通知》进行详细解读，认为现场工程师必须具备强大的技术能力，具有处理工程现场事务、解决工程现场问题的能力，尤其要能及时解决工程现场各种复杂问题；有学者从工程师的内涵出发，认为普通高等学校和职业院校均能培养现场工程师，并将普通高等学校和职业院校的现场工程师培养对象、范围加以区分；也有学者从布迪厄场域理论的视角出发，将实际的工作过程解读为生产活动场域中的各种要素之间网络关系的运行，并认为现场工程师要能很好地处理一线工作场域中存在的这些复

杂网络关系；还有学者认为，现场工程师实质上具有现场技术工人和工程师的双重身份，是岗位职能叠加的人才，其岗位能力主要包括技术岗位实践操作能力及管理岗位创新能力，这两种能力分别与专科层次和本科层次的职业教育人才培养能力定位相符，是一种复合型的创新人才。在聚焦人才培养目标定位的基础上，学界也有人针对现场工程师的培养过程、培养方式进行了深入研究。有学者认为，现场工程师培养需要在宏观层面加以统筹，对现场工程师培养的主体、方案、质量评估等方面进行推进、把关，确保现场工程师的培养质量；有学者认为现场工程师的培养要有合理的评价标准体系，要充分考虑学生在实践、协作、创新等方面的能力及理论水平，并对评价过程、结果进行严格把关，确保现场工程师的培养质量；有学者认为，现场工程师的培养要具体到专业层面，从专业布局、专业教学等方面强化现场工程师培养与劳动力市场需求之间的适应性，重视专业的匹配程度，实行动态调节，加强精准化的标准建设，进而保障人才培养质量；也有学者认为，现场工程师的培养要深入贯彻产教融合，校企双方要深化合作，共同打造岗位标准、人才培养方案和实习实训基地，协同推进现场工程师的培养工作并进行多维把关；还有学者从更加综合化的视角，提出现场工程师的培养是一项系统工程，对人才培养体系要进行系统化、全面性的设计，并提出从目标制定、标准建设、课程开发、教学实施、评价反馈、质量保障等六方面建构现场工程师的人才培养体系。

可以看出，学界对现场工程师培养的关注程度较高，针对现场工程师培养质量规格及培养方式的研究也取得了一定的成果。一方面，明确现场工程师的培养目标定位；另一方面，从多角度提出现场工程师培养的实践路径。教学过程是实现人才培养目标的重要环节，也是落实现场工程师优质化培养的关键。目前，聚焦实际的教学过程、探索创新的教学模式等的研究相对较少，因此，本研究从教学模式创新的角度入手，探究工程实践创新项目（EPIP）教学模式在现场工程师培养中的应用，和已有研究形成有效的互补，丰富现场工程师培养的实践框架，进而更加有效地提升现场工程师的培养质量。

二、EPIP 教学模式与现场工程师培养的契合性分析

（一）EPIP 教学模式内涵解析

现场工程师是我国提出的一种创新人才培养类型，同时也应该是能够和国际标准相对应的一种工程技术人才。在现场工程师的培养过程中，应当采取适应技能人才培养要求、符合我国人才培养特色的教学模式。我国有学者创造性地提出“工程实践创新项目（EPIP）”教学模式，并将其落实在应用型人才培养的创新实践中，取得了一定的成效。

EPIP 教学模式是在扎根中国大地办职业教育的过程中生成的一种教学模式，是系统化的教学理论和具体化的教学实践的统一。EPIP 是“工程（Engineering）”“实践（Practice）”“创新（Innovation）”“项目（Project）”四大元素的有机结合，其基本内涵也与这四大元素紧密相关。首先，EPIP教学模式强调“工程化”，指的是教学要基于真实的工程，要能够解决实际工程中的问题，教学及考核都要从实际工程出发。其次，EPIP 教学模式突出“实践性”。动手动脑、德技并修，是职业教育培养技术技能人才的基本要求。为此，必须强化实践教学，确保人才培养能够适应工作过程、技能操作的实践要求。再次，EPIP教学模式重视“创新型”。创新能力是当今时代各级各类教育在人才培养过程中的聚焦点。EPIP所要求的创新，实质上也是在工程活动中基于实践探索的创新。最后，EPIP 教学模式要求“项目式”。实际的工作过程是完整、连贯的，需要在真实的项目中将所学到的知识、技能等结合在一起，体现技术技能人才培养和工作岗位需求之间的适应性。

总体来看，EPIP教学模式是“以实际工程项目为导引，以实践应用为导向，以创新能力培养为目标，以项目实践为统领的应用型技术技能型人才培养新途径。”目前，该教学模式已在我国部分职业院校应用，符合应用型人才的培养规律，能够确保应用型人才步入劳动力市场工作之后的适应性。

（二）EPIP 助力现场工程师培养的契合性

EPIP思想精髓和实践模式能够有效助力我国现场工程师培养，具体而言，契合性体现在以下几方面：

第一，人才培养理念的契合性。现场工程师是在技术技能人才和工程技术人才的基础上探索出的一种创新型人才培养类型，从本质上来看，是在职业教育的人才培养过程中深度融入了工程思维。因此，现场工程师既要具备职业教育技术技能人才在技能操作、管理协作方面的优势，提升其在实际工作现场的问题解决能力，也要具备工程教育工程技术人才系统性、整体性的逻辑思维，以及把握整体工程项目的综合能力。EPIP教学模式首先强调的就是“工程化”，基于真实的工程场景培养人才的综合能力，从EPIP教学模式对应的人才培养类型角度来看，就是在实际的技术技能人才培养过程中强调工程思维、工程理念的融入，强化人才培养的系统性、完整性。从这一点来看，EPIP教学模式和现场工程师的人才培养理念高度契合。

第二，教育教学方式的契合性。一方面，EPIP教学模式强调真实工作情境教学，即工作过程导向，要求教和学的内容必须来源于真实的实践活动和项目。采用项目式的教学方式同样也是要在真实的项目中完成学生实践能力的培养。现场工程师需要常在“现场”，其身处现场、解决实践问题的能力要求相对较 高，因此，在培养现场工程师的过程中，也必须强化真实工作情境的教学。另一方面，EPIP教学模式的实践性要求校企合作开展教育教学实践活动，主张“产教融合、校企合作、工学结合、知行合一”。现场工程师培养的重点任务就是校企联合实施学徒培养，强调校企双方共同开展教育教学活动。因此，从教育教学方式上来看，EPIP 强调真实情境教学和校企合作模式，与现场工程师的培养方式高度契合。

第三，专业教学实践的契合性。职业教育是专业化的教育，现场工程师的培养需要深度聚焦专业领域。目前，EPIP 教学模式已在多个专业领域得到应用，例如，智能化、自动化相关专业领域，并取得了一定的实践成效。尤其是在世界职业院校技能大赛中，工业机器人技术应用赛项是EPIP教学模式的典型转化成果，在世界职业院校技能大赛中进行了世界范围的推广。现场工程师的培养同样聚焦工业机器人等先进制造业重点领域。EPIP教学模式在专业教学实践中所取得的成效能够为现场工程师的培养提供有效的支撑。因此，从专业教学实践的角度来看，EPIP教学模式在专业教学中的实际应用和现场工程师培养的实践需求高度契合。

三、EPIP 教学模式应用于现场工程师培养的价值意蕴

（一）情境化的工匠精神创新培育

工匠精神是现场工程师培养的一项重要要求，亦是我国造就大国工匠的重要基础。“各行各业对技术技能人才特别是具有工匠精神的大国工匠的需求越来 越迫切”。《通知》在提出现场工程师五个维度的能力要求之前，重点强调了现场工程师要具备工匠精神。“执着专注、精益求精、一丝不苟、追求卓越”，这十六个字能够精炼概括工匠精神的丰富内涵，而这些素养的培育，不能仅仅在传统课堂中进行传授，还需要在实践中生成。EPIP教学模式突出实践性，且倡导在真实的工作情境中实施教学。因此，基于EPIP教学模式的工匠精神培育，必然要在真实的工作情境中进行。

具体而言，情境化的工匠精神创新培育主要体现在三个方面。第一，工作情境的真实性。EPIP教学模式要求在真实情境中教，在真实情境中学，在真实情境中做，让学生在实践过程中直观、真实地感受工匠精神，使之真正成为学生内在的精神素养。第二，工匠精神内化于心的完整性。EPIP倡导教学过程的完整性，教学内容同样也要完整。工匠精神内涵丰富，需要学生在真实的工作情境中体会完整的工作流程，感悟其中涉及“执着专注、精益求精、一丝不苟、追求卓越”的相关要素，进而使工匠精神完整地内化于心。第三，创新精神和创新素养的养成。EPIP教学模式重视“创新型”，精益求精、追求卓越的要求也会落实到创新精神的养成和创新能力的培育上。这就需要重视学生创新精神的培养，让学生能够在真实情境探索中不断追求创新。

（二）综合化的工程实践能力养成

从《通知》对现场工程师提出的五个维度的能力要求来看，现场工程师的能力结构与传统技术技能人才不同，仅仅掌握“一技之长”是不够的，必须重视综 合能力的培养。当前，随着经济社会的不断发展和产业的转型升级，劳动力市场对技术技能人才的要求也越来越高。“产业升级促使企业对技术技能人才提出 更加综合化与复杂化的能力要求”。职业教育的人才培养势必要走向

综合化。这与EPIP教学模式的要求相一致，同时也符合现场工程师的能力结构要求。

具体而言，综合化的工程实践能力养成主要体现在三个方面。第一，技术实践能力和技术知识的一体化。现场工程师既要精操作，也要懂工艺、能创新。这 就对现场工程师提出了更加综合化的能力要求。EPIP教学模式强调工程实践能力，从本质上来看，是集结了实践操作的能力和理论性的工程思维。第二，个人能力与团队管理的综合化。借鉴EPIP教学模式，现场工程师要能在工程实践情境中充分发挥个体能力和协作效应，尤其是项目式的要求，必然需要现场工程师能够在团队推进真实项目的过程中充分发挥作用。第三，解决工程实践问题的综合能力。EPIP教学模式通过项目式的实践，以综合性的训练来提升学生解决真实工程实践问题的能力。

（三）协同化的校企双元主体联动

产教融合、校企合作一直以来都是职业教育发展的基本模式，“对职业教育而言，校企合作是其根本依托”。体制机制的完善、优质资源的获取、人才培养的推进、办学成效的评价等，都需要产教融合、校企合作。现场工程师的培养体现职业教育和工程教育的双重逻辑，必然要深入推动产教融合、校企合作，确保现场工程师培养的适应性和质量。

具体而言，协同化的校企双元主体联动主要体现在三个方面。第一，长效稳定的校企合作体制机制。EPIP教学模式要求立足真实的工程情境，强化实践能力的培养。这对产教融合、校企合作的纵深化提出了更高的要求。在EPIP理念下，必然要形成更加紧密的校企合作关系，建立更加长效的校企合作机制。第二，广博深入的校企合作人才培养内容。EPIP教学模式强调完整性，在真实的工程情境中，让教师完整地教、学生完整地学。这就对整个人才培养过程的设计工作提出了更高的要求，必然要将产业元素充分融入教育体系，贯穿现场工程师培养的全过程。第三，紧密相关的校企利益共同体。“合作问题实质上是一个激励问题”。在缺少利益激励的前提下，即使通过各种外部力量强行推进合作，双方的合作关系也难以持久。因此，校企双元主体的有机联动必须形成利益共同体，在培养现场工程师的过程中实现利益共赢。

（四）国际化的人才培养标准对接

EPIP 教学模式根植于中国职业教育土壤，在“一带一路”和鲁班工坊建设过程中，伴随“职教出海”一同走出国门。EPIP教学模式和鲁班工坊均形成了独特的标准体系。目前，国外已建立多个EPIP教学研究中心和认证试验中心，向世界贡献了优质的中国职教教学装备、教学模式等，与多个国家的人才培养标 准、国民教育体系建立了有效对接关系。现场工程师虽然是我国提出的创新人才培养类型，但也需要和国际劳动力市场精准接轨，强化我国现场工程师培养的 国际公信力；也需要形成良好的传播效应，提升我国现场工程师培养的国际影响力。在EPIP教学模式相对成熟的“出海”机制下，我国现场工程师培养应持续 与国际人才培养体系及国际劳动力市场需求相对应。

具体而言，国际化的人才培养标准对接主要体现在三个方面。第一，基于EPIP教学模式的现场工程师人才培养标准要与国际标准对接，自身先要有足够强大的学术话语生成能力，需要有相对成熟的标准体系。第二,一定的国际影响力。EPIP教学模式作为鲁班工坊的核心，在部分“一带一路”共建国家得到了 高度认可。基于EPIP教学模式构建现场工程师培养标准，同样需要在国际劳动力市场形成一定的影响力。第三，融入国际公认的工程技术人才培养体系。EPIP 教学模式在各个专业领域都有相应的标准。伴随鲁班工坊的建设，EPIP的相关标准也部分地融入了合作国的教育体系。因此，基于EPIP教学模式，现场工程师的培养也需要充分与国际接轨，持续扩大国际影响力。

四、基于 EPIP 教学模式的现场工程师培养路径

（一）创设多维教学情境，培育工匠精神

工匠精神的培育方式有很多种，榜样激励、理论教学、情境体验均能取得一定成效。其中，实践中的体验能够让学生更加直观地感受工心匠艺。EPIP教学模式的理论源泉包含“知行合一”的思想，强调“做中学”。创设真实的工程情境，辅以其他多种形式的教学，能够更好地促进工匠精神培育。

第一，结合专业教学特色，创设浸润式课堂情境。专业课程教学是现场工

程师培养的重要基础。不同专业也有着独特的工匠精神内涵。田间地头要精耕细作，商场店铺要笑迎天下客。因此，必须结合专业特色，将工匠精神的内涵融入专业课程教学过程，打造全方位、全过程的工匠精神培育体系。第二，充分引入真实工程场景，创设体验式工程情境。EPIP教学模式强调真实性，在真实的工程实践中培养技术技能人才。在培养现场工程师的过程中，需要让学生感受“现场”工作的氛围。同时，精益求精等品质也只有在真实的工程实践中才能够得到更好的锻炼。第三，挖掘工匠精神典型案例，创设榜样式领学情境。通过挖掘相关专业领域的大国工匠、学生身边的匠心人才等典型案例，为学生树立榜样，引领学生形成追随工匠脚步、生成工匠精神的主动意识，强化工匠精神培育。

（二）打造真实项目教学，强化综合能力

项目式教学是当前职业教育领域普遍认可的一种教学方式。现场工程师的能力结构是多元、复杂、综合的，而传统的教学模式往往更加碎片化，难以保障现场工程师及时处理现场问题等综合能力的有效培养。因此，在现场工程师的培养过程中，必须强化项目式教学，在真实、完整的项目实践中生成并强化综合能力，提升现场工程师的培养质量。

第一，精准分析各行业领域对现场工程师能力结构的创新要求。当前，各行各业逐步向数字化、智能化、绿色化转型，对现场工程师能力结构的要求也持续变化。加强对各行各业现场工程师能力结构的分析，能够进一步提升现场工程师培养的适应性。第二，设计适合现场工程师综合能力训练的专项。依托合作企业，设置真实项目，加强个人创新能力训练和团队协作能力培养，确保现场工程师的培养质量。第三，建立现场工程师综合能力多元评价机制。广泛联动社会各界对现场工程师的能力水平开展多元化的评价，通过“以评促教、以评提质”的方式，进一步强化现场工程师的综合能力培养。

（三）推进校企深度协同，优化实践培养

产教融合、校企合作是在真实的工程实践中培养现场工程师的重要基础，亦是现场工程师培养的基本方式，更是提升现场工程师培养质量的关键举措。

因此，需要进一步推进校企合作纵深化，提升现场工程师实践培养成效。第一，充分发挥多元主体作用。政府要强化统筹协调作用，加强校企深度合作的制度保障，并将激励校企双方参与合作的政策落实落地，确保校企双方参与合作的积极性。校企双方则要强化协同效应，形成责任共担、权利共享、利益共赢的合作机制，为现场工程师培养奠定基础。第二，明确校企双方的权利义务关系，形成更加细致、可操作的校企合作方案。在人才培养的各个环节，如培养方案制定、师资队伍建设、教学实施等方面，进一步明确校企双方的权利和义务，为校企双方深度参与合作育人提供指南，突出校企协同育人的完整性。第三，打造校企合作实体化运行平台。实体化的校企合作平台既能够联动学校和企业深化合作关系，也能够更好地整合实践资源创设工程实践情境，以项目化的形式有效支撑现场工程师的 综合能力培养。

（四）全面对接国际话语，完善标准建设

目前，我国现场工程师的培养仍处于探索阶段，需要广泛吸纳国际优质经验，丰富现场工程师培养的理论基础，健全现场工程师培养的标准体系，确保我国现场工程师培养能够与国际权威的工程技术人才培养有效对接，提升我国职业教育服务“一带一路”国际产能合作的能力。第一，积极对接国际工程联盟发布的工程技术人才培养权威标准。第二，持续生成我国现场工程师培养的自主话语体系。第三，强化现场工程师培养标准对接国际工程技术人才培养权威标准的平台支撑。依托鲁班工坊国际品牌及在海外建成的EPIP教学研究中心、认证试验中心等平台，持续扩大我国现场工程师培养标准体系、话语体系的国际影响力；健全培养标准的反馈调节机制，有效运用EPIP相关标准持续完善我国现场工程师的培养标准体系建设。

——摘自《职业教育研究》2024年第7期中王珩安《工程实践创新项目（EPIP）教学模式在现场工程师培养中的应用研究》。

第九节　普通工科高校 EPIP 应用价值与实施策略

【此文发表于 2024 年 2 月】

党的二十大报告强调指出，“办好人民满意的教育”“统筹职业教育、高等教育、继续教育协同创新，推进职普融道、产教融合、科教融汇”。事实上，就高等教育而言，近几年大学生毕业人数逐年上升，但许多企事业单位却找不到适合的人才，人才培养与人才需求之间的“鸿沟”警示我们应当着眼于人才的关键素质培养，改革创新教学模式，培养学生分析问题和解决问题的能力、创新能力和动手实践能力。项目化教学是一种不同于传统教学的新型教学策略，强调以学生能力培养为中心。教师设计“项目”并引导学生在完成“项目”的过程中对知识进行主动探索、主动发现，完成知识的自然内化。项目化教学既可培养学生的基本技能和基本工程素养，又能生成其创新意识和创新能力，与新时代工科院校学生的培养目标高度吻合。项目化教学目前已形成多种模式，例如CDIO工程教育模式，STEAM教育。工程实践创新项目（EPIP）就是一种发源于国内，并经实践检验行之有效的项目化教学模式。

一、工程实践创新项目（EPIP）教学模式的起源与应用现状

（一）工程实践创新项目（EPIP）的起源及内涵

工程实践创新项目（EPIP）教学模式（以下简称EPIP）是项目化教学模式生态中的一种模式，由天津市吕景泉教授首先提出，并于2012年在教学领域应用，于2014年获国家级教学成果特等奖。作为项目化教学众多模式中的一种本土化模式，EPIP的提出必然基于当前中国教育实践的普遍现实问题，即重“教”法而轻“学”法，尤其轻“做”法。EPIP教学模式的构建，受到了古

今中外众多教育思想的启迪：一是我国春秋战国时期的墨子的“亲知”思想；二是近代教育家陶行知的“生活教育”思想；三是我国现代职业教育家黄炎培的“建教合作”、产教融合教育思想。

EPIP即工程（Engineering）、实践（Practice）、创新（innovation）、项目（Project）四个要素的有机结合与层层递进。所谓“工程”，即按照“真题真做、真题重做、真题仿做”的要求，搭建一个工程技术环境，作为工程教育的环境（载体），让学生在此环境中通过实践性学习，体验和掌握现有的工程技术、流程与工艺。所谓“工程实践”，即不但要掌握技术，还要形成一种用于工程或工业实际，满足社会需求的实际技能，即从实践中来，到实践中去。通过解决行业的实际问题，系统培养学生作为未来工程技术人员的工程思维、工程素养和职业责任。所谓“工程实践创新”，即在前面“工程实践”的基础上，发现和分析目前工程实践中存在的问题，并试图提出解决问题的方案；在此过程中，通过观察、思考、探究等方式，工程实践所需要的创新能力得到进一步培养。所谓“工程实践创新项目”，即以“项目”统领工程、实践、创新。项目作为创造产品、建设工程的有组织的复杂活动过程，极具教育价值；将学生的工程、实践、创新活动融入“项目”执行过程中，可全面而系统地培养学生的问题意识、实践能力、严谨作风、管理能力、沟通能力、团队合作、质量意识、成本意识、时间意识等工程思维和素养，进而达成工程实践创新能力的培养。EPIP模式在接近实际的工程环境条件下，实现“做中学”；在工程项目的实施流程中培养学生，符合学生工程能力的生成规律。

（二）EPIP 教学模式的应用现状

“教师如何教，学生如何学”的问题，始终是世界教育界普遍关注的问题，EPIP提供了一种中国方案。2017年，由中国、美国、泰国等8个国家20余所院校的数十位职业教育专家发起成立工程实践创新项目（EPIP）国际教育联盟（Alliance EPIP International Education），并建立了总部设在天津渤海职业技术学院的联盟秘书处。联盟成立后，众多职业院校加盟。通过多次以年会为纽带的研讨活动，以及国内外众多院校的教学实践探索，EPIP的内涵进一步清晰、深化、标准化，EPIP教学模式得到进一步推广，在教学资源建设、鲁班工坊建设、师资培训、国际标准、竞赛装备开发等方面取得了显著成效。EPIP教学模式与起源于国外的STEAM教育理念、CDIO 工程教育模式、项目式学习（PBL）等共同构成项目化教学的生态体系，并在培养学生的工程实践能力和创新能力等方面逐渐呈现出独特的中国话语权。在EPIP教学模式的落地方面，鲁班工坊是一种典型的形式。“鲁班工坊”内涵提出以来，很快走向世界，变为现实。截至2021年底，以天津职业类高校为主，已在世界各地建成20个鲁班工坊，而EPIP也逐渐成为众多鲁班工坊的标准化教学模式。事实上，许多鲁班工坊就是在EPIP 国际教育联盟指导下建成的。调查显示，大多数鲁班工坊教师认为，EPIP教学模式具有很好的教学效果，自身也能够很好应用。

二、EPIP 教学模式对普通工科高校的现实意义

作为一种教学模式，EPIP在职业教育中发挥了重要作用，并随着“鲁班工坊”这一载体而走向世界，成为知名的中国品牌。从EPIP内涵的分析可知，此教学模式不但适用于职业教育，同样适用于普通的高等工科教育。

（一）对于卓越工程师培养的意义

建设世界科技强国和创新高地，既需要高水平科学家的支撑，也需要一大批高水平工程师的支撑。2021年9月，习近平总书记在中央人才工作会议上强调，“要培养大批卓越工程师，努力建设一支爱党报国、敬业奉献、具有突出技术创新能力、善于解决复杂工程问题的工程师队伍”。党的二十大报告明确提出，努力培养造就卓越工程师是“人才强国战略”的重要组成部分。

要培养造就一大批卓越工程师，就必须有相适应的教学模式为其提供服务。须从卓越工程师的内在要求来看其对于教学模式的要求。首先，卓越工程师必须具有技术创新能力，而创新的基础是扎实的工程基础能力；EPIP教学模式通过搭建真实的工程技术环境，通过实践性学习让学生系统掌握现有的工程技术，为工程创新能力的生成打下坚实的基础。其次，卓越工程师必须“善于解决复杂工程问题”，而解决复杂工程问题须具备宽广的知识面、横向交叉融合的知识链、融会贯通多学科多领域知识。EPIP教学模式则提供了训练学

生跨学科学习能力的机会："项目"面向解决实际复杂问题，不是单一学科知识就能解决的，EPIP 教学模式以"项目"统领工程、实践、创新，在"项目"建设的复杂过程中，根据项目实际需要，学习多学科知识，逐渐掌握跨学科思考的能力。再次，卓越工程师解决复杂工程问题，需具备良好的工程素质和团队协作、沟通和领导能力。EPIP教学模式将学生的工程、实践、创新活动融入"项目"执行过程，作为卓越工程师所需要的上述素质和能力可得到系统培养。

（二）对于新工科建设的意义

新工科模式是根据新技术、新产业与社会新形态的变化而提出的、旨在提升新型工程人才培养模式可持续竞争力，是我国工程教育继"卓越工程师教育培养计划"之后，强调科学基础与工程实践相融合、强化人才自主培养，以适应社会和行业需求的新探索。新工科建设注重面向战略性新兴产业与引领行业需求，注重新技术与各专业的融合，注重交叉复合型人才培养，在教学模式上，应做到课堂与项目学习相结合。EPIP教学模式既能通过搭建的工程技术环境，让学生"真题真做"，身临其境地掌握专业知识和技能，在专业学习上做到知行合一，又能通过"项目"训练，培养学生解决复杂工程问题的能力。新工科建设不但要培养精通某一专业知识与技术的"Ⅰ型"人才，还要培养具备广博知识与多种能力且综合素质好的"T 型"精英人才，更要培养具有某相关行业或领域知识与经验的复合型领军人才——"Ⅱ型"人才。因此，要关注包括表达能力、实战能力、沟通能力、组织能力、管理能力在内的多种工程相关能力培养，造就"专""通"结合的复合型人才。EPIP教学模式在完成跨学科的"项目"的过程中，团队协作，不同学科不同专业背景的成员协同攻关，使得学生的上述能力得到系统化的培养。

（三）对于现代化产业体系构建的意义

现代化产业体系是以科技创新为根本动力，以先进制造业等实体经济为着力点，以战略性新兴产业和数字经济为增长引擎，以现代化基础设施体系、流通体系和服务业新体系为支撑，实体经济、科技创新、现代金融、人力资源协同发展的产业体系。为适应现代化产业体系的构建，应造就一大批具有扎实基本功、行业适应性、实践能力、跨学科合作能力和开拓创新精神的人才，因此，人才培养模式不能再局限于传统的课堂教学。EPIP教学模式可根据现代化产业体系的布局，设置综合的、成体系的工程技术环境，打造一批训练“项目”，通过深化产教融合，培养一批适应国家或区域现代化产业体系需要的人才。充分发挥EPIP教学模式培养高素质工程技术人才的优势，建设与现代化产业体系相适应的工程教育生态。各工科高校在建设现代产业学院时，可考虑将EPIP作为基本的教学模式之一。

（四）对于提升大学生综合素质和推动就业的意义

近年来，大学生毕业人数逐年增加的同时，很多企事业单位却难以招到满意的人才。究其深层原因，是毕业生能力素质与市场需求不匹配。首先，就业所需的基本能力和素质不达标，例如，语言表达能力较差、人际沟通能力不足、责任意识缺乏、社会适应能力不高等，以致学生很难快速适应工作岗位；其次，由于应试教育的影响，大学生的专业基础不牢，技能匮乏，创新实践能力尤为不足。事实上，很多毕业生，掌握基本专业知识，但却缺乏知识的应用能力；满足于学业成绩，但却缺乏学习未知知识，特别是跨学科知识的能力；只有书本知识，但却缺乏行业认知。EPIP 教学模式通过“工程”“实践”“创新”“项目”层层递进的引导，让学生在实践中掌握基本技能，建立行业认知，培养创新能力，进而全面培养包括表达、沟通、组织、规划、持续学习等能力在内的全面工程素养，对于提升大学生的综合素质和能力，进而提升就业能力，具有重大价值。

三、普通工科高校 EPIP 教学模式的实施困境

目前，EPIP教学模式虽在“鲁班工坊”等职业教育品牌中发挥了重要作用，在部分职业院校得以应用并取得较好效果，但总体而言，未能在广大的普通工科高校广泛实施，也未能在“卓越工程师教育培养计划”、新工科建设以及现代产业学院建设中发挥应有的作用。究其原因，存在以下实施困境。

（一）跨学科实施的体制机制不健全

对于EPIP教学模式而言，“项目”是其灵魂，要真正发挥EPIP培养学生综合工程素质的目的，必然要依托“项目”的实施过程。现代工程项目，多是以解决复杂工程问题为目的，并不是单一面向某个学科或某个专业的，必然是综合性的、跨学科的。早在20世纪，钱伟长任上海工业大学校长时，就提出要拆除高等教育的“四垛墙”，然而时至今日，学科专业之间的藩篱仍然难以逾越。

跨学科体制机制的不健全，使得EPIP教学模式作为一种理念，难以落地，存在以下困难。一是“项目”由谁主导设计，教学团队如何组建。“项目”是为创造产品、建设工程而设计的有组织的复杂活动过程，可能涉及多个学科专业领域的知识，需要跨学科教师协同指导完成，然而在学科专业条块分割的机制下，教师对于其他学科不了解，造成了沟通上的困难。二是合作教师的工作量如何计算。学院作为二级教学单位，责、权、利独立，负责对教师的工作量进行认定。EPIP教学实施过程中，教师的指导根据学生的实时需要而发生，是不规则的，甚至工作量难以体现为标准学时；有时甚至需要不同学院的教师进行沟通才能搞清楚问题，才能给予学生需要的指导，此时工作量便难以分割。三是EPIP教学过程中各环节如何高效衔接。从工程、实践、创新到项目，为提高教学效果，学生在每个层次的任务完成、达到相应的水平之后，就需要及时过渡到下一个层次，这就需要较为准确地识别学生的当前水平，由于这类转化过于频繁，加上不同学科的教师在沟通上的困难，使得EPIP教学模式难以流畅实施。

（二）综合性项目缺乏实施条件

职业院校一般有自己固定的实习工厂，因而EPIP所需要的工程技术环境的搭建，理论上不存在太多障碍。对于一般工科院校而言，虽有各类实训中心，但要作为EPIP的实施环境还需要进行改造。另外，对于这些实训中心，学科之间的界限仍然比较明显，综合的“项目”目前仍难以承担。实训内容多是针对具体的学科专业，对于训练工程技术的某个单项内容而言，是没有问题的，但很难过渡到“实践”这一层次，因为并不具备实践环境所具有的“真实性”。而“创新”则是在实践环境下才能很好地提出，由于真实的实践环境的匮乏，“创新”能力便难以有效训练。综合型、跨学科的“项目”，则由于学科的条块分割而难以组织实施，学生的综合工程素质的培养难以在真实的工程技术环境中得到落实。

（三）未能形成可持续发展的项目生态

目前，在学科专业条块分割、跨学科合作机制不畅的现实条件下，EPIP教学模式只能形成相对简单、单纯的项目，脱离行业实际，“真实性”不足，同时这些项目也多是零星的、自发的，缺乏正式的培养方案和课程体系的支持。如果不能形成面向行业的项目生态体系，EPIP教学模式便难以发挥作用，更难以在现代产业体系的建设中发挥积极作用。离开了“真实性”工程技术环境下的“项目”群的支持，未来工程实践所需要的综合工程素质便难以得到系统化的培养。缺乏正式的培养方案和课程体系的支持，EPIP教学模式便不能很好地获得官方资源，难以获得可持续发展。

（四）产学合作的动力不足、力度不够

产学合作理论上可为EPIP教学模式创造更为完善的资源条件。但事实上，除了联合培养人才项目（此类项目多见于职业院校）之外，其余的产学合作，其实质是“产”“研”合作，基础是高校的科技成果转化，因为企业的关注点通常是如何解决自己的技术难题，产生经济效益。而EPIP教学模式所需要的工程技术环境，是已有技术的集成，而且费用较高，并不能立即产生技术创新或解决企业迫切需要解决的技术难题，因此企业也就没有足够的兴趣去为高校搭建这 类环境。其次，地方普通院校相比于985、211高校，实力相对不足是一个客观的事实，因此，企业的积极性不高，一定程度影响了产学合作的水平。

教育部“产学合作协同育人项目”，是国家层面主导的产学合作，目前包括的项目类型有：实践条件和实践基地建设、教学内容和课程体系改革、师资培训、创新创业联合基金、关键领域卓越工程师联合培养基地项目。惠及面有限，且其中多数都是面向具体专业的，行业划分较细。对于EPIP教学模式所

需的跨学科项目的搭建，难以提供更有效的支持。

四、EPIP 教学模式的实施对策

（一）建设可持续发展的项目生态系统

打破学院与学院、专业与专业之间的限制，通过资源共享，互通有无，破除教学与科研之间的壁垒，实现教学资源与科研资源的共享共用，相互促进，从而 为EPIP教学模式所需“项目”的建设提供跨学科的支持环境。在此基础上，通过以下途径，建设一批种类丰富的EPIP“项目”，形成项目群。一是建立和优化联合毕业设计申报机制，鼓励不同学院、不同学科专业的教师跨学科申报，组建联合的毕业设计指导小组，共同设计和开发综合性的、面向行业实际需求的 毕业设计项目，并吸收实际行业专家参与毕业设计指导，真题真做，训练学生的工程实践能力；针对实际问题提出新的技术路线，培养学生的工程创新能力；全 过程指导，团队协作，全面训练学生的工程素质。二是在产学合作中，要注重提高企业的参与热情。在设计EPIP 的“项目”时，要注重社会和行业需求调查，为“项目”注入解决企业技术难题的能力，从而提高企业产学合作的动力，借助企业的资源，构建面向行业实践的“项目”。三是建设EPIP“项目”时，考虑大学生“创新创业”的需求，在项目的内容设计上，能为创新创业提供思路和技术服务，反过来促进EPIP“项目”库建设。通过以上途径，建设主体多元、相互促进、相互补充的项目生态群落，并孕育出新的“项目”，从而打造可持续发展的EPIP项目生态系统，进一步促进EPIP教学模式的应用与发展。

（二）建立综合性项目工作坊

EPIP教学模式的开展，“项目”的运行，必须具有相应的物质基础的支撑。对于跨学科的“项目”来说，更需综合性的物质环境，用以提供软硬件条件的支持。目前，高校的各类实训中心可以满足EPIP教学的部分需要，主要是具体专业的加工与试验工作，并不能满足项目完成的整个生命周期中的全部工作。事实上，考察项目化教学的可能成果可知，其具体完成形式包括：开发出一种原型产品；构造出一种模型（实物或虚拟）；提出一种技术或一套技术路线；探索形成一套工艺或工法；提出一种问题解决方案；等等。因此，综合性项目工作坊的功能需求是：既提供传统的工业技术设备，又提供现代技术和方法，能够支持学生进行自由探索。具体来说，综合性项目工作坊应能够支持设计、计算、加工、组装、试验、实验、仿真等实操环节，满足“项目”劳动成果产生过程中的全部技术支持需要。综合性项目工作坊既能提供接近真实的工程技术环境，支持EPIP教学的“真题真做，真题重做，真题仿做”，帮助学生掌握扎实的技术，培养良好的工程实践能力，又能提供更为复杂的创新实验条件，帮助其检验各种创新想法，培养其创新实践能力。在工作坊中，学生可以根据项目任务，进行创意的图纸设计；可以根据需要，按操作规程自行加工零部件；可以根据需要进行相应的技术试验；可以进行计算分析或模拟仿真；可以根据沙盘进行推理等。如果说可持续发展的项目生态系统是“米”，则综合性项目工作坊可以说是“锅”，有“米”有“锅”，才能做出可口“米饭”。

（三）将 EPIP 与大学生“双创”有机结合起来

大学生“创新创业”（双创）活动是当前高等教育领域的国家战略之一。“双创”不仅能解决帮助大学生就业，并进而形成带动就业的倍增效应，缓解就业压力，还可催生一批创新型产业、高科技产业。尤为重要的是，“双创”活动的过程中，还可有效提高大学生的实践能力、创新精神和开拓进取精神，培养综合素质，这与EPIP教学模式的核心理念是完全吻合的。EPIP可为“双创”活动提供技术环境的支持和能力的培养。可以在建设大学生“创新创业”指导中心时，按照EPIP理念，开设若干门指导课程，系统帮助大学生掌握基本的技术技能，培养实践能力和创新思维，形成跨学科思考和交流的能力。EPIP所搭建的工程技术环境，所建设的综合性项目工作坊，应当为“双创”活动开放。如此，EPIP与“双创”相得益彰，相互促进，“双创”为EPIP提出需求，提供动力，EPIP为“双创”提供技术环境和能力培训，从而获得共同发展的机会。

（四）将 EPIP 与 CDIO 工程教育模式相结合

前已述及，EPIP通过工程（Engineering）、实践（Practice）、创新

（innovation）、项目（Project）四个要素、四个环节的层层递进，培养学生的工程技能和实践创新能力。但在“实践”和“创新”这两个环节，其方法论并不明确，对于普通工科高校来说，按照教学进程，许多专业理论课程需要学习，并不能像职业院校那样，长时间“浸泡”在实践环境中，因此，对于项目的完成，需要具有清晰有力的方法论指导，以利于快速完成成果的同时，培养相关能力和素质。CDIO：工程教育模式（Conceive 构思，Design设计，Implement实施，Operate运行），则提供了这样的支持。学生在掌握了基本的理论和技术技能之后，可按照此模式规范地完成工程项目、产品或方案的构思、设计，并加以具体实施将设计变为现实成果，以及成果完成之后的运行和反馈。应在EPIP教学模式中，根据普通工科学生的工程实践创新能力培养需求及CDIO理念，细化“实践”和“创新”环节。

——摘自《潍坊工程职业学院学报》2024年第2期中梁化民《普通工科高校EPIP教学模式的价值、实施困境与对策》。

第五篇

基于产教融合视域看工程实践创新项目（EPIP）

产教融合是职业教育的本质属性。

世界产教融合是新时代中国职业教育发展的新特征。

“产业、行业、企业、职业、专业”五业联动，是新时代新征程中国职业院校落实“产教融合”的具体举措和招法。在首届世界职业技术教育发展大会上，教育部向全球发布了《中国职业教育发展报告2012—2022年》，提出：坚持产业、行业、企业、职业、专业“五业联动”，创新教学模式。

“五业联动”，是EPIP在“宏观”应用层级的成功探索。

探索产学融合的教学模式，走中国特色职业教育发展之路是EPIP的主题。提升中国职业教育的适应性，推进现代职业教育理论与实践创新，构建中国特色职业教育的学术话语体系、模式标准体系，是EPIP实践探索、理论研究、经验总结、模式推广的主线。

第一节　借鉴德国职教经验打造中国高职品牌

【此文发表于2004年5月】

新加坡南洋理工学院（高职学院）院长林靖东先生曾提出卓越学府四要素，即理念、人员（师资）、设施和网络。笔者就从这四个方面入手，结合德国职教经验谈谈打造中国高职品牌的几点体会和天津中德职业技术学院的实践探索。

一、理念

德国高等职业教育主要由两类高等教育机构实施，一是高等专科学院（Fachhochschule），一是职业学院（Akademie）。高等专科学院是德国高职教育的主体。职业学院产生于20世纪70年代初期，是德国“双元制”技工教育（第一级教育）延伸到高等教育领域的一种高等职业教育。无论是哪类德国高职院校，其强调的核心是“能力本位”，即培养学生的“综合职业行为能力”和跨专业的“关键能力”。

德国职业教育的精髓体现在五个结合上，即“动脑与动手相结合”“理论与实践相结合”“学校与企业相结合”“教学与经济相结合”“教育与社会相结合”。围绕德国的职教理念，结合笔者在天津中德职业技术学院的18年办学实践，介绍三种教学理念。

1．“四层两段一贯穿”的课程结构

天津中德职业技术学院的国家级教学改革试点专业电气工程自动化在借鉴德国高等专科学院和职业学院（Akademie）教学模式的基础上，结合其自身办学的条件，采取分段教学、模块训练型课程模式，逐渐由基础向专业发展，它分为基础教学、专业教学、专长教学、毕业设计与专业实习四个层面；基础学习和主体学习两个阶段。在整个三年教学过程内，专业技术技能培训模块不断线。我们称之为“四层两段一贯穿”的课程结构体系。

2．“相互平行、融合交叉”的理论和实践教学体系

在上述独具特色的课程结构体系的基础上，再将课程进行有机整合，形成了上下贯通的理论和实践教学体系，两个教学体系相互平行，融合交叉，核心技术的综合应用能力、实践能力和创新能力培养是交叉点和教学重点。

相互平行，是指两套体系的教学计划相互平行，课程流程相互平行；相互融合，是指课程知识内容与技术、技能培养相互融合，理论和实践教学场所相互融合；相互交叉，是指两套体系的功能相互交叉，知识、技术和技能培养的落脚点相互交叉。

3．“核心技术一体化”教学模式

高职教育教学应以就业为导向，以应用为目的。高职的每个专业都应该明确若干个“专业核心技术”，整体教学过程都应为其服务。

“核心技术一体化”教学模式包括两个一体化，即“核心技术课程设置一体化”和“核心技术教学环境一体化”，它是以技术应用能力培养为中心，以“核心技术”综合应用能力培养为重点，将理论与实验、实训相结合，以课堂与实验（实训）室、实习车间、生产车间四点为交叉网络的一体化教学模式。它强调理论与实践两个教学体系的相互平行、融合交叉，纵向上前后衔接、横向上相互沟通。

（1）核心技术课程设置一体化

在天津中德职业技术学院的电气工程自动化专业的课程体系中，尝试构建了“可编程控制技术”“驱动技术”“传感技术”三个核心技术。为了突出对高职学生在这三种反映工业自动化技术最具代表性和先进性的技术综合应用能力培养，其构建了针对这三种核心技术的课程设置一体化。

（2）核心技术教学环境一体化

专为该专业核心技术之一的可编程序控制技术（PLC），主干课程服务的有两个可编程序控制技术实训室，其中配置了德西门子S5和S7全系列PLC和部分日本欧姆龙、德国AEG公司的PLC；而在电气安装实训室、气动、液压实训室等七个教学场所分别有各种PLC在不同场合下的应用。在每个实验室和实训室都有一种主要技术单元，同时，还有其他技术单元出现，宾主相拥，多次重

复，但角度不同，强调的应用领域和水平不同。

二、人员（师资）

中国职教师资的培养只能说是起步和探索；高职师资的培养只能说尚在规划和试点。今日高职教育发展势头之猛，与高职院校师资在数量与质量上的匮乏正好形成了鲜明的对比。那么，高职院校在师资培养上应该如何来做呢?

1．高职院校师资培养的“四入手”

（1）从“双师型”要求入手

对高职师资而言，必须是讲师与工程师的复合，既能进行专业理论教学，又能进行实验、实训指导。这在德国等职业教育发达国家早已成为基本要求。但中国长期以来一直袭用了专业理论教师与实训教师两大系列，虽然多次研讨，至今仍未能改变这一现状。

“双师型”素质教师应当是：具有现代的职教理念；能够讲授两门以上的专业理论课；能够熟练运用实验实训设备开设两门以上的专业实验、实训课；能够指导高职学生完成高质量的企业实习和毕业设计；能够为企业工程技术人员开设现代应用技术短训班；能够很好地胜任校企合作工作，为企业解决实际问题；能够指导新教师完成上岗实习工作；具有良好的职业素养、职业道德，能够进行不断地学习和进修，具有可持续发展的能力。

（2）从师范生的要求入手

作为高职院校的师资必须懂得职业教育，懂得职业教育心理学，懂得职业教育教学法，而这几乎是中国当前高职师资中的一个盲区，所以，通过继续教育进行补课已成为这些高职师资的重要任务之一。高职教师应该首先学会如何做“先生”。

（3）从复合型要求入手

高职师资的培养目标是集专业理论、技能和教育理论与技术于一身的复合型人才。这种复合型人才在于知识的复合（例如，机电复合、土建管理复合、外语与专业复合等），也在于能力的复合（管理能力、创造与创新能力、解决问题的能力、教育能力）。

（4）从时代要求入手

随着知识经济时代和学习化社会的到来，对高职院校师资来说，只有不断提高现代教育技术，吸取现代教育思想，更新教育理念，改进教学方式，注重国际化，这样才能适应时代的要求。

2．高职院校师资培养的实践探索

（1）完善新教师上岗实习制度

天津中德职业技术学院电气工程自动化专业，其新教师的来源途径分为四种：各类企业或公司内的电气工程师、专业技术能手和生产车间主任等，实践经历至少2年，本科学历；各类院校的应届本科和硕士毕业生；其他职业院校的骨干教师；本院自己培养的优秀毕业生。针对不同的师资来源，天津中德职业技术学院制定了各有侧重的上岗实习培养计划，但所有新教师都必须完成一年的上岗实习任务。

一年的上岗实习过程主要有四项内容：学做“先生”；先做“学生”；争做“能手”；要做“专家”。

① 学做“先生”：在新教师上岗之初，学院要为新教师安排一门“现代职业教学法及其实践”的课程，专门聘请的职教专家为新教师“讲”“演”新的职教理论和教法。其内容大到如何编写教学计划和教学大纲，小到如何运用手中的教鞭，边讲边示范，并让新教师主动实践。每位新教师的授课实践都进行摄像，课后专家同新教师共同分析录像带上的每个姿势、语言、段落，观察学生的各种反应和表情。通过这种培训，使新教师学到了许多实用的方法和技巧，也使他们对教育理论、教学法有了一种深刻、具体的认识。他们看到了教育理论和教学法在教学过程中的重要性，更为重要的，它使新教师能更加主动、自觉地关心和学习新的教育理论，培养了他们不断丰富自己教学思想、注重教学研究的习惯。

② 先做“学生”：学院有针对性地为新教师制定了四个月的基础实践和专业技能培训。新教师要在学院的两个机电车间内分别进行“车”“钳”“铣”“刨”“磨”“电气安装”“元件焊接”等一系列基础实践技能培训，同时还要在16个机电相关的重点实验室进行“计算机应用”“可编程控制”“电气测

量”“传感技术”“驱动技术”“机械手编程”“程序设计”等方面的专业技术培训。凡是学院机电类高职学生要进行的实训操作练习、要学的加工方法都要让新教师亲手做一遍，并由经验丰富的指导教师进行具体指导和考核。考核采用过程评分和结果评分相结合、工艺评分和功能评分相结合的方式进行。新教师也会从中学到实践课程有效的评分方式。教师要教好一门课，首先应清楚他的学生都要学什么，需要什么，新教师要亲身体验学生在校的各个学习过程。

通过这一段实践性很强的技术技能培训，让新教师了解了学院，了解了机电专业，更加清楚了各门课程之间的相互依存和联系，也了解了自己将来要讲授的课程在整个教学体系中的位置和作用。

③ 争做“能手”：高职教育的培养目标是面向生产、服务和管理一线，培养动手能力强、专业技术过硬的应用型人才。针对这一目标，学院为新教师安排了针对性较强的2～3个月的企业实习，让新教师广泛接触专业实际，同企业建立联系，了解企业之需，寻求自己所讲授专业课程同企业实际的结合点，熟悉生产工艺，了解现代化生产设备的运行情况，使新教师教而知其用。这种方式，让新教师体会了理论与实践相结合、动脑与动手相结合、学校与企业相结合、教与用相结合的职教理念，同样重要的，新教师极大地充实了自己，开阔了视野，为今后成为专业“能手”打下基础。

④ 要做“专家”：每位新教师在上岗实习过程中，学院都为其配上一位经验丰富的“专家”型教师做为指导教师，新、老教师“结对子”，让新教师树立做高职院校“专家”的信念。同时，全方位地感受老教师身上的敬业、奉献精神以及丰富的专业知识和技能。鼓励新教师在实习期间通过努力获得各种职业资格证书。

（2）注重在岗教师进修和培训

天津中德职业技术学院的“电气工程自动化”专业教师20人，其中有12人20次分别到德国、日本、新加坡等接受专业技术和职教培训，取得各种专业技术资格证书和培训结业证书60余件。其中，有的教师还获得符合德国VDMA和ZVEI标准的“自动化工程师”“自动化技术设计师”等国际高水准证书，为搞好高等职业专业建设创造了良好的条件。

在“双赢”模式下的校企合作中，教师也要发挥重要作用。他们定期深入企业，指导学生的企业实习；指导学生完成以企业生产实际为题源的毕业设计；为企业开办技术短训班；从事生产线技术改造和现场设备维护指导；同时，了解现代化企业的最新技术。学院开展有效的教研活动，让教师间实现“累积经验共享”，达到相互交流，沟通信息，寻求帮助，经验共享的目的。

三、设施（实训场所与设备）

德国职教的特色之一是学院在专业开设上要做到“人马未动，粮草先行”。实训教学环境要求职业化、组织管理企业化，必须构建符合现代职教理念、采用现代教学方法的实训场所。教学设备应该是大量采用企业实际应用设备。笔者认为，高职实践教学基地建设应该遵循如下五个原则：

（1）高职实践教学基地首先应该是学生深化基础理论、拓宽专业知识和创新思维方法的培训基地。

为验证和深化专业理论基础知识，实践教学基地应根据不同的实训要求，划分成认识实训、观察实训、演示实训、操作实训、仿真实训和模拟实训等不同类型的项目。为了拓宽学生的专业知识的，实践教学基地还应该建有学科交叉、横向复合的实训场地。为了培养学生创新思维，实践教学基地还应该在实训课程和项目设置、实训大纲及计划的制定、实训的内容和方法等方面进行改革，注重培养学生的解决实际问题的能力和创新意识。

（2）高职实践教学基地应该为学生基本技能、工程技术、高新技术和综合应用能力的培养提供服务。

（3）高职实践教学基地应该成为学生专业素质和职业道德培养的基地。

实践教学基地应该尽可能地模拟企业生产的真实环境，并参照执行国家及行业职业技术规范化标准，努力为学生职业道德和劳动素质的培养提供服务。要注重爱岗敬业情操的陶冶、劳动综合素质的培养、团结协作精神的倡导和遵纪守法习惯的养成。

（4）高职实践教学基地建设应该与先进的职教理念和现代教学方法相结合，建设符合“行为引导教学法”“项目教学法”“小组工作法”“技术技能一体化”培训需求的实践教学基地，将现有实训车间逐步建成具有先进职教特色和理念的“教学与实习工厂”。将原先的“排式”教学组织形式逐步改造成“圆桌式”组织形式，增建“学习岛”，以利于先进教学方法的实施。

（5）高职实践教学基地建设应该为实现“共享”服务

高职实践教学基地建设的共享方式主要为：设备共享、师资共享、课程共享、经验共享和模式共享五个方面。在每种形式下的共享合作中，上述五个方面的共享都将有不同的展现，例如，校企的“双赢”合作机制、校与校的“双赢”合作机制等。

四、网络

高职院校要在办学实践中，努力构建自己的网络系统，要构建国际合作网、校企合作网、校与政府合作网、校校合作网、高职中职合作网、职教成教合作网、国家级师资培训基地网、国家级职业教育实训基地网，实现更大范围的有效“共享”，获取更大的发展空间。

——摘自《天津成人高等学校联合学报》2004年第5期中吕景泉《借鉴德国职教经验打造中国高职品牌》。

第二节　探索产学结合，走中国特色发展之路

【此文发表于2007年1月】

“十一五”期间，我国高等职业教育的主要任务是加强内涵建设，提高教育教学质量。为完成这样一个战略任务，一方面，按照地方为主、中央引导、突出重点、协调发展的原则，国家重点支持建设100所高水平国家示范性高职院校，将使示范院校在办学实力、教学质量、管理水平和办学效益等方面有很大的提高，特别是在深化教育教学改革，创新人才培养模式等方面，取得明显进展，起到引领、示范作用；另一方面，教育部下发《关于全面提高高等职业教育教学质量的若干意见》，是要指导全国1 000多所高职院校的教育教学改革，切实把工作重点放到提高教育教学质量上来，点面结合，共同促进。

教育部部长周济在国家示范性高等职业院校建设计划视频会议上的讲话中提到，我国高等职业教育的发展总体是健康的，方向是正确的，成绩是巨大的。高等职业教育的快速发展，丰富了高等教育体系结构，完善了职业教育体系结构，高等职业教育是我国高等教育发展中的一个新类型。

高等职业教育作为一种类型，其最主要的类型特征就是服务区域经济和社会发展，以就业为导向，走产学结合发展之路。

作为世界职业教育发展的先进代表，德国职业教育在产学结合方面具有很多成功的经验，本文结合笔者多年对德国职业教育的关注和了解，谈一谈德国高职教育中的产学合作形式及启迪。

德国高等职业教育主要由两类高等教育机构实施，一是高等专业学院（Fachhochschule），一是职业学院（Akademie）。高等专业学院是德国《高等教育法》明确的高等教育重要形式之一，也是德国的高等学校体系中七种类型高校中极其重要的一种，目前全德共有180余所，在校生40余万人。职业学院

是德国《职业教育法》中明确的第三级教育，是德国“双元制”技工教育（第一级教育）延伸到高等教育领域的一种高等职业教育。近年来我们讨论的德国“双元制”职业教育的上移就是指后者。

一、德国高等职业教育中产学合作的十种表现形式

1．招生方面

两类学校招生的基本条件都是招收具备大学入学资格的高中毕业生。高等专业学院如果招收的是完全中学（Gymnasium，相当于我国的普通高中）的毕业生，那么，根据专业性质要求要有一定时间的预实习，积累实践经验、感性认识以便于理论学习。而要进入职业学院的学生还要有另外一个必要条件，必须先与某企业签订合同，以企业“准员工”的身份接受职业学院的教育。只有同企业签订了这种培训合同才能成为职业学院的学生，同时，他们也就成为企业的“准员工”，可享受企业每月700～2 000马克的经济补贴，毕业时的就业问题也基本上得到了解决。

德国高等教育的入学率很高，但要上职业学院却是相当不容易，竞争很激烈。例如，在柏林，IBM企业提供20名柏林职业学院的职位，有千余名高中毕业生来报名。企业选择高中毕业生送到职业学院，提供的资助，保证了职业学院学生的高素质。德国社会和经济界一直在争论：传统大学学制太长，太理论化，而这种职业学院是对社会和企业需要的一种满足。企业认为这样培养的人员更适合企业。

2．师资队伍建设方面

德国高等职业教育实际上是由专职教师和企业的工程技术人员、管理人员共同组织实施的。高等专业学院兼职教师数要比专职教师多，例如，柏林应用科学技术大学，专职教师300人，兼职教师600人。而职业学院专职教师更少，教学工作，特别是专业类、实践类课程主要由兼职教师承担。这些兼职教师除少部分来自别的大学外，绝大多数来自企业。他们不仅有扎实的专业知识、丰富的实践经验，而且能把企业的生产、经营、管理与技术改进等方面的最新情况与学生所学的内容紧密、及时地结合起来，真正体现理论联系实际，让学生

学以致用。例如，柏林职业学院目前在校生1 355人，专职教师46人，而兼职教师200人。

从学生反馈情况看，来自企业第一线的教学往往最受学生欢迎。另外，学院在进行办学规模和教学计划调整时，可以及时调整外聘教师，不至于造成学校教师过剩，从而大大提高办学效益。

德国高职院校对专职教师的要求非常严格，一般从高等职业技术师范学院毕业的学生，还不能去直接任教，必须参加国家组织的第一次职业技术教师资格考试，合格者获得实习教师的身份；再经过两年的教学实习期，可以参加国家组织的第二次职业技术教师资格考试，合格者才可获得正式岗位资格证书，应聘去高职院校任教。从10年普通教育后到成为高职院校的教师，还要经过至少10年的时间。这样培养出来的人员一旦独立任教，就已具备了相当雄厚的职业功底和很高的业务素质。另外，学院还采取中、短期脱产与不脱产相结合的方式对在岗的教师进行培训，以便保证在岗的教师得以不断地更新知识，提高水平。除此之外，学院还定期安排教师到企业工作，以更新实践方面的知识和经验。

3．专业建设方面

德国高等职业教育的培养目标是非常明确的，就是培养应用型人才。特别是职业学院，它不是为自由的劳动力市场培养“通用人才”，而是为特定的企业培养“专用人才”。为了达到这个目标，学校的专业建设工作都是企业直接参与和学校共同完成的。每个专业都成立专业委员会，其成员主要由企业和学校的代表构成，负责本专业教学计划的制订、实施、检查和调整。学校的课程设置、实验安排、实训实习次数及时间的确定、考试的组织和毕业论文（设计）的要求等都是学校和企业共同研究决定的，因而所培养的学生很有针对性，不至于产生学用脱节的现象，毕业后可以直接上岗，不需要长时间的工作适应期。

4．实训基地建设方面

学生的实训、实习主要在企业并由企业负责组织实施。但学校内部仍具有先进的教学设备和良好的教学条件，学生在接受训练时直接接触的各种实验设备正是目前许多企业正在使用和将要使用的，保证了学生毕业后上岗能跟上时代发展的步伐。例如，西门子职业学院和沃尔福斯堡的大众培训中心，其院校的仪器设备以及科技含量都是当今最先进的。这些教学设施，有的是为了培养专门人才由企业直接投资的，有的是为了开发新产品或技术创新由企业和学校联合投资的，有的是企业无偿捐赠的。

5. 教学方式方法方面

德国高等职业院校课堂教学组织形式小班化，以研讨为主。在专业课教学中广泛采用“行为引导式教学法”和“项目教学法”。它们都强调学生是学习过程中的主体，老师仅起参谋、咨询、引导作用。

行为引导教学法的原则是既教相关知识，也教行为操作，在操作中分析问题。通过观察与思考来指导和控制行为，通过学生的行为来发展其观察力和思考力。

项目教学法是以实际应用为目的，通过围绕某一实际项目实施教学。项目一般是一个具体的产品，或是具体生产过程，或是在生产、管理、营销中的某一实际问题。这一方法一般包括以下几步：（1）获取某项目的有关信息。（2）根据已学的科学知识及自身的经验拟出多个方案，并作出选择，从而制定实施项目的计划。（3）实施工作计划并完成。（4）总结经验，反馈信息。总之，课堂教学中许多教学内容和方式都来自企业，也是为了企业。

6. 理论和实践教学方面

高等职业教育的教学内容包括学校负责的基础课和企业负责的实践课两方面，学校通过与参与培训的企业合作实施其教学任务，教学工作是在学校和企业两个不同的地点交替进行的。高等专业学院，学制为4～4.5年，其中到企业实训、实习时间不能少于1年。职业学院学制为3年，其中要有一半的时间到企业接受实践技能的培训。如职业学院，每学期为24周，前12周在企业实习，后12周在学院学习，对于学生的实习，企业非但不看成是额外负担，还给学生每月培训津贴。

经过实习，学生不仅加深了专业理论知识，熟悉了企业技术应用过程和生产、管理过程，而且积累了实践经验，提高了综合运用知识和实际操作能力。

在学校和企业中交替学习，也有益于增强学生学习的兴趣，学生所学专业理论知识在实践中的应用所获得的经验和成功激发了学生的学习动机。

7．考试与毕业设计方面

学生的学业要在学校和企业完成，鉴定学生学业成绩及技能水平的考试，也由学校和企业联合进行，决定学生是否能毕业或拿到某方面的技术等级证书不是学校一家说了算。德国高等职业教育中的考试一般有学校考试、企业考试和行业协会组织的技能证书考试。基础理论课程的考试一般由学校组织进行。学生在企业培训期间，其实习成绩的考核与评定工作由企业负责，考试的内容、形式和时间都由企业指导老师确定。毕业论文（设计）的内容必须从企业实际出发，企业老师作为学生的第一指导教师，学校教师作为学生的第二指导教师，毕业论文（设计）的答辩及成绩的评定，由企业和学校联合组织进行。

8．经费筹集方面

德国的高校绝大多数为公立学校，办学经费主要由州政府和联邦政府拨款解决。但来自企业的教学、科研合作的经费成了高校第三渠道经费来源的主体部分。企业为培养一名职业学院的学生要花费5～8万马克的费用，但企业仍把职业学院的培养途径看作是一种费用优惠的获取人才的措施。

9．科学研究方面

高等专业学院和职业学院均以教学为主，但这两类学校，特别是高等专业学院仍然维持着较高科学研究水平。其科研的一个显著特点就是与企业合作，同时为企业服务。许多企业新产品的开发、生产工艺的改革及技术难题的攻关都依靠高校的科技力量。许多教授都有自己的实验室（或研究室），所需经费一靠企业投入，二靠技术转让来解决。企业的进步有赖于高校的科学研究，科学研究又维持了高校教学的高水平。

10．学生就业方面

德国高等职业教育十分强调职业性和应用性，毕业生不仅具有扎实的理论知识，而且实践能力、应用能力都很强，并熟悉企业生产管理。同时，所学专业又都是针对企业需求，一上岗就能适应并用胜任企业劳动岗位的工作。因此，德国高等职业教育所培养的学生就业率很高，如职业学院，毕业生就业率达90%以上。

二、德国高等职业教育产学结合的启示

1．德国职业教育的精髓是“五个结合”

德国职业教育的“五个结合”即“动脑和动手最真实的结合”“理论和实践最真实的结合”“学校和企业最真实的结合”“职业教育同社会需求最真实的结合”“职业教育同人的全面发展最真实的结合”。而其中最核心的一点是学校和企业紧密的结合。正是有了这种结合，才使德国的职业教育成为德国经济腾飞和发展的“推进器”，才使德国的职业教育更加有的放矢，才使德国的职业教育有了生长之源。

2．德国企业十分乐于与学校建立良好的关系

企业视学生来企业实训为了解和吸引学生的好机会。企业接受学生实习，既让学生学到知识、技能，还要让学生感受到企业的关怀以及将来企业的美好前景。同时，高职院校大量聘请的兼职教师，主要来自企业，企业也非常愿意选派优秀工程技术和管理人员到高职院校兼课。通过兼课，宣传自己的企业、物色优秀学生，建立牢固的师生感情，巩固校企合作关系。企业家们认识到，对学校的支持所产生的招揽人才和宣传企业形象的作用远胜过花重金刊登的招聘广告的作用。

当然，学校为了能不断得到企业的关心和支持，也不断研究企业的需要以及制定措施不断满足企业的需要。可以这样说，德国高职教育中的校企合作是“双赢”的，也只有“双赢”的合作才能是持久的、巩固的。

3．德国职业教育中的校企合作拥有坚实的法律保障

纵观德国职业技术教育发展历程，可以看出，德国职业技术教育之所以得到蓬勃发展，能适应本国政治、经济发展的需要，其重要原因之一就是德国十分重视职教立法，而且日臻完善。他们充分运用国家政权的力量，通过立法手段，在不同时期制定有利于职教发展的措施。例如，早在1869年的《强迫职业补习教育法》，1889年的《工业法典》，1919年的《魏玛宪章》和1969年的《职业教育法》都是当时历史条件下对职业培训和职业教育的发展起到重要作用的

法律。为确保职业教育的顺利发展，1981年发布、1986年修订了《联邦职业教育促进法》，对职业教育有关的个人、企业、学校及政府各级机构的职责、权利和义务作了明确的规定。例如，德国的企业必须承担职业教育培训任务，否则，要缴钱给国家用于职业教育。为了调动企业在职业教育中的积极性，政府给企业以一定的优惠政策，规定企业的职业教育费用可计入生产成本，可减免税等。

4．我国目前企业对高等职业教育的关心、支持、合作的程度是很不够的

企业对高职院校的冷漠，说到底还是因为企业缺乏一种内在的对人才的需要。我们的高职院校缺乏对企业的关注，同时我们的企业也缺乏对高职院校的关注。实事求是地说，我们许多高职院校在目标定位、专业设置、学科建设、培养模式、师资配备、科学研究等方面都存在着与企业严重脱节的情况。要想得到企业的关心和支持，高职院校必须主动研究企业、服务企业；当我们所培养的学生能够满足企业需要，当我们的科研能为企业带来可观效益的时候，企业也必将会主动参与和支持高等职业教育。

当然，切实发挥校企合作在职业教育中应有的作用，还必须有国家法律、政策的支持和引导，需要劳动和就业准入制度真正落实。

总之，高等职业教育的发展是一个系统工程，需要政府、行业、企业、社会团体、学校以及社会各界的共同参与和支持。但是，无论如何，走产学结合之路是发展我国职业教育的必由之路。

——摘自《天津职业院校联合学报》2007年第1期中吕景泉《探索产学结合模式，走中国特色高等职业教育发展之路——浅谈德国高职教育中的产学结合》。

第三节　职教改革试验区与人才培养互动模式

【此文发表于2014年5月】

一、背景

天津的滨海新区是党中央、国务院在新的历史条件下的重要战略部署，2005年8月，教育部与天津市人民政府签订了《教育部　天津市政府共建国家职业教育改革试验区协议》，这是全国第一个部市共建的职业教育改革试验区（以下简称“试验区”）。

2006年，教育部与天津市政府出台《国家职业教育改革试验区建设实施方案》。2007年8月，为了加速推动《国家职业教育改革试验区建设实施方案》落实，教育部和天津市政府共同召开了试验区工作领导小组第二次会议，研究确定实施“举办全国职业院校技能大赛”等九项举措。

2008年首届全国职业院校技能大赛（以下简称大赛）在天津成功举办，2008年、2009年、2010年前三届大赛，天津作为唯一举办地顺利实施。2013年，天津作为主赛场，全国分赛区扩展至15个省市，参加决赛的选手从2 000人增加到近万人，赛项从20个发展到100个，覆盖14个专业大类，多个行业和近1 000家企业参与其中。落户天津的全国大赛，成为我国职业教育规模最大、项目最多、覆盖面最广、规格最高的技能大赛，大赛助推职业教育改革的实践成果辐射全国。

二、互动模式的设计思路

面对天津滨海新区的开发开放，迫切需要职业教育的整体性支撑；面对职教资源不均衡、不紧密的局面，通过举办大赛的途径构建了多方联动平台，有效整合政府、行业、企业与学校资源，推动“政府统筹、行业指导、企业参与、学校主体”办学机制体制的形成。

全国职业院校技能大赛无疑是多种呈现职业教育发展状态和推进职业教育内涵式发展的“载体”和“推手”之一。2008年，在教育部职成司和天津市教委的直接领导下，天津职业院校多方协同，针对试验区的“体制机制创新、培养模式改革、就业准入、对外开放、中西部合作”等建设内容，系统设计了探索“大赛—职教改革试验区—人才培养”的互动机制的实施方案；以国家项目课题为牵引，2007年，天津市教委联合职业院校立项全国教育科学“十一五”规划职业教育专项课题“国家职业教育改革试验区建设的理论与实践研究”，2009年，天津市教委联合职业院校立项国家社科基金课题“全国技能大赛对职教发展影响力研究”。通过对赛项的系统分析，提出了“以赛促学、促教、促改、促建”的教学改革路径。建立职教与行业、学校与企业长效合作机制，实现专业与区域产业对接；建立专业设置、师资队伍、实训条件建设与企业发展有效互动机制，实施专业动态调整、“双师”型素质教师、“双师型”教学团队和综合实训基地高水平建设；建立课程、培养规格与职业标准高效对接机制，开发技能大赛教学资源，引领和服务日常教学；建立技能人才培养与选拔的综合评价机制，探索学生综合职业能力培养，引导了现代教学组织方式、教学法的广泛应用。

三、互动模式的模型设计

国家职教改革试验区建设是一项系统工程，全国职业院校技能大赛是一项系统工程，技能人才培养更是一项系统工程，“大赛—职教改革试验区—人才培养”互动是在国家大力发展职业教育和天津滨海新区开发开放的环境条件支撑下，职业院校、企业、政府，以及作为自然人存在的师生、技术人员、企业家、社会活动者等多个主体参与的多要素流动和组合。通过分解细化试验区建设的各项任务，大赛的体系构架、功能作用，技能人才培养的关键要素，建立系统内要素之间的互动关系，即处于发展状态的三个系统内各个要素之间的相互促进、相互渗透、互相依赖、互为动因的正反馈耦合关联的动态关系。

通过对赛项的系统分析，提出了“以赛促学、促教、促改、促建”的教学改革路径。以岗位需求为“基准”，大赛为“探测器”，“测量”学生职业能力的“偏差”；以“试验区”为平台，“调控”专业布局、课程标准、师资队伍、实训条件、中高职衔接、教学组织形式；深入探究大赛与“职教理念创新、制度设计、政策制定、人才培养、教学团队、人才评价和选拔”的内在联系，揭示了“三维”互动的功能作用及其机理机制，“大赛—职教改革试验区—人才培养”互动作用模型如图5-1所示。

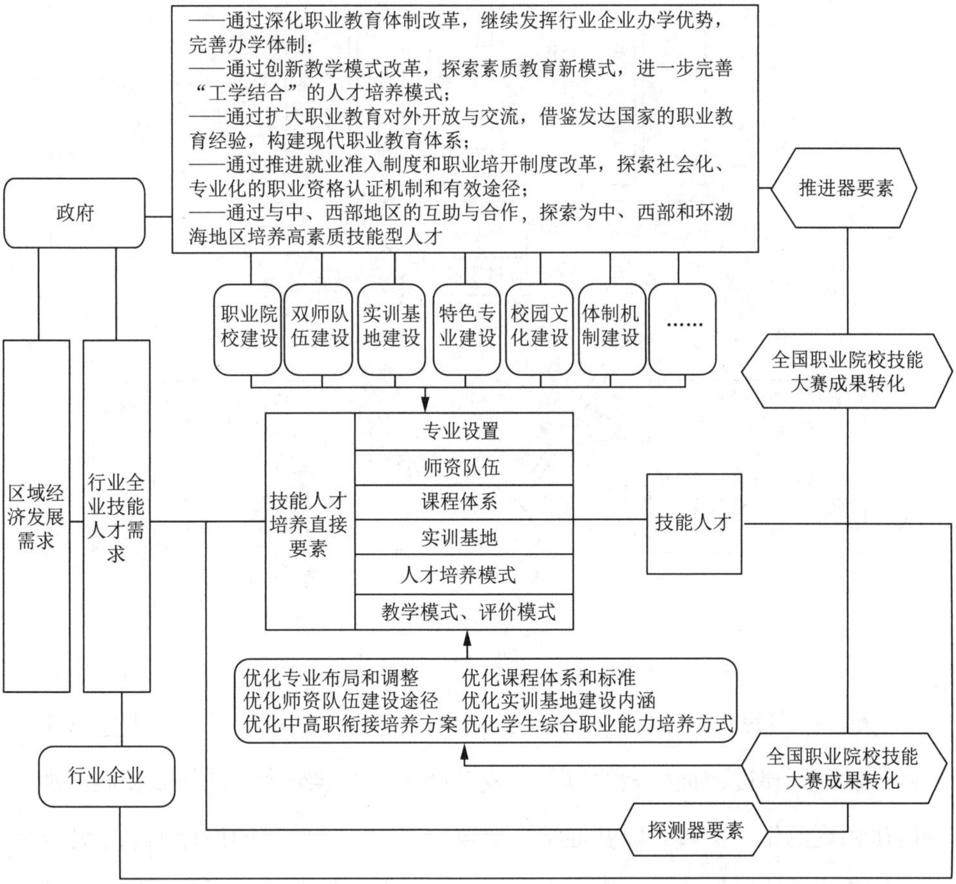

图 5-1

四、互动模式内涵

对于互动模式内涵的问题，它是互动主体的具式，也是一个层次组合的概念：第一，全国职业院校技能大赛、国家职教改革试验区、技能人才培养三者的互动模式是不同主体之间的互动结合，因而其中具体的结合模式呈现出多样性；第二，国家职教改革试验区内的院校、参加全国大赛的院校同样具有不同的定位，并且各具特色、各具优势，具有多维的特点，因而其互动模式内含了职业院校之间、学校和企业之间、学校和师生之间内部的互动模式。互动也是一个合作过程，“三螺旋理论”认为，政府、企业与职业院校，以服务天津滨海新区开发开放为纽带而联结起来，形成一种三种力量交叉影响的三螺旋关系。图5-2为“大赛—职教改革试验区—人才培养”互动模式的运行机制。

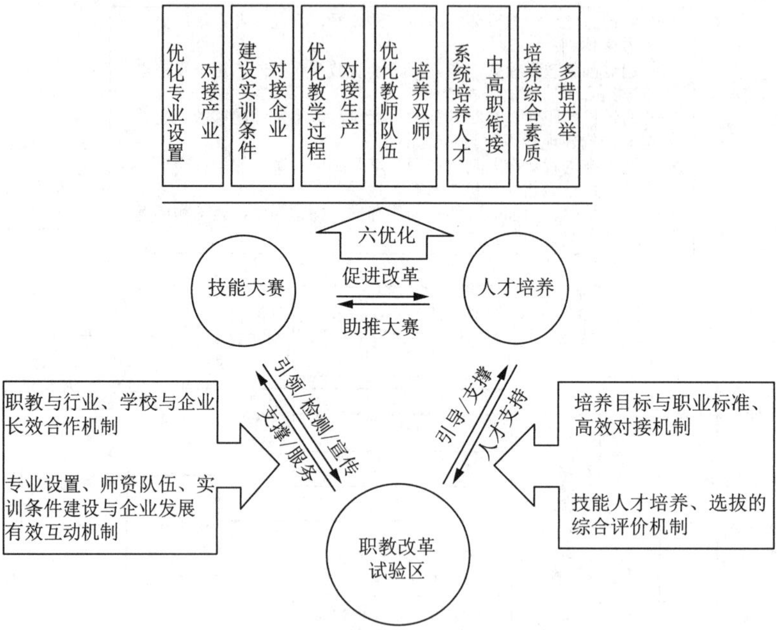

图 5-2

“大赛—职教改革试验区—人才培养”互动模式的系统设计即为通过举办大赛和试验区建设，把探索的具有“校企合作、工学结合”的经验和做法加以制度化和规范化，本着“以赛促学、促教、促改、促建”的设计理念，建立职教与行业、学校与企业长效合作机制，实现专业与区域产业对接；建立专业设置、师资队伍、实训条件建设与企业发展有效互动机制，实施了专业动态调整、“双师”型素质教师、“双师型”教学团队和综合实训基地高水平建设；建立课程、培养规格与职业标准高效对接机制，开发了技能大赛教学资源平台，引领和服务日常教学；建立技能人才培养与选拔的综合评价机制，探索了学生综合职业能力培养，引导了现代教学组织方式、教学法的广泛应用。优化了专业布局和调整，优化了课程体系和标准，优化了师资队伍建设途径，优化了实训基地建设内涵，优化了中高职衔接培养方案，优化了学生综合职业能力培养方式，对技能人才培养起到了极大的促进作用。

由于天津滨海新区的产业结构、劳动力需求结构不断发展变化，各种主客观因素影响和制约，互动模式还呈现出发展和动态特征，能使互动结构、互动层次能适应区域经济对技能人才培养等多方面需求，体现出明显的互动成效。

五、互动模型实践

“大赛—职教改革试验区—人才培养”的互动模式是动态的、多元的，天津职业院校根据自身特色不断实践互动模式，以适应天津滨海新区经济产业的发展变化，创造了职业教育发展的丰富经验。典型互动模式案例有：集团化多主体合作办学互动模式、校内实训基地与企业实训基地共建的互动模式、教育园区共建共享合作互动模式、产学研互融合作模式、双主体育人合作模式、远程互动资源共享合作模式、“职业培训包”开发应用型合作模式、赛项成果—教学资源的转化互动模式、技能大赛与专业建设、人才培养互动模式。

（一）集团化多主体合作办学互动模式

以行业和企业为依托，实现资源共享。行业特色鲜明，产业、职业、专业、学业、就业和立业环环相扣，以高职院校为龙头，多为一个行业中的一所高职、若干个重点企业或研究所、若干所中职（中专或技校）组合而成。天津先后组建了“行业组构集团式”“企业集团带动式”“城市郊区结合式”“社区联合组合式”“面向农村网络式”等五种模式为主的交通教育集团、冶金职业教育集团、渤海化工集团、电子信息产业职教集团、轻工职教集团等19个职教集团。

（二）校内实训基地与企业实训基地共建的互动模式

天津职业院校与区域龙头企业在“优势互补、资源共享、互惠双赢、共同发展”的原则下，开展长期、深度校企合作。双方将围绕企业生产制造、维修保养、销售、售后服务等所需的技能型人才的培养，开展全方位合作，包括：共同完成产业发展、企业发展对技术和人才尤其是高素质技能型人才需求的调研；论证、确定适应行业和产业、教育发展的专业设计与设置；基于企业对人才的素质要求、专业知识需求和岗位技能要求的培养方案、课程教学大纲的设计与实施；基于生产过程的实训条件建设；企业所需人才的“订单式”培养；学生就业服务与指导；在职职工继续教育与培训、职业资格鉴定以及共建人才培养基地。典型的有天津中德职业技术学院与西子奥的斯电梯公司互为校外实训基地和电梯人才培养基地等案例。围绕天津滨海新区开发开放和支柱产业，天津职业院校与天津滨海新区共建了生物技术产业、服务外包、电子信息、石油化工、航空机电、海洋化工、现代物流、航海运输业、国防科技等多个滨海新区国家级技能型紧缺人才培养基地。

（三）教育园区共建共享合作互动模式

天津海河教育园区积极践行学校集中园区、专业集群发展、资源集约利用、学生集成培养的“四集”理念，天津海河教育园区（以下简称园区）一期落成，园区学校软硬件的全面升级。一批高端高新的实训中心及培训基地相继落户园区。园区的规模效应得到充分显现，职业院校汇聚园区所产生的聚集效应也极大地助推了院校的特色发展，院校分别围绕天津滨海新区重点行业和战略性新兴产业，进行了新一轮的专业调整。园区院校从专业共建、公共基础课程共研、优质专业核心课程网络共享三个层面，推进园区资源共享，推进教师互聘、学分互认、课程互选，全面提升园区整体办学实力和服务经济社会发展能力。发挥园区公共资源的效能，承担企业员工培训以及技能鉴定等任务，年培训和鉴定能力达6万人次，有近一半面向天津滨海新区企业。每年为社会输送毕业生近2万人，其中40%服务于天津滨海新区；园区紧紧围绕提升教育质量，探索职业教育办学新模式，开设五年一贯制人才培养改革试验班，坚持东西联动，积极面向中西部地区拓展生源。园区院校中西部地区学生占在校总人数的43%。

（四）产学研互融合作模式

产学研互融合作模式是天津职业院校通过与行业企业多年合作探索出的学校与行业企业共赢的合作模式。天津中德职业技术学院数控技术专业、天津轻工职业技术学院模具设计与制造专业与德国大众汽车集团建立了合作关系。

德国大众汽车集团拟在天津滨海新区建汽车部件生产厂，并且先建培训中心，共投资9亿欧元。将学校教学、企业生产、为企业的技术服务、技术攻关融合在一起。对方经考察已确定了合作培养企业所需要的模具专业高技能专门人才的意向，双方已开始按德国“双元制”模式研究制定人才培养方案、编写教材、开发课程。这一合作项目，天津职业院校“数控技术”“模具设计与制造”这一品牌专业进入了国际化轨道。与企业共同成功地探索了专业人才职业化、实践教学系统化、校企合作机制化的人才培养模式。

（五）双主体育人合作模式

双主体育人合作模式是专业与企业集团采取的共同投入，共同建设，共同管理，共同发展的共为育人主体的合作模式。天津轻工职业技术学院与大连机床集团达成的“双主体”培养高技能型专门人才的合作协议，决定校企双方依据行业技术规范及标准对人才培养过程、教学质量进行监控和考核，确保人才培养质量符合行业企业对专门人才的需要；共建人才培养培训、课程开发、教材开发、企业数控机床的整机展示、营销、维修、售后服务于一体的教学及服务示范中心。在与大连机床集团的合作中，促成了大连机床集团在天津建立研发制造基地的重大项目，项目总投资20亿元。这一项目将带动天津机床行业的发展。该项目的引进得到了天津市领导的充分肯定和高度评价，也是通过校企合作项目促使校企共同融入区域经济，提高职业教育对经济发展贡献率的有效尝试。

（六）远程互动资源共享合作模式

远程互动资源共享合作模式是影视动画专业与中新天津生态城动漫园共同创建的合作模式。通过校企合作的“次世代远程动漫云教学系统”项目，在动漫园的技术人员可给在学校的学生远程授课，而学生也可以远程操作动漫园的硬件设备进行实训，动漫园内的企业技术人员和学院专任教师互派，强化双师结构教学团队；中新生态城动漫园的项目同时也是院校学生顶岗实习实践教学的项目。院校与中新天津生态城动漫园的合作，促成了天津海河教育园区与中新天津生态城动漫园这一产业园区的合作，成为教育园区与产业园区合作的先行先试基地，形成两个国家级园区的资源共享、信息共享、基地共享的双优势。

（七）“职业培训包”开发应用型合作模式

天津市将落实示范区建设方案，深化高技能人才培养模式改革，做好高职与本科院校联合培养高端技能型人才试点工作，拓宽各级各类技能人才的培养发展通道。目前天津职业院校共承担92个“职业培训包”的开发任务。目前天津市实施“职业培训包”开发项目已经完成成果中期验收与评估。“加工中心操作工”“飞机铆装钳工”等项目已接受了验收方的检查评估并顺利通过验收。

（八）赛项成果—教学资源转化的互动模式

学校、企业专家深度合作，组建跨院校、跨企业的专项工作团队进行教学资源建设。整合赛项优质资源，将赛项设备转化为教学设备、赛项任务转化为教学任务、赛项内容转化为教学资源、赛项标准转化为教学标准、赛项评价转化为教学评价，编写服务项目教学的教材152种，开发了基于“赛项六要素分析”的资源网络平台、“四位一体”的立体化教学资源包，制订了国际化专业教学标准，有效支撑了课程标准与职业标准、教学过程与生产过程的对接。

（九）技能大赛与专业建设、人才培养互动

职业教育的专业建设、课程改革，除应具备先进的职教理念、高水平的教学团队和带头人、紧密的校企合作基础等条件之外，当前，更需要校企合作、工学结合的真实“载体”。“载体”是专业建设和课程改革的依托。如何探索工学结合的课程开发，如何探索专业综合实训课程的开发，关键是找到体现工学结合和综合实践能力培养的课程开发载体。大赛给了专业建设、课程改革、实训条件建设、师资队伍建设很好的载体。以它们为载体，天津职业院校牵头多家院校和行业企业人员组成“双师”结构的教学团队，依托高职技能大赛平台，在专业建设与改革、课程建设与教学模式改革、实践教学、教材建设等方面开展了一系列教学改革与探索。

六、展望与思考

全国职业院校技能大赛具有展示、宣传、评价、激励、导向等多重功能，对学校、企业、社会影响广泛而深入、长久而有力。概而言之，技能大赛是职业院校改革与发展的助推器，是提升职业院校教育教学质量的有力手段，是培养双师型教师队伍的重要途径，是培养选拔优秀高端技能人才的重大举措，是校企深度合作的重要平台，技能大赛为高端技能人才系统化培养提供了目标与标准。将技能大赛赛项嵌入专业教学之中，对于优化专业布局和调整，优化课程体系和标准，优化师资队伍建设途径，优化实训基地建设内涵，优化中高职衔接培养方案，优化综合职业能力培养方式，起到了极大的促进作用。对推动国家职教改革试验区、改革创新示范区建设，对推进我国职业院校与国际接轨、推动赛项开发和赛项成果转化、扩大我国职业院校技能大赛在国际上的影响力、造就具有国际水平高端技能人才具有重要意义。

——摘自《中国职业技术教育》2014年第15期中吕景泉、汤晓华、张兴会等《“大赛—职教改革试验区—人才培养”互动模式的系统设计与实践》。

第四节　全国职业院校技能大赛的特色与价值

【此文发表于2009年1月】

按照《国务院关于大力发展职业教育的决定》关于要“定期开展全国性的职业技能竞赛活动”的要求，2008年教育部和天津市人民政府、劳动和社会保障部、人事部、建设部、交通部、信息产业部、农业部、国务院扶贫办、中华全国总工会、共青团中央和中华职教社等11部委办于6月27日—30日在天津市举办了2008年全国职业院校技能大赛（以下简称技能大赛）。来自37个省、自治区、直辖市、计划单列市和新疆生产建设兵团的2 000余名选手参加了竞赛项目的角逐。2008年全国职业院校技能大赛，是我国职业教育迄今为止规模和影响力最大、规格最高、专业覆盖面最广、类别最齐全的大赛；初步形成了“普通教育有高考，职业教育有技能大赛”的局面，它是我国教育工作的一项重大制度设计和创新，也是新时期职业教育改革与发展的重要推进器，其辐射作用已初步显现。

2008年6月18日，教育部高教司高职高专处范唯处长在深圳召开的教育部高等学校高职高专专业类教学指导委员会主任委员会会议上强调，将当前和今后一段时期高等职业教育的主要工作归纳为六项，即院校建设、专业建设、课程建设、团队建设、实训条件建设、技能大赛；其中，对高职技能大赛提出了“三结合”的要求，这就是：“高职技能大赛赛项与专业教学改革相结合”“高职技能大赛赛项组织与行业企业相结合”“高职技能大赛赛项注重个人能力与团队协作能力培养相结合”，强调要充分发挥技能大赛对专业建设、课程改革的引领作用。

在大赛硝烟刚刚散尽的背景下，以2008年全国职业院校技能大赛高职组“自动化生产线安装与调试”为主要视角，通过考量和总结技能大赛特点和创新点，探究了我国高等职业教育的改革方向。

一、技能大赛高职组赛项的四个特色和高职教学改革

此次技能大赛在高职组竞赛项目的设计上，有许多特点和创新点，笔者认为这至少体现在以下四个方面：

1．高职组赛项充分指明了专业建设方向，引领作用明显

技能大赛高职组分为“产品部件的数控编程、加工与装配”、“注塑模具CAD设计与主要零件加工”、“自动化生产线安装与调试”、“机器人”等4个项目。其中，“自动化生产线安装与调试”是其中一个重要赛项。通过这一项目竞赛，检验高职学生的机电设备安装调试能力、工程实施能力、团队协作能力、计划组织能力，检验高职学生的职业素养、交流沟通以及效率、成本和安全意识，指明了高职院校机电类专业教学的改革发展方向，促进了工学结合人才培养模式改革与创新，有利于培养可持续发展的满足企业需求的高技能人才。

技能大赛内容所涉及的技术应用范围，符合《普通高等学校高职高专教育指导性专业目录（试行）》自动化类（5802）中的机电一体化技术、电气自动化技术等专业的核心能力要求，它将机电类专业中的各种专业核心技术和技能集成于一条高仿真度的柔性化自动生产线之中，突出强调技术的综合应用。

该赛项是一个高职机电类专业综合实训项目的开发，项目开发的载体选择是基于工业现场真实生产线的典型提炼设备，符合教育部专业指导目录中的高职机电类专业培养目标，并且将该类专业的核心技术技能进行了综合；该赛项为高职院校校内生产性实训基地建设提供了新选择，为教学团队培养学生专业技术综合应用能力提供了新平台，为基于工作过程的课程开发、行动导向教学实施找到了新载体。

2．高职组赛项充分强调了专业综合技术能力培养，综合特性明显

技能大赛高职组“自动化生产线安装与调试”竞赛设备YL-335A中至少包含的10项技术要素有：传感器技术、气动技术、低压电气控制技术、工业网络技术、可编程控制器技术、变频器技术、步进电机技术、电气系统安装和调试技术、机械系统安装和调试技术和系统维护与故障检测技术等；而技能大赛高

职组“自动化生产线安装与调试”竞赛设备YL-335A包含的工作站有：供料单元工作站、输送单元工作站、加工单元工作站、装配单元工作站和分拣单元工作站等5个子站；通过10项技术和5个工作子站的综合，通过工业网络和可编程控制技术将它们汇总联动，完成了整体工业自动化生产线的安装和调试。

3．高职组赛项充分彰显了团队协作精神的培养，团队意识明显

该赛项和综合实训项目开发选择的目的还在于要使技能大赛能检验高职学生的团队协作能力、计划组织能力、交流沟通能力等能力，并将团队学习、团队训练、团队精神融入整体竞赛过程中。

高职组全部赛项都是团队竞赛形式，在展现个人风采的同时，更加注重职业道德、职业素养和团队协作能力；“自动化生产线安装与调试”既要考技能、也要考素养，坚持过程评测、工艺评测和功能评测相结合，这些都代表着高职教育的方向。

4．高职组赛项充分体现了行业企业参与合作，产学结合明显

通过技能大赛回应了产业、行业、企业发展对高技能人才培养的需求，按照开放性原则，面向社会，吸引和组织行业企业合作进行竞赛项目的系统化设计，为竞赛提供设备平台，凸显赛题（任务书）的真实性和综合性。通过大赛扩大了行业企业的影响力，提高了企业的社会认可度，校企合作效果明显。

高等职业教育的专业建设、课程改革，除应具备先进的职教理念、高水平的教学团队和带头人、紧密的校企合作基础等条件之外，当前，更需要校企合作、工学结合的真实“载体”。“载体”是专业建设和课程改革的依托。如何探索工学结合的课程开发，如何探索专业综合实训课程的开发，关键是找到体现工学结合和综合实践能力培养的课程开发载体。

从广义上讲，可以依托全国职业院校技能大赛高职组“自动化生产线安装与调试”项目的设备，以其为载体，由多家院校和行业企业人员组成“双师”结构的教学团队，共同开发符合学生职业能力培养、体现专业综合技能应用、强化团队协作精神养成、注重工程实践能力提高的高职机电类专业综合实训项目和课程；这样做本身就是将技能大赛的目标进一步深化，将技能大赛的成果进一步推广，将技能大赛的成效进一步延伸，从而也必将为提高高等职业教育

的教学质量，更多更好地为社会培养所需要的人才，做出历史性贡献。

二、技能大赛高职组赛项的四种价值和高职教育改革

此次技能大赛在高职组竞赛项目的设计上，除去许多特点和创新点外，笔者认为还至少体现了四个价值：

1．推动质量提高的教育价值

在赛项的设定上，体现现代制造业、高新技术产业和文化创意产业的发展要求，突出技术技能含量的高与新；在设备的选择上，具有民族性、主流性、先进性、兼容性、发展性等特点；在标准的制订上，体现科学适用、理论联系实际、手脑并举、基础与创新兼顾、强调策略技能的培养等原则；在评委的挑选上，选取行业企业的技术能手、德高望重的技能大师、点石成金的能工巧匠、院校“双师”型的素质教师。这些宝贵资源通过技能大赛这个载体，无疑能形成质量品牌效应和质量推动效应。

2．探索制度突破的创新价值

技能大赛永久落户天津，每年在天津举办一次全国职业院校技能大赛，并将其制度化、固定化，形成“普通教育有高考，职业教育有大赛”两条平行轨道的制度设计，是我国教育改革的一项制度创新，更是职业教育在人才评价机制和选拔机制上的一次有益尝试。将技能大赛的激励机制与市场经济的竞争机制结合起来，将检验技能教学的评价机制与企业优先选用获奖者的用人机制联系起来，将职业院校培养过程的育人机制与行业企业使用过程的用工机制协调起来，还有多方合作、共同参与的沟通机制以及校企合作、工学结合的培养机制等，都将通过大赛体现其生命力，构成中国特色高等职业教育的组成部分。

3．实现多元互动的聚合价值

中央和地方互动；天津市作为我国首个国家职业教育改革试验区，一项重要的举措就是与教育部联手举办每年一度的技能大赛，技能大赛基地及其建设功效长久、任重道远、前景光明。部门联合互动；技能大赛犹如合作链，教育、劳动、交通、公安、卫生、体育、旅游、电力、商业等部门，就像是相互关联的一个链条，环环相扣、密不可分，技能大赛是一个多元素组成的系统工程。校企合作互动；在产教结合、校企合作、就业准入、顶岗实习等公认的语

境下，技能大赛得到社会广泛参与和企业高度关注，“企业积极支持大赛，技能大赛人才回报企业”，恰好是学校与企业直接对接、多点契合、实现双赢的最佳时机。多元整合互动；“政府统筹，企业支持，院校参加”的运作原则，使技能大赛成为政府-企业-社会-职业院校实现良性互动的重要实践典范。

技能大赛设置了三个板块，分别是：“2008年全国职业院校技能大赛”“2008年中国职业教育改革与发展高峰论坛”“中国第六届职业教育现代教学仪器设备展”，三大板块“齐头并进，相辅相成，相互关联”；论坛环节的设立是我国职业教育追求“理论创新”“理论指导实践”“加强内涵建设”的一种体现，它冲击、触动与会专家和代表的思想，引发人们更深入的思索、交流，甚至争论，吸引全社会对于职业教育的关注和研究；设备展环节的设立是我国职业教育“重视实践教学、强化技能培养”理念的缩影，实践教学离不开仪器设备的支撑，实践性教学在职业教育中占据决定性的地位，甚至是职业教育的灵魂。

4．助推职教发展的社会价值

技能大赛意义重大而深远，促进高等职业教育又好又快发展，推动高素质高技能人才又好又快成长是其最根本的目的。由于中国传统的“官本位”、“学而优则仕”等思想的根深蒂固，职业教育在整个教育序列中，并没有和普通教育处于对等的地位，这是我国教育发展的缺陷。技能大赛具有宣传力：宣传人力资源开发与人才强国战略，宣传培养、使用及激励高技能人才规划，宣传尊重劳动、尊重技能、重视职业教育的人才观和教育观；技能大赛具有号召力：号召全社会支持和参与高职教育，号召企业家关注新增技能人才的素质及其人力资本投入，号召各地把技能大赛作为展示技能、促进改革和提高人才培养质量的重要机遇；技能大赛具有激发力：激发企业慧眼识真才，激发学校培养“信得过、挑得上、干得好”的优秀人才，激发全社会追技能人才之“星”；技能大赛具有推动力：推动社会“重普轻职”“重学轻工”观念的根本性转变，推动高等职业教育产学结合的人才培养模式的变革，从而实现快速健康可持续发展。

——摘自《天津职业院校联合学报》2009年第1期中吕景泉《谈2008年全国职业院校技能大赛专业特色和价值内涵》。

第五节　建设人才培养基地，打造职教品牌

【此文发表于 2007 年 4 月】

自1998年开始，天津中德职业技术学院已开办了高职专业20余个，其中80%以上集中在制造类专业。学院在借鉴德国职教模式的基础上，逐渐形成一整套具有现代职教特色的、符合我国国情的高职办学模式和人才培养模式。

下面结合天津中德职业技术学院借鉴德国职业教育经验、探索制造业类技能型人才培养的实践谈几点体会。

一、以就业为导向，加强“核心技术一体化”专业建设

“核心技术一体化”专业建设解决方案是指：以职业能力培养为中心，以专业核心技术培养为重点，强化以专业核心技能为主线，构建制造业大类教学平台；依据人才市场需求和职业、岗位（群、带）要求，每个专业明确若干个核心技能，整体教学过程围绕核心技能展开，强化为核心技能服务。每门课程（理论、实验、实训）明确若干个核心知技点，整个课程围绕核心知技点展开，强化为核心知技点服务。在专业大类平台基础上，构建专业平台，搭建以能力为导向的教学模块，将理论与实验、实训相结合，以课堂与实验（实训）室、实习车间、生产车间四点为交叉网络的一体化教学模式。强调理论与实践两个教学体系的相互平衡、融合交叉，纵向上前后衔接、横向上相互沟通。

“核心技术一体化”具体包括三个一体化，即“核心技术课程设置一体化”“核心技术教学环境一体化”“核心技术职业资格一体化”。最终，使该类专业的高职毕业生能真正掌握就业本领，培养“短过渡期”或“无过渡期”技能型人才。

为服务于“核心技术一体化”专业建设，我们构建了“四层两段一贯穿”的课程结构，即借鉴德国高等专业学院（Fachhochschule）和职业学院

（Akademie）教学模式，结合办学条件，采取分段教学、模块训练型课程模式，逐渐由基础向专业发展，它分为基础教学、专业教学、毕业设计与专业实习四个层面；基础学习和主体学习两个阶段。在整个教学过程中，专业技能实践培训模块不断线。

在建立了上述制造类专业课程结构体系的基础上，将课程进行有机整合，形成了上下贯通的理论和实践教学体系，两个教学体系相平行，融合交叉（“相互平行、融合交叉”的理论和实践教学体系），把核心技术的结合应用能力、实践能力和创新能力培养作为交叉点和教学重点。

“核心技术一体化”专业建设是在高职专业建设中落实“以就业为导向”的一种有效途径，是使高职教育的办学指导思想从“宏观”深入到“中观”和“微观”的一种有效方法。

核心技能的确立是“核心技术一体化”专业建设的起点，也是工学结合的最佳切入点。通过确立制造类专业核心技能的工作过程，使高等职业教育的办学更加贴近人才市场需求、贴近行业和企业要求，使行业专家、企业工程技术人员更加真实有效地加入到专业建设中来，有利于形成一种有效的专业建设机制。

“核心技术一体化”专业建设方案是制造业建设中的整体解决方案，它涉及毕业生的知识、能力、素质结构及工学合作途径、专业教学理论、实践体系、课程结构、课程内容、“双证”课程、教学环境、教材建设和师资队伍建设等各方面，对于“核心技术一体化”理论和实践的探索必将整体提高我国高职制造业类专业建设水平。

二、以能力为本位，加强课程体系和教材建设

（一）以能力为本位，加强课程体系建设

首先，职业教育要与行业、企业共同建立起相应岗位或岗位群的能力要求体系。这个体系应该包括从技能零起点、初级、中级到高级的若干能力层次目标。其次，要将每一个能力层次分解，每个层次应以相应的多个具体项目为内容制定能力要求，根据能力的要求确定相应模块、规划课程。

（二）以能力为本位，加强教材建设

落实能力本位的教材建设，我们认为应该在高职教材建设中遵循五个原则。

1．体现高职教育特色原则

高职教材应避免将理论课、实验课、实习课、实训课、习题课等课程内容完全割裂开来，应探索将它们有机结合起来的新方式。另外，改革对技术问题的定性分析、定量分析和计算的旧模式，适度减少纯定量分析和纯推理计算的内容，增加“实例”和“案例”分析内容，增加现场排除故障、解决实际问题的内容，将定性分析内容以形象、有趣、充满色彩的形式表现出来。

2．体现现代教法与学法原则

在高职教育教学中，要坚决贯彻“教师为主导，学生为主体，教与学互动”的原则，采用多种教学形式，如启发式、讨论式、参与式教学和现场教学。特别要借鉴发达国家高职教育的经验，大量采用“行动导向教学法”“项目教学法”“小组工作法”等新的教学方法，充分发挥教师、学生两方面的积极性和主动性。同时，要大力推广计算机多媒体、网络教学等先进的教学手段，增大课堂信息量，提高教学质量和效果。作为反映教法和学法的信息载体，高职教材的编写必须充分体现现代职业教育教学方法和手段的成果，达到辅助教学的目的。

3．体现理论与实践的紧密结合原则

高职教材的编写要按照学生的认识规律和教学计划安排教材内容和教学过程，要千方百计将实验、实训与课堂教学有机地结合起来，重视专业理论为专业技术、技能训练服务的原则，对公共课、专业基础理论课、专业理论课的教学内容进行有机“整合”，增强这些课程的针对性、实用性和实效性。

4．体现编写形式创新原则

编写高职教材应该适量增加职业岗位所需要的有关实例和题目内容，增加现场环境、运行管理方式的介绍，以激发学生的学习兴趣和职业意识；同时，编写高职教材还要打破常规，图文并茂，以“图”代文，通俗易读，引人入胜。还要紧扣时代脉搏，使教材体现科学性、时代性、趣味性、可教性和可学性的特点。

5．体现国际化原则

随着我国加入WTO，特别是经济全球化进程的加快，高职人才的培养同样面临国际化的要求。编写高职教材时要尽量参考国外同类院校的相近专业的教材，要采用国际标准，适度采用专业术语的双语化出现方式。

三、以技能为中心，加强实训基地和师资队伍建设

（一）以技能为中心，加强实训基地建设

落实以技能为中心、加强实训基地建设，我们认为应该遵循三个原则：

（1）高职实训基地首先应该是学生深化基础理论、拓宽专业知识和创新思维方法的基地。（2）高职实训基地应该为学生基本技能、工程技术应用和综合应用能力的培养提供服务。（3）高职实训基地应该成为学生专业素质和职业道德培养的基地。

下面以“电气自动化技术”专业为例，介绍我院在高职校内实训基地建设方面的探索工作。

1．建设目标

电气自动化技术是我院重点发展的特色专业之一，现有为该专业服务的实训室16个，实训车间3个，总资产价值约合3 000万元。其中有先进的自动化核心技术之一的各种可编程序控制系统百余套，美国NI 公司和我院合作建立的虚拟技术Labview实训室，德国Festo 公司和我院合作建立的先进的模块式柔性生产系统MPS 实训室，德国西门子公司的全系列变频调速及软启动系统，集光、机、电一体的自动化生产线等。各个实训室的仪器和设施绝大多数是国外著名的生产商生产的产品，具有较强的技术应用性和技术辐射性。

学院“十一五”发展规划要建设和进一步完善“自动化技术综合实训工场”。通过三年时间，将其建设成为天津市高职高专自动化技术的共享型实训基地，更好地为我院及天津市相关高职院校服务，为全国师资培训基地服务，为全国各类工矿企业的工程技术人员技术培训服务。同时，将其办成有先进的

职教理念、融入职业素质培养的全国示范性自动化技术的高职实训基地。

2．建设思路

（1）实训基地建设将本着“完善现有、提升质量、保持特色、争创一流”的原则，将现代自动控制中的传感、控制、监控、网络、驱动和机械手等通用、先进、最具代表性的仪器有机地组合后引入实验实训场所。（2）实训室建设将继续保持原有实训室特色，完全按理论与实训相结合的教学方式进行配置，使专业理论与专业实验、实训有机结合，“讲”与“练”有机结合。（3）继续坚持实训室的建设与先进的职教理念和职教方法相结合，建设符合行动导向教学法方案以及适合采用项目教学法、小组工作法的实训室。（4）继续坚持注重故障诊断与维护技术的教学。例如，机电一体化实训室是真实的现代化生产线，教师进行真实故障设置，学生通过进行故障诊断和故障排查的训练，掌握工业现场的实用技术和技能。注重实际生产设备仪器的使用，模拟企业生产环境。（5）借鉴新加坡德新学院的做法，将现有实训车间逐步建成具有先进职教特色和理念的“教学工厂”。将原先的“排式”教学组织形式逐步改造成“圆桌式”组织形式，利于先进教学方法的实施。（6）在德方专家的指导下，在四个实训车间全面增建“学习岛”，使教学直接融于生产环境。将四个实训车间进行网络连接，实现工厂级、车间级、现场级和设备级的四级监控体系，将生产现场的管理、组织方式融入实训车间。

（二）以技能为中心，加强师资队伍建设

落实以技能为中心，加强师资队伍建设，我们认为应着力从以下几方面入手。

1．从“双师型”要求入手

“双师型”教师应是：（1）具有现代的职教理念。（2）能够讲授两门以上的专业理论课。（3）能够熟练运用实验实训设备开设两门以上的专业实验、实训课。（4）能够指导高职学生完成高质量的企业实习和毕业设计。（5）能够为企业工程技术人员开设现代应用技术短训班。（6）能够很好地胜任校企合作工作，为企业生产解决实际问题。（7）能够指导新教师完成上岗实习工作。（8）具有良好的职业素养、职业道德和可持续发展的能力。

2. 从复合型要求入手

高等职业教师应集理论、技能和教学于一身。这种复合型人才在于知识的复合（例如，机电复合、土建管理复合、外语与专业复合等），也在于能力的复合（管理能力、创造与创新能力、解决问题的能力）。

——摘自《中国职业技术教育》2007年第12期中吕景泉《建设制造技能型人才培养基地，打造职教品牌》。

第六节　推进中国特色职业教育适应性发展

【此文发表于2021年12月】

陶行知先生，生于1891年10月18日。

1914年，他以优异成绩在南京金陵大学毕业，远渡重洋赴美国留学；1917年，他学成归国，在新文化运动中积极倡导新教育，提出要以科学之方法进行教育改革与创新。自此之后，他呕心沥血，怀着“捧着一颗心来，不带半根草去”的热忱，为中国教育探寻新路。

今年，是陶行知先生诞辰130周年。斯人已逝，其思想依然发光。

今年，习近平总书记在参加全国政协十三届四次会议的医药卫生界、教育界委员联组会时强调，要引导广大教师继承发扬老一辈教育工作者“捧着一颗心来，不带半根草去”的精神，以赤诚之心、奉献之心、仁爱之心投身教育事业。

今年，是中国共产党建党100周年。回顾中国共产党发展职业教育的百年历程，中国共产党指引职业教育发展，经历了“建立新中国：服务革命、应战争之需”“建立社会主义制度：服务工农、服务经济建设”“开创中国特色社会主义：大力发展，支撑建设人力资源强国”“中国特色社会主义进入新时代：摆在更加突出位置，为实现中国梦提供有力人才和技能支撑”四个时期。展望未来，职业教育要锚定高质量发展，增强职业教育适应性，努力培养数以亿计的高素质技术技能人才，为全面建设社会主义现代化国家提供坚实的支撑。

从“知行”到“行知”，我们铭记“生活即教育”，实践“教学做合一”。在这第130个年头之际，在这百年风雨路，扬帆新征程之际，重温行知精神，思考职业教育，聚焦适应性发展，以此缅怀先生！

一、“知行”“行知”之名

（一）“知行”

陶行知，原名陶文濬，1891年10月18日生于安徽歙县，1946年7月25日逝世于上海。青少年时期，陶行知在家乡受到良好的国学、国情教育，他潜心研究理学家王阳明学说，崇拜王阳明的“知是行之始”，服膺知行合一理论。

1911年，他自改名“知行”。

（二）“行知”

1915年9月，在美国求学的陶行知，从伊利诺伊大学转入哥伦比亚大学师范学院，由攻读哲学博士，转为攻读教育博士。在哥伦比亚大学，他受到杜威教授的赏识，沉醉于杜威的工具主义（或“实用主义”），接触到杜威正在研究的哲学和教育思想，看到以社会为中心的职业学校取得的成就。

1917年开始，陶行知在他所任职的南京高等师范学校，观察到教师只管教，不管学生学，认定有改革之必要。他主张要将学校里的“教授法”，改为“教学法”。他倡导、坚持并身体力行了两年多，在1919年，他以专修科主任的名义，将学校全部课程的“教授法”，一律改为“教学法”。看似一字之差，这是实现教学合一的起源。那么，如何学呢？他借鉴杜威教育思想，提出做中学！这就有了教、学、做，而教学做一体的中心，是“事”，即“现实生活”，也就是“战胜现实中实际的困难，解决现实中实际的问题，生实际之利，格实际之物，爱实际之人，求实际的衣食住行，回溯实际的既往，改造实际的现在，探索实际的未来”。

1927年，这一年的3月15日，是一个值得纪念的日子。这一天，是晓庄学校开学典礼。陶行知发表了热情演说。当时的晓庄一无校舍，二无教员。校舍，盖的是晴天，踏的是大地；农夫、村妇、渔民、樵夫都做指导员。在随后的日子里，陶行知与晓庄师生一起盖房子、建厨房、挖厕所，一起挑粪、挑水、种田、种菜、养猪、养鱼，什么都自己干，盖起了一座座茅屋：图书馆、办公室、会议室、音乐室、陈列室。一切都有了。他的生活教育理论，也有了；晓庄精神，也有了。陶行知将其归结为一个字，就是：做！陶行知说：

“做”弄通了，其余疑问就迎刃而解了。

1927年，也就是在这一年，陶行知提出“行是知之始，知是行之成”的理论，正与王阳明的主张相反。那时以后，许多学生称呼他“行知吾师”，陶行知也乐意接受。一位德国朋友傅有任（中文名）对他说：“中国人如果懂得‘行知’的道理而放弃‘知行’的传统思想，也有希望。”

1934年7月16日，陶行知将使用了23年的名字“知行”，为了求得“名实相符”，正式换名“行知”。

（三）“行知行”

“教学做合一”是陶行知的教学方法论。

“教的方法根据学的方法，学的方法根据做的方法。事情怎样做便怎样学、怎样学便怎样教。教而不做，不能算是教；学而不做，不能算是学。教与学都以做为中心，在做上教的是先生，在做上学的是学生。”教育界普遍存在着以教师为中心，以教为中心的现象。陶行知反对以“教”为中心，主张“教学做合一”，这就从教学方法上改变了教、学、做的分离状态，克服了书本知识与生活实践脱节、理论与实际分离的弊端，是教学法上的一大改革。

后来，陶行知在“反省”教学做合一的过程中又有了新发现。他把教学做合一的全过程贯通起来，形成“行动生困难，困难生疑问，疑问生假设，假设生试验，试验生新断，新断生行动”循环，如此，便把前后两个“行动”连接了起来。因此，陶行知把行、知两个字叠加叠放使用，以体现“行知行”的循环，体现行与知的结合。他自造了一个字“𧗾”，并曾取之为名，将“行”字分为左右两边，“知”字放其中，但“矢”在上，“口”在下，寓意“行知行”，知在行中得，更以知导行。在实践中获得新认识，用新认识指导新实践。

二、“教育即生活”“生活即教育”之实

“教育”与“生活”之关系一直为教育界所关注。在近代，对教育与生活之关系探讨较为深入的，当推美国的杜威，他提出了“教育即生活”以及“从做中学”等主张。在我国，生活教育的代表陶行知提出“生活即教育”以及“教学做合一”等重要思想。陶行知的生活教育可以说是结合中国的具体国情、

具体民情，对杜威思想的继承和延伸，按照陶行知本人的说法，“生活即教育”是把杜威的“教育即生活”翻了半个跟头，二者之间存在本质差异。

（一）杜威“教育即生活”

杜威是美国著名的实用主义哲学家、教育学家，1896年创办芝加哥大学实验学校，1897年发表其纲领性著作《我的教育信条》。他的教育生活理论形成于19世纪90年代，那时正是美国社会变革的时期，美国经历着由农业社会向工业社会转型的特殊时刻，工业化带来巨大物质财富的同时，也给社会、文化、教育带来了一系列问题，精神与物质失衡，学校教育脱离了社会生活，脱离了学生成长需要。杜威提出工具主义教育思想，并倡导“教育即生活”。教育是培养人的社会活动，是一种特殊生活方式。教育要源于生活，在生活中发展。

“教育即生活”认为，教育要依赖于生活，并改善现实生活，通过教育使学生获得更好发展，形成构建美好生活的知识及能力。

（二）陶行知“生活即教育”

陶行知留美回国后，进行了多年的教育实践探索与理论研究思考，继承杜威“教育生活理论”，并进行革新与创造。20世纪之初，中国是一个半殖民地半封建的农业国家，教育水平低下，大众缺乏受教育机会。陶行知借鉴杜威的教育生活理论，创造了适合中国实际的“生活教育理论”。他主张“生活即教育”。生活教育理论在他所创办的晓庄乡村师范学校得以实践。

陶行知认为“生活即教育”，只有在生活中获得的教育才是有用的、真的教育。过什么样的生活，便受什么教育，想要受什么教育，便须过什么生活。是好生活即是好教育，是坏生活即是坏教育。依照他的生活教育的五大目标说来：康健的生活即是康健的教育；劳动的生活即是劳动的教育；科学的生活即是科学的教育；艺术的生活即是艺术的教育；改造社会的生活即是改造社会的教育。

（三）“学校即社会”“社会即学校”

与“教育即生活”相关联，杜威提出的另一个命题是“学校即社会”。他认为传统教育的失败在于学校与家庭、社会相脱离，学校教育与现实生活、社会变革相隔离。要改变这一状况，根本的方法就是把学校建成雏形社会。

陶行知将杜威的“学校即社会”推陈出新，他提出“社会即学校”，主张把学校纳入社会之中，打通学校和社会，并把二者融为一体。陶行知经过中国的实践探索，认识到杜威这个命题的局限性，并加以改造。“学校即社会”是跟着“教育即生活”而来的，他也把它“翻了半个跟头”，变成“社会即学校”。他说：“学校即社会”就好像把一只活泼的小鸟从天空里捉来关在笼里一样。他要以一个小的学校去把社会所有的一切都吸收进来，所以容易弄假，而且这种教育在“学校与社会中间造成了一道高墙”，把学校与社会生活隔开了。

陶行知认为，要先能做到“社会即学校”，才能讲“学校即社会”；要先能做到“生活即教育”，才能讲“教育即生活”。学校教育的范围小，不能尽“生活教育的能事”；“学校社会化”也是削足适履，包括不下来。只有将整个社会变成学校，主张“社会即学校”，整个社会范围，即是整个的教育范围。那么，教育的对象丰富，教育的意义也就丰富，取之不尽，用之不竭了。

“生活即教育”“社会即学校”至少有三个含义：一是我们所过的生活及生活中的一切东西，都可以是教育内容；二是生活与教育要一致，否则就不能起教育作用；三是教育不能脱离生活，学校不能脱离社会，要与生活、社会相联系，与生活、社会打成一片。

不可否认，陶行知的生活教育与杜威的实用主义教育有密切联系，他们都抨击传统教育缺陷，提出解决现实的实际问题的办法。陶行知也承认，没有杜威的“教育即生活”在前，决产不出“教学做合一”“生活即教育”。同样不可否认，杜威主张“教育即生活”“学校即社会”“做中学”，是把生活从属于教育，把社会微缩进学校，没能把教育解放出来，也没把学校拓展开来。陶行知立足于中国教育实际，吸取、借鉴并改造、发展了杜威的教育理论，为中国教育开了一剂良方，建立了带有中国特质的新式教育，对中国整个教育,都起了极大推动作用。陶行知是中国真正的教育家，董必武夸赞他：敬爱陶夫子，当今一圣人！

三、职业教育的适应性发展

陶行知一生的教育实践，始终秉持“兴教救国”，他在《我们的信条》中提出十八个“深信”，其中，第一个“深信”就是：深信教育是国家万年根本大计。

陶行知一生的教育实践，始终围绕国家之急迫、民族之需要、大众之需求，无论是发动并投身平民教育、乡村教育、普及教育、国难教育、抗战教育、民主教育，还是致力幼稚教育、儿童教育、师范教育、女子教育、中等教育、高等教育等方面的改革，乃至创办晓庄乡村示范、育才学校、中华教育改进社、生活教育社等改革试验载体及社团，其唯一目标，就是提升本土教育的服务能力，服务国家与民族自立自强，就是增强本土教育的适应能力，适应积贫积弱的大众与乡村自醒自强。

陶行知，是生活教育理论与实践体系的缔造者，更是推动中国本土教育适应性发展的实践者。

（一）名实耦，合也

所以谓，名也；所谓，实也；名实耦，合也。

《墨子》提出“名”“实”“合”“为”。“名”是“所以谓”，我们用以认识、说明事物的名词、概念；“实”是“所谓”，即我们认识、说明的对象；名实相符即“名实耦”，谓之“合”。“为”是认识的目的和检证，它包括：“志”，即行为的主观动机；“行”，即实际行动。中国的“知行合一”，此处可以找到端倪及源头。

改革开放以来，中国的职业教育规模快速增长，质量不断提升，职业教育的科学研究也在更加关注中国现实、中国实际。实践证明，任何片面地、孤立地、笼统地考察学习国外职业教育，而忽视职业教育的环境、土壤、本质及适配条件去介绍、引进、推广国外职业教育，原汁原味地吸收应用，都将导致教育失误、信息失掉。世界上，各个国家都应根据自己的国情、环境、文化，依据自己国家社会对职业教育的需求和受教育者的要求，选择适合的职业教育模式，而不是盲目照搬。

新时代中国职业教育要增强服务意识和服务能力，提升适应能力，扎根中国大地办教育，瞄准国家战略，聚焦区域经济社会发展，为生产服务，为生活服务，为青年人实现个人职业梦想服务，为人人都能够出彩服务，为实现中华民族伟大复兴的中国梦服务。

（二）职业教育的“工程化”

当今中国，已经成为全球首屈一指的工程大国。工程大国，决定大国教育要面向工程。

20世纪80年代，邓小平提出“三个面向”，教育要面向现代化，面向世界，面向未来。“三个面向”是邓小平理论的组成部分，是邓小平教育理论的精髓。三个面向，用今天的话语来表示，就是教育要面向中国特色社会主义现代化建设伟大工程，面向推进构建人类命运共同体伟大工程，面向不断满足人民群众未来生活新期盼伟大工程。

职业教育要面向人人，面向社会，着力培养学生的职业道德、职业技能和创新创业能力。面向人人，就是让每个人都能得到全面发展，都能有人生出彩的机会；面向社会，就是服务区域经济社会发展，建设美丽家园。

职业教育“工程化”，是生活化、生产化、现实化、社会化、也是中国化、大众化、时代化。其核心是“真实”，教与学基于真实，实践真实，创新真实，项目真实。职业教育“工程化”，是指职业教育要让学生学会解决“真实”的问题、“实际”的问题，使学生能够在真实世界、现实生活中得心应手地工作、生活。为“真实”教，用真实工程教；依“真实”学，在真实工程上学；凭“真实”考，借真实工程来考。“工程化”也是中国特色职业教育教学模式——工程实践创新项目（EPIP）教学模式的根基。

中国近现代职业教育发轫于1866年的福建马尾船政学堂。

可以说，船政学堂建立，是基于“工程化”。这个“工程”，是“义理为本，艺事为末”的真实中国现实，是“民族危亡、御外图强”的真实中国需要；这个“工程化”，是向法国学习，精修造船，向英国学习，深究驾驶；是“尽其制造、驾驶之术，才艺日进，制造、驾驶展转授受，传习无穷”中国教育的现代化。

150多年过去了，中国职业教育取得了大发展。从“工学并举”，到“半工半读”，从“两种制度”，到“校企合作”，“工学结合”，再到“产教融合”，直至“知行合一”……我们的理念是先进的，认识是深刻的，方向是准确的，但是，我们不能停留于此。中国职业教育的高质量发展、适应性发展，需要将其落地，需要让其扎根，需要“工程化”。

进入新时代，中国的职业教育走对了路！前路是什么？就是建设扎根中国大地、适合中国实际、造福中国人民的产教融合、知行合一的“新职教”。

（三）“工程化”的适应性发展

中国职业教育在深度梳理、广泛汲取中国本土教育思想，形成独具自身特质的教学模式、办学模式的话语体系及研究成果。

工程实践创新项目（EPIP）是在中国的职业教育实践和理论研究基础上，围绕教学模式，汲取中国古代、近现代教育思想，借鉴国际先进职业教育经验创立的。

EPIP是工程（Engineering）、实践（Practice）、创新（Innovation）、项目（Project）四个元素的有机组合，是以实际工程为背景和基础，以工程实践为导向和贯穿，以能力培养为目标和归依，强化实践创新，强化项目统领的技术技能人才培养的教学模式。

EPIP深度挖掘转化墨子的“行为本”“亲知”“名实耦”朴素唯物思想及素朴反映论，转化发展陶行知的“生活即教育、社会即学校”平民教育思想，发展创新黄炎培的“建教合作”、教育与实业联为一体以解决生计、开发产业职业教育思想，探索“产教融合、校企合作、工学结合、知行合一”教育教学实践，成为中国技术技能人才培养的一种教学模式。

EPIP宏观教育论，涉及院校整体的办学思想，深度的产教融合，紧密的校企合作问题。EPIP明确提出，职业教育发展是现代产业体系发展的组成部分，是营商环境改善的重要内容。EPIP突出强调，职业教育与经济社会发展、产业结构调整、科学技术进步、国际产能布局的协同；EPIP特别注重，基于真实工程、真实世界、现实生活的全面育人。职业院校要围绕区域经济发展，不断探索专业（群）服务产业的运行机制；分析所服务区域的产业、行业、企业、职业发展趋势，面向实际需要，优化办学与需求匹配度，探索构建“服务—累积—孕育—优化”的核心竞争力建设机制，提升社会服务能力。

EPIP中观专业论，是“核心技术一体化”专业建设模式。学校、企业双方共同调研寻找、研讨确定专业的核心技术技能，通过“四个一体化”实施，保证产业、行业、企业、职业要素全程、全面融入专业建设，为校企共同开发专业、协同教学、培养人才、共赢发展提供合作发展平台、命运共同载体。专业核心技术和技能的搜寻、提取、遴选、确定过程，保证了专业建设的“以用立业”。

EPIP微观课程论，涉及课程所含的知识、技术（技能）、素养都要以工程为基础，源自工程，瞄准工程，服务工程。这个工程，是一个由真实情境、真实问题、真实需求构成的世界。课程实施主题的确定、项目的设计、内容的选择，要因地制宜地从真实世界中去寻找，其整体就是真实世界、现实生活。

可以说，EPIP不仅是中国职业教育的教学模式，更是职业教育高质量发展、适应性发展，精准服务经济社会、服务新发展格局的有效路径。

（四）“五业联动”的适应性发展

人们通常把职业教育视为一种与经济发展结合最为紧密，承担着人力资本开发、人力资源供给、技术技能积累的教育；然而现实中，企业却对参与职业教育的兴趣不高，校企合作呈现“一头热”。究其原因，这是因为职业教育原有的办学结构、人才供给不能适应和满足经济社会发展的需求，职业教育的适应性不强。例如，职业教育的专业设置必须与产业升级对接，但是相当多的职业院校专业设置依然与生产实际脱节；职业教育的教师、实训设备必须跟上企业生产要求，但很多职业院校的“双师型”结构师资队伍和生产性实训条件常常不能适应技术技能人才培养要求；职业院校毕业生的专业知识、职业能力、职业精神必须与岗位需求适应，但职业教育的人才培养标准和规格往往滞后于产业、企业、职业发展变化，行业指导作用也没有得到有效发挥。这些现象，反映的是院校办学和职业、企业、行业、产业之间不协调的表象，而技术技能人才的供需脱节、职教资源的供需错配等办学结构性矛盾才是产生这些错位的实质。

2014年，随着国家职业教育改革创新示范区建设发展，围绕办学模式，一个新的名词，一种新的发展势态，正在影响着津沽大地、京津冀区域乃至全国职业教育。这就是“五业联动”，即产业、行业、企业、职业、专业的产教融合办学模式。

“五业联动”，是新时代中国职业教育产教融合发展的新机制。它基于长期实践探索，理论研究，经验总结，成果推广过程，植根于国家现代职业教育改革创新示范区建设成效，经过实践检验，是一种有效的职业院校办学模式。

2018年，“服务智能制造产业发展，五度引领，五业联动，协同育人模式创新与实践”成果，获国家级教学成果一等奖。2020年1月23日，国务院办公厅发布《关于推广第三批支持创新相关改革举措的通知》中，明确提出，在人才培养和激励方面：推进“五业联动”职业教育发展新机制。

五业联动，是一种根植于产业发展，对接行业指导，围绕企业需求，服务职业岗位及个人职业发展需要，落地于院校办学、专业建设、课程改革的职业教育办学模式。其内涵可以具体表述为：职业院校以促进就业为导向，以职业能力为本位，在专业建设方面与产业、行业、企业、职业等要素密切联系，通过整合资源，相互协同、相互对接、相互融合、相互促进，将专业建设过程中体现五业联动的各项内容落实到教学与实训的各个环节，从而实现办学结构和效能优化的一种办学模式。可以说，依据现代产业的发展趋势和人的发展需求，强调院校办学、专业建设与“五业”联动，共同确立人才培养目标和规格，联合开发教学内容和应用EPIP教学模式，合作探索具有中国特色的现代职业教育科学发展途径，是这种新型办学模式的显著特点和创新之处。“五业联动”是落实产教融合、校企合作向纵深、向内涵推进的可靠、可用模式，更是职业教育高质量发展、适应性发展，精准服务经济社会、服务新发展格局的有效途径。

四、归结

陶行知创办晓庄师范学校，成为生活教育理论的始发地。

EPIP教学模式的运用，对于教师来讲，是为学生寻找、营造适合的工程目标和工程环境（真实世界、现实生活），并在工程目标和工程环境下“教学做”一体化培养学生，教会学生学，教会学生做；对于学生来讲，是要了解工程，掌握技术、构造、工具、手艺，养成工程思维和工程素养。在实践中，“学”学习，“学”应用，“学”创新。EPIP强调“改造我们的学习”“让学习更有效”，改变重“教法”轻“学法”，更轻“做法”的旧习；改进教师学生只认“假”，不识“真”，只会“技”，不知“用”的常规；用“工程化实践”代替“封闭式训练”，用一个一个由简单到复杂的工程情境和载体，完整、真实地培养学生。EPIP的“工程”强调“做事”。它是陶行知生活教育在新时代创造性转化。

“五业联动”，发端于职业教育，但这种教育现象却反映了多元生产要素重新进行组合的历程，映衬了职业院校在与办学环境的生态互动中，促进自身与产业、行业、企业的制度创新和技术创新的过程。一方面，产业、行业、企业通过与职业院校的结合组成了利益与发展共同体，透过频繁的多元沟通、协调、联动，实现了生产要素新组合与互补。这种由生产一线需求驱动的职业教育供给侧结构性改革，不仅使生产部门提升了技术水平，获得了经济效益，并且使职业院校依据社会经济发展、产业转型升级和新兴职业的要求，主动契合产业结构的调整变化，积极优化自身的办学结构和专业结构，从而进一步提升了科技理论水平和教学实训质量，提升了技术技能型人才培养能力和服务产业、行业、企业发展的能力。另一方面，职业院校也在与产业、行业、企业的结合、合作、融合过程中，根据人的职业发展要求，进行了新一轮专业布局、课程设置和专业教学模式更新。通过五业联动搭建的职业发展“立交桥”，引导学生学会不断优化自己的知识、能力、素质结构，不断拓宽就业的弹性和自适应性，学会终身学习，进而实现个人职业的可持续发展。这种坚持就业导向，以人才供给为内驱力的供需结构改革，通过职业教育人才供给链与经济产业链的无缝对接，实现了技术技能型人才供给从“需求侧的拉动”到“供给侧的推动”的根本转变。它是陶行知生活教育的创新性发展。

2021年10月18日，是一个值得纪念的日子。为纪念陶行知先生诞辰130周年，天津职业技术师范大学校园内的“行知园”已焕然一新，它向世人宣示：

学校秉持动手动脑，全面发展，立足培养“工匠之师”，培养“中国制造卓越雕塑师”的决心与信心，向世界昭示：学校坚持立德树人，五育并举，以服务为宗旨，以改革作动力，以质量谋生存，以特色求发展，提升适应能力，全面开启迈向建设世界一流职业技术师范大学新征程的决心与信心。

——摘自《职业教育研究》2021年第12期中吕景泉、任雪浩《由陶行知教育思想谈中国职业教育适应性发展——纪念陶行知先生诞辰130周年》。

第七节 推进现代职业教育理论与实践创新

【此文发表于2022年5月】

2022年5月6日，是中华职业教育社成立105周年的纪念日。成立于1917年5月6日的中华职业教育社，与中国职业教育相依相伴走过了百余年历程，黄炎培与中华职业教育社同道们提出的一整套职业教育理念和方法，是中国职业教育现代化进程中宝贵的思想和经验源泉。可以说，黄炎培职教思想精髓，体现了职业教育的本质属性，达到了现代教育理念的高境界。传承转化、创新发展这一思想，对于深化教育改革，推进中国特色现代职业教育体系建设，推进中国特色职业教育理论与实践创新具有重大意义。

2017年5月，在中华职业教育社成立100周年之际，习近平总书记向中华职业教育社致贺信，贺信指出："中华职业教育社是我国成立最早的职业教育社团。在风雨如晦的旧中国，中华职业教育社本着教育救国的宗旨，致力于改革传统教育、推动职业教育发展，参与爱国民主运动，投身民族救亡，成为接受中国共产党领导、追求民主进步的爱国社团。新中国成立后特别是改革开放以来，中华职业教育社紧紧围绕党和国家工作大局，广泛联系社会各界和海内外关心支持职业教育的人士，为发展职业教育、实施科教兴国和人才强国战略、推进祖国和平统一大业作出了积极贡献。"可以说，习近平总书记充分肯定了中华职业教育社成立100年来对于改革中国传统教育、推动职业教育发展等方面所做的贡献。

一、与炎培精神结"缘"

笔者从事职业教育30余年，始终在研学诸子经典，特别是不断体悟墨子的"士虽有学，而行为本焉""名实耦，合也"等观念，对我的教学实践和理论研究产生重要影响；而近代的陶行知教育思想、黄炎培职教理论，特别是黄炎培的“建教合作”“大职业教育主义”观念产生影响最大，也是我探寻中国职业教育发展之“道”的重要基石。

（一）两次会议

2014年5月6日，由中华职业教育社和中国职业技术教育学会共同举办的第四届黄炎培职业教育奖颁奖大会在京西宾馆隆重举行。该届黄炎培职业教育奖活动评选出“黄炎培优秀理论研究奖”八名。笔者和其他七位职业教育研究人员获此殊荣，并代表获奖者在颁奖大会发言，主题为“传承黄炎培职业教育思想，构建中国职业教育理论体系”。张榕明、马培华等同志出席会议。

2018年9月25日，纪念黄炎培先生诞辰140周年座谈会在人民大会堂江苏厅隆重召开。笔者有幸与钟秉林、刘占山等七位代表从不同层面和角度作了发言，我们一起追忆黄炎培的光辉业绩和崇高风范，特别是他以毕生精力为改变传统教育脱离社会、脱离生活和脱离生产的现状，积极推进职业教育发展所做出的卓越贡献。陈昌智、黄孟复等出席座谈会并讲话。会上，我有幸结识了黄炎培的亲属，并获赠全套16卷册的《黄炎培日记》。

（二）一道一园

2011年4月，笔者从事职业教育工作24年的学校——天津中德职业技术学院（现名，天津中德应用技术大学）入驻天津市海河教育园区新址，在校园内最为重要的道路中，规划设计了三条以中外人士命名的道路。一条是“易慕道”，纪念德国专家易慕道先生对学校所做的贡献；一条是“知行大道”；另外一条是“炎培大道”，用以昭示学校坚持“知行合一”“手脑并用”的办学理念和教育思想。

笔者现在工作的学校——天津职业技术师范大学，校园内有“一湖六园”，六园中有“行知园”“炎培园”。2022年5月6日，为纪念中华职业教育社成立105周年，校园内的“炎培园”将焕然一新，整装开放。同时，为纪念习近平总书记为中华职业教育社致贺信5周年，天津中华职业教育社将在学校举办系列活动，为学校颁授“黄炎培职业教育思想与成果推广中心”，并参与共建“鲁班工坊国际发展研究中心”。这一切昭示着学校将继续秉持动手动脑，全面发展，传承黄炎培职教思想，立足培养“工匠之师”和“中国制造卓越雕塑师”的决心与信心。

二、与炎培职教思想结“识”

黄炎培是我国近现代著名的爱国主义者和教育家，是我国近代职业教育的创始人和理论家。他关注研究职业教育的前身“实用教育”，1913年，首先写出《学校教育采用实用主义的商榷》文章。不久之后，他将其具体化为“职业教育”，开启中国近代职业教育实践探索与理论创新之路。

（一）立社创刊办校

1905年，江苏学务总会（后改名江苏省教育会，今为江苏省教育学会）成立，黄炎培被推为常任调查干事。江苏六十三县，他的足迹踏遍四分之三。在调查江苏省各中学毕业生时，他发现只有少数能升学，大多数需要就业，但又苦于就不了业，这是经过年年公布的统计数字证明的。他想在“使无业者有业，使有业者乐业”上面做些工作，提出了教育与生活、生活与劳动不应脱节的主张。1917年5月，他发起成立中华职业教育社，其宣言里，深刻说明了这些情况；其作的社歌，开头就是：“惟先劳而后食兮，嗟我人群之天职。”

黄炎培在《立社三十五周年纪念日一封公开信》中写到：职业教育，在三十五年前是一种革命性教育。革什么命？革“封建”的命。教育与社会需求、个人生活，完全脱节，我社就在这时候产生出来的。他接着写到：我社首先办一刊物——教育与职业，办一学校——中华职业学校，教学生一面学习，一面做工——铁工、木工……，穿了工衣、打铁、刨木……

1917年10月28日，黄炎培创办了中国历史上首个将“教育”与“职业”两词“连体”的刊物——《教育与职业》，在社会上推行职业教育。1918年8月20日，经过千辛万苦筹资募款，在上海市陆家浜，中国近代教育史上第一所以“职业学校”命名的学校——中华职业学校办了起来。“劳工神圣”“双手万能”的大匾、徽章、商标出现了！

黄炎培认为中国的教育“乃纯乎为纸面上之教育”。所学非所用，所用非所学，改良之道“不独须从方法上研究，更须在思想上研究”。

（二）“定义”职业教育

黄炎培在1931年作《三十五年来中国之职业教育》一文，文中讲：“吾国新教育制度之创始，作者认为宜断自清同治初元北京及广东之设同文馆与上海之设广方言馆。而职业教育制度之最初成立，乃在同治五年（即1866年）（考自黄炎培《中国教育史要》欧化时期的教育）。”1866年，福建马尾船政学堂（求是堂艺局）开始建校。

1918年，中华职业教育社宣布职业教育之定义为：用教育方法，使人人获得生活的供给和乐趣，同时，尽其对群之义务，名曰职业教育。该社还宣布了职业教育之目的为：谋个性之发展，为个人谋生之准备，使无业者有业，使有业者乐业；为个人服务社会之准备；为国家及世界增进生产力之准备。该社还宣布职业教育之分类为：农业教育、工业教育、商业教育、家事教育、专门职业教育等五大类。

黄炎培推崇的职业教育，要手脑并用、做学合一、理论与实际并行、知识与技能并重。

（三）怎样办职业教育

1923年，黄炎培提出：凡平民教育性质之职业学校，最合现今社会所需要。但其一切设施，须使勿远于社会之生活状况，否则其结果将与其宗旨日趋而日远。

1927年，黄炎培提出：办职业教育而不脚踏实地，其失败比其他教育还快。职业教育是绝对不许关了门干的，也绝对不许在书本里讨生活的。一种职业社会，即有一种环境。欲使所培养的，适于他的环境，进一步更须改善他的环境，必须使其知道他的环境是怎么样，才可以下手。

1931年，黄炎培在《教育与职业》发表“怎样办职业教育”文章，提出：第一，办职业教育，万不可专靠想，专靠说，专靠写，必须切切实实去“做”。因为职业教育的目标很简单，很分明，是给人家一种实际上服务的知能，得了以后，人家要去实地应用的。第二，办职业教育，必须把试验业已有效的授给人家。在“先知觉后知”之外，还需“先能授后能”。第三，办职业教育，不但着重职业知能，而且还要养成他们适应这种生活的习惯。这三点，可以说是办职业教育的通则。

（四）大职业教育主义

1926年之后，黄炎培提出“大职业教育主义”，认为“只从职业学校做工夫，不能发达职业教育；只从教育界做工夫，不能发达职业教育；只从农、工、商职业界做工夫，不能发达职业教育。”他提出，办职业教育必须联络和沟通所有教育界和职业界，参与全社会的活动和发展，要更多地探寻职业教育外部环境的适应问题。以普通教育学校为正统的教育，以职业学校为偏系的教育，这种陈旧观念应彻底铲除。办职业学校的，须有最高的热诚，参与一切；须有最大的度量，容纳一切。职业教育应能包容一切。

黄炎培的建教合作之“道”，是把教育和实业联为一体，是教育应切合实用；是教育与职业相沟通，学校与社会相沟通，一切学校设施，皆以社会为根据；是既要培养职业知能，又要培养职业道德与服务精神。

“盖今世商战、工战，无非学战”，这是黄炎培为我们得出的极富警世意味的结论。

三、传承创新炎培思想结“果”

（一）传承“建教合作”，构建“大职业教育”

黄炎培教育思想的一个突出特点，就是认定沟通教育与职业是当时教育改革的关键；黄炎培职教思想归其一、归其要，是“建教合作”，是“大职业教育主义”，是职业教育要与社会、生活结合。用当今的话语，笔者归结为：“五个坚持”，即坚持动脑与动手最真实结合，坚持理论与实践最真实结合，坚持学校与企业最真实结合，坚持职业教育与经济社会发展最真实结合，坚持教育与人的全面发展最真实结合。这里的关键是“最真实”，它不是口号，不是愿望，也不仅是理念，还是方法、路径、启示和探索。

进入新时代，天津职业教育继国家职教试验区、示范区、升级版建设之后，开启了部市共建“新时代职业教育创新发展标杆”的新征程，传承创新黄炎培的“大职业教育主义”，办好中国特色、天津特质的职业教育，要继续坚持和完善党委主导、政府主推、行业主办、教育主管、企业主体的“五主”体制，形成产业、行业、企业、职业、专业“五业联动”产教融合机制，凝聚区域（区政府）、行业、企业、职业院校、科研院所“五方携手”合力，区校联手共建16个立足区域、面向产业、服务企业、辐射社区的职教集团，打造技术技能积累创新联合体。

天津职业教育要继续坚持以质量为核心，对接经济结构优化和新动能引育需要，主动融入“一基地三区”，建设应用技术转移中心、产品工艺开发中心、紧缺人才实训基地，打造兼具产品研发与制造、工艺开发与改进、技术升级与推广和大国工匠培育“四功能”的职业教育技术创新服务平台。

天津职业教育要继续畅通“纵向贯通、横向融通”现代职业教育体系。推进职业教育“纵向贯通”，完善中职、高职、职业本科、专业硕士、特需博士的人才培养通道，探索自主招生、综合评价招生、技能拔尖人才免试、中高本硕贯通系统培养等招考办法，深化探索中高、中本、高本、本硕系统化衔接培养新机制。推进职业教育“横向融通”，推进学分银行在天津落地运行，推动创立京津冀跨区域资历框架，建立职业教育与普通教育课程互认、学生学习成果等值互换制度。推进职业教育、高等教育、继续教育机构试点实施完全学分制，建立弹性学制与自主选课制度，实现学习者职业经历、工作能力和培训经历等的等值转化。将职业院校建设成为中小学生体验技术技能、学习科学知识、养成职业观念、拓展素质训练、劳动教育实践的培养培训基地。

（二）传承“对群义务”，构建“适应性职业教育”

黄炎培在《职业教育谈》中说，职业教育必须使人具有从事一定职业劳动来谋生的能力，否则，就谈不上精神事业和社会事业。“离社会无教育”！他在《职业教育机关唯一的生命是怎么》中写道：“职业教育有最紧要的一点，譬如人生中的灵魂，得之则生，弗得则死。是什么呢？从其本质说来，就是社会性；从其作用说来，就是社会化。”

新时代的中国职业教育是面向人人，面向社会，着力培养学生的职业道德、职业技能和创新创业能力。面向人人，就是让每个人都能得到全面发展，都能有人生出彩的机会；面向社会，就是服务区域经济社会发展，建设美丽家园。职业教育“社会化”，就是生活化、生产化、现实化，也就是“工程化”。其核心是“真实”，教与学基于真实，实践真实，创新真实，项目真实。职业教育“社会化”，就是职业教育“工程化”，是指职业教育要让学生学会解决“真实”的问题、“实际”的问题，使学生能够在真实世界、现实生活中得心应手地工作、生活。为“真实”教，用真实工程教；依“真实”学，在真实工程上学；凭“真实”考，借真实工程来考。“工程化”也是中国特色职业教育教学模式——工程实践创新项目（EPIP）教学模式的根基。

工程实践创新项目（EPIP），是笔者带领教学团队深度挖掘转化墨子的“行为本”“亲知”“名实耦”朴素唯物主义反映论，转化发展陶行知的“生活即教育、社会即学校”平民教育思想，发展创新黄炎培的“建教合作”、教育与实业联为一体以解决生计、开发产业职业教育思想，探索“产教融合、校企合作、工学结合、知行合一”教育教学实践，使其成为中国技术技能人才培养的一种教学模式。EPIP以中国职业教育实际为研究起点，体现继承性、民族性的立场主张，具有主体性、原创性的理论观点，彰显系统性、专业性的实践特色，构建起具有中国特色的院校办学思想、专业建设模式、课程结构体系、策略方法系统、标识品牌概念，初步形成职业教育的EPIP教育论、EPIP专业论和EPIP课程论。可以说，EPIP不仅是中国职业教育的教学模式，更是职业教育高质量发展、适应性发展的理念、方法、路径、启示和探索。EPIP是黄炎培职教思想、职教实践、职教理论的传承转化和创新发展。

（三）传承“学战”思想，构建“国际化职业教育”

一百年前，很多有识之士投身“教育救国”。无论是北大校长蔡元培、南开校父张伯苓、平民教育陶行知……都是把教育与“救国”紧紧联系在一起。黄炎培提出：“盖今世商战、工战，无非学战”，这是为我们今人留下的警世之语！

2021年5月28日，习近平总书记出席两院院士大会、中国科协第十次全国代表大会指出：“当今世界的竞争说到底是人才竞争、教育竞争。”

改革开放40多年来，中国建设与发展取得举世瞩目的成就。中国经济社会高速度、高质量发展，诸多因素起到至关重要作用。我们可以肯定地说，中国职业教育的高速度、高质量发展，也是其中一股重要力量，它为中国经济的腾飞、“世界工厂”、“中国制造”提供了源源不断的高素质技术技能人才。我们可以说，“学战”，是世界各国竞争的关键。

1914年至1917年，黄炎培遍访国内5个省市，游走25个城市、52所学校，考察美国、日本、菲律宾、南洋和英国教育，撰写了《旅美随笔》等文集，他认为办教育如同治病，知病源才能开好药方，做到对症下药。“外国考察，读方书也；国内考察，寻根源也。方书不可不读，而病所有来，其现象不一，执古方治今病，执彼方治此病，病曷能已。”可以说，黄炎培一生的职业教育实践，都是植根于中国实际需要，解决中国实际问题。我们的实践已经证明，任何片面地、孤立地、笼统地考察学习国外职业教育，而忽视职业教育的环境、土壤、本质及适配条件去介绍、引进、推广国外职业教育，原汁原味地吸收应用，都将导致教育失误、信息失掉。世界上，各个国家都应根据自己的国情、环境、文化，依据自己国家社会对职业教育的需求和受教育者的要求，选择适合的职业教育模式，而不是盲目照搬。中国职业教育要增强服务意识和服务能力，提升适应能力，必须扎根中国大地办教育，瞄准国家战略，聚焦区域经济社会发展，为生产服务，为生活服务，为人人都能够出彩服务，为实现中华民族伟大复兴的中国梦服务。

2015年以来，笔者作为“鲁班工坊”的首倡者、建设者，在教育部和天津市委、市政府领导下，与天津职业院校同仁一起组织实施了鲁班工坊项目建设，探索中国职业教育品牌化、系统化、体系化对外交流合作，创立了中国职业教育的国际品牌。2018年9月3日，习近平主席在中非合作论坛北京峰会上宣布，在非洲设立10个鲁班工坊。同年，习近平主席在里斯本见证葡萄牙鲁班工坊项目建设签约仪式。2021年9月17日，习近平主席在上海合作组织成员国元首理事会第二十一次会议上提出：“未来3年，中方将向上海合作组织国家提供1 000名扶贫培训名额，建成10所鲁班工坊。”截至目前，天津院校在亚、欧、非三大洲19个国家建设了20个鲁班工坊，涉及机械、电气、铁道、汽车、信息、冶金等12个专业类，近50个专业。鲁班工坊以国家职教试验区、示范区和升级版建设成果为总体支撑，培养合作国家熟悉中国装备和技术、了解中国产品和标准的本土化技术技能人才，服务中国企业走出去，促进国际产能合作，助力“一带一路”和人类命运共同体建设。

2019年4月25日，习近平主席在北京人民大会堂会见埃及总统塞西时强调，中方还将在埃及设立“鲁班工坊”，向埃及青年提供职业技能培训。可以说，鲁班工坊作为中国职业教育的国际品牌、国家行动，实现了以黄炎培为代表的中华职业教育社同道们宣布的职业教育最高目标“为国家及世界增进生产力之准备”。

四、归结

黄炎培创办的中华职业教育社，是中国近代职业教育理论研究的始发地。黄炎培的职教思想历久弥新，为中国现代职业教育理论奠定重要基石。在纪念中华职业教育社成立105周年之际，我们一起学习研究炎培精神、炎培思想，传承黄炎培职教思想精髓，将其创造性转化，创新性发展，对于推进中国职业教育理论与实践创新具有深远的历史意义和长远的现实意义。

——摘自《职业教育研究》2022年第5期中吕景泉《传承黄炎培职教思想精髓推进现代职教理论与实践创新——写在中华职业教育社成立105周年之际》。

第八节　打造新时代职业教育创新发展标杆

【此文发表于2022年3月】

2021年12月31日，天津市人民政府网站发布《教育部　天津市人民政府关于深化产教城融合　打造新时代职业教育创新发展标杆的意见》。意见成文于2021年1月5日，经教育部、天津市人民政府商研政策清单，分解工作任务，落实责任部门，建立推动机制，形成由教育部部长和天津市市长共同担任协调推动工作组组长，分管副部长和分管副市长担任副组长，教育部相关司局和天津市有关部门负责同志为成员的部市“共建国家职业教育创新发展标杆”领导小组，负责统筹协调推进职业教育创新发展。

至此，天津职业教育改革创新发展，站在新时代，开启了新征程。

一、从职教试验区、示范区到升级版

2005—2020年，教育部确定天津市为全国首个“国家职业教育改革创新试验区（简称试验区）”（2005—2010年），之后升级为唯一的“国家职业教育改革创新示范区（简称示范区）”（2010—2015年）和“国家现代职业教育改革创新示范区（简称升级版）”（2015—2020年）。

试验区建设，以深化职业教育体制机制改革为建设主线，示范区建设，以创新产教融合运行体制机制为建设主题，2015—2020年的升级版建设，以提升职业教育适应性为建设主旨。试验区、示范区、升级版“三区”15年建设的核心目标，是全面加强职业教育服务国家战略需要，服务区域经济社会发展需求。经过连续15年建设，天津职业教育初步实现了职业教育与经济社会同步规划、与产业建设同步实施、与技术进步同步升级、与国际产能合作同步布局，通过实践探索、理论研究、经验总结和模式推广，对国家职业教育政策和区域职业教育实践产生了重大影响，建成具有中国特色、天津特质的现代职业教育

发展高地。

（一）坚持五主体制，完善行业企业办学特色

坚持和完善党委主导、政府主推、行业主办、教育主管、企业主体的“五主”体制，围绕城市定位和区域经济社会发展，全面对接产业转型升级和民生改善需求，形成产业、行业、企业、职业、专业“五业联动”产教融合机制，凝聚区域（区政府）、行业、企业、职业院校、科研院所“五方携手”合力，区校联手组建16个立足区域、面向产业、服务企业、辐射社区的职教集团，打造技术技能积累创新联合体。行业企业主办的高等职业院校始终保持在70%以上、中等职业学校保持在50%以上。完善职业教育经费投入机制，强化行业企业主体责任，完善业绩考核制度。健全职业院校领导班子选聘、调整、考核与教育部门、行业企业会商机制，探索行业企业技术骨干与职业院校教学骨干“双栖”互聘机制，加大职业院校管理干部横向交流力度。

（二）坚持系统思维，建设中国特色职业教育体系

天津职业院校聚焦战略性新兴产业、先进制造业、传统优势产业和现代服务业，办好先进制造、人工智能、航空航天、石油化工、新能源、新材料、养老护理和幼儿教育类等专业。加强职业院校基础能力建设，使其成为区域人才培养、社会培训、职业启蒙、社区服务、老年教育的中心。加快中职与高职系统培养、高职与本科联合培养改革，加强应用技术大学与职业技术师范大学牵头引领，构建中职、高职、职教本科、专业硕士、特需博士有效衔接的技术技能人才培养通道，搭建人才多样化发展的“立交桥”和双师型职教师资培养的“加油站”，推进职业院校新教师入岗、试岗、胜岗“三年三阶段”、在职教师“五年一轮次”综合职业素质提升行动，初步形成具有中国特色的现代职业教育体系和“工匠之师”培养培训体系。

（三）坚持开放理念，创成“鲁班工坊”国际品牌

天津职业教育首创原创，天津职业院校率先组织实施“鲁班工坊”项目建设，实施中国职业教育国际化、品牌化、系统化、体系化对外交流合作，创立了中国职业教育国际品牌。2018年9月3日，习近平主席在中非合作论坛

北京峰会上宣布，在非洲设立10个鲁班工坊。同年，习近平主席见证葡萄牙鲁班工坊项目建设签约仪式。自此，鲁班工坊上升为国家行动。2021年9月17日，习近平主席在上海合作组织成员国元首理事会第二十一次会议上提出：未来3年，中方将向上海合作组织提供1 000名扶贫培训名额，建成10所鲁班工坊。2021年11月29日，习近平主席出席中非合作论坛第八届部长级会议发表主旨演讲提出，继续同非洲国家合作设立“鲁班工坊”。鲁班工坊，开启了发展新征程。

天津院校在亚欧非三大洲19个国家建设了20个鲁班工坊，助力中国优势产业、优秀企业和优质产品走出去。鲁班工坊以国家职教试验区、示范区和升级版建设的优质教学资源为支撑，培养当地国家熟悉中国装备和技术、了解中国产品和标准的本土化技术技能人才。鲁班工坊，萌动于试验区建设，发端于示范区建设，起步于升级版建设，成熟于服务“一带一路”，定型于鲁班工坊上升为国家行动。鲁班工坊服务中国企业走出去，促进国际产能合作，助力人类命运共同体建设。鲁班工坊，是天津职业教育试验区发展、示范区改革、升级版创新的成果集大成，是中国职业教育内涵发展、提质培优、改革创新的成果集大成“呈现”。

（四）坚持大赛引领，探索中国职业教育制度创新

天津作为首个国家职业教育改革试验区，2007年8月，教育部与天津市政府研究确定，实施“每年举办全国职业院校技能大赛”重大举措，天津被确定为主赛场和永久举办城市。2008年，首届全国职业院校技能大赛（简称大赛）在天津开幕，到2019年，每年举办一届大赛，历经了十二届次。大赛纵穿天津职教试验区、示范区及升级版建设过程，已经发展成为中国职业教育领域乃至全国范围规格最高、校企合作最紧密、专业覆盖面最广、参赛选手最多、社会影响力最大、联合主办部门最全的国家级技能赛事。随着大赛发展，中国职业教育在深化教学改革、服务经济社会、助力产业升级、推动区域发展、促进国际合作等方面取得可喜成绩。大赛有力助推中国职业教育发展，成为中国职业教育的亮丽品牌。

天津职业院校围绕产业发展需求，加大赛项成果转化，研制和开发高技能人才培训和技能赛项教学资源，完善校级、市级、国家级职业技能竞赛体系，在职业院校建设多个世界技能大赛培训基地，创设全国职业院校技能大赛成果转化中心。天津职业教育创新竞赛机制，拓展参赛范围，引进国际知名品牌赛项，面向经济社会发展急需紧缺职业（工种），吸引国际选手和国内产业工人参加大赛，实施优质赛项、教学装备、教材资源走出去，增强了职业技能大赛的国际影响力和社会贡献力。

（五）坚持服务宗旨，助推京津冀协同和东西部协作

建设京津冀职业教育协同发展共同体，完善京津冀职业教育产教对接平台和协同发展运行机制，加强京津冀职业教育科研、教研联盟建设。落实天津市与雄安新区签订的职业教育战略合作协议，统筹国内外优质资源，服务雄安新区职业教育产教融合专业建设和师资培养培训项目。加大国家职教示范区成果分享，倾心、聚力、精准、重效，采取区域系统援建、品牌整体输出、专业结对共建、师资定制培训、学生定向培养"五模式"，服务东西部协作"脱贫攻坚、职教帮扶"项目建设。发挥国家中西部地区职业教育师资培训中心平台作用，高质量完成新疆和田、西藏昌都、甘肃甘南、青海黄南、内蒙古鄂尔多斯、云南滇西，以及河北承德、青龙、威县等职教帮扶项目。

天津职业教育，发挥试验区、示范区、升级版的建设优势，勇于开拓，敢于创新，荣获中国职业教育领域首个国家级教学成果"特等奖"，成功创设职业教育领域第一所应用技术大学，率先将职业教育纳入天津市"双一流"建设计划，创立国家中西部地区职业教育师资培训中心，构建起产教融合办学体制、"五业联动"办学模式、工程实践创新项目（EPIP）教学模式，创建"鲁班工坊"职业教育国际品牌，形成具有中国特色、世界影响的职业教育话语体系，成为中国职业教育改革创新发展的"拓荒牛""千里马""领头羊"，彰显了一个"闯"字，体现了一个"快"字，突出了一个"带"字。

二、新时代职业教育创新发展标杆建设至要

2022年是天津"新时代职业教育创新发展标杆"建设全面开启之年，也

是天津市职业教育现代化“十四五”规划落实落地落细的关键之年。贯彻落实全国职业教育大会精神，优化职业教育类型定位，加快构建符合新时代要求的纵向贯通、横向融通的现代职业教育体系，增强职业教育的适应性，成为创新发展的主线。推进新时代职业教育创新发展标杆52项任务，力争在行业企业多元办学、对接服务产业高端需求、构建思政一体化育人体系、促进国际交流合作等方面实现新突破，成为创新发展的重点。实施职业教育创优赋能行动、深化职业教育产教融合、增强职业教育服务能力等领域实现新进展，成为创新发展的着力点。

天津职业教育，要继续解放思想，凝聚合力，以新理念拓展新思路，以新思路落实新任务，以新任务推进新发展，在创新发展的深度、广度、力度上再下新功夫，持续保持职业教育的领先态势，探索形成创新发展职业教育的“中国标杆”、世界一流职业教育的“国际名片”。

（一）解放思想，筑牢职业教育创新发展的大格局

在中国近现代职业教育发轫156年之时，天津作为我国近现代工业的发源地，承袭深厚的职业教育历史积淀，再一次肩负职业教育先行先试排头兵的重任。100多年前，“工学并举”率先开创了实业教育发展的中国模式；新中国成立之初，“半工半读”领跑全国，创设了技术教育的示范模式；21世纪初，“产教融合、校企合作、工学结合”职业教育办学模式，示范引领全国职业教育改革，确立了职业教育的“天津模式”。如果说，试验区、示范区、升级版建设是国家职业教育改革创新发展的2.0版、3.0版、4.0版，那么，创新发展标杆建设是天津职业教育在新时代开启了新征程。

1．紧贴经济社会需求，开拓“四大支撑”特色发展之路

天津职业教育要坚持紧贴经济社会转型需求，紧跟改革创新发展步伐，紧扣民生服务改善脉搏，紧随天津城市品牌提升，创新开拓、强化服务，继续走好“支撑经济转型，服务支柱产业；支撑创新发展、服务中小企业；支撑民生改善，服务技能培训；支撑城市品牌，服务国内国际”的“四大支撑”特色发展之路，探索一批可复制、可借鉴、可推广的模式范式和经验典型。

2．以提高质量为核心，提升职业教育适应性和服务力

天津职业教育要始终坚持以质量为核心，对接经济结构优化和新动能引育需要，主动融入“一基地三区”建设，紧密对接战略性新兴产业、传统优势产业、现代服务业，成立产教融合研究院，动态发布企业需求信息。绘制职业教育专业建设与产业发展谱系图，建立职业教育专业质量评价、专业预警调控机制，优化调整专业布局。完善“五业联动”产教融合机制，发挥政行企校研“五方携手”合力共促机制，共建应用技术转移中心、产品工艺开发中心、紧缺人才实训基地，打造兼具产品研发与制造、工艺开发与改进、技术升级与推广和大国工匠培育“四功能”的职业教育技术创新服务平台。全面推广现代学徒制，在产教融合型企业设立学徒岗和实习岗，与职业学校联合培养。突出职业学校终身学习服务功能，落实职业学校学历教育和职业培训并举并重。推广复制“区校联合体”终身学习服务模式，做优做强服务终身学习的区域型职教集团，提升开放大学系统终身学习服务能力。

3．开放式国际化办学，构建职业教育国际话语体系

融入“一带一路”建设，优化鲁班工坊全球布局，建设鲁班工坊研究与推广中心。联合多方力量共同推进成立鲁班工坊建设联盟，探索建立全国统一的鲁班工坊管理机制，统筹规划鲁班工坊的建设与发展。共鉴共享鲁班工坊建设经验和成果，完善鲁班工坊建设的规范和标准，推广工程实践创新项目（EPIP）教学模式应用。扩大与其他国家和地区的学历证书和技能等级证书的互通互认，大力推进“中文+职业技能”项目“走出去”，全面提升国际交流合作水平。开展应用型本科高校、职业学校与国外高水平应用技术大学合作办学，在现有学位制度内探索高层次学徒制试点。加强国际职业教育交流与合作，以亚、欧、非20个鲁班工坊为主要载体，围绕教育思想、教学模式、技能竞赛、专业标准、实践装备、教学资源、师资培养等核心要素，打造高端化互动平台，增强我国在国际职业教育领域的话语权、主导权和影响力。

（二）改革创新，推动天津现代职业教育的大发展

1．发挥行业办学优势，完善行业企业特色的办学机制

行业企业办学是天津市职业教育的突出特色。天津职业教育要借助与行

业企业直接、紧密的关系优势，进一步理顺相关主体关系，优化布局结构，继续实施“两完善一增长一加强”具有天津特色、适应行业企业主体办学的管理运行机制，推进《天津市职业教育条例》修订，确立行业企业办学主体的法定地位。支持混改企业以独资、合资、合作等方式依法参与举办职业教育，允许以资本、技术、管理等要素依法参与办学并享有相应权利。探索社会力量与职业学校通过股份制、混合所有制改革举办实体性的二级学院、产业学院和企业大学。

2．加强职教体系建设，创新系统培养技术技能人才路径

畅通“纵向贯通、横向融通”现代职业教育体系。推进职业教育“纵向贯通”，完善中职、高职、职业本科、专业硕士、特需博士的人才培养通道，探索自主招生、综合评价招生、技能拔尖人才免试、中高本硕贯通系统培养等招考办法，深化探索中高、中本、高本、本硕系统化衔接培养新机制。推进职业教育“横向融通”，推进学分银行在天津落地运行，推动创立京津冀跨区域资历框架，建立职业教育与普通教育课程互认、学生学习成果等值互换制度。推进“1+X”证书（学历证书+若干职业技能等级证书）制度试点，率先落实“三同两别”要求和试点任务走在全国前列。推进职业教育、高等教育、继续教育机构试点实施完全学分制，建立弹性学制与自主选课制度，实现学习者职业经历、工作能力和培训经历等的等值转化。将职业院校建设成为中小学生体验技术技能、学习科学知识、养成职业观念、拓展素质训练、劳动教育实践的培养培训基地。

3．构建思政育人体系，创新技术技能人才培养模式

坚持用习近平新时代中国特色社会主义思想铸魂育人，完善组织领导、课程改革、队伍建设、课内课外“四个一体化”育人格局，构建思政课程、课程思政、教师思政、专业思政、学校思政“五位一体”育人机制。建设天津市职业教育“课程思政”教学研究示范中心，构建具有天津特色的职业教育思政体系。依托天津海河教育园区思想政治教育实践基地、鲁班工坊建设·体验馆、全国职业院校技能大赛博物馆和各高职院校专业实践场馆等优质思政资源，系统化建设一批融入思政教育理念、体现教育改革创新成果、展示产业发展成效

的技能实践育人基地，实现全员、全程、全方位育人。

（三）服务发展，构建职业教育创新发展的大平台

1．共研共建共用共享共赢，创建高端科研体系

成立职业教育研究院，整合天津大学、天津市教育科学研究院和天津职业技术师范大学的科研力量，发挥京津冀职业教育协同发展研究中心作用，联合国内外知名高校与研究机构，打造高度协同的职业教育研究链条，积极主动承担职业教育专业课题研究任务。支持市属高校联合职业学校按有关程序办法自主设置职业技术教育学二级学科学位点，扎根中国大地，推进中国特色职业教育学术体系和话语体系建设。

2．发挥聚集效应，打造职业教育“国字号”智库

全面深化国家职业教育质量发展研究中心、全国职业院校技能大赛成果转化中心、国家职业教育教学资源开发与制作中心等“国字号”项目建设，开展天津职业教育教学质量监测，依托全国职业院校技能大赛成果研制高技能人才培训和技能竞赛的教学资源。建立天津市职业教育改革发展专家咨询委员会制度，为深化职业教育改革提供智力支持。

3．夯实师资力量，推进职业教育“三教”改革

建立校企“共聘共育”“双栖制”引人用人机制。全面推进高职院校人员总量管理，推动固定岗位和流动岗位相结合的人事管理制度改革，探索以不超过教师编制总数30%的标准设置流动岗位。明确职业学校专业领军人物遴选标准，设立专项人才经费，加大高层次人才引进力度。支持引进具有创新实践经验的企业家、高科技人才、高技能人才在职业学校兼职任教。建设“工匠之师”职教师资培养培训体系，形成中国特色“双师型”素质教师、“双师型”结构教学团队培养模式、建设方案与经验成果。

推动职业教育“三教改革”，制定天津市职业学校教材管理实施细则，支持天津市建立职业教育教材研究基地，建设一批职业教育教材教法研究基地。支持有实力的高等职业学校积极参与马工程重点教材建设工作，加强研究，推进教材统一使用。建设一批职业教育优质教材，重点支持校企共编活页式、工

作手册式新型教材和满足鲁班工坊需要的“双语”教材。校企双元合作开发职业教育教材，建设并更新一批职业教育专业教学资源库和在线开放精品课程。

三、结语

新时代职业教育创新发展标杆建设，要以立德树人为根本，实施五育并举、德技并修，加强学风、教风、考风、班风、校风建设；以新发展理念为指导，推进职业院校国际化、校企化、体系化、系统化、终身化、协同化发展；以体制机制创新为动力，坚持行业企业办学特色，探索社会力量参与多元化办学；以提升适应性和服务力为抓手，加强职业院校现代治理能力建设和产教融合办学模式探索；以服务创新发展为宗旨，推进京津冀职业教育协同发展和中西部职业教育协作发展，不断完善国家职业教育“国字号”平台建设；以促进优质就业为导向，进一步推进“五业联动”，注重技术技能积累，强化教学诊断与改进，让天津职业教育的创新发展成为向世界展示中国职业教育在体系建设、办学实践、产教融合、师资培养、助力产业发展和减贫的重要“窗口”，成为贡献中国特色职教模式、职教方案、职教智慧的重要“供给地”。

——摘自《职业教育研究》2022年第3期中吕景泉《增强职业教育适应性，打造新时代职业教育创新发展标杆——基于职教试验区、示范区建设，试论天津职教创新发展》。

第六篇

基于鲁班工坊视域看工程实践创新项目（EPIP）

《教育强国建设规划纲要（2024—2035年）》明确提出：提升高等教育海外办学能力，完善职业教育产教融合、校企协同国际合作机制，深耕鲁班工坊等品牌。

《中国职业教育发展报告（2012—2022年）》提出：擦亮“鲁班工坊”中国名片。同时提出：继续推动工程实践创新项目（EPIP）应用，发挥已建立的泰国、葡萄牙、埃塞俄比亚等国EPIP教学研究中心作用，给更多境外合作伙伴带去先进的教学模式、优质的教学装备。

从鲁班工坊的实践与理论创新的逻辑机理、实现路径，观瞻EPIP 模式创立、鲁班工坊品牌创成，纵览EPIP助力打造职业教育国际合作“中国名牌”、元首引领外交的重要合作项目的恢宏历程。

EPIP是鲁班工坊品牌的核心要义，是鲁班工坊项目的建设主线。

2023年，由天津职业技术师范大学吕景泉牵头组织申报的EPIP模式创立与LUBAN WORKSHOP品牌创成成果，获国家级教学成果“特等奖”。

2024年，以EPIP为核心内涵，天津职业技术师范大学牵头的“中国鲁班工坊”项目，在世界职业技术教育发展大会上获得首届“世界职业教育大奖”。

第一节　鲁班工坊实践与理论创新的逻辑机理、实现路径

【此文发表于2022年7月】

2013年，习近平主席提出“一带一路”倡议。建设国际公共产品，成为推动构建人类命运共同体的重大举措。天津职业院校响应“一带一路”倡议精神，在教育部和天津市委、市政府领导下，基于国家职业教育改革试验区、示范区与示范区“升级版”连续15年的建设成果，原创首创并率先组织实施“鲁班工坊”项目建设。2016—2022年，天津职业院校在亚欧非三大洲的19个国家，高标准建成20个鲁班工坊。习近平主席先后13次在重大外交场合就“鲁班工坊”作出了重要论述。作为职业教育国际品牌，鲁班工坊已经成为服务“一带一路”、促进国际产能合作的重大国家行动。

一、鲁班工坊的实践创新

天津职业教育探索基于中国“走出去”，面向世界“走进去”，与世界分享中国职业教育优秀方案，助力国际产能合作，形成全球技术技能服务的公共产品，实现了重大改革开放实践创新。

（一）鲁班工坊的内涵属性

鲁班工坊，是以中国本土化的工程实践创新项目教学为模式，以天津职业院校会同中外院校、中外企业开发的国际化专业标准为依据，以职业技能大赛的优质装备为载体，以中外“双师型”师资培养及教学资源开发为保障，创建的在境外实施学历教育和社会培训的实体化机构。鲁班工坊，将中国模式、标准、装备、资源与世界分享互鉴，为合作国家培养认知中国产品、了解中国工艺、熟悉中国技术的本土化人才，搭建了促进世界产教融合、服务国际产能合

作的公共平台，形成职业教育“走向世界”的中国方案。

（二）鲁班工坊的实践机理

基于工程实践创新项目EPIP教学模式的探索与创立，天津职业院校构建了产业、行业、企业、职业、专业“五业联动”办学机制；基于国际化专业教学标准的研制与实施，形成了“核心技术技能一体化”专业标准开发机理；基于教育部、天津市主办10余届全国职业院校技能大赛（国赛）的赛项设计、组织实施、成果转化，开发了“工程化、实践性、创新型、项目式”系列化综合实训课程，研制了一批双语教材与教学资源；基于中外合作办学项目的能力保障需要，系统实施了以工程实践为导向、以实践创新能力培养为目标的中外“双师型”职教师资培养计划；基于职业教育与技术培训的国际技术技能公共产品建设，创立了中国职业教育的国际品牌，取得了重大改革实践新突破。

（三）鲁班工坊的实践逻辑

2015年7月，“提升职业教育国际化水平”成为国家职业教育改革示范区升级版建设的重要任务。鲁班工坊由此萌动。9月，天津市教育委员会组建工作团队，启动国际合作新平台的项目谋划和方案设计。专注技术技能：选择了“鲁班”；体现教学做一体：选择了“工坊”。鲁班工坊由此得名。12月，研发工作取得进展，形成了项目建设目标、任务，制定了路径、内涵、模式和措施。鲁班工坊项目建设正式启动实施。

2016年3月，世界上首家鲁班工坊在泰国建成，天津职业院校相继在亚洲的印度、印尼、巴基斯坦、柬埔寨，欧洲的英国、葡萄牙、保加利亚，非洲的吉布提、肯尼亚、南非、马里、尼日利亚、埃及、科特迪瓦、乌干达、马达加斯加、埃塞俄比亚、摩洛哥等国，建设了鲁班工坊。

2018年9月，在中非合作论坛北京峰会上，习近平主席宣布，在非洲设立10个鲁班工坊，向非洲青年提供职业技能培训。12月，在里斯本，习近平主席见证葡萄牙鲁班工坊项目签约。鲁班工坊项目建设上升为重大国家行动。

2021年4月，第10个非洲国家的鲁班工坊，在非盟总部所在国埃塞俄比亚揭牌启运，标志着习近平主席提出的三年完成非洲鲁班工坊的国家性建设任务圆满完成。

2021年9月，在上海合作组织成员国元首理事会上，习近平主席提出，未来3年，中方将向上海合作组织提供1 000名扶贫培训名额，建成10所鲁班工坊。11月，在中非合作论坛第八届部长级会议上，习近平主席提出，继续同非洲国家合作设立“鲁班工坊”。鲁班工坊项目建设开启了“聚焦中亚，继推非洲”的发展新征程。

2022年2月，习近平主席会见土库曼斯坦总统穆哈梅多夫、塔吉克斯坦总统拉赫蒙、吉尔吉斯斯坦总统扎帕罗夫时，分国别具体提出中亚鲁班工坊建设重要论述。2022年9月，习近平主席分别在《人民言论报》《哈萨克斯坦真理报》发表署名文章，对中亚鲁班工坊建设作出重要论述。同月，习近平主席在分别会见乌兹别克斯坦总统米尔济约耶夫、哈萨克斯坦总统托卡耶夫、土库曼斯坦总统穆哈梅多夫时，再次对不同国别的鲁班工坊建设作出重要论述。

鲁班工坊从方案设计到组织实施，从落地建成到优化布局，历经了整整七年时间（2015年9月至2022年9月）。亚洲的鲁班工坊建设，对于项目的品牌创建、策略优化及推广应用做出了基础性贡献。欧洲的鲁班工坊，是品牌创建进入推广应用的重要标志；葡萄牙鲁班工坊完美诠释鲁班工坊核心要义，是品牌创成的重要标志。非洲的鲁班工坊，是品牌要义的集中运用。着眼外交大局，关注政治安全、经济发展、资源禀赋、语言文化、教育现状等要素，天津职业院校与合作伙伴克服世界疫情影响，高质量完成重大国家任务。

（四）鲁班工坊的贡献标度

鲁班工坊项目建设，始终坚持其核心要义，完善其建设标准，优化其发展布局，拓展其办学内涵，遴选了泰国大城技术学院、英国奇切斯特学院、葡萄牙塞图巴尔理工学院、埃及艾因夏姆斯大学、埃塞俄比亚技术大学等一批优秀合作院校，联动了中土、中材、中联重科、华为、海尔、埃及泰达、英利集团等一批优质合作企业，对接了中泰高铁通运、中国—澜湄合作、中巴经济走廊、金砖投资项目、欧洲工业再造、亚吉铁道运营、中资工业园等重大合作项目，在境外落地建设了聚焦冶金建筑、铁道交通（高铁）、智能制造、机械电气、信息通信、中医中餐等领域49个专业；合作层次从中职、高职、本科到工程硕士。

优化布局，服务大局，品牌化实施20个鲁班工坊项目。亚洲项目落户泰国、印度、印尼、巴基斯坦、柬埔寨等5个国家，直接服务中国第一大贸易伙伴（东盟），服务印巴项目和中亚国家任务，中亚第一个鲁班工坊项目在塔吉克斯坦加速建设。欧洲英国、葡萄牙、保加利亚、俄罗斯等项目形成了“东西南北”的空间布局；在葡萄牙、俄罗斯建设的智能制造、信息通信专业，彰显中国产品质量和产业技术优势，助力中国企业深耕欧洲。作为国家重大行动，在非洲已建成的鲁班工坊，东部有埃塞俄比亚（非盟总部所在国）、吉布提、肯尼亚等，西部有马里、尼日利亚等，南部是南非、马达加斯加，北部为埃及（阿盟总部所在国）、摩洛哥，对接中非产能合作，服务非洲2063年愿景。

鲁班工坊中外建设团队获得多项合作国大奖，受到高度赞誉，如“诗琳通公主奖”“国王奖”“撒哈拉大骑士勋章”等；泰国哲仁先生获得中国政府“友谊奖”。英国鲁班工坊受邀为首相府新年招待会献艺，印尼总统佐科盛赞项目成效，吉布提总统盖莱出席项目启动，葡萄牙总理科斯塔出席项目签约。鲁班工坊中外师生联队在世界职业院校技能大赛斩获全部金牌的60%，鲁班工坊境外学历教育、技术培训与教学模式的师生综合满意度分别为91.7%、87.3%、87.5%。人民日报、新华社、中央电视台、BBC、CNC等国内外800余家媒体广泛报道。鲁班工坊已经成为对外交流的国家名片。

（五）鲁班工坊的研究态势

天津职业院校完成鲁班工坊金字塔（静态）和双螺旋（动态）构型，确立其核心要义为12345，即一块品牌，职业教育国际品牌；两种功能，实施学历教育与技术培训；三条路径，校校、校企、校府之间合作；四个内涵，教学模式为工程实践创新项目（EPIP），基本依据为中外院校、企业开发的国际化专业教学标准，主要载体为国赛、行业企业赛的优质赛项装备，必要保障为中外师资培养培训先行及教学资源开发；五项建设原则，平等合作、优质优先、强能重技、产教融合、因地制宜。开展鲁班工坊的溯源、要义、标准、策略、理论研究，开展国别鲁班工坊研究和国别职业教育研究，出版《鲁班工坊》《鲁班工坊核心要义》《鲁班工坊解析》《鲁班工坊研究》《鲁班工坊建设标准》《鲁班工坊发展报告》等中外文著述20余部，发表主题论文近百篇，举办“首届鲁班工坊与产教融合国际论坛”“‘一带一路’合作与鲁班工坊建设发展论坛”等10余项，取得中国职业教育改革开放实践研究的新突破。

创成鲁班工坊国际品牌，是基于国家职业教育改革示范区建设，以泰国、英国、印度、柬埔寨、葡萄牙鲁班工坊为实践标志和质量标度，创成鲁班工坊品牌；以吉布提、肯尼亚、南非、埃及、埃塞俄比亚鲁班工坊为重点项目，完成非洲鲁班工坊的国家建设任务。鲁班工坊从天津研推中心，到全国建设联盟，到国际发展研究中心，再到在天津成功举办首届世界职业技术教育发展大会，勾勒出品牌建设源自天津，成在中国，功利世界的实践探索历程。

二、鲁班工坊的理论创新

鲁班工坊，是天津职业院校落实国家职业教育改革示范区“升级版”建设任务，针对“职教国际合作交流促进工程”的一大创新举措，是实施中国职教国际平台构建、“走出去”战略、提升全国职业院校技能大赛国际影响“三大计划”的一大创新实践。天津职业院校开展了系统化的实践探索、理论研究、经验总结、模式推广。

（一）EPIP 教学模式

EPIP教学模式是鲁班工坊建设主线、核心内涵。

2005年，本文第一笔者创立“核心技术技能一体化”专业建设模式；2012年，在长期开展中德、中西（西班牙）、中日、中加（加拿大）等合作项目的教学实践基础上，开展“创造性转化、创新性发展”实践与研究，将古今中外的相关教育理念、模式、经验在中国大地耦合，创建创成了“工程实践创新项目（EPIP）教学模式”。2012年11月，出版《工程实践创新项目教程》（“十二五”职业教育国家规划教材）；2013年6月，出版了英文版，推广EPIP教学模式应用。2014年，系统提出“五业联动”产教融合机理，完善了EPIP的应用层级。2020年，国务院办公厅《关于推广第三批支持创新相关改革举措的通知》中明确，推进“五业联动”职业教育产教融合发展的新机制。“推广EPIP教学模式应用”，于2020年写入《天津市教育现代化“十四五”规划》，于2021年纳入部市共建《深化产教城融合，打造新时代职业教育创新发展标杆的意见》，于2022年载入《中国职业教育发展报告（2012—2022年）》。

EPIP，是以实际工程为背景和基础，以工程实践为导向和贯穿，以工程实践创新能力培养为目标和归依，以真实工程项目为统领的适合技术技能人才培养的教学模式。EPIP的核心要义是“54321”。“5”是应用层级，扎根本土、院校办学、专业建设、课程改革、“知技素点”五个层级；“4”是四个核心要素，工程化、实践性、创新型、项目式；“3”是三种认知境界，“名”境界、“实”境界、“合”境界；“2”是核心点，真实、完整；“1”是宗旨，知行合一。《墨经》说：“名实耦，合也”。EPIP的本质，是让“产教融合、工学结合、校企合作、知行合一”真实落地。

EPIP是中国的教学模式。《EPIP职业教育教学模式——改造我们的学习》《EPIP教学模式——中国职业教育的话语体系》《鲁班工坊核心要义——中国职业教育的国际品牌》以及中宣部“中华文化走出去重点任务清单项目”等8部中外文系列专著出版，60余篇EPIP专题研究论文（中外文）发表，以葡萄牙卢卡斯、泰国哲仁为代表的一批EPIP专家教师在世界各地开展了卓有成效的应用推广。2017年，EPIP国际教育联盟成立。“发挥已建立的泰国、葡萄牙、埃塞俄比亚等国EPIP教学研究中心作用，给更多境外合作伙伴带去先进的教学模式......”载入《中国职业教育发展报告（2012—2022年）》。在首届“鲁班工坊”与“产教融合”国际论坛、世界职业技术教育发展大会上，来自10余个国家的20余学者完美演绎了EPIP应用成果。EPIP有力推动了海外的中国职业教育研究，提升了中国职业教育的国际影响力，是新时代中国职业教育的重大教学理论创新。

（二）专业标准研制与实施

2006年，本文第一笔者作为教育部高等学校高职高专自动化技术类专业教学指导委员会主任委员，主持开发了自动化技术类专业教学标准。2009年，教育部组织制定《高等职业学校专业教学标准》；天津职业院校专业骨干教师主持或参与开发了机械、自动化、信息、交通、铁道等类32个专业教学标准。2012年11月，《高等职业学校专业教学标准》由教育部组织出版。伴随着国家职业教育专业教学标准、国家职业大典的不断演进，天津职业院校发挥了重要作用。

2012年，教育部印发《关于借鉴国外先进经验开展职业教育部分专业教学标准开发试点工作的通知》，天津职业院校，借鉴国外经验，结合中国实际，开展了50个国际化专业教学标准试点工作。第一笔者主持开发了首批27个专业标准，天津市教委组织了243个专业标准试验班。2015年，天津市教委对50个专业标准进行完善，并集册出版。自此，在全国职业院校技能大赛（简称大赛或国赛）同期活动中，每年列定必选项目——“国际化专业教学竞赛”“国际化专业说课观摩”。2016年以来，天津职业院校实施“四递进”，联动产业行业企业职业要素，联合研制国际化专业教学标准（一递进）；组织专业教学实验班，开展国际化教学观摩与成果验收（二递进）；通过鲁班工坊，中外双方院校合作开发国别性教学标准（三递进）；试验并在境外落地专业教学标准，纳入合作国的国民教育体系（四递进），会同中外企业，结合合作国当地实际，融汇产业、行业、企业、职业要素，将13类49个专业落地到20个鲁班工坊中，纳入合作国的国民教育体系，为鲁班工坊项目实施奠定了标准基础。截至2022年，天津职业院校已经完成105个国际化专业教学标准建设，并集册出版。

作为天津职业教育标准体系的研究成果标度，《高等职业教育国际化专业教学标准开发与实践》《鲁班工坊建设标准研究》《引领与示范——天津职业教育国际化专业教学标准建设》，已经成为中外职业教育开展深度国际交流与合作的内涵性依托。

（三）赛项资源开发与运用

2008年，首届全国职业院校技能大赛在天津开幕，每年在天津举办一届，历经了十二届次。天津作为主赛场，伴随着赛项设置升级，先进技术融入，天津职业院校主动开展了竞赛资源转化工作，成立了大赛成果转化中心，将大赛的理念、标准、装备、资源“具化”到专业建设，“渗入”到课程教学，“拓展”到中外合作，为中国职业教育与世界深度分享、互学互鉴奠定了载体与资源基础。

联动中外企业，天津职业院校开发了53个职业院校、行业企业和国际化赛项；基于赛项标准，研发了工程化、项目式教学资源130余部（套）。2010年，“自动化生产线安装与调试”国赛项目，首次实现中国赛项走进东盟技能大赛，目前纳入并持续举办的赛项达3个；2011年起，邀请国外选手走进中国大赛，设置“国际赛道”，同场竞技赛项最多达8个；2013年，第42届世界技能大赛以来，助力世赛（中国·天津）研究中心，为中国选手做指导，涉及中国金牌选手总量27%以上。2022年，依照EPIP教学模式，天津教育科学研究院牵头主持了首届世界职业院校技能大赛（世校赛）赛项设计、赛场组织，兼容开发了13个“竞赛类”赛项，为“鲁班工坊赛道”成功举办奠定了竞赛标准、竞赛载体基础，推动了世界职业院校师生的深度交流。

作为天津职业教育资源体系的研究成果标度，《自动化生产线安装与调试》《工业机械手与智能视觉系统应用》等一批国家规划教材的中、英、法、葡、泰、俄等多语种教学方案，已经成为中外职业院校开展国际化专业教学合作的资源载体。

（四）中外师资培养与培训

2007年，本文第一笔者被评定为国家级高等学校教学名师；2008年，评定为国家级机电专业群教学团队负责人；成功探索了新教师“入岗、适岗、胜岗”三年三阶段培养机制，完善了“双师型”素质教师职业能力标准，实施了“双师型”结构教学团队分工协作计划，并将其运用到鲁班工坊建设，为合作国开展进阶式EPIP师资培养与培训。

2016年11月，金奈理工学院推荐的首批印度教师来天津，接受天津轻工职业技术学院、天津机电职业技术学院进阶式培训；2017年、2018年、2019年，持续开展了五期，累计32人次。2019年12月，阿布贾大学推荐的首批教师接受培训，采用线上线下结合，累计培训44人次。2021年，埃塞俄比亚技术大学在华留学的三名博士教师、四名硕士教师，接受了四期（每期90课时）专业培养，为埃塞俄比亚鲁班工坊承担东非EASTRP世行项目（肯尼亚、赞比亚、乌干达、埃塞俄比亚等四国职教师资培养项目）提供了高水平教学骨干。天津职业技术师范大学创设了国培项目“鲁班工坊建设双语能力提升”，持续打造“双语、双师、双能”中外教学团队。截至2022年9月，培养外方教师840余人次（疫情期间线上280余人次），培训中方教师920余人次，总时长达1.3万课时。

鲁班工坊的师资培养与培训，实现了合作国家的本土教师实施本土化教学、开展本土化培训的建设目标，为鲁班工坊的健康发展提供了可靠保障。作为职教师资培养研究成果的标度，《谈职业院校新教师入岗训练与‘双师型’素质教师、‘双师型’结构团队培养——EPIP视域下‘双师型’教师队伍的培养机制与路径》等一批文章连续刊发，表明中外“双师型”职教师资培养已经上升到经验总结与模式推广新阶段。

三、归结

鲁班工坊的实践与理论创新，有效解决了在职业教育教学改革中，长期存在的模式盲从、标准依赖、装备模仿、教材照搬、效果不彰等问题，开启了基于中国国情与文化传统，创建本土化教学模式、研制国际化标准、开发通用型装备、标志双语类教材的新阶段，构建起中国职教的国际话语体系、国际标准体系和国际资源体系。

鲁班工坊的实践与理论创新，系统解决了面对世界产教融合、国际产能合作，开展跨国界职教合作的内涵依托问题。以项目为载体，中外合作院校、中外合作企业共同确定专业核心技术技能，通过课程设置、教学环境、顶岗实习、能力取证与核心技术技能一体化组织实施，共同开发国际化专业教学方案，奠定了高水平协同教学、协作培养的内涵性合作基础。

鲁班工坊的实践与理论创新，成功解决了中国职业教育“走出去”，与世界分享的路径、载体、保障问题。原创首创鲁班工坊品牌，转化竞赛成果，开发教学资源，培养中外双方院校师资，理论研究与实践创新并举，自主自强与互学互鉴结合，集成中国模式、标准、装备、资源，实现与世界共融发展。

鲁班工坊的创新实践表明：中国职业教育已经步入从低水平迈向高水平国际交流与合作的阶段，形成世界优质职业教育资源的“输入”分享借鉴，与中国优质职业教育资源的“输出”分享互鉴的“双线”并举协行的格局，成为新时代中国职业教育高质量发展的新特征。

从2018年9月到2022年9月，四年时间里，习近平主席多次就“鲁班工坊”作出重要论述。鲁班工坊的创新实践，成为助力构建人类命运共同体的重大国家行动。

——摘自《天津职业院校联合学报》2022年第7期中吕景泉、李力《试析“鲁班工坊”实践与理论创新的逻辑机理、实现路径》。

第二节　EPIP模式创立、鲁班工坊品牌创成的创新实践

【此文发表于2022年10月】

鲁班工坊，是以教育部和天津市人民政府共建的国家职业教育改革试验区、示范区与示范区升级版连续15年的建设成果为总体支撑，将中国职业教育的教学模式、专业标准、技术装备、教学资源与世界分享的实体化平台，为合作国培养熟悉中国技术、了解中国工艺、认知中国产品的当地技术技能人才。

鲁班工坊，是在天津市教育两委领导下，天津职业院校落实教育部“实施职业教育国际合作交流促进工程”的创新举措，是实施教育部“三大计划”，即职业教育国际交流平台构建计划、职业教育“走出去”战略实施计划、提升全国职业院校技能大赛国际影响计划的重大改革实践突破与重大理论创新。鲁班工坊，已经成为中国职业教育的国际品牌，服务“一带一路”、助力构建人类命运共同体的重大国家行动，是中国职业教育在世界教育合作、国际产教合作领域开辟先河的大事件，是近代以来中国职业教育发展史上具有里程碑意义的大事件。

一、鲁班工坊创新实践的基础

鲁班工坊创新实践，以EPIP创立与应用为主线，探索形成了产业、行业、企业、职业、专业“五业联动”办学机制，形成了基于“核心技术技能一体化”国际化专业教学标准开发机理；立足大赛，通过天津市主办10余届全国职业院校技能大赛的赛项设计、组织承办、成果转化，开发了“工程化、实践性、创新型、项目式”的系列化综合实训课程；发挥政、行、企、校、研“五方携手”合力作用，深化校企合作，拓展国际合作，系统研制了一批双语教材与教学资源，系统开展了以实际工程为背景、以工程实践为导向、以工程实践

创新能力培养为目标、以真实工程项目为统领的技术技能人才培养和职教师资培训，创立了鲁班工坊国际品牌。

鲁班工坊创新实践，有力推动了职教示范区升级版的体制机制创新、培养模式改革、教学标准建设、国际交流合作等重大任务的高质量完成。

（一）赛项资源开发与运用

2008年，首届全国职业院校技能大赛（简称大赛或国赛）在天津开幕，到2019年，每年在天津举办一届的大赛，历经了十二届次。作为主赛场，大赛为天津职业教育与行业企业之间搭建了一座紧密联络的桥梁。随着赛项设置不断升级，先进技术不断融入，产业、行业、企业、职业、专业的紧密对接，天津职业院校主动开展了竞赛资源转化工作，成立了大赛成果转化中心，将大赛的理念、标准、装备、资源“具化”到专业建设，“渗入”到课程教学，“拓展”到中外合作，为中国职业教育与世界深度分享、互学互鉴奠定了内涵基础。

联动中外合作企业，天津职业院校开发了40个中高职、行业企业和国际化赛项，基于大赛赛项，研发了工程化、实践性、创新型、项目式教学资源130余部（套）。服务大赛赛项国际化，天津职业院校首次实现中国赛项走进东盟技能大赛，目前纳入并持续举办的赛项达3个；邀请国外选手走进中国大赛，设置大赛“国际赛道”，同场竞技最多时达8个赛项；自42届世界技能大赛以来，助力世赛（中国—天津）研究中心，为中国选手获取世赛金牌做指导，服务量占中国金牌选手总量25%以上；2022年，主持了首届世界职业院校技能大赛（世校赛）赛项设计、装备升级、赛场组织，兼容性开发了13个赛项，全部纳入世校赛“竞赛类”赛项，为“鲁班工坊赛道”成功举办，奠定了竞赛标准、竞赛装备基础，助推了各国鲁班工坊中外师生的深度交流。

（二）专业标准制定与实施

2009年，教育部组织制定《高等职业学校专业教学标准》。鲁班工坊首创者，作为教育部高等学校高职高专自动化技术类专业教学指导委员会主任委员，运用“核心技术技能一体化”专业建设模式，主持开发了自动化技术类13个专业教学标准；天津职业院校主持和参与开发了机械、信息、交通、铁道等类19个专业教学标准。2012年11月，《高等职业学校专业教学标准》由教育部分类组织出版。伴随着国家职业教育专业教学标准、国家职业分类大典等体系建设的不断演进，天津职业院校发挥了举足轻重的作用。

2012年，教育部印发《关于借鉴国外先进经验开展职业教育部分专业教学标准开发试点工作的通知》，天津职业院校在市教委的指导下，借鉴德国、英国、澳大利亚等国经验，结合中国办学实际，开展了50个国际化专业教学标准试点工作。天津职业院校运用EPIP教学模式，开发了首批27个专业标准，组织了243个专业标准试验班。2014年，天津市教委对承建的50个国际化专业教学标准进行验收。2015年，天津市教委组织对50个专业标准进行完善，并公开出版。自此，在全国职业院校技能大赛同期活动中，每年都列定一类“必选”项目——“国际化专业教学竞赛”“国际化专业说课观摩”“国际化教学情境研讨”。以国际化专业教学标准研制为牵引，推动专业设置、课程内容、教学过程与合作国当地实际需求相适应，开发了100个国际化专业，形成了一批境外适用的标准体系和教学方案。

2016年以来，天津职业院校实施“四递进”，联动产业、行业、企业、职业要素，联合研制国际化专业教学标准（一递进）；组织专业教学实验班，开展国际化教学观摩与成果验收（二递进）；通过鲁班工坊，中外双方院校合作开发国别性教学标准（三递进）；试验并在境外落地专业教学标准，纳入合作国的国民教育体系（四递进），提升了职业院校国际合作水平和影响力，为鲁班工坊品牌创建、项目实施奠定了标准依托。

二、鲁班工坊创新实践的理论基础

（一）主要解决的问题

解决在职业教育教学改革中，长期存在的模式盲从、标准依赖、装备模仿、教材照搬、效果不彰等问题。开启基于中国国情与文化传统，自主创建模式、制定标准、研发装备、开发教材的新阶段，构建起中国职教的国际话语、国际标准和国际资源体系。

解决面对世界产教融合、国际产能合作，开展跨国界职教合作的内涵依托问题。中外校企合作共同确定专业核心技术技能，通过课程设置、教学环境、顶岗实习、能力取证与核心技术技能一体化组织实施，中外合作院校、企业共同开发国际化专业教学方案，奠定了协同教学、协作培养内涵性基础。

解决中国职教“走出去”，与世界分享的路径、载体、保障问题。原创首创鲁班工坊品牌，转化竞赛成果，开发教学资源，培养中外双方院校师资，理论研究与实践创新并举，自主自强与互学互鉴结合，集成中国模式、标准、装备、资源，实现与世界共融发展。

（二）EPIP 模式探索与创立

2012年，鲁班工坊首创者，在长期从事中德、中西（西班牙）、中日、中加（加拿大）等中外合作项目办学的教学实践基础上，认识到借鉴国外经验，根本目的是促进我国的职教改革，形成中国的职教制度和职教模式。探求适用的模式、实用的方法，开展创造性转化，创新性发展实践，让古今中外的教育理念、理论、模式、方法在中国耦合，为中国服务。鲁班工坊首创者创立了“工程实践创新项目（EPIP）教学模式”。同年11月，出版《工程实践创新项目教程》（“十二五”职业教育国家规划教材），2013年6月，出版了英文版，在国内外推广EPIP应用。

EPIP，是以实际工程为背景和基础，以工程实践为导向和贯穿，以工程实践创新能力培养为目标和归依，以真实工程项目为统领的适合技术技能人才培养的教学模式。EPIP的“工程”，是真实工程，真实世界，现实生活。EPIP的“工程化”，是生活化、生产化、现实化、社会化。EPIP的核心要义是“54321”。“5”是应用层级，即扎根本土、院校办学、专业建设、课程改革、“知技素点”五个层级；“4”是四个核心元素，工程化、实践性、创新型、项目式；“3”是三种境界，“名”境界、“实”境界、“合”境界；“2”是两个核心点，真实、完整；“1”是宗旨，即知行合一。

《墨经》讲：“名实耦，合也”。最好的职业教育是产教融合的教育。这个“产”，是更广范围的产，是“实”境界。职业教育要让学生学会解决“真实”问题、“实际”问题。EPIP的核心，是在真上学，在真上教，在真上做，让教育教学真实；是让学生完整地学，让教师完整地教，让项目完整地做，让教育教学完整；让“产教融合、工学结合、校企合作、知行合一”真实落地。

EPIP是中国的教学模式。它汲取中国古代、近现代教育思想，借鉴世界先进教育理念，在理论、模式、话语、体系等领域进行了成功探索；推动海外中国职业教育研究，《EPIP职业教育教学模式——改造我们的学习》《EPIP教学模式——中国职业教育的话语体系》以及中宣部“中华文化走出去重点任务清单项目”等8部中外文系列专著出版，60余篇EPIP专题研究论文（中外文）发表，葡萄牙卢卡斯、泰国哲仁为代表的一批EPIP专家教师在世界各地开展卓有成效的应用推广。2017年，EPIP国际教育联盟成立，五届教育联盟学术论坛（年会）成功举办，泰国、葡萄牙、埃塞俄比亚等国相继建立了EPIP应用中心。首届“鲁班工坊”与“产教融合”国际论坛、世界职业技术教育发展大会，来自10余个国家的近30位学者完美演绎EPIP推广应用成果。“推广工程实践创新项目（EPIP）教学模式”写入《天津市教育现代化“十四五”规划》，纳入部市共建《新时代职业教育创新发展标杆意见》，载入《中国职业教育发展报告（2012—2022年）》。

鲁班工坊以EPIP应用为建设主线，以EPIP话语为中外教师教研基础，以EPIP内涵为概念标识。中外院校应用EPIP研制国际化专业教学标准，开发教学仪器装备，编制国际化教学资源，开展师资培养培训，统领贯穿了鲁班工坊项目建设。

三、鲁班工坊发展脉络与理论创新

（一）鲁班工坊发端

2015年7月，教育部与天津市启动共建国家现代职业教育改革创新示范区升级版建设，把提升职业教育国际化水平作为重要任务。鲁班工坊由此萌动。

2015年9月，天津市教委考虑搭建国际合作新平台，鲁班工坊首创者组建工作团队，启动项目谋划和方案设计。服务“一带一路”，专注技术技能。能够传承职业文化、体现技能特质、彰显工匠精神、蕴含创新智慧的代表人物，选择“鲁班”；能够体现教学做一体，寓意小巧精致的环境、现代学徒的情境、工作劳动的场所、精湛技艺的传承，选择“工坊”。“鲁班工坊”由此得名。12月，研发工作取得决定性进展，形成了鲁班工坊的定位、任务，制定了实施路径、建设模式、核心内涵和保障措施。鲁班工坊进入实质性探索阶段。

（二）鲁班工坊发展

鲁班工坊，是以“工程实践创新项目（EPIP）”为教学模式，以天津职业院校主导开发的国际化专业教学标准为基本依据，以国赛及行业企业竞赛的优质赛项装备为主要载体，以中外合作院校师资培养培训及教材教学资源开发为必要保障，在境外创建的实施学历教育和技术培训的实体化合作机构。

天津职业院校基于职业教育示范区建设，以泰国、英国、印度、柬埔寨、葡萄牙鲁班工坊为实践标志和质量标度，创成鲁班工坊品牌；以吉布提、肯尼亚、南非、埃及、埃塞俄比亚鲁班工坊为项目标杆，完成非洲鲁班工坊国家任务。鲁班工坊从天津研发推广中心，到全国建设联盟，到国际发展研究中心，再到首届世界职业技术教育发展大会在天津成功举办，勾画出鲁班工坊源自天津，成在中国，功予世界的发展历程。

2016年3月，第一个鲁班工坊在泰国落成，相继建成英国、印度、印尼、巴基斯坦、柬埔寨、葡萄牙、吉布提、肯尼亚、南非、马里、尼日利亚、埃及、科特迪瓦、乌干达、马达加斯加、埃塞俄比亚、保加利亚、摩洛哥等19个国家20个“鲁班工坊”，覆盖了亚洲、欧洲、非洲。

2018年9月，习近平主席在中非合作论坛北京峰会上宣布，在非洲设立10个鲁班工坊，向非洲青年提供职业技能培训。12月，习近平主席在里斯本见证葡萄牙鲁班工坊项目签约。自此，鲁班工坊正式上升为重大国家行动，进入了发展新阶段。

2021年4月，第10个非洲国家鲁班工坊在非盟总部所在国埃塞俄比亚揭牌启运，标志着习近平主席提出的非洲鲁班工坊三年建设任务圆满完成。

2021年9月，习近平主席在上海合作组织成员国元首理事会上提出，未来3年，中方将向上海合作组织国家提供1 000名扶贫培训名额，建成10所鲁班工坊。11月，习近平主席在中非合作论坛第八届部长级会议上提出，中国将继续同非洲国家合作设立“鲁班工坊”。自此，鲁班工坊开启了“聚焦中亚，继推非洲”的发展新征程。

亚洲鲁班工坊建设，对品牌创建、推广应用及策略优化做出了有益探索和基础性贡献。欧洲鲁班工坊建设，是品牌创建进入推广应用的重要标志；葡萄牙鲁班工坊完美诠释鲁班工坊核心要义，是品牌创成的重要标志。非洲鲁班工坊建设，是品牌要义的集中运用；着眼外交大局，考虑非洲政治安全、经济发展、资源禀赋、语言文化、教育现状、双边关系等诸多因素，克服世界疫情影响，高质量完成国家任务，为中国企业更加坚实“走进非洲”奠定稳固基础。

（三）鲁班工坊研究

天津职业院校完成鲁班工坊金字塔（静态）和双螺旋（动态）构型，确立其核心要义为12345，即一块品牌，两种功能，三条路径，四个内涵，五项原则。开展了鲁班工坊项目溯源、要义运用、标准体系、策略运营研究，完成教育部重点课题鲁班工坊、EPIP主题研究2项，立项、结项省部级课题10余项，出版《鲁班工坊核心要义——中国职业教育的国际品牌》《鲁班工坊》《鲁班工坊解析》《鲁班工坊研究》《鲁班工坊建设标准》《鲁班工坊发展报告》等中外文著述20余部，举办了“‘一带一路’合作与鲁班工坊建设发展论坛”“全球职业教育青年教师发展论坛”等高端论坛10余个。

2019年，鲁班工坊研究成果，被纳入天津市教育两委、天津市财政局印发的《“鲁班工坊”建设项目和资金管理办法》，这是最先、也是迄今为止唯一一部政府部门出台的鲁班工坊管理文件。

四、鲁班工坊创新实践的贡献

鲁班工坊建设坚持平等合作、优质优先、强能重技、产教融合、因地制宜建设原则，遴选了大城技术学院、奇切斯特学院、塞图巴尔理工学院、艾因夏姆斯大学、阿布贾大学、德班理工学院、埃塞俄比亚技术大学等一批优秀合作院校，联动了中土、华为、用友、骥腾等一批优质合作企业，对接了中泰高铁通运、中国—澜湄五国合作、中巴经济走廊、金砖投资项目、欧洲工业再造、亚吉铁道运营、中企工业园等重大项目。鲁班工坊在境外落地建设了49个国际化专业，聚焦铁道交通（高铁）、机械电气、智能制造、新能源汽车、信息通信、冶金建筑、中医中餐等领域；合作层次从中职教育、高职教育、工程本科到工程硕士；输出设备5 800余台（套），配置实训工位1 600余个，培养当地学生5 890余人，技术培训13 400余人，惠及中外企业1 300余家。鲁班工坊受到外方高度赞誉，获得多项大奖，如“诗琳通公主奖”“泰国国王奖”“撒哈拉大骑士勋章”等；英国鲁班工坊受邀为首相府新年招待会献艺，吉布提总统盖莱出席项目启动式，葡萄牙总理科斯塔出席项目签约式。国内外主要媒体报道、刊文1 200余次（篇）。鲁班工坊已经成为我国对外合作交流的国际名牌。

可以说，鲁班工坊是中国职业教育实施国际化、品牌化、系统化、体系化对外合作而绘就的“大写意”，是精心设计、精工制造、精雕细刻、精益求精开展国际产教融合而绘制的“工笔画”。它标志着天津职业教育已经构建起天津气质、中国特色、世界水平的职业教育话语体系、标准体系，形成了让世界信服的产教融合、服务发展的整体解决方案，承担起代表中国职业教育实施品牌化输出的大任。

也可以说，中国职业教育步入了从低水平国际交流与合作，迈向中高水平国际交流与合作的新阶段，国际优质职业教育资源的“输入”和以天津为代表的中国优质职业教育资源的“输出”并举，成为中国职业教育深化改革、扩大开放、实施新时代高质量发展的新特征。

五、结语

鲁班工坊的创新实践，有效解决了在职业教育教学改革中长期存在的模式盲从、标准依赖、装备模仿、教材照搬、效果不彰问题，系统解决了面对世界产教融合、国际产能合作，开展境外职教合作的内涵依托问题，成功解决了中国职教“走出去”与世界分享的路径、载体、保障问题。

鲁班工坊是“集大成”，是天津职业教育试验区、示范区、示范区升级版建设成果的集成；是基于实践探索与理论研究，在工程实践创新项目（EPIP）教学模式探索与创立、国际化专业教学标准研制与实施、竞赛装备及教学资源开发与运用、中外“双师型”职教师资培养与培训、鲁班工坊品牌创建与创成等方面的集大成。

习近平主席先后10次在重大外交场合就“鲁班工坊”作出重要论述，鲁班工坊已经成为促进合作国加强能力建设、改善民生福祉、服务“一带一路”的重大国家行动。

——摘自《职业教育研究》2022年第10期中吕景泉、李力《模式创立、标准研制、资源开发、师资培养——鲁班工坊的创新实践》。

第三节　落实中非合作论坛精神，打造职教合作标杆项目

【此文发表于2024年8月】

2013年5月，第21届非盟峰会在埃塞俄比亚召开，非盟发起了跨越半个世纪的非洲发展蓝图《2063年议程》；也是在2013年，我国发起了“一带一路”倡议，秉承共商、共享、共建原则，推动中非合作关系快速发展，形成了全方位和多领域的合作格局。“一带一路”倡议与《2063年议程》的深度对接，也成为中非合作的最大亮点。2015年12月，中非合作论坛约翰内斯堡峰会召开，主题是“中非携手并进：合作共赢、共同发展”。在本次峰会上，习近平主席代表中国政府宣布将中非新型战略伙伴关系提升为全面战略合作伙伴关系，与非洲共同实施“十大合作计划”，具体在人力资源合作领域为非洲培训20万名职业技术人才。

2018年9月3日，习近平主席在中非合作论坛北京峰会上发表主旨讲话时宣布，我国将对非洲重点实施“八大行动”，其中包括“在非洲设立10个鲁班工坊”，旨在为非洲青年提供职业技能培训。2021年11月29日，习近平主席在中非合作论坛第八届部长级会议开幕式上做主旨演讲，再次提出，中国将继续同非洲国家合作设立“鲁班工坊”。实际上，非洲鲁班工坊建设成为了中非合作的新亮点。

2024年5月29日，国家主席习近平在北京同来华访问的埃及总统塞西会谈时进一步强调，将埃及“鲁班工坊”打造成中非职业教育合作的标杆。

中国是世界上最大的发展中国家，非洲是发展中国家最集中的大陆。中非合作对于人类命运共同体构建具有极其重要的意义。而在中非合作中，职业教育合作具有基础性和保障性的作用，事关中非技术技能人才培养培训和中非

产能合作的深度及质量。鲁班工坊作为推进中非职教合作的共赢模式和打造中非职教合作的标杆项目，到底如何建设、如何发挥作用、如何可持续高质量发展，是落实中非合作论坛精神和深化中非职业教育合作的关键性课题。因此，本文着眼于落实中非合作论坛精神，着眼于推进中非职教合作共赢模式，着眼于打造中非职教合作标杆项目，从智库研究的视角对非洲鲁班工坊建设的进展、经验与走向展开深入剖析。

一、非洲鲁班工坊建设的主要进展

非洲是目前全球拥有鲁班工坊项目数量最多的大洲，这是落实中非合作论坛精神的重要标度。非洲鲁班工坊建设成果丰硕，不仅在数量上，而且在服务产能合作、功能辐射和社会认可度等方面均表现卓越，是名副其实的中非职教合作标杆项目。

（一）合作项目由点到面且布局不断优化

2019年3月28日，由天津市人民政府、吉布提教育部、天津铁道职业技术学院、天津市第一商业学校、吉布提工商学校、中国土木工程集团共同建设的吉布提鲁班工坊正式启动运营。吉布提总统盖莱、总理及十余位内阁部长出席揭牌启运仪式。吉布提鲁班工坊作为中国在非洲建设的第一家鲁班工坊，标志着高标准高质量建设非洲鲁班工坊的开始。吉布提鲁班工坊直接服务“一带一路”重大项目“亚吉铁路”和工业园区建设，开创了吉布提举办高等职业教育的先河，开设有铁道工程技术、铁道交通运营与管理、商贸、物流4个专业。

到目前为止，中国已在东非的吉布提、肯尼亚、乌干达、埃塞俄比亚、卢旺达、坦桑尼亚，西非的马里、科特迪瓦、贝宁、尼日利亚，南非的马达加斯加、南非，北非的埃及、摩洛哥，中非的加蓬等15个国家建设了17个鲁班工坊，其中埃及、肯尼亚各建设了2个，见表6-1。

总体上，鲁班工坊已在非洲的东西南北中各大区域均有布局。其中，特别是埃及鲁班工坊和埃塞俄比亚鲁班工坊，将非洲鲁班工坊带入到一个影响更加广泛和深远的格局。

表 6-1

序号	国别	数量	建立时间	开设专业或服务领域
1	吉布提	1	2019年3月	铁道工程技术、铁道交通运营与管理、商贸、物流
2	肯尼亚	2	2019年12月；2022年8月	云计算、信息安全管理
3	南非	1	2019年12月	物联网应用技术、增材制造技术
4	马里	1	2019年12月	卫生医疗领域
5	尼日利亚	1	2020年11月	电气电子工程、机械工程、土木工程
6	埃及	2	2020年11月	数控设备应用与维护、新能源应用技术、汽车运用与维修技术、数控加工技术、汽车维修技术
7	科特迪瓦	1	2020年12月	机械工程、电气工程及其自动化
8	乌干达	1	2020年12月	黑色冶金技术、机电一体化技术
9	马达加斯加	1	2020年12月	电气工程、汽车工程
10	埃塞俄比亚	1	2021年4月	工业传感器、机电一体化技术、工业控制、工业机器人
11	摩洛哥	1	2021年12月	跨境电子商务
12	加蓬	1	2022年8月	航空服务、信息技术应用
13	贝宁	1	2023年4月	纺织、汽修等
14	卢旺达	1	2023年11月	电子商务、电气自动化技术
15	坦桑尼亚	1	2024年1月	建筑工程技术

2020年11月30日，埃及鲁班工坊“云揭牌”启运仪式举行，在全球首开“一国两坊”之先河。埃及既是非洲联盟重要会员国，也是阿拉伯国家联盟总部所在地。作为四大文明古国之一的埃及，建设鲁班工坊的意义十分重大。两座埃及鲁班工坊，由天津轻工职业技术学院、天津交通职业学院与素有埃及“清华大学”之称的艾因夏姆斯大学、埃及教育与技术教育部直属的开罗高级维修技术学校合作建设，致力于为埃及青年提供技术技能培养培训，开设数控设备应用与维护、新能源应用技术、汽车运用与维修技术、数控加工技术等专业，实施职业教育与本科应用专业的衔接系统化培养。

2023年10月16日，教育部副部长陈杰带队实地考察埃及艾因夏姆斯大学鲁班工坊，见证了中方院校邀请埃及艾因夏姆斯大学加入工程实践创新项目（EPIP）研究与推广中心。

2021年4月28日，天津职业技术师范大学与埃塞俄比亚技术大学合作建设的埃塞俄比亚鲁班工坊揭牌启运。该鲁班工坊主要定位于人工智能领域，对接埃塞俄比亚技术大学的机械制造、电子与信息通信、电气一电子技术、工业自动化4个专业，运用工程实践创新项目（EPIP）教学模式开展以本科和硕士研究生培养为主的教育教学活动，向非洲青年学生和企业员工提供学历教育及技术培训。

2022年4月28日，埃塞俄比亚鲁班工坊与“东非职教一体化世行项目（EASTRIP）卓越中心”签署协议，为东非国家培养高水平职业教育师资。埃塞俄比亚鲁班工坊对接《2063年议程》和《中非合作2035年愿景》，被非盟总部人力资源开发委员会确定为面向整个非洲的高素质技术技能人才培训中心，为埃塞俄比亚、肯尼亚、坦桑尼亚、乌干达四国的16所职业学院提供师资培训。2023年4月25日，继在埃塞俄比亚技术大学合作设立非洲第一个EPIP应用与推广机构——埃塞俄比亚EPIP教学研究中心之后，东非职教师资培养培训EPIP认证试验中心揭牌启运，埃塞俄比亚劳工部国务部长（原埃塞俄比亚技术大学校长）特萨利受聘担任首席专家，推动本土化职教师资的培养水平与质量提升。

（二）专业设置对接需求且与合作国产业高度契合

非洲鲁班工坊专业设置均契合合作国经济社会发展战略，尤其是密切关注合作国当地产业发展的情况，结合中非之间合作企业的布局及对技术技能人才需求，综合研判，科学设置专业。总体上，非洲鲁班工坊结合当地经济发展和资源产业等多方面情况，聚焦服务合作国本土企业，配合中国企业走出去和国际产能合作，开设了增材制造技术、新能源应用技术、机电一体化技术、铁道交通运营与管理、中医药等30余个专业。

例如，埃塞俄比亚鲁班工坊所设置的专业涉及工业传感器技术、机电一体化技术、工业控制技术、机器人技术等，这是基于埃塞俄比亚产业发展的需求。埃塞俄比亚以农牧业为主，工业基础薄弱。2021年，埃塞俄比亚计划与发展部制定十年发展规划。目前，埃塞俄比亚的电网与苏丹、吉布提和肯尼亚联通，并开始向上述国家出口电力。未来，埃塞俄比亚还计划向埃及、坦桑尼亚和南苏丹等国出口电力。

（三）服务功能走向多样且得到合作国高度认同

非洲鲁班工坊的服务功能从单一走向多样，技术技能人才培养培训、职教师资培养培训、教育教学模式共享应用、教育教学研究、专业标准推广与专业认证、教育教学设备与资源开发共用等多样化功能彰显出鲁班工坊的强大价值。鲁班工坊功能的不断拓展赋予其更加广泛的影响力。例如，2022年4月与世界银行“东非职教一体化（EASTRIP）世行项目中心”合作启动东非地区职业技术师资培训和考核认证，可颁发由埃塞俄比亚鲁班工坊、世界银行、埃塞俄比亚职业技术培训学院联合认证的证书，进一步拓展了鲁班工坊在东非地区职教师资培训和认证的重要功能。再如，2023年4月，中国和埃塞俄比亚院校合作在埃塞俄比亚设立了全球第一个工程实践创新项目（EPIP）认证试验中心——东非职教师资培养EPIP认证试验中心，赋予了其在更加广泛的区域推广共享中国职业教育教学模式的功能。

正是由于鲁班工坊的多样化服务功能所产生的深远影响，其深受非洲合作国家认同并获得高度赞扬。例如，吉布提总统盖莱于2019年3月28日在吉布提工商学校参加了吉布提鲁班工坊揭牌仪式，高度重视该项目建设。吉布提国民教育与职业培训部部长穆斯塔法对鲁班工坊建设项目充分认可，“吉布提鲁班工坊为我们带来了中国先进的技术设备、教学模式及自主研发的专业教材和教学标准。可以说，它的落成让吉布提工商学校重获新生。非洲学生的特点是基础知识和技能操作都相对薄弱，EPIP可以极大地缩短毕业生进入企业的磨合期，十分符合现代企业的用人需求。未来，我们将在其他相关专业推广这种教学模式。”再如，埃及教育与技术教育部副部长穆罕默德·穆贾希德表示，埃及职业教育正在进行改革，鲁班工坊带来了先进的教育理念、教学标准和实训设备。

二、非洲鲁班工坊建设的基本经验

2018年9月，习近平主席在中非合作论坛北京峰会上宣布，在非洲设立10个鲁班工坊。自此，鲁班工坊成为元首引领外交的重要合作项目。经过三年的努力建设，2021年4月，非洲第10个国家的鲁班工坊在非盟总部所在国埃塞俄比亚揭牌启运，标志着习近平主席所宣布的非洲鲁班工坊三年建设任务圆满完成。2021年11月，习近平主席在中非合作论坛第八届部长级会议上再次提出，中国将继续同非洲国家合作设立“鲁班工坊”。总体上讲，亚洲鲁班工坊建设的主要贡献是品牌创建和运行模式优化；欧洲鲁班工坊建设是品牌应用与全面推广；非洲鲁班工坊建设是品牌核心要义的集中运用和在多边合作区域布局优化示范。泰国、葡萄牙、埃及、埃塞俄比亚等国鲁班工坊完美诠释了鲁班工坊品牌核心要义，系统运用了工程实践创新项目（EPIP）教学模式，是鲁班工坊品牌创成的重要支撑。

多年来，中非共建“一带一路”探索搭建了鲁班工坊这样的高水平标志性合作平台，为中非技术技能人才培养和经济社会高质量发展创造了更多机遇，形成了新时代发展中国家合作的新模式，也为中国与其他国家共建鲁班工坊及相关合作项目，探索和积累了丰富的实践经验。下述这些经验尝试性回答“为什么鲁班工坊是职业教育合作的标杆项目”“为什么鲁班工坊能够成为‘教育出海’的典范”等问题。

（一）坚持人类命运共同体构建的价值追求

在整体的国际合作大格局中，中非合作是旗帜，是人类命运共同体实践的典范。中非命运共同体是人类命运共同体的重要组成部分。鲁班工坊之所以能够深受非洲合作国家的欢迎，能够在非洲不断拓展并产生全方位的功能，是因为鲁班工坊始终坚持“平等合作”的建设原则，坚持人类命运共同体构建的价值追求。一方面，鲁班工坊旨在打造利益共同体。增进民生福祉是发展中非关系的出发点和落脚点，通过共建鲁班工坊合作项目，有力地突破了非洲破解基础设施滞后、人力资源不足、技术更新迟缓和资金短缺等方面的发展瓶颈，推动了工业化和农业现代化进程，增加了非洲人民的就业与收入，实现了多方面共赢。另一方面，鲁班工坊坚持以人为本。鲁班工坊首先是一个教育合作项目，服务于人才培养，以及非洲青年的技能成长和未来就业能力的提升。通过培养改善民生福祉的人才，进而构建人类命运共同体。正如2021年11月发表的《新时代的中非合作》白皮书所主张，“‘真、实、亲、诚’和正确的义利观高度凝练概括了中国对非政策理念，体现了中华优秀传统文化的道德精髓，融入了中非传统友谊的历史积淀，树立了国际对非合作的时代标杆，是中国加强同包括非洲在内的发展中国家团结合作的总体指导原则。”例如，“吉布提鲁班工坊始于亚吉铁路和吉布提港口建设的‘硬联通’，成于基于中国标准、中国技术的技能人才培养的‘软联通’，交于深度融合、美美与共的‘心联通’。”非洲鲁班工坊建设项目开拓了一条造福各国、惠及世界的“幸福路”。

（二）坚持共研共建共享共用共赢的合力机制

“合作是鲁班工坊建设的第一逻辑。”而“优质优先”是鲁班工坊建设的第二原则。自2019年起，短短的几年，在非洲15个国家建设了17个鲁班工坊。这样的速度实际上意味着鲁班工坊建设过程的顺畅性，这种顺畅性恰恰是共研共建共享共用共赢的力量驱使。中非坚持尊重彼此利益诉求，不断强化合作共识，推动非洲鲁班工坊建设走深走实。在标准共研上，双方共同研制适合非洲国家技术技能人才培养的教学标准。已有机电一体化技术、数控技术、新能源应用技术、物联网应用技术、动车组检修技术、铁道信号自动控制、铁道工程技术、铁道交通运营与管理等10余个国际化专业教学标准获得合作国教育部门相关认证。在课程共建上，双方根据非洲国家技术技能人才发展现状，共同建设适合的专业课程、专业核心课程、专业综合实训课程，所建课程全部纳入合作国学历教育人才培养方案，全部嵌入合作国国民教育体系。在模式共享上，一方面，中国将自己探索的职业教育教学模式共享出来，聚焦现实生活，聚焦真实工程，聚焦现实世界，提升青年人专业就业水平的工程实践创新项目教学模式深受当地师生、企业员工教育培训的“热捧”；另一方面，在非洲有关国家或区域中心不断进行本土化推广应用。在资源共用上，双方合作开发的课程教学资源服务于双方院校的国际化技术技能人才培养工作。在成效共赢上，主要是指通过鲁班工坊培养的技术技能人才既服务了合作国的企业，也服务了驻合作国的中资企业，为双方经济社会发展贡献了力量；通过双方教学团队的教研成果、科研成果的深度交流，也实现了双方教师队伍建设水平的提高。

（三）坚持满足合作国本土化技术技能人才需求

“鲁班工坊是一种教育合作、教育服务、教育品牌。鲁班工坊的创立旨在服务国际技术技能人才培养，服务世界青年技术技能水平提升，是一种教育交流合作的实体化平台。”鲁班工坊存在的逻辑起点是技术技能人才，坚持满足合作国本土化技术技能紧缺型人才需求。而“强能重技”是鲁班工坊建设的第三原则。聚焦技术技能，这是非洲鲁班工坊建设一贯坚持的基本立场。在非洲合作国家每设立一个鲁班工坊，事先要进行的基础性研究评估工作就是深度调研当地的产业发展状况是什么、最紧缺的人才是什么，以满足当地紧缺性技术技能人才需求。例如，吉布提鲁班工坊直接瞄准和服务“一带一路”重大项目“亚吉铁路”、工业园区建设所需要的高铁建设运营人才和商贸物流人才，因此开设了铁道工程技术、铁道交通运营与管理、物流等专业。同样，肯尼亚鲁班工坊和南非鲁班工坊均直接对接了华为公司在当地所需要的信息与通信技术技能人才；摩洛哥鲁班工坊则为当地培养紧缺的跨境电子商务人才。

（四）坚持推动产能合作与合作国高质量发展

“为全面提升非洲国家的产业发展和技术水平，中国开始着力于推动中非产业对接和产能合作，这是当前中非经贸合作的重点和亮点。”而“产教融合”是鲁班工坊建设的第四个原则。非洲鲁班工坊建设紧紧抓住这一重点和亮点，坚持推动中非产能合作高质量发展。鲁班工坊建设对接非洲相关产业发展需求，迎合中非产能合作。例如，交通设施合作成效显著，助力非洲初步形成铁路骨干网，助力非洲不断完善公路骨干网，助力非洲改善港口和机场设施。例如，能源设施合作持续深化，水利枢纽建设合作贡献卓著，新能源项目合作积极扩大，新基建合作积极推进。鲁班工坊通过产能合作进一步推动合作国家社会经济高质量发展。例如，埃塞俄比亚内生经济改革计划和“埃塞俄比亚：非洲繁荣的灯塔”十年发展规划将制造业作为重点发展产业，所以埃塞俄比亚鲁班工坊以服务其制造业发展为重点，设置机械制造、电子与信息通信、电气—电子技术、工业自动化4个专业，旨在推动产能合作服务。中方不仅为埃塞俄比亚共享制造业的有关设备产品，而且通过专业建设帮助其建立更完整的工业体系和制造能力。

（五）坚持探索学校、企业和政府等多方联动合作

鲁班工坊建设项目是合作的产物。而“因地制宜”是鲁班工坊建设的第五

原则。目前，非洲鲁班工坊建设中探索出了多样化的合作模式。第一种是校校责任主体合作模式，即以院校对外国际合作办学、合作交流为契机，选择海外合作院校，合作建设鲁班工坊。例如，天津中德应用技术大学与天津铁道职业技术学院参与建设的尼日利亚鲁班工坊、天津轻工职业技术学院与天津交通职业学院参与建设的两个埃及鲁班工坊。第二种是校企协同依托合作模式，即院校与合作国的中资企业进行合作。例如，肯尼亚鲁班工坊与华为公司合作，致力培养本土化的信息与通信技术技能人才。第三种是校府项目支持合作模式，即依托政府间的战略合作项目开展建设，在政府之间的战略合作体系中选择适合的项目建设鲁班工坊。吉布提鲁班工坊就属于此类。随着鲁班工坊的持续发展，合作路径也是彼此交叉、相得益彰、相辅相成、相互融合的。鲁班工坊建设的总体进程都要求“校校责任主体”，它是项目合作成功的基础。

2022年8月，首届世界职业技术教育发展大会在天津成功举办，习近平主席致贺信。《中国职业教育发展报告（2012—2022年）》提出，擦亮“鲁班工坊”中国名片，明确：中国将坚持平等合作、优质优先、强能重技、产教结合、因地制宜的原则，坚持“鲁班工坊”品牌核心要义，坚持共研、共建、共享、共用、共赢，不断优化和完善“鲁班工坊”全球布局。

三、非洲鲁班工坊建设的未来走向

非洲鲁班工坊作为中非职业教育合作的标杆项目，是持续深化中非合作战略、助力非洲高质量发展的重要抓手。面对全球发展新形势和非洲发展战略的需求，特别是面对非盟《2063年议程》及其旗舰项目的落实，未来应积极参与非洲农业综合发展计划（CAADP）、非洲基础设施发展计划（PIDA）、非洲矿业愿景（AMV）、非洲科技创新战略（STISA）、非洲内部增长计划（BIAT）、非洲工业化发展加速计划（AIDA）、非洲发展署—非洲发展新伙伴计划（AUDA-NEPAD）等全非计划落实。未来应进一步加强非洲的人力资源开发建设，助力非洲释放人口红利、突破发展瓶颈，打造符合中非国情、互利共赢的合作发展道路。

（一）持续跟进和主动服务重大外交战略

鲁班工坊是服务我国总体外交战略布局的产物。鲁班工坊始终是中非战略合作的重要载体。鲁班工坊在非洲的建设源于其作为中国在2018年中非合作论坛北京峰会上提出的中非“八大行动”倡议中能力建设合作的一部分。作为中非共建“一带一路”人文交流合作平台的重要举措，鲁班工坊在深化中非职业教育合作等方面取得了重大突破。未来，要始终跟进和落实好习近平关于鲁班工坊重要论述，非洲鲁班工坊要持续服务“一带一路”、新时代中非合作、构建人类命运共同体系统格局。要始终遵循好《新时代的中非合作》《携手构建人类命运共同体：中国的倡议与行动》《共建“一带一路”：构建人类命运共同体的重大实践》等白皮书提出的鲁班工坊建设要求为重要依据，全面服务国家重大发展战略，推进中外职业教育合作。

2023年8月，金砖国家领导人第十五次会晤期间举办中非领导人对话会。会后，中方发布《支持非洲工业化倡议》《中国助力非洲农业现代化计划》《中非人才培养合作计划》三项举措，支持非洲一体化和现代化建设。例如，《支持非洲工业化倡议》提出，我们愿加强知识共享和技术转移，支持非洲工业化人才种子培养，强化职业教育培训合作，特别是对青年和妇女进行能力建设培训，促进性别平等，鼓励青年和妇女创业。推动金砖国家新工业革命伙伴关系创新基地为非洲人才培养提供支持。例如，《中非人才培养合作计划》提出，中方将继续同非方合作设立“鲁班工坊”，实施“未来非洲—中非职业教育合作计划”，每年为非洲500名职业院校校长和骨干师资提供培训。

（二）持续深化“五业联动”在建设中的指导作用

鲁班工坊建设始终遵循五业联动，五业联动是中国职业教育改革创新所探索出来的具有普遍指导意义的职业教育发展规律。“五业联动”是指“职业院校以就业为导向，以职业能力为本位，在专业建设方面与产业、行业、企业、职业等要素密切联系，通过整合资源，相互对接、协同联动，将专业建设的各项内容落实到教学与实训的各个环节，从而实现办学结构和效能优化的一种办学模式。”未来鲁班工坊建设将以产业、行业、企业、职业、专业“五业联动”为指导，根据中国产业行业企业发展状况，更加聚焦电力电气、人工智能、信息通信、装备制造、高铁高电、生产服务、电子商务、农业机械、中医技术（文化技艺）等领域，实施制造与信息、技术与技能、硬专业与软实力、做强教育与服务外交、做深职教与服务企业、学历教育与技术培训更加协调的布局。尤其对照与非洲发展有关的战略，强化非洲产业发展需求联动。例如，依据深入推进《中非人才培养合作计划》，加强能力建设合作，促进技术转让，共同在乡村振兴、信息和通信技术、金融科技、数字经济、电子商务、云计算、大数据和网络安全等领域培育新的能力建设项目。再如，深化产能合作对接。中非将根据非洲国家自然禀赋和工业化水平的差异，因地制宜开展资源密集型产业、劳动密集型产业、技术或资本密集型产业等领域产能合作，鼓励企业向现代服务业、新能源开发、绿色制造业、信息通信产业等新兴领域拓展。继续支持中国企业在中高技术制造业、能源电力、航空航天等行业领域加大对非投资，为非洲国家经济多元化创造更多机会。

（三）持续优化区域布局和区域中心建设

目前，在非洲已建成的鲁班工坊，东部有埃塞俄比亚（非盟总部所在国）、吉布提、肯尼亚等，西部有马里、尼日利亚等，南部是南非、马达加斯加，北部是埃及（阿盟总部所在国）、摩洛哥，对接中非产能合作，服务非洲《2063年议程》。未来，在服务“一带一路”、新时代中非合作、构建人类命运共同体等整体格局下，在现有17个鲁班工坊的基础上，应合作国当地人才培养的需求和产业发展需求，可进一步增设相应鲁班工坊；“重点考虑中非合作标志性项目落地国，部分国家可增设2个鲁班工坊；可考虑在莫桑比克、布基纳法索等国家增建1至2个项目”；在此基础上强化各鲁班工坊的横向互动、经验交流和内涵建设。同时，未来要考虑进一步布局区域中心，依托建设水平较高的鲁班工坊，结合区域特点等综合因素，以一国“一坊”辐射带动周边多国“多坊”。通过打造区域中心，实现示范和辐射带动影响作用的发挥。可以考虑“在非盟总部所在国、非盟使团所在地和非洲交通枢纽地——埃塞俄比亚，打造面向东非乃至非洲的区域中心；在非洲重要国家、阿盟总部所在国——

埃及，建设区域中心，辐射北非及阿拉伯国家。”

（四）持续对接非洲发展战略优化内涵建设

非洲联盟即将启动《2063年议程》第二个十年规划，该计划明确了未来10年的重点领域，包括推进非洲大陆自贸区、非洲单一航空运输市场、泛非电子网络、非洲空间战略等，旨在促进区域一体化和经济多元化，提升非洲大陆的凝聚力和竞争力。《2063年议程》要求非洲具有竞争力，将其经济从依赖商品到由制造业/产业驱动、价值增值和有效参与全球价值链及科学和技术推动的经济。《2063年议程》要求在生物技术、基因工程、空间探索和深海采矿等新的科学前沿领域具有能力。需要大量训练有素的工程师、医生、技术人员在广泛的技能领域进行建设，为非洲的基础设施、工厂、保健中心和医院提供人力支持，并为非洲大陆在所有领域的发展提供动力。在愿景方面特别关注非洲青年，希望“为成长和自我实现创造机会，解决与青年获得教育、健康和培训机会有关的问题，制定为青年赋权、创造就业机会和支持初创企业的战略”。非洲鲁班工坊建设可以积极拓展中非共建合作新领域，在马里中医技术鲁班工坊的基础上，进一步构建中非卫生健康共同体、打造中非绿色发展联盟、推动中非数字丝绸之路建设、探索中非科技创新合作新路径新模式等。

（五）持续服务经济社会重点领域高质量发展

在构建人类命运共同体的价值引领下，鲁班工坊作为中非合作的标志性项目，坚定不移地致力于服务中非全面战略合作伙伴关系的深化，致力于服务中非务实合作高质量发展，特别是聚焦到持续服务社会重点领域高质量发展。例如，就非洲鲁班工坊如何在“应对气候变化合作全面推进”中服务高质量发展，中非在共同应对气候变化方面密切协作，专注于在气象监测、防灾减灾、水资源利用、荒漠化、土地退化和干旱防治等领域加强合作，实质上需要鲁班工坊布局好上述领域的人才培养工作，引入相关的技术设备，对非洲保护生态环境和生物多样性给予支持，助力建设非洲“绿色长城”，提高气候适应能力。再如，就非洲鲁班工坊如何在“能源合作向清洁、低碳转型”中服务高质量发展，我国明确支持非洲提高水能、核能等清洁能源利用比例，助力积极开发太阳能、风能、地热、沼气、潮流、波浪等可再生能源，通过分布式供电技术为非洲偏远地区提供稳定、可负担电力供应，支持光伏产业发展。这就需要鲁班工坊对接好当地的情况，布局好新能源方面的专业。再如，就非洲职业教育、技术技能人才培养总体水平较低，如何发挥中国职教师资培养模式、培养方案的优势，聚焦非洲“工匠之师”的培养培训，给非洲职教领域提供中国模式、中国方案、中国标准，送去“点石成金”的金手指，也是一个长期探索性重大课题。

四、小结

鲁班工坊的创新实践，系统解决了在世界产教融合、国际产能合作中如何高质量发挥中国职业教育话语、模式和标准等内涵性作用的问题，成功解决了中国职教“走出去”与世界分享的路径、载体、保障等运行性协同的问题。鲁班工坊是中国职业教育实施国际化、品牌化、系统化、体系化对外合作而绘就的“大写意”，是精心设计、精工制造、精雕细刻、精益求精开展国际产教融合而绘制的“工笔画”。它标志着中国特色、世界水准的职业教育话语体系和标准体系已经成功构建，形成了可分享于世界的产教融合、服务发展的整体解决方案。

习近平主席在重大外交场合已经就“鲁班工坊”建设作出了34次重要论述，鲁班工坊已经成为促进合作国加强能力建设、改善民生福祉、服务“一带一路”的重大国家行动。而首次就“鲁班工坊”的重要论述就是在中非合作论坛北京峰会上作出的。2024年5月，习近平主席又提出将埃及“鲁班工坊”打造成中非职业教育合作的标杆。非洲鲁班工坊是中非职业教育合作的核心载体，是中非职业教育合作的标杆项目，是实现中非友好合作共赢发展的样板平台。

——摘自《职业教育研究》2024年第8期中吕景泉、赵文平、李力《落实中非合作论坛精神 打造职教合作标杆项目——兼论非洲鲁班工坊建设的进展、经验与走向》。

第四节　助力“一带一路”建设，培养中外友好事业接班人

【此文发表于2024年11月】

中亚是连接亚欧的交通枢纽，被地缘政治学家誉为“世界历史的地理枢纽”。中亚地区资源丰富，但由于内陆国家的特性，中亚国家经济社会发展需要与周边国家加强合作，借力图强。

2013年9月，习近平主席访问哈萨克斯坦时正式提出共建“丝绸之路经济带”倡议，“一带一路”倡议于当年问世。“一带一路”倡议与中亚息息相关，成为备受中亚国家欢迎的国际公共产品和国际合作平台，给中亚国家带来了崭新的机遇。中亚既是“一带一路”的首倡之地，也是高质量共建“一带一路”的示范区。

2023年5月，习近平主席在首届中国—中亚峰会上发表了题为《携手建设守望相助、共同发展、普遍安全、世代友好的中国—中亚命运共同体》的主旨讲话，强调建设中国—中亚命运共同体，要坚持共同发展，继续在共建“一带一路”合作方面走在前列，推动落实全球发展倡议；同时，还强调中方将制定中国同中亚国家科技减贫专项合作计划，实施“中国—中亚技术技能提升计划”，在中亚国家设立更多鲁班工坊。鲁班工坊成为助力“一带一路”中亚地区走在世界前列的重大国家行动，成为助力中国—中亚命运共同体建设的国际公共产品。

近年来，鲁班工坊分别被载入2021年11月国务院新闻办公室发布的《新时代的中非合作》白皮书、2022年8月教育部发布的《中国职业教育发展报告（2021—2022年）》2023年9月国务院新闻办公室发布的《携手构建人类命运共同体：中国的倡议与行动》白皮书、2023年10月国务院新闻办公室发布的《共

建“一带一路”：构建人类命运共同体的重大实践》白皮书，鲁班工坊成为共建“一带一路”、携手构建人类命运共同体的能力建设“技术驿站”和国际品牌。截至2024年9月，习近平主席共计37次对鲁班工坊作出重要论述，其中23次是针对中亚鲁班工坊。

2024年7月2日，习近平主席在对哈萨克斯坦进行国事访问之际，在《哈萨克斯坦真理报》、哈萨克斯坦国际通讯社发表题为《同心笃行续写中哈关系新篇章》的署名文章指出：共同办好鲁班工坊、孔子学院、西北工业大学哈萨克斯坦分校，培养更多中哈友好事业接班人。2024年7月3日，习近平主席在阿斯塔纳会见吉尔吉斯斯坦总统扎帕罗夫时强调，双方要充分发挥吉尔吉斯斯坦中医药中心、中国文化中心、鲁班工坊等平台作用，培育更多中吉友好合作的接班人。2024年7月5日，习近平主席在对塔吉克斯坦进行国事访问之际，在塔吉克斯坦《人民报》和“霍瓦尔”国家通讯社发表题为《共创中塔关系美好明天》的署名文章指出：要充分发挥在塔鲁班工坊、孔子学院、中塔中医药中心作用，加快推进互设文化中心，扩大两国地方合作，让中塔世代友好薪火相传、发扬光大。可以讲，鲁班工坊不仅是元首引领外交的重要合作项目，也已经成为培养更多中外友好事业接班人的新型促进工程。为进一步学习贯彻落实习近平关于中亚鲁班工坊建设的重要论述精神，本文尝试从智库研究的视角，对中亚鲁班工坊的建设进展、重大意义和发展策略进行研究与剖析。

一、中亚鲁班工坊的建设进展

（一）塔吉克斯坦鲁班工坊建设

2022年2月5日，习近平主席会见塔吉克斯坦总统拉赫蒙，提出加快在塔建成中亚首家鲁班工坊。2022年3月，天津城市建设管理职业技术学院与塔吉克斯坦技术大学开始合作建设塔吉克斯坦鲁班工坊。2022年8月，塔吉克斯坦鲁班工坊举行场馆落成典礼，外交部部长王毅与塔吉克斯坦外交部部长西罗吉丁·穆赫里丁共同为鲁班工坊落成标志牌揭幕；王毅向塔方转交塔吉克斯坦鲁班工坊的设备清单凭证。同年11月，鲁班工坊投入运营。鲁班工坊位于塔吉克斯坦首都杜尚别，设有绿色能源实训中心和智能测绘实训中心等教学区。这是中亚地区的首个鲁班工坊。

2023年5月18日，习近平主席会见塔吉克斯坦总统拉赫蒙，提出办好鲁班工坊。作为中亚地区首个鲁班工坊，塔吉克斯坦鲁班工坊是中塔两国元首亲自关心的项目，不仅填补了两国职业技术教育合作的空白，也能够为塔吉克斯坦的工业化、现代化培养急需的高质量技术技能人才，是服务“一带一路”建设、与世界分享中国职业教育教学模式、专业标准、技术装备、教材资源的生动实践。

（二）哈萨克斯坦鲁班工坊建设

2022年9月14日，习近平主席与哈萨克斯坦总统托卡耶夫共同发布会谈声明中，提出一致同意研究在哈开设鲁班工坊的可能性，为两国教育领域合作注入更多动力。2023年5月18日至19日，首届中国—中亚峰会在西安举行。期间，在习近平主席和哈萨克斯坦总统托卡耶夫见证下，天津市与哈萨克斯坦共和国东哈萨克斯坦州签署《中华人民共和国天津市人民政府与哈萨克斯坦共和国东哈萨克斯坦州政府建立哈萨克斯坦鲁班工坊合作协议》，哈萨克斯坦鲁班工坊项目建设全面启动。

2023年8月1日，天津职业大学迎来了哈萨克斯坦鲁班工坊的首批东哈萨克斯坦技术大学15名专业骨干教师，开展为期四周的标准化、进阶式工程实践创新项目（EPIP）师资培养培训。同年12月，天津职业大学与东哈萨克斯坦技术大学合作建设的鲁班工坊项目启动试运行；时任教育部副部长孙尧为“哈萨克斯坦工程实践创新项目（EPIP）教学研究中心”启运揭牌。试运行阶段开设运输设备及技术专业，分设“智能网联汽车实训区”和“汽车技术综合实训区”，为哈萨克斯坦交通运输业提供重要的技术技能人才支撑。

2024年2月26日，哈萨克斯坦总统托卡耶夫在东哈萨克斯坦州考察，视察了位于当地的鲁班工坊项目。他用中文说：“非常感谢中国院校的付出，做得很好。希望这样的工坊在哈萨克斯坦越多越好。”2024年3月29日，习近平主席与托卡耶夫总统分别向2024中国“哈萨克斯坦旅游年”开幕式致贺信，提出

“鲁班工坊落地，青年交流佳话频传”。2024年7月3日，中哈两国元首共同会见记者，习近平主席郑重宣布，中方决定在哈萨克斯坦开设第二家鲁班工坊。哈萨克斯坦鲁班工坊是落实中哈两国元首关于在哈建设鲁班工坊的重要共识，也是促进中哈职业教育交流合作，为哈经济社会发展培养急需专业技术人才的具体举措，是在“一带一路”首倡地建设的鲁班工坊。

（三）乌兹别克斯坦鲁班工坊建设

2022年9月13日，习近平主席应米尔济约耶夫总统邀请对乌兹别克斯坦共和国进行国事访问，在乌兹别克斯坦《人民言论报》、乌兹别克斯坦国家通讯社等媒体发表题为《携手开创中乌关系更加美好的明天》的署名文章，提出加快互设文化中心和在乌兹别克斯坦设立鲁班工坊。2022年9月15日，习近平主席会见米尔济约耶夫总统，提出中方愿加快互设文化中心和鲁班工坊建设，讲好新时代中乌友好故事。2023年10月17日，习近平主席在北京会见米尔济约耶夫总统，再一次提出加快互设文化中心和鲁班工坊建设。

2023年11月20日，历时近一年的筹划设计，乌兹别克斯坦鲁班工坊成功签约。天津海运职业学院利用自身学科优势，结合当地需求，在塔什干国立交通大学实施信息技术和智慧物流两个专业建设，全面提升乌方当地现代信息技术和智慧物流管理的专业化水平。同年12月，时任教育部副部长孙尧带队考察乌兹别克斯坦鲁班工坊，与乌方交通部第一副部长共同为中亚首家“工程实践创新项目（EPIP）教学研究与应用推广中心”启运揭牌。该中心也成为继2023年9月设立“中国—中亚EPIP教学研究与应用推广中心”之后，在中亚五国实地建设的首个EPIP中心。2024年7月7日，教育部部长怀进鹏考察乌兹别克斯坦鲁班工坊，对鲁班工坊的建设给予充分肯定；并见证EPIP国际教育联盟为乌总统顾问阿卜杜拉赫曼诺夫（塔什干国立交通大学校长）颁授EPIP中心首席专家的仪式。目前，全球拥有四位EPIP中心首席专家，即“中国政府友谊奖”获得者泰国哲仁、葡萄牙塞图巴尔理工学院卢卡斯、埃塞俄比亚劳动与技能部国务部长特舍利（原埃塞俄比亚技术大学校长）和乌兹别克斯坦总统顾问阿卜杜拉赫曼诺夫。

2024年9月7日，中共中央政治局委员、天津市委书记陈敏尔出席乌兹别克斯坦鲁班工坊启运揭牌活动。陈敏尔指出，乌兹别克斯坦鲁班工坊是两国元首十分关心的国家间教育合作项目；乌兹别克斯坦鲁班工坊正式揭牌，是中乌人文教育合作的又一硕果。揭牌活动中，鲁班工坊建设方天津海运职业学院、塔什干国立交通大学与中国土木工程集团有限公司、中能建国际建设集团中亚有限公司、北京京东乾石科技有限公司、天津市天河计算机技术有限公司签署校企合作协议。

（四）吉尔吉斯斯坦鲁班工坊建设

2022年2月6日，习近平主席会见吉尔吉斯斯坦总统扎帕罗夫，提出中方愿尽快在吉建成鲁班工坊，帮助吉方培养更多专业技能人才。2023年8月10日，吉尔吉斯斯坦鲁班工坊合作签约仪式在浙江水利水电学院举行，浙江水利水电学院、浙江交通职业技术学院与吉尔吉斯斯坦国立技术大学共同签署《中吉“鲁班工坊”合作备忘录》。同年9月，教育部鲁班工坊建设专家委员会主任吕景泉带工作团组现场调研、指导项目建设。

2024年3月，吉尔吉斯斯坦鲁班工坊智慧教室设备启运仪式在浙江水利水电学院举行，这标志着吉尔吉斯斯坦鲁班工坊建设进入快车道。同年6月，吉尔吉斯斯坦鲁班工坊设备捐赠仪式在吉尔吉斯斯坦国立技术大学举行。吉尔吉斯斯坦鲁班工坊设立水利水电工程、电气工程及其自动化、机械设计制造及自动化、道路与桥梁工程技术4个专业。

（五）土库曼斯坦鲁班工坊建设

2022年2月5日，习近平主席在北京会见土库曼斯坦总统穆哈梅多夫，提出中方愿加快在土库曼斯坦设立鲁班工坊，帮助土方培养更多高素质技能人才。2022年9月15日，习近平主席会见穆哈梅多夫总统，再次提出中方愿早日在土库曼斯坦设立鲁班工坊。2023年10月19日，习近平主席会见土库曼斯坦人民委员会主席德穆哈梅多夫，提出早日在土建成鲁班工坊。

2023年12月，时任教育部副部长孙尧带工作团组，会同中国石油大学等单位，现场推进鲁班工坊建设。2024年1月，西安石油大学“鲁班工坊”建设团组赴土库曼斯坦，团组中包括中国石油天然气集团公司、河北石油职业技术大学的代表。团组赴卡卡耶夫国际油气大学、土库曼斯坦教育部、中国驻土库曼斯坦大使馆、中石油阿姆河天然气公司、川庆钻探土库曼斯坦分公司进行深度交流。在鲁班工坊合作院校——卡卡耶夫国际油气大学，双方同意签署谅解备忘录和具体建设方案议件，确定了先期建设地质资源勘查、信息系统与技术两个专业。

目前，中亚五国的鲁班工坊项目建设，在塔吉克斯坦、哈萨克斯坦和乌兹别克斯坦三国均已成功落地，吉尔吉斯斯坦和土库曼斯坦的鲁班工坊建设也在有序推进。鲁班工坊作为促进中国与中亚各国共同发展的“推进器”，在中亚国家培养高素质技术技能人才、解决青年人高水平就业等方面发挥越来越重要的作用，也为高质量共建“一带一路”、助力中国—中亚民心相通做出重要贡献。

二、中亚鲁班工坊建设的重大意义

2024年7月，习近平主席在访问哈萨克斯坦、塔吉克斯坦时指出，中方愿加快推进共建“一带一路”倡议同“公正的哈萨克斯坦”经济政策深度对接，愿同塔方推动共建“一带一路”倡议和塔吉克斯坦“2030年前国际发展战略”深入对接，助力彼此发展振兴。面向未来中国与中亚的合作发展，任务目标进一步提升，合作领域进一步拓展。在中亚大地上，学习中国技术、借鉴中国经验的“中国热”日益高涨，中国—中亚友好合作的生力军日益壮大，与中国合作携手实现发展振兴的热盼越来越强烈。正如托卡耶夫总统所讲：“哈萨克斯坦对引进中国经验和技术非常感兴趣。”

（一）鲁班工坊是中国—中亚峰会成果清单重要内容

“命运与共的新型关系是中国与中亚国家历史文化联系和传统友谊的长期延续，有自身的内在逻辑和发展动力。”2023年5月18日至19日，首届中国—中亚峰会在陕西西安举行，习近平主席与哈萨克斯坦共和国总统托卡耶夫、吉尔吉斯斯坦共和国总统扎帕罗夫、塔吉克斯坦共和国总统拉赫蒙、土库曼斯坦总统别尔德穆哈梅多夫、乌兹别克斯坦共和国总统米尔济约耶夫共同出席，为中国同中亚合作搭建了新平台，开辟了新前景。会议发布了《中国—中亚峰会西安宣言》，明确提出“各方愿促进‘鲁班工坊’职业教育发展。”推进鲁班工坊项目建设走深、走实，促进中国—中亚职业教育高质量发展，成为中国—中亚峰会成果清单中的重要合作共识。

（二）鲁班工坊是中亚国家青年就业成长的“机遇之门”

青年是国家的未来，鲁班工坊为中亚青年成长打开“机遇之门”。中亚地区五个国家，包括乌兹别克斯坦、哈萨克斯坦、吉尔吉斯斯坦、塔吉克斯坦和土库曼斯坦，人口总数约为7 000万。中亚地区的人口增长率高，青年人比例大，且失业率较高。例如，乌兹别克斯坦是中亚地区人口最多的国家，据2023年统计，约为3 300万人，占中亚地区总人口的47%。乌兹别克斯坦青年人（14～30岁）有960万，13岁以下儿童为1 050万左右；可以推算：30岁以下人口为2 010万，占总人口61%。鲁班工坊走进中亚，不仅分享中国职业教育教学模式、教育技术、教育标准，建设实训中心，提供先进教学设备，还围绕技术技能人才培养与培训，强化产教融合、校企合作，聚焦工程实践创新能力，服务当地经济社会发展，为中亚青年人的职业发展创造更多机遇，直接服务当地青年人高质量就业。

（三）鲁班工坊是中国与中亚产能合作的“技术驿站”

在中国和中亚国家的合作中，最重要的是产能合作互补、技术合作互促，满足中亚国家在经济社会发展中对技术技能人才方面的需求，鲁班工坊也就成为了中国中亚合作的“技术驿站”。例如，塔吉克斯坦素有“高山之国”之称，超过90%的国土面积为山地，光照丰沛，水资源丰富，可再生能源发展潜力巨大。在工业化现代化进程中，城市发展迅速，基础设施建设需求高。塔吉克斯坦鲁班工坊共建专业的选择，充分考虑了该类专业技术技能人才的需求。再如，乌兹别克斯坦鲁班工坊建设对标乌方紧缺人才需求，聚焦“数字乌兹别克斯坦—2030”战略，开设信息技术和智慧物流专业，培养信息技术产业需要的高素质技术技能人才，满足乌方日益强烈的对数字领域人才的需求。可以说，中亚鲁班工坊的建设弥补了中亚国家相关专业领域技术技能人才的匮乏，培养的正是中亚各国经济发展和产业升级过程中最稀缺的人才，鲁班工坊是中国与中亚产能合作不可或缺的“技术驿站”。

（四）鲁班工坊是中国与中亚教育合作的“标杆项目”

中亚鲁班工坊项目建设联动了塔吉克斯坦技术大学、东哈萨克斯坦技术大学和国立欧亚大学、乌兹别克斯坦塔什干国立交通大学、吉尔吉斯斯坦国立技术大学、土库曼斯坦卡卡耶夫国际油气大学等一批高水平应用技术大学，为中国与中亚工程实践教育合作奠定了坚实基础。中亚鲁班工坊建设，坚持鲁班工坊品牌的核心要义，坚持“平等合作、优质优先、强能重技、产教融合、因地制宜”五项原则，坚持共研、共建、共享、共用、共赢“五共机制”，推进工程实践教育合作的高质量建设。2023年9月，“2023亚欧博览会·教育国际论坛”召开，作为论坛重要成果，时任教育部副部长孙尧，哈萨克斯坦科学和高等教育部副部长阿卡托夫·卡米利·耶尔加利耶维奇，乌兹别克斯坦高等教育、科学和创新部教育质量监督局局长乌拜杜尔拉耶维奇等代表出席并见证“中国—中亚工程实践创新项目（EPIP）教学研究与应用推广中心”和“新疆—中亚‘双师型’教师发展研修基地”成立。围绕中亚本土化师资的专业能力、教学能力、工程实践创新能力开展系统化的EPIP专项培训。本着优质优先的建设原则，强力建设哈萨克斯坦、乌兹别克斯坦等更具区域辐射力的鲁班工坊，打造中亚重点支撑项目，深入实施产业、行业、企业、职业、专业“五业联动”，面向当地真实需要，强化工程实践创新能力培养，推动中国—中亚教育合作高水平发展。

（五）鲁班工坊是培养中亚友好事业接班人的“新型工程”

2024年7月，习近平主席在对塔吉克斯坦进行国事访问之际，发表署名文章指出：“中国和塔吉克斯坦山水相连、命运与共，古老的丝绸之路见证了两国人民2 000多年的友谊。中国汉代张骞、唐代玄奘、明代陈诚都曾在塔吉克斯坦留下了友好足迹。”同时指出：“从孔子学院到鲁班工坊，我们培养了一大批会语言、懂技术的生力军，他们投身到两国发展和合作的热潮之中。”习近平主席论述推动中塔关系迈上新台阶时提出：要充分发挥在塔鲁班工坊、孔子学院、中塔中医药中心作用，加快推进互设文化中心，扩大两国地方合作，让中塔世代友好薪火相传、发扬光大。同年7月，习近平主席在哈萨克斯坦进行国事访问时提出：共同办好鲁班工坊、孔子学院、西北工业大学哈萨克斯坦分校，培养更多中哈友好事业接班人；习近平主席还在出席上海合作组织峰会前会见吉尔吉斯斯坦总统扎帕罗夫时提出："双方要充分发挥吉尔吉斯斯坦中医药中心、中国文化中心、鲁班工坊等平台作用，培育更多中吉友好合作的接班人。"由此可见，中亚鲁班工坊项目建设肩负着培养更多中亚友好事业接班人的重要任务。

三、中亚鲁班工坊的发展策略

从构建人类命运共同体的大格局来看，在中非合作论坛精神的指引下，鲁班工坊聚焦非洲，完成了17个建设项目。当前，伴随着中外合作多边机制的深化，在中国—中亚峰会精神的指引下，推进中亚鲁班工坊建设，是未来中国与中亚国家合作的一项重要内容。

（一）以中国—中亚峰会精神为指导

首届中国—中亚峰会的成功举办，是中国与中亚国家元首会晤机制正式建立的标志，为中国与中亚国家深度合作、高水平合作打造了坚实基础。中国—中亚峰会是中国与中亚国家一切合作的上位框架。自然，鲁班工坊的未来建设要始终以中国—中亚峰会精神为指导。在2023年5月召开的中国—中亚峰会上，习近平主席在主旨演讲中提出："中方倡议建立中国—中亚能源发展伙伴关系，加快推进中国—中亚天然气管道D线建设，扩大双方油气贸易规模，发展能源全产业链合作，加强新能源与和平利用核能合作"；"支持在中亚建立高技术企业、信息技术产业园。中方欢迎中亚国家参与可持续发展技术、创新创业、空间信息科技等"一带一路"专项合作计划"；"中方将制定中国同中亚国家科技减贫专项合作计划，实施"中国—中亚技术技能提升计划"，在中亚国家设立更多鲁班工坊，鼓励在中亚的中资企业为当地提供更多就业机会"。这些合作倡议和合作计划明确了合作的重点产业领域和技术领域，也明确了中亚鲁班工坊的建设布局和服务方向，为鲁班工坊建设的专业类别遴选与产教融合实施、课程资源开发与校企合作共建、面向工程实践的创新人才培养提供了工作向导和前进指引。

（二）以中亚产业发展新方向为牵引

鲁班工坊建设始终紧贴当地需求。“重点关注合作国当地需求，在中资企业聚集度较高和人力资源开发潜能较大的国家布局鲁班工坊。”中亚鲁班工坊建设密切关注中亚国家的产业发展需求和发展动向。“中国与中亚合作的重点不仅是交通基础设施、能源矿产，也包括跨境电商、数字经济等新产业、新材料，建设绿色丝绸之路、数字丝绸之路、健康丝绸之路、智慧丝绸之路，建设减贫之路、文明之路、创新之路、繁荣之路等成为中国与中亚合作的新空间、新引擎。”产业发展方面，中亚五国正普遍处于从农业主导向工业发展转型，纺织、采矿与汽车是其重点产业。具体而言，中亚五国各有产业特色方向，哈萨克斯坦的支柱产业是采矿业，乌兹别克斯坦的汽车制造业和纺织业处于迅速发展态势，塔吉克斯坦的经济高度依赖铝业，而吉尔吉斯斯坦和土库曼斯坦则分别以农业和油气工业为支柱产业。从中国和中亚的双边贸易来看，2020年以来，中国面向中亚的出口快速增长，其中车辆出口是主要拉动点之一；中国从中亚的进口也在稳步增长，以能源矿产进口为主。从直接投资来看，中国面向中亚直接投资存量也呈稳步上升趋势，而且未来仍有较大增长空间，主要的投资行业集中在矿产、电力、建材和汽车等领域。未来，中国与中亚在基建、能源及矿产等领域的合作会被进一步关注。上述产业合作发展中的技术技能人才培养会是鲁班工坊项目建设的重要聚焦点。

（三）以工程实践创新人才培养为中心

2023年5月，在西安召开的中国—中亚峰会上，明确提出实施“中国—中亚技术技能提升计划”，并将中亚鲁班工坊建设的中心工作确立为培养工程实践创新人才，推进技术技能的合作共享。鲁班工坊所开设的专业和所培养培训的人才均指向中亚国家发展中所紧缺的技术技能人才，鲁班工坊建设将聚焦当地的真实工程、现实生活和实际生产，以工程实践创新人才培养为中心。当前，中亚国家的高等教育和职业教育普遍存在只注重理论学习、重视实验验证的现象，对直接服务工程技术、工程实践的技术技能人才培养尚处于探索阶段。以哈萨克斯坦为例，2022年，哈萨克斯坦采矿业产值约538.77亿美元，同比增长15.9%，在工业总产值中占比为51.1%。哈萨克斯坦制造业主要包括石油加工和石化工业、轻纺工业、建材、家用电器和汽车制造、机械设备、黑色与有色金属材料生产，以及烟酒、食品和制药工业。近几年，哈萨克斯坦制造业发展迅速，产值从2001年的68亿美元增加到2022年的457.41亿美元，在工业总产值中的占比达43.4%。哈萨克斯坦未来在制造业方面的工程技术需求将会越来越大，哈萨克斯坦鲁班工坊建设可以紧盯哈萨克斯坦在制造业方面的工程技术、工程实践需求，通过设立工程实践创新项目（EPIP）教学研究中心开展面向工程实践、工程创新、工程项目的应用研究，在EPIP教学指导下，为哈萨克斯坦培养大批量当地紧缺的重工程、强实践、善创新的技术技能人才。此种策略也可以在整个中亚其他国家推广应用。

（四）以高质量高标准内涵建设为保障

结合中亚各国的实际情况，推进鲁班工坊建设的内涵性工作主要包括教学模式应用、数字化赋能、绿色化发展三大方面。第一，瞄准技术技能人才培养的教学模式应用。深入分析和研究中亚国家的教育及人文特点，推进和完善技术技能人才培养体系构建。目前的鲁班工坊建设几乎都是在其国立普通本科大学内进行的，基于这样的特点，需要在鲁班工坊建设中以更多更高质量的内涵性行动去推动。第二，聚焦数字化战略。伴随着数字化发展的全球趋势，中亚国家也在不断聚焦教育数字化。例如“早在2017年，哈萨克斯坦发布了‘数字哈萨克’战略，从连接到应用，并且随着时代变化持续更新战略内容。2020年，乌兹别克斯坦发布‘数字乌兹别克斯坦—2030’战略，为国家宽带发展、政府数字化等民生重大方面设定发展旅程。”2022年，哈萨克斯坦成为中亚第一个发布国家宽带发展白皮书的国家。面对数字化的发展形势，中亚鲁班工坊应运用好数字化资源和数字化场景，瞄准数字化产业，培养数字化人才，助力中亚国家数字化战略的全面实施。第三，服务绿色化发展。中亚国家可再生能源领域潜力巨大，但丰富的资源远未被充分利用。哈萨克斯坦曾提出目标：到2030年将可再生能源发电占比提高至10%，到2050年提高至50%。近年来，越来越多的中国企业在中亚地区投资新能源产业。在哈萨克斯坦，中国企业参与建设的扎纳塔斯风电场、图尔古孙水电站、阿拉木图光伏电站等新能源项目，切实助力当地产业向低碳转型。

（五）以友好事业接班人培养为落脚点

构建中国—中亚命运共同体需要大批具有共同体意识的人才，通过教育交流合作，可以培养具有国际视野和人类命运共同体意识的人才。“加强教育交流与合作，一方面能够为双方经贸合作提供急需的人力资源支撑；另一方面也有助于维护我国在中亚地区和平、合作、负责任的大国形象，为务实经济合作提供‘润滑剂’和‘黏合剂’。”教育交流与合作的重要意义是能够通过人才培养促进友好合作事业得以传承，鲁班工坊的建设要坚持以友好事业接班人培养为目标。“鲁班工坊是一种教育合作、教育服务、教育品牌。鲁班工坊的创立旨在服务国际技术技能人才培养，服务世界青年技术技能水平提升，是一种教育交流合作的实体化平台。”未来，鲁班工坊建设要助力培养更多中外友好事业的接班人。

——摘自《职业教育研究》2024年第11期中吕景泉、李力、赵文平等《助力“一带一路”高质量建设培养更多中外友好事业接班人——兼论中亚鲁班工坊的建设进展、重大意义与发展策略》。

第五节　工程实践创新项目（EPIP）教学模式的“工程化”

【此文发表于2021年1月】

工程实践创新项目（EPIP），是工程（Engineering）、实践（Practice）、创新（Innovation）、项目（Project）四个关键核心要素的有机组合，其内涵是“工程化、实践性、创新型、项目式”。EPIP，是Engineering Practice Innovation Project（工程实践创新项目）首字母的缩写。“工程实践创新项目”教学模式，即EPIP教学模式（以下简称EPIP）。

EPIP是中国的教学模式，它以中国职业教育实际为研究起点，体现继承性、民族性的立场主张，具有主体性、原创性的理论观点，彰显系统性、专业性的实践特色，构建起具有中国特色、自身特质的院校办学思想、专业建设模式、课程结构体系、标识品牌概念，形成职业教育的EPIP教育论、EPIP专业论和EPIP课程论。

一、工程实践创新项目（EPIP）的创立与发展

EPIP汲取了中国古代、近现代教育思想。EPIP首创者深度挖掘转化了墨子的“行为本”“亲知”朴素的唯物思想，转化发展了黄炎培的“建教合作”、教育与实业联为一体以解决生计、开发产业职业教育思想，发展创新了陶行知的“生活即教育、社会即学校”的平民教育思想。

同时，EPIP借鉴了世界先进教育理念。EPIP首创者完成了十国职业教育比较研究，开展了近30个国家与地区考察进修、合作办学，例如，中德、中西（西班牙）及中加（加拿大）之间职业教育合作办学实践分别开展了近30年、近20年以及近10年，并深度参与了欧洲（包括德国、瑞士、西班牙、英国、葡萄牙等国）、日本、美国、加拿大、澳大利亚、东盟（新加坡、泰国、印尼

等国）、非洲（埃及、埃塞俄比亚等国）等的实地实践研究和现场项目交流，对国际教育理论、模式、体系、话语、方法进行了深入分析、鉴别、梳理、提炼和试验，以20余年的职业教育教学实践和理论研究为基础，创立了适合技术技能人才培养的教学模式。由此可见，EPIP是围绕中国职业教育在理论、模式、话语、标识、体系领域的一个有益、有效、有价值的成功探索。

民族的，也会是世界的。把中国的实践总结好，就能为解决世界性问题提供思路和办法。例如，2016年在泰国落成的第一个“鲁班工坊”项目，就是以“工程实践创新项目（EPIP）”教学模式为核心，构建起国际化的专业标准、实训装备、教学课程、师资队伍，提供适应合作国的职业教育解决方案，包括教学模式、专业标准、技术装备、师资培训、教材资源和国际品牌，为合作国培养经济社会发展需要的技术技能人才提供支撑。目前，已建成英国、印度、印尼、葡萄牙、吉布提、南非、埃及等10余个“鲁班工坊”，遍布亚欧非三大洲。

EPIP，成为中国职业教育的话语和标识。2017年5月，EPIP国际教育联盟（Alliance EPIP International Education）成立，由国内外知名教授学者、行业企业专家、工程技术人员组成。2019年5月，第三届EPIP国际教育联盟学术论坛在天津举行，近400位代表参加论坛活动。此后，泰国、印尼、葡萄牙、印度、吉布提等国家相继建立了EPIP研究机构或推广中心。

EPIP推动海外中国职业教育的研究。《工程实践创新项目教程（中、英文版）》《EPIP职业教育教学模式——改造我们的学习》《EPIP教学模式——中国职业教育的话语体系》，以及英国新经典出版社出版的*TEACHING MODEL OF EPIP*等教程和专著相继出版，为中国与世界各地的职业教育交流提供了基础，增强了中国职业教育的影响力。以葡萄牙卢卡斯教授为代表的一批EPIP国际专家教授，以工程实践项目为导向，正在世界各地开展卓有成效的课程改革、理论研究和实践创新。2019年，在首届“鲁班工坊”与“产教融合”国际论坛上，来自15个国家的200余位专家学者完整演绎了EPIP教学实践成果交流的“大剧”。

二、工程实践创新项目（EPIP）的“工程化”

1913年在中国，詹天佑等人发起成立了中华工程师学会，这是最早的工程师职业团体。当今中国，已经无可争辩地成为全球首屈一指的工程大国。而EPIP的工程，是指真实世界，现实生活。EPIP的“工程化”核心是真实，实践真实，创新真实，项目真实，教与学基于真实；EPIP“工程化”的核心要义是生活化、生产化、现实化及社会化。因此，EPIP的“工程化”是指职业教育要让学生学会解决实践中遇到的真问题，使学生能够在真实世界、现实生活中得心应手地工作、生活。为真实而教，借真实工程教学；依真实而学，在真实工程上学，用真实工程来考。

（一）“生活即教育”与“工程化”

1915年9月，在美国求学的陶行知，从伊利诺伊大学转入哥伦比亚大学师范学院，由攻读哲学博士转为攻读教育学博士。在哥伦比亚大学，他受到约翰·杜威教授的赏识。他第一次接触到杜威正在研究的哲学和教育思想，包括“有用的就是真理”，第一次看到以社会为中心的职业学校取得的成就，完全沉醉于杜威的工具主义（或译为“实用主义”）理论。后来，陶行知经过经验总结、思考整理，结合中国国情，提出了影响他一生的“生活即教育”“社会即学校”“社会生活是有教育意义的”思想。在多年探索实践的基础上，工程实践创新项目（EPIP）发展了这一思想，是EPIP“工程化”的缘起。

1917年开始，陶行知在他所任职的南京高等师范学校，观察到教师只管教，不管学生学，就认定有改革之必要。他主张要将学校里的“教授法”，改为“教学法”。他倡导、坚持并身体力行了两年多，终于在1919年，以专修科主任的名义，将学校全部课程的“教授法”，一律改为“教学法”。看似一字之差，却是实现教学合一的起源。教学做的中心，是“事”，即“现实生活”，也就是“战胜现实中实际的困难，解决现实中实际的问题，生实际之利，格实际之物，爱实际之人，求实际的衣食住行，回溯实际的既往，改造实际的现在，探索实际的未来”。工程实践创新项目（EPIP）发展了这一思想，是EPIP“工程化”的架梁。

1921年开始，陶行知多次提到：本国以前的经验，如有适用的，就保存它；如不适用，就除掉它。去与取，只问适不适，不问新和旧。适合国情，适合个性，适合事业，就发扬它。这个适合，是工程实践创新项目（EPIP）的基本方法论，也就是EPIP的“工程化”基础，“实”事求是。

1922年，陶行知指出教育国际交流的重要性。他指出，我们一定要参与国际的教育运动，一是靠着自有的成绩，二是靠彻底的自明。自己有成绩，才能和人家交流；自己了解自己，更是和人家共同解决问题的初步。工程实践创新项目（EPIP）走出去的目标和追求，是EPIP“工程化”被世界认可的重要转折。

1927年3月15日，是一个值得纪念的日子。这一天，是晓庄学校开学典礼。陶行知发表热情演说，当时的晓庄一无校舍，二无教员。校舍，盖的是晴天，踏的是大地；农夫、村妇、渔民、樵夫都可以做我们的指导员。在随后的日子里，陶行知与晓庄师生一起盖房子、建厨房、挖厕所；一起挑粪、挑水、种田、种菜、养猪、养鱼，什么都自己干，盖起了一座座茅屋，图书馆、办公室、会议室、音乐室、陈列室都有了。他的生活教育理论，晓庄的精神，归结为一个字，就是做！陶行知说：“做”弄通了，其余疑问就迎刃而解了。“我们做一件事，便要想如何可以把这件事做好，如何运用书本，如何运用别人的经验，如何改造用得着的工具，使这件事做到最好。我们还要想到这件事和那件事的相互影响。我们要从具体想到抽象，从视相到共相，从片段想到系统。”工程实践创新项目（EPIP）的运用，对教师，是为学生寻找、营造适合的工程目标和工程环境（真实世界、现实生活），并在工程目标和工程环境下“教学做”一体化培养学生，教会学生学，教会学生做；对学生，是要了解工程，掌握技术、构造、工具、手艺，养成工程思维和工程素养。在实践中，“学”学习，“学”应用，“学”创新。

工程实践创新项目（EPIP）强调“改造我们的学习”，改变重教法轻学法，更轻做法的旧习；改进教师学生只认“假”，不识“真”，只会“技”，不知“用”的常规，用工程化实践代替封闭式训练，用一个一个由简单到复杂的工程情境和载体，完整、真实地培养学生。EPIP的“工程”强调“做事”。

EPIP的“工程化”，就是生活化、生产化、现实化及社会化。

（二）“工程化”的几个重要方面

“工程化”是工程实践创新项目（EPIP）教学模式的根基。“工程化”是EPIP“实践性”“创新型”“项目式”的开端。没有真实的“工程化”，EPIP无从谈起！

1．EPIP 的应用层级

从应用层级来讲，EPIP主要有三个层级，即宏观、中观和微观，对应教育论、专业论、课程论。其时，还有另外两个层级，或另外两观，即更大的宏观，我们叫“达观”，或“宇观”；更小的微观，叫“纳观”。

达观，或宇观，是指中国的职业教育要结合中国实际办，要围绕重大战略办，要服务经济社会发展办，要为青年成才就业办，要为人人有出彩的机会办。EPIP的达观，是院校办学思想、办学策略观，是院校开展一切教育教学活动的认识论、方法论体系中的最高层次。EPIP的达观，不仅是理念和思想，还是路径和方法，重点是提供实现目标的“道”。这个“道”，就是要真实地“扎根”中国大地办职业教育。

EPIP更小的微观（纳观），是指课程中每一个教学单元所含的一个一个知识点、技能点和素养点，也是院校的每一项细小的工作，每一个细微的环节，每一处细致的环境。每个知技素点的教学也应该遵循EPIP的“工程化”进行组织。

2．“工程化”的“三谛”境界

EPIP的“工程化”，强调“学而知其用，用而知其所，所而知其在”。这个“在”，就是所处所在和实化具化，就是真真实实地“扎根”，实实在在的“实际”。

任何“学”，都基于“用”“所”“在”。学而知其用，知其所，知其在，强调无论是学习知识、练就技能、掌握技术还是熏陶素养，都要以真实应用领域、真实世界为背景，要知道学的东西如何用，用在哪，在真实世界中具体的、真实的存在形态，所处位置、所起作用、所生效果。“工程化”的“在”，是真实的、具体的、有相的、完整的，是落地生根的“在”。

EPIP的“工程化”，还强调“在而知其代，代而知其原，原而知其衍”。这个“衍”，就是繁衍、变化、创新。这个“衍”过程，是“原”的“真谛（实谛）”境界，与“代”的“虚谛（名谛）”境界相互圆融，生成“衍”的“空谛（合谛）”境界过程。“衍”是基于“代”的办学空间、教学场所、工作情境、实践项目等要素，与“原”不断比对、演进而生成于脑中、心中的空间、场所、情境、项目；“衍”源于“原”，生于“代”，是“原”与“代”的有机圆融，而高于“原”，高于“代”，也比它们更丰富，更具活力。一念生成三千，融涵真实世界。此一念，就是“衍”。“衍”的生成，是虚真相融、名实相耦，是工程实践创新项目（EPIP）的主旨和要义，是EPIP应用“工程化”的升华。

任何“衍”，是源自“学”“用”“所”“在”，源自对“代”的深刻、深度、深潜把握，更源自“代”与“原”之间通过学习者反复回象、不断比对、时时演进、步步圆融的生成。在而知其代，知其原，知其衍，强调在教学中，很多情况是在高度仿真、虚拟情境下具体地学习，它是一个代替真实世界的情境、载体、项目，是一种“代”；教学中，教师应该让学生始终知道这个“代”是什么，这个情境、这个载体、这个项目代替什么，而且，要不断地“回象”到现实、“回象”到真实；也可以说，正是因为营造了、使用了这个非“纯”真实的情境、载体，我们的脑中、心中有“衍”，可以去探索、去尝试高于真实的更加丰富的工程实践，去体会“工程实践创新”的乐趣。

3. 教育教学实践的“工程化”

EPIP宏观教育论的“工程化”，涉及院校整体的办学思想，深度的产教融合，紧密的校企合作问题。EPIP明确提出，职业教育发展是现代产业体系发展的组成部分，是营商环境改善的重要内容。EPIP突出强调，职业教育是与经济社会发展、产业结构调整、科学技术进步、国际产能布局的协同；EPIP特别注重基于真实工程、真实世界、现实生活的全面育人。职业院校要围绕区域经济发展，不断探索专业（群）服务产业的运行机制；分析所服务区域的产业、行业、企业、职业发展趋势，面向实际需要，优化办学与需求匹配度，探索构建“服务-累积-孕育-优化”的核心竞争力建设机制，提升社会服务能力。

EPIP中观专业论的“工程化”，是“核心技术一体化”的专业建设模式。学校、企业双方共同调研寻找、研讨确定专业的核心技术技能，通过“四个一体化”实施，保证产业、行业、企业、职业要素全程、全面融入专业建设，为校企共同开发专业、协同教学、共育人才、共赢发展提供合作发展平台、命运共同载体。专业核心技术和技能的搜寻、提取、遴选、确定过程，保证了专业建设的“以用立业”，就是实现“工程化”的过程。

EPIP微观课程论的“工程化”，强调课程所含的知识、技术（技能）、素养都要以工程为基础，源自工程，瞄准工程，服务工程。这个工程是一个由真实情境、真实问题、真实需求构成的世界。课程实施主题的确定、项目的设计、内容的选择，要因地制宜地从真实世界中去寻找，其整体就是真实世界、现实生活。同样，教育科学研究、教学教研改革也要基于“工程化”，克服理论与实际脱节，教研与教学脱节的“空对空”研究。国际教育交流与合作也应该避免“泛、浅、散”，向现实问题聚焦，向教学实践开进，从实践中来，到实践中去。

三、工程实践创新项目（EPIP）的再思考

中国近现代职业教育发轫于1866年的福建马尾船政学堂。1866年，左宗棠连续上奏《试造轮船先陈大概情形折》《详议创设船政章程购器募匠教习折》，得到朝廷批准，成立了福建船政局，奠定了中国轮船制造和海军建设的基础，成立了中国第一所新式教育学堂。厂中校、校中厂，成为中国近现代职业教育的开端。

150多年过去了，中国职业教育取得了大发展。从“工学并举”，到“半工半读”，从“两种制度”，到“校企合作”“工学结合”，再到“产教融合”，直至“知行合一”，等等，我们的理念是先进的，认识是深刻的，方向是准确的，但是，我们不能停留于此。中国职业教育的高质量发展，需要将其落地，需要让其扎根，需要EPIP的“工程化”。

职业院校发展过程中存在“大而统之”“一喊了之”的问题，习惯

“想”“说”，好像“想过了”“说过了”，就已经“做了”“干了”，甚至自认为“成了”。毛泽东讲过，想过河，却不去造船；只看对岸，永远过不了河。我们不仅要有正确的想法，更要找到实现“想法”的“方法”，即“路径”，也就是要找到实实在在的“道”。

EPIP，是方法，更是路径，是谋教育事业、做院校管理、干实际项目、当教师、做学生的方法。EPIP是路径，是聚焦服务区域经济社会发展、打造院校核心竞争力、构建专业核心技术技能、推进知技协进、德技并修、精致育人的路径。它结合中国职业教育院校办学实践、教育教学实践、改革创新实践和理论创新实践，举旗以彰理，举中国特色之旗，彰中国职业教育之理；落地以取效，落中国职业教育之地，取促进经济社会发展之效。

进入新时代，中国的职业教育走对了路！前路就是建设扎根中国大地、适合中国实际、造福中国人民的产教融合、知行合一的“新职教”。EPIP的“工程化”，就是探索新教学模式的那个“道”。

——摘自《中国职业技术教育》2021年第2期中吕景泉、张维津、米靖《论工程实践创新项目（EPIP）教学模式的“工程化”——从陶行知的生活教育思想说起》。

第七篇

工程实践创新项目（EPIP）探究与探微

作为一种中国自觉自主的知识体系、话语体系，EPIP教学理念与应用成效在世界职业技术教育发展大会、EPIP国际教育联盟年会、欧亚博览会、中亚世界教育大会以及境内外各种国际会议与100余个国家进行了分享与对话。

对于EPIP的解析、应用和推广有助于提升中国教育的全球影响力和竞争力。

生活教育，提倡只有在生活中获得的教育才是有用的、真的教育。建教合作，倡导职业教育要与经济社会真实结合。班墨文化，是近现代中国职业教育的文化源头，是新时代中国特色职业教育的滋养宝库。

创立中国职业教育的本土化模式、创成中国职业教育的国际化品牌，是中华优秀传统职业文化创造性转化、创新性发展的重大成果，是用中国道理总结好中国经验，把中国经验提升为中国理论的成功实践，是新时代中国职业教育的重大理论与重大实践创新。

EPIP的底层逻辑是“名实耦，合也”，是“知行合一”！

第一节　EPIP 教学生成：底层逻辑、方法要义与实现机制

【此文发表于 2025 年 4 月】

“工程实践创新项目（EPIP）教学”是21世纪初发端于中国职业教育和工程实践教育的教学理念和教学模式。它主张面向真实工程，突出工程实践，强化工程创新，通过“工程化、实践性、创新型、项目式”的教学培养技术技能和工程人才。目前，EPIP教学模式在国内外教育领域得到应用和验证，特别是作为鲁班工坊的核心内涵和主旨要义，EPIP教学在亚非欧22个国家的24个鲁班工坊进行应用推广，并在19个国家和地区设立了合作中心，构建了广泛的拓展应用国际合作关系网络。同时，作为一种中国自主的学术话语体系，EPIP教学理念在世界职业技术教育发展大会、EPIP国际教育联盟年会、欧亚博览会、中亚世界教育大会等各种国际会议上与100余个国家进行了分享与对话。对于EPIP理念的解析、推广和普及有助于提升中国教育的全球影响力和竞争力。本研究以天津市工程实践创新项目（EPIP）研究与推广中心的长期研究视角，对EPIP教学生成的基础逻辑、方法要义与实现机制进行探究。

一、问题提出

教学生成是指教育者根据教学目的对教学、课程、专业、办学、治理进行系统设计，生成能够有效提升教育对象能力的教育教学方案。在EPIP体系中，教学、课程、专业、办学、理念分别对应“五元”的纳观、微观、中观、宏观、达观五个层面的内容，应用范畴对应于职业能力的培养、关键能力的养成、核心技术一体化、院校办学的系统联动以及教育话语的体系构建。

为科学实现教学生成，EPIP构建了一整套教学模式和教育体系。吕景泉于2012年以项目教学的形式对EPIP理念进行了论述，此后其相关研究围绕“五

观、四元、三谛、两核、一宗”对EPIP教学进行了系统的阐释。耿洁归纳出了由全概念组、关键四要素组、核心词组、方法概念组构成的EPIP概念谱系，对EPIP的概念进行了系统解释。申奕、郝立果、崔立鹏、张磊等诸多学者在专业建设、课程设计、院校办学、师资能力建设中探索了EPIP理念下教学生成的具体应用过程。

对于工程、实践、创新、项目四要素在教学生成过程中的实现机制，EPIP理念的代表性论著使用了“学而知其用，用而知其所，所而知其在，在而知其代，代而知其原，原而知其衍”的“六递进”解释，进行了论述，并将其延伸至“名谛”“实谛”“合谛”三个境界的教育哲学解说中，对于教育教学中职业能力的培养、关键能力的养成、核心技术一体化、教育治理的系统联动、教育话语的体系构建等教学生成进行了全层次设计，从而完成了EPIP教育理念“五观、四元、三谛、两核、一宗”关键构型的架构。可以说，“六递进”不在EPIP教育理念的核心要义要素中，却是核心要义在教学生成中不可缺少的过程描述。理解了“六递进”才能通晓EPIP的应用之道。然而，现有研究对“六递进”关键节点要素含义和递进机制的解释散落于“四元”和“三谛”论述篇章中，而后续部分使用者往往依托于具体的课程和项目对理念进行解释和应用，致使部分教学实践在研究和应用过程中陷于相关概念的抽象理解和机械组合。此外，“六递进”对于EPIP教学生成过程“学、用、所、在、代、原、衍”的原生表述对于其理解和应用也造成相当困扰。随着EPIP教学在国内外教育中的深入应用和不断拓展，有必要对“六递进”在教学生成中的作用和机制进行梳理，以此增强EPIP教学理念的学理基础和学术内涵，增进实践者对EPIP的系统理解。

二、基础逻辑

作为系统中最核心的运作原理和规则，基础逻辑是支撑整个系统运行的基础框架，它决定着系统如何处理信息、做出决策和执行任务。理解EPIP的教学生成过程，首先要明确支撑EPIP理念的体系支点，也就是支撑整个EPIP理念运行的逻辑，这需要考察EPIP核心要义的静态构型。

1．知行合一的逻辑遵循

EPIP理念使用“五观、四元、三谛、两核、一宗”表述其核心要义。其中，“五观”指EPIP理念在教学、课程、专业、院校办学、教育治理五个层面的应用；“四元”指EPIP理念的四个教育教学元素构成；“三谛”指EPIP理念对“名实耦合”境界的教育哲学解释和过程追求；“两核”指EPIP理念在教学生成中的核心要求；“一宗”则是EPIP理念所遵循的教育实践中的根本宗旨。考察核心要义的静态构型可以发现，EPIP理念是在“知行合一”宗旨下，根据“真实”和“完整”两个教学生成要求，以“名谛”和“实谛”境界耦合生成“合谛”境界为实践过程追求，提炼教育教学设计过程中“工程”“实践”“创新”“项目”的四个特征要素以“工程化”“实践型”“创新性”“项目式”的形式呈现教学生成，并将其用于指导课堂教学、课程开发、专业建设、院校办学和教育治理的层进过程（见图7-1）。不难发现，贯穿和支撑这一层进过程始终的是EPIP理念的根本宗旨——知行合一。这种螺旋上升的知行观全方位规定着EPIP教学生成的认识体系和实践体系，决定着EPIP的理论构建和实践应用的根本指向，因而成为EPIP理念的基础逻辑。

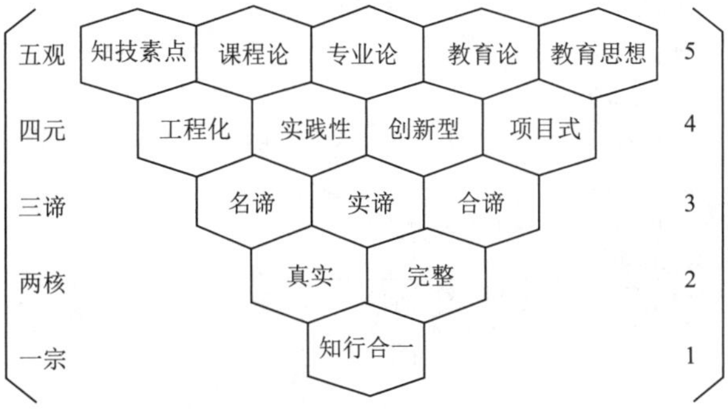

图　7-1

2．“三谛”对知行合一的阐释

在认识和实践关系方面，知行合一强调认知事物与实行其事是辩证统一的，主张知中有行，行中有知，以知为行，知指导行。在EPIP理论中，知行合一的认识论解释是通过“名谛”“实谛”“合谛”三个知行境界在教学生成系统的动态衍生中形成的。耿洁构建了一个理论全景图勾勒了EPIP理念的动态逻辑关系（见图7-2）。从如何办、如何教、如何学等教育的基本问题出发，EPIP在“五观”层面生成了教学、课程、专业、办学和治理方面的系统理念，在认知领域实现了“名谛”境界的提升；通过“四元”，即工程化、实践性、创新型和项目式的自觉行动创造了实施教学的教育环境和教学载体，在实践领域实现了“实谛”境界的提升；当使用“五观”各个层面的教育理论去指导和实施“四元”各个层面的教育行动，以及使用“四元”层面的教育行动去改进完善“五观”层面的教育理论，就是“名谛”境界与“实谛”境界的耦合，这也是构建“合谛”境界的过程。在真实、完整教育教学中实现的产教融合、校企合作和工学结合等就是这种耦合在教学生成中的典型成功案例，其最终指向就是“合谛”境界的生成。简言之，“名谛”和“实谛”境界的耦合催生了教学生成的“合谛”境界，而“合谛”境界通过“激活”实现了创新，这个过程是对EPIP底层逻辑——知行合一根本遵循的教育哲学解释。EPIP的本体论、认识论与方法论内在蕴含着共通的教育指向。

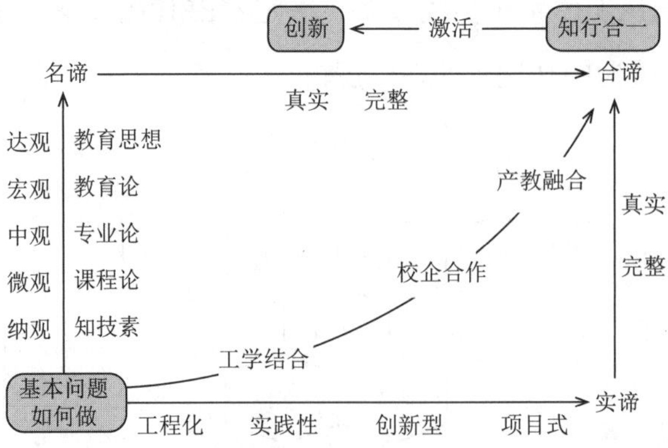

图　7-2

三、方法要义

EPIP代表性论著对于“工程化”“实践性”“创新型”“项目式”的四元要素解说仍然是以“六递进”的话语体系进行阐释的。为更好理解EPIP教学生成的过程机制，有必要从基本含义出发对“四元”在EPIP理念体系中进行泛学理化的概念解说。

1. 工程化

工程的含义是指以某组设想的目标为依据，应用有关的科学知识和技术手段，通过有组织的一群人将某个（或某些）现有实体（自然的或人造的）转化为具有预期使用价值人造产品的过程。EPIP将“工程化”具体解释为生活化、生产化、现实化及社会化。而无论哪一个过程，都是基于现实的社会生产劳动实践，因而在EPIP体系中，工程化指向的是“真实”，强调“教与学要基于真实”，也就是说工程化的教学生成必须基于真实的社会生产活动。

2. 实践性

EPIP理念对于“实践性”的阐释重点强调“知技协进、德技并修”，这暗合工程技术和技术技能等应用型人才的能力要求。教育学对于人的能力存在三个通行的评价维度，即知识、技能和态度（素养）。对应于这三个主流的评价维度，EPIP以“纳观”教学的知技素点为要素生成教学内容，以“知技协进、德技并修”为主体追求将人的能力生成衍生到课程、专业、办学和教育治理等更高维度的教育层面。通过教学要素组织、课程开发、专业建设、院校办学和教育治理培养熟悉专业知识、掌握专项技能、具备职业素养的职业人才。

3. 创新型

在研究人类社会经济周期时，熊彼特曾经对“创新”下过一个经典定义：指把一种从来没有过的关于生产要素和生产条件的“新组合”引入生产体系。在社会生产活动挖掘完既存所有生产要素和生产方式的潜力而陷入“内卷”和经济停滞的低迷状态时，创新的意义在于能够产生新的知识、技术、制度和管理，从而在产品、生产、市场、成本和组织等方面生成新的生产要素和生产方式，产生经济效益，从而拉动经济社会从萧条向繁荣挺进，实现新的增长周期。在当下全球经济疲软背景下，创新尤其具有现实意义。而教育的创新，特别是教学生成过程的创新要素注入，不但对教育系统自身优化迭代具有重大意义，而且通过教育活动影响到经济社会人力资源开发和真实生产活动的开展。而教育创新主要是在教学、课程、专业、办学和教育治理过程中对于教育者、教育对象、教育手段、教育内容和教育环境的提升迭代和优化组合。

4．项目式

项目是为了实现特定目标而将人力、物力和财力等资源要素整合起来策划进行的独立工作任务，其典型的特征是系统集成，也就是“完整”。项目式学习是通过整合教学资源、构建教学环境，使学生在其中通过解决开放性问题获取知识、技能和态度。EPIP的项目式教学主张“每门课程、每项活动、每个环节都要力求体现完整、体现过程、体现全面，教师指导学生（团队）不停地在‘做’一件一件完整的事情，在一件一件完整的事情上‘教’，在一件一件完整的事情上‘学’”。因此，项目式在EPIP理念里是与“完整”相契合的概念，强调的是系统要素的全面性，教学过程的完整性以及教学任务的独立性。

四、实现机制

EPIP理念使用“六递进”描述教学生成的过程。其中，“学而知其用，用而知其所，所而知其在”是EPIP教学生成的具化过程，阐释的是如何根据实践需要开展教与学；“在而知其代，代而知其原，原而知其衍”则是EPIP教学生成的衍化过程，阐释的是如何将教学环境与生产实际相结合，深化教学效果，从而实现教学生成和创新实践。

1．教学生成的具化过程

“六递进”的具化过程涉及四个节点，分别是“学”“用”“所”“在”。其中，“学”可以理解为学习，要解决的问题是有效组织知技素点的教学，使学习者能够熟练掌握涵养职业能力和专业素养的知识、技能和态度。“用”可以理解为应用，要解决的问题是学以致用，使学习者能够有效将学到的知技素点与具体用途联系起来，形成自身的应用操作能力，使得学习者知道“如何去使用”，这是知识、技能和态度由概念向实际转换的进阶过程。“所”可以理解为所学应用的场景，要解决的问题是学习者要对所学知技素点“用在哪里”形成具体理解和意识，是能力的应用从教育者主体养成向生产劳动客体环境延伸的理解过程，而这个“用在哪里”通常指较为具体的生产劳动场所。“在”可以理解为所学在生产劳动场景中应用的具体环节，或者说是某项技能所对应于生产场景中具体的部分或子系统，解决的是教育对象对所学和技能在生产劳动场景中应用环节的对应性问题，使得学习者对学以致用的对象形态形成理解和意识。从学习到应用，从应用到场景，从场景到环节，这是EPIP理念中“六递进”具化阶段所阐释的过程路径，教学生成沿着这个进阶机制形成具体的教学方案，使得学习者能够将能力的养成与应用和真实的生产劳动相结合。这个具化的过程暗合工学结合、产教融合所倡导的教学理念，也可以说是对这些教育理念进行了过程阐释。

2．教学生成的衍化过程

“六递进”的衍化过程指从学以致用的具体环节向教育环境、事物本原进阶，最终形成对于所学的衍化创造能力。这个阶段涉及“在”“代”“原”“衍”四个环节。“代”可以理解为仿真替代，即教育教学中使用的实训设备、仿真器材、教学模型、实验室等，要解决的问题是选择、设计、布置或制作培养相应能力的教学设施，形成生产环节到教学仿真的转换，使得教育教学的实施有了相对应的载体和平台。“原”指所学事物的本原和真实状态，包括其现实形态、运行原理、过程参数等，解决的问题是将教学仿真设施所要展示的教学内容递进到生产劳动现实中的具体原象中，理解其教学设施与真实世界的物理对应、原理对应和运行过程对应。在“代”与“原”的对照中，“代”中的仿真替代在形态上可以是“原”中的本原或本体，比如直接将真实的数控机床用于教学。此时，“代”与“原”的区别在于使用目的不同，“代”的目的是教学，而“原”的目的则是现实社会中的生产实践。“衍”可以理解为对现实物品或产品由单一形态的认知和使用延伸至多元形态的认知、使用乃至开发；对现实物品或产品的运行原理由部分领域向更多领域扩展；对现有技能的熟悉到其他相关技能的掌握乃至新技能的开发等。它解决的是人由于对某个领域的深度涉猎而激发的创新发展问题。如果说“学而知其用，用而知其所，所而知其在”是EPIP教学生成中职业能力养成的具化阶段，那么“在而知其代，代而知其原，原而知其衍”则是实践创新能力启迪的衍化阶段。因为在这个阶段教育对象通过对教学仿真与事物本原的不断对照加深了对所学的系统性理解，进而产生了对所学的演绎，为创新奠定基础。对于教育者而言，这种衍化是教学生成的创新阶段；对于教育对象而言，这种衍化是从技能向创造提升的阶段；对于教育和社会生产而言，这种衍化因具有激活创新的特征而具有更大的价值。

3．教学生成机制的递进关系

在“六递进”中，具化阶段解释教育对象职业能力形成的基本过程，即知技素点的学习（“学”）要以能力的应用（“用”）为目标，能力的应用（“用”）要以应用场景的认知（“所”）为前提，应用场景的认知（“所”）要具体到能力应用的具体环节（“在”）；衍化阶段解释了教育对象创新发展潜力涵养的繁衍过程，即职业能力应用的具体环节（“在”）要强化为教学仿真替代设施（“代”）的针对性设计，教学仿真替代设施（“代”）的设计要以现实生产劳动的要素本原（“原”）的理解为根本依据，现实生产劳动的要素本原（“原”）要以能力的综合创新应用（“衍”）为追求。所以，EPIP教学在过程上是沿着“学而知其用，用而知其所，所而知其在，在而知其代，代而知其原，原而知其衍”的路径进行生成的，体现了一种螺旋式上升的知行合一实践观（见图7-3）。

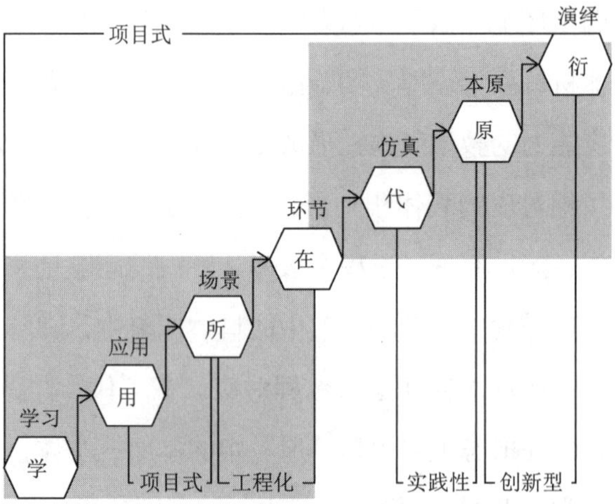

图 7-3

五、发现与讨论

1．“四元”要素在“六递进”中的表达与注入

EPIP代表性论著使用“六递进”对“四元”进行阐释。作为EPIP理念的核心特征元素，“工程化”“实践性”“创新型”“项目式”体现在“六递进”的整体过程，这与“六递进”的开放性有关。针对“四元”要素的属性特征，可以在“六递进”中找到典型的表达环节和注入时机，这对理解和应用EPIP理念实施教学生成具有重要意义。

在“工程化”方面，一个典型的表达就是“所而知其在”。教学工程化是基于真实的生产场景与生产环节而进行的有目的性设计，是指真实工程、真实世界，是现实生活中实实在在的实事、实物、实情、实况。工程化强调“真实”，认为“教与学要基于真实”，“所而知其在”所表达的就是能力的养成要熟悉其在现实中应用的真实生产劳动场景，进而具化到具体的生产劳动环节。这是一个真实的具体过程，是“工程化”要素教学表达和理念注入的关键环节。

在“实践性”方面，一个典型的表达是“代而知其原”。教学实践性是在仿真与本原的反复对照中将知技素点内化于教育对象的。实践性强调能力的培养要针对现实生产劳动而设计教学。作为教学设施或环境的“代”必须与现实中教学内容所对应真实世界的“原”在形态、原理、变化、功能等方面保持相通性，使得教育对象通过使用“代”的学习所形成的能力能够在“原”中进行应用和衍化创新。教学生成中这一环节是表达和注入“实践性”要素的重要时机。

在“创新型”方面，一个典型的表达就是“原而知其衍”。创新型强调教育对象掌握专业知识、工作原理、产品功能、专项技能和职业素养后，形成了对世界本原的系统理解，在此基础上通过“激活”，要能够对知识、产品、机制、技能、规则和道德等生产劳动要素进行开发和创新，形成推动人类社会和经济发展的基础动力。这本质上就是从“原”到“衍”的教育生成诉求。

在“项目式”方面，一个典型的表达是“用而知其所”。项目式教学是以生产劳动场景中具体的劳动服务环节为载体涵养教育对象的知识、技能和态度。项目式强调的是教学生成要在考虑整体与部分、系统与组合、内部与外部关系的基础上强化教学的“完整性”，学以致用要在一个“完整”的场景下理解知识、技能和态度所形成的能力。“六递进”专门设计一个“所”的环节，其主要考量还是强化所教与所学的“完整”场景。此外，也可以将“六递进”作为一个整体进行观察，当教育对象完成了一系列的教学环节，将能力提升至“衍”的创新阶段，完成的就是一个高维“完整”的项目过程。

2．工程化和项目式对“两核”的要义解释

EPIP教学的首创者吕景泉在论著与报告中反复强调要对教育教学的项目

进行“工程化”，并指出工程化的根本要求就是“真实”与“完整”，这是从工程化本义中抽取的教育哲学要素，用以彰显教育教学中知行合一的底层逻辑。教育不能脱离现实生产劳动，必须基于真实的生产劳动场景和具体环节实施教学，满足真实世界生产劳动对劳动者知识、技能与态度的要求。工程化在“六递进”的“所而知其在”中表达了完整与真实的要义，这个“所”是一个完整的生产劳动场景，“在”是生产劳动场景中的一个真实环节，环节与场景的关系就是部分与整体的关系。“所”作为一个整体的场景本身具有“完整”的拓展含义，而“在”在解释为场景中一个环节时寓意为存在，这个存在就是“真实”。教育对象要在“所”的完整场景中学习培养针对“在”的具体环节的职业能力，这要求根据“在”的原理、技术和管理而进行教学设计，这在本质上是“项目式”教学。而“项目式”是在考量“所”与“在”关系的基础上培养教育对象的职业发展能力，因而“项目式”的理解要回探到应用环节，由此“用而知其所，所而知其在”阐释了项目式教学的“真实”和“完整”。此外，EPIP教学生成整个过程就是一个教育教学项目，是针对真实课堂教学、课程开发、专业建设、院校办学和教育治理而开展的项目式革新，蕴含着“真实”与“完整”的核心内涵。

3.“代”与“原”的螺旋上升关系是“衍”创新生成的辩证法基础

强调创新对于教育变革和社会发展具有重要意义。考察创新在EPIP体系中生成的过程可以发现，EPIP的创新性存在教育创新和生产创新两个方面，这两个创新产生于“六递进”的不同阶段。教育创新是EPIP应用自身的创新，产生于EPIP“六递进”过程本身。教育者使用EPIP进行教学生成，其产生的技素点教学设计、开发的课程、建设的专业、管理的院校、治理的教育体系等相关新方案和新行动，都是教育创新，这种创新是EPIP理念指导下教育自身的演进，从纳观、微观、中观、宏观和达观等全层面推动着教育事业的不断发展。生产创新是以教育对象为主的教育参与者在EPIP教学生成体系中接受完教育后，其自身知识、技能和态度所形成能力的创新潜力被激活，在随后的职业生涯中在知识、技术、制度和管理方面为生产劳动和社会发展作出的革新性的贡献。教育创新产生于“六递进”过程中，是“六递进”的教育产出结果；

生产创新产生于“六递进”“衍”阶段之后，需要借助职业生涯的适当契机而实现。

无论是教育创新，还是生产创新，“衍”的形成与激活，都离不开“代”与“原”的循环对应和螺旋上升。教育对象的知识、技能和态度等职业能力在“六递进”具化阶段的教学生成中得以养成，职业发展的横向多元化拓展和纵向专项能力进阶促使其需要在创新能力方面进行涵养和夯实，“六递进”衍化阶段为此提供了契机。“代”与“原”的要素构成不但包括器材、设备、场景等实体性要素，也包括知识、原理、管理等概念性要素。在EPIP教学生成中，“代”所代表的教学环境、设施、载体、平台等是从现实的生产场景和劳动实践中抽取知识、原理、设备、器件、管理等事物本原关键要素（“原”），根据生产对劳动者能力的需要进行教学设计而形成的，是事物本原在教育体系和教育过程中的“映射”。教育对象在“代”中接受教育，涵养职业能力和创新发展能力，到真实世界中去对知识、原理、技术、规则进行验证，在二者不断反复中，加深和拓展对事物本原的认识和把握。这种加深和拓展是一种对现实世界认知和把握的螺旋上升，进行到一定程度就会熟能生巧，进入对知识、技术和管理产生举一反三、创新变革的繁衍和演绎的境界，即所谓的“衍”。这就是“代而知其原，原而知其衍”的过程辩证法。

六、结论

EPIP教学是在传承中国传统教育思想和汲取世界各国职业教育理念基础上发展而来的一种教育理念，它以知行合一为教育宗旨，通过在真实和完整的教学环境中创建和实施“工程化”“实践性”“创新型”“项目式”的教学，使教育对象在抽象概念与实际世界的耦合理解中提升职业能力。这种理念对课堂教学、课程设计、专业建设、院校办学、教育治理具有广泛的指导意义。

EPIP理念指导下的教学生成逻辑和要义来自对EPIP“五观”“四元”“三谛”“两核”“一宗”的系统解析与验证。对EPIP核心要义的静态构型和理论全景图的解析，验证了EPIP的底层逻辑是知行合一实践观。这种逻辑的哲学阐释为“名实耦合”，其主导着EPIP教学生成的全过程，是EPIP教育教学的过程遵循和终极指向，因而成为EPIP理念的“一宗”。对于“四元”中两个要素“工程化”和“项目式”的解析证明了“真实”和“完整”是EPIP教学生成的根本要求，这也是EPIP理念的“两核”。“三谛”作为知行合一宗旨的哲学解释以“名谛”“实谛”“合谛”三个境界阐释了EPIP教学的过程追求。“四元”是EPIP理念的主旨要义和内涵要素，蕴意着在真实、完整的项目中培养教育对象的职业能力和创新发展能力。EPIP的教学生成涵盖课堂教学、课程开发、专业建设、院校办学和教育治理五个层面，也即“五观”，为教育教学提供了全方位的解决方案。

“学而知其用，用而知其所，所而知其在，在而知其代，代而知其原，原而知其衍”“六递进”解析的完成有助于研学者对EPIP理念的深入理解，同时也发现了在课堂教学、课程开发、专业建设、院校办学和教育治理过程中表达和注入“工程化”“实践性”“创新型”“项目式”四元要素的典型节点和关键时点——“工程化”要素从“所”与“在”的递进中表达和注入，“实践性”要素从“代”与“原”的递进关系中表达和注入，“创新型”要素从“原”与“衍”的递进关系中表达和注入，“项目式”从“用”与“所”的递进关系中表达和注入。这些典型节点的发现为教学生成和评估认证提供了参考点。

EPIP理念不是颠覆，而是“激活”。“激活”是EPIP理念的行动指向，对内通过激活教学创新推动了教育事业的发展，对外通过激活生产创新助力经济社会创造价值。这种激活的动力源自通过“学”“用”“所”“在”而形成教育对象职业能力的具化教学设计，也源自通过“在”“代”“原”“衍”而形成教育对象的创新发展能力的衍化教学追求，更是“工程化”“实践性”“创新型”“项目式”四元要素通过教学生成和教学实施作用于教育参与者而激发的人的潜力。因此，EPIP是理念，是方法，是路径，是启示，更是探索。

——摘自《中国职业技术教育》2025年第10期中张磊、米靖、吕景泉《工程实践创新项目（EPIP）的教学生成：底层逻辑、方法要义与实现机制》。

第二节　EPIP 的“四元”谱系定位、哲学意蕴与转化逻辑

【此文发表于 2025 年 6 月】

在全球产业技术变革与职业教育转型的双重背景下，工程实践创新项目（EPIP）的提出标志着中国职业教育从知识传授向全面培养的范式跃迁。“重理论，轻实践”“产教脱节”“重能力，轻素养”的职业教育模式难以适应当今经济社会发展对人才的需求，工程实践创新项目（EPIP）的提出，根源于中国古代传统智慧，建基于中国当代职教实践，吸收职业教育发展前沿理念，通过四元要素的系统整合，探索出一条职业教育从微观教学到宏观发展的新模式、新路径。

一、工程实践创新项目（EPIP）四元的谱系定位

工程实践创新项目（Engineering Practice Innovation Project，EPIP）是中国职业教育领域独创的一种教学模式，以工程（Engineering）、实践（Practice）、创新（Innovation）、项目（Project）四大核心要素为支撑，其内涵体现为“工程化、实践性、创新型、项目式”。EPIP以真实工程为背景，通过项目式学习培养学生的工程思维、实践能力和创新精神，强调“真实问题驱动、完整过程体验”，目标是培养适应现代产业需求的复合型技术技能人才。EPIP的核心理念源于中国本土教育实践，融合了墨家的“名实耦”哲学、陶行知的“生活教育”思想、黄炎培的“建教合作”理念以及现代职业教育理念，同时通过“鲁班工坊”等平台实现国际化分享。

EPIP的内容谱系，可以用“一宗、两核、三谛、四元、五观”来概括，简称EPIP的“12345”。一宗是指知行合一，是EPIP的哲学根基，强调认知与实践的统一。两核是指真实、完整，是EPIP教学模式的核心原则，贯穿教学

全过程；真实包括真实情景、真实问题解决。完整包括过程完整性与能力完整性。三谛是指名谛、实谛、合谛，是EPIP的认知境界理论，源于墨家“名实耦”思想。名谛境界是概念学习阶段；实谛境界是实践验证阶段；合谛境界是实现名实统一。这三个境界的递进体现了从“知其然”到“知其所以然”的升华。四元是指工程化、实践性、创新型、项目式，构成EPIP的系统架构。工程化：以真实工程为载体，教学内容与社会需求紧密结合。实践性：强调“做中学”，通过动手实践深化理论理解；同时注重知技协进、德技并修的素养养成。创新型：注重激活教育环境与场景，鼓励学生突破常规，解决复杂实践问题。项目式：以项目为驱动，整合多学科知识与技能。五观是指达观、宏观、中观、微观、纳观，是EPIP的多层级应用框架。达观（宇观）：战略层面国家的职业教育政策，文化层面弘扬工匠精神；宏观：院校治理、产教融合政策以及专业群建设；中观：课程体系重构、教学资源开发；微观：课堂教学改革、教学实施方法；纳观：知识技能素养点培养。五观层级从国家战略延伸至教学细节，形成“顶天立地”的完整体系架构。

综合来看，工程实践创新项目（EPIP）的“12345”五个内容谱系之间相互贯穿、彼此联系，相互映射。需要注意的是，“四元”即工程化、实践性、创新型、项目式不只是工程实践创新项目（EPIP）的系统架构，更是其核心特征，奠定其本体基础。因为它既构成了工程实践创新项目这一概念本身，又提供了一宗“知行合一”理念的实践平台，两核“真实、完整”原则的贯彻主体，三谛“名实耦”逻辑的应用场域，“达观、宏观、中观、微观、纳观”五观的实践逻辑。

二、工程实践创新项目（EPIP）“四元”的哲学意蕴

工程实践创新项目（EPIP）“四元”并非凭空想象而来，在其内涵指称与运行逻辑背后，其实有着深刻的理念根源与哲学意蕴，并在根本上决定着其将本土智慧与本质哲思有机融合的理念基因。

（一）作为本体论的EPIP四元：职业教育本质存在的哲学根基

从本体论视角审视EPIP四元（工程化、实践性、创新型、项目式），其本

质是对职业教育存在方式的根本性定义。本体论作为哲学中探讨“存在之本质”的分支，可以将EPIP四元视为职业教育系统的本体构成要素。EPIP四元通过“工程化”确立了职业教育与产业需求之间的实体关联性，即教育内容必须根植于真实场景的客观存在。“实践性”则强调技能习得的过程必须通过物理性操作实现认知的内化，这体现了职业教育作为“具身性存在”的特质。“创新型”在本体论层面指向职业教育的动态演化属性；创新能力并非附加于教育系统的外部特征，而是职业教育作为社会技术系统实现自我更新的内在驱动力，其存在形式表现为对既有技术范式的突破与重组。而“项目式”则定义了职业教育知识载体的存在形态——即以项目为知识单元，通过任务链的模块化整合，使分散的技能点凝聚为可操作的实践实体。这种本体论框架下，EPIP四元共同构建了职业教育的“存在本质”：它既非纯粹的理论传授，亦非简单的技能训练，而是通过工程化逻辑将知识、实践、创新三者嵌入项目载体，形成具有自组织能力的教育生态系统。

这一层面也得到墨子思想的本体支撑。墨子主张“名（概念）实（实践）相耦”，强调知识的有效性需通过实践验证。EPIP通过“真实、完整”的项目设计贯彻这一理念：一方面，教学内容基于真实产业需求（如生产线调试标准），避免“名实分离”；另一方面，学生成果（如设备运行数据）反哺课程优化，形成“名实互证”的动态平衡。职业院校依据企业反馈调整《自动化生产线安装与调试》实训重点，体现“以实正名”的辩证思维。墨子的“名实耦”思想蕴含着深刻的辩证法思维，它要求在认识事物时，不仅要注重概念的准确把握，更要通过实践来检验概念的真实性和有效性。在职业教育领域，这一思想具有重要的指导意义。EPIP的真实性检验正是对这一思想的现代转化和应用。在EPIP的教学设计中，真实性的体现不仅局限于项目内容的真实，还包括项目背景、项目流程以及项目评价等方面的真实。学生在参与真实项目的过程中，能够深刻感受到知识在实际工作中的应用价值，从而增强学习的动力和针对性。同时，通过将学生的实践成果反馈到课程设计中，不断优化教学内容和方法，实现了教学与实践的良性互动。

（二）作为认识论的 EPIP 四元：知识生产的认知机制重构

在认识论维度，EPIP四元重构了职业教育领域的知识生产逻辑。EPIP的“工程化”要求课程开发须以解决现实问题为导向，这突破了传统职业教育中“学科知识优先”的认知路径，转而采用“问题驱动型认知框架”。在此框架下，学生通过真实项目接触工程问题，进而触发对既有知识体系的反思与重构，形成“实践-认知-再实践”的螺旋上升机制。“实践性”在此过程中承担认知媒介功能。EPIP将实践从单纯的操作层面提升至认知方法论高度：学生通过机械安装、故障排查等具身化操作，不仅掌握程序性知识，更在触觉反馈与视觉观察中形成对工程原理的直觉理解。这种认知机制与梅洛-庞蒂的“身体现象学”形成呼应，强调身体经验在知识建构中的基础作用。“创新型”则指向认知范式的突破性特征。EPIP通过设置开放式项目任务（如自动门系统优化），迫使学生在资源约束条件下进行跨学科知识重组，此过程催生的“限制性创新”打破了传统教学中的线性认知模式，形成非线性、发散性的问题解决思维。最终，“项目式”作为认知整合器，将碎片化知识转化为系统性工程思维，完成从“知道什么”（know-what）到“知道如何”（know-how）的认知跃迁。

陶行知“生活教育”“教学做合一”主张，为EPIP的实践性与项目式设计提供了认识论的理论根基。“生活教育”与EPIP的情境化学习。陶行知的“生活教育”理论强调教育与生活的紧密联系，认为教育不应局限于学校课堂，而应融入社会生活的各个方面。EPIP通过真实项目（如生产线安装）将课堂延伸至产业现场，使教育场景与职业生活无缝衔接。在EPIP的实践性设计中，教学空间得到了极大的拓展，不再局限于传统的教室和实验室，而是延伸到企业生产车间、施工现场等实际工作场所。学生在这些真实的工作环境中学习，能够更加直观地感受到专业知识与实际工作的紧密联系，从而提高学习的主动性和积极性。此外，陶行知的“教学做合一”思想为EPIP实践性提供了思想来源。陶行知强调“做”是教学的核心。EPIP的“项目式”设计将知识传授（教）、技能训练（学）、任务完成（做）融为一体，如埃及鲁班工坊通过“师资培训先行+设备操作”模式，让学生在实操中掌握技术。这种模式突破了传统课堂的“累积式思维”，转向问题解决导向的“大目标”。同时，教师角色的转变也体现了“教学做合一”的理念，教师不再是单纯的知识传授者，而是学生学习和实践的引导者、组织者和合作者。

三、作为方法论的 EPIP 四元：教学实践的操作性范式

在方法论层面，EPIP四元转化为可操作的教学行动纲领。工程化是EPIP的核心方法论，强调以系统性思维解决复杂问题。例如，在鲁班工坊建设中，工程化体现为基于真实产业需求构建教学体系，通过“真实、完整”的项目设计模拟实际工程场景。工程化不仅提供技术路径，还要求教育目标与产业需求精准对接，体现了墨子“名实耦”思想中“以实正名”的逻辑。实践性是EPIP区别于传统教学的关键，强调“做中学”与“知行合一”。通过真实项目操作，学生将理论知识转化为解决实际问题的能力，如埃及鲁班工坊通过技能培训与设备操作强化实践性。这一特征与陶行知“教学做合一”思想高度契合，即教育需扎根生活场景，通过实践验证理论的适用性。创新型要求学生在项目中探索非标准化解决方案，培养批判性思维与创造力。例如，EPIP课程设计中常设置开放式问题，鼓励学生结合跨学科知识提出创新方案，这与墨子强调“名随实变”的辩证思维一致。同时，黄炎培提出的“建教合作”（教育与产业共建）思想也是EPIP创新型特征的重要思想来源。“建教合作”思想启迪校企协同创新机制，为EPIP提供了产业技术革新的实践土壤。EPIP通过校企联合开发课程、共建实训基地，将产业技术标准转化为教学资源，形成“五业联动”（产业、行业、企业、职业、专业）的协同机制。项目式是四元要素的整合平台，通过真实任务驱动学习过程。项目式学习强调成果导向，需综合运用工程化思维、实践能力与创新意识完成目标。例如，EPIP教材《自动化生产线安装与调试》通过项目任务串联知识点，让学生在模拟生产线调试中掌握综合技能。这与墨子“取实予名”的实践哲学一脉相承——名（知识）需通过实（项目）的检验方能成立。

四、工程实践创新项目（EPIP）四元的转化逻辑

工程实践创新项目（EPIP）四元之间既相互独立，具备各自完整的内涵与实践指向，又相互联系，彼此耦合，构成了一个动态循环、层层递进的系统过程。同时又通过五观层次与五业联动实现实践层面的系统化转化，更进一步通过鲁班工坊的建设实践，实现全球教育分享与价值转化。

（一）EPIP 四元转化的层级架构

1．工程化：系统框架与问题导向的基石

工程化作为EPIP的首要要素，其核心在于构建一个系统性的方法论框架，将产业界的复杂需求精准地转化为职业教育的具体目标。这一过程并非简单的对接，而是需要深入分析产业技术的发展趋势、企业的实际运作流程以及岗位技能的要求，进而设计出符合职业教育规律的教学内容和培养方案。

在实际操作中，工程化要求职业教育机构与企业建立紧密的合作关系，共同组建跨领域的专家团队。例如，在鲁班工坊的建设中，中方院校与合作企业以及海外院校、行业组织等多方共同参与，基于企业的真实技术标准和生产流程来设计课程模块。这种设计不仅确保了教学内容的前沿性和实用性，而且有助于学生在学习过程中建立起对产业整体架构的系统性认识，为其未来的职业发展奠定坚实基础。工程化还强调对工程项目的分解与重构，将复杂的工程项目分解为适合教学的子项目，同时又不失工程的整体性和系统性。这种分解与重构的过程需要综合考虑教育学、心理学、工程学等多学科的知识，以达到最佳的教学效果。

2．实践性：知识转化与能力生成的路径

实践性是EPIP的关键要素，其本质是通过“做中学”的方式促进学生能力的生成与提升。传统职业教育中，理论与实践常常被割裂开来，导致学生在实际工作中难以将所学知识有效应用。EPIP的实践性设计旨在打破这种割裂，构建一个理论与实践深度融合的学习环境。

在EPIP的实践性设计中，真实的职业场景被引入到教学过程中，使学生在学习初期就能够接触到实际的工作任务和技术问题。例如，在埃及鲁班工坊

中，学生直接参与生产线的故障排查、设备调试等实际操作。在这些实践活动中，学生不仅要运用理论知识来分析和解决问题，还要在实践中不断反思和调整自己的知识结构和技能水平，从而实现知识向能力的转化。教师的角色在实践性设计中也发生了转变，从传统的知识讲授者转变为项目导师。教师需要具备丰富的实践经验和教育教学能力，能够引导学生在实践中学习，在学习中实践。这种角色转变对教师的专业发展提出了更高的要求，也促使职业教育机构更加重视教师的实践培训和企业挂职锻炼。

3．创新型：技术迭代与教育更新的动力

创新型是EPIP的内核要素，它驱动着技术的突破和教学内容的动态更新。在快速发展的产业技术背景下，职业教育必须具备创新的意识和能力，才能培养出适应未来社会发展需求的高素质技术技能人才。

EPIP的创新型体现在多个方面。首先，在教学项目的设计上，鼓励引入前沿的技术课题和跨学科的协作任务。例如，在新能源研发项目中，不仅涉及传统的机械、电气等学科知识，还融入了材料科学、信息技术等新兴领域的知识和技术。这种跨学科的项目设计有助于拓宽学生的知识视野，培养其综合运用知识解决复杂问题的能力。其次，在教学方法上，创新型要求采用启发式、探究式、合作式等多样化的教学方式，激发学生的创新思维和创造力。教师通过引导学生参与项目研发、技术改进等活动，让学生在实践中体验创新的过程和乐趣，从而培养学生的创新意识和创新能力。

4．项目式：资源整合与协同合作的载体

项目式是EPIP的整合性要素，它通过真实任务的驱动，将知识、技能、资源等多方面要素进行有机整合，实现教育链、产业链与创新链的深度融合。在项目式教学中，学生以团队的形式围绕一个具体的项目任务开展学习和实践，这不仅有助于培养学生的团队协作能力和项目管理能力，还能够促进不同学科知识之间的交叉融合。

项目式的实施需要建立相应的组织架构和管理机制，确保项目的顺利推进。通常，项目团队由学生、教师、企业技术人员等多方人员组成，各方在项目中扮演不同的角色，发挥各自的优势。例如，企业技术人员可以提供实际的技术指导和行业经验，教师负责引导学生的学习过程和知识建构，学生则通过实际操作和探索来完成项目任务。

（二）EPIP四元转化的耦合逻辑

以上分别分析了工程实践创新项目（EPIP）中的四元要素（工程化、实践性、创新型、项目式）的核心定位与职能作用，它们之间并不绝对孤立，相反彼此深度耦合。

1．工程化与实践性的耦合

工程化是EPIP的核心要素之一，提供了一个解决问题的系统框架方法，强调将理论知识应用于实际工程项目中，通过实践性来验证和深化理论知识。实践性则要求学生在真实或仿真的工作环境中进行操作和实验，从而培养其解决实际问题的能力。两者相辅相成，工程化为实践性提供系统框架与理念基础，而实践性则通过具体操作验证和巩固工程化的内容。

2．创新型与项目式的耦合

创新型强调激活教学过程各元素的创造性基因，在项目实施过程中鼓励学生提出新思路、新方法，激活培养其创新思维和解决问题的能力。项目式则通过具体的活动项目为载体，为学生提供展示和实践创新能力的平台。两者结合，项目式为创新提供实践场景，而创新型则驱动项目式的发展方向，使学生在项目中不断探索和创新。

3．工程化与创新型的耦合

工程化为创新型提供了坚实的系统框架和技术基础，而创新型则通过引入新的技术和方法，推动工程化的进一步发展。两者相互促进，工程化为创新提供系统框架支撑，而创新则通过引入新技术和新方法，提升工程化的效率和效果。

4．实践性与项目式的耦合

实践性通过具体的实践活动让学生掌握技能，而项目式则通过完整的工程项目为学生提供实践机会。两者结合，项目式为实践性提供具体的实施载体，而实践性则通过具体操作验证项目式的设计和实施效果。这种耦合关系确保了学生在实践中不断学习和成长。

综上所述，EPIP中的四元要素通过相互作用和耦合，形成“系统规划—实践行动—创新激活—载体验证”的循环转化机制，其本质是职业教育从“知识积累”向“问题解决”的范式转型，共同构建了一个系统化的教学模式，这种耦合转化关系提升了教学效果，有助于培养学生的综合能力，为职业教育的改革和发展提供了重要的理论和实践支持。

（三）EPIP 四元转化的实践落地

EPIP四元要素的落地实施依托“五观”战略与“五业”资源整合，五观层级与五业联动的协同创新，更进一步通过鲁班工坊的全球布局实现了实践落地转化。

1．五观层级转化：从宏观到纳观的系统设计

EPIP的“五观”（达观、宏观、中观、微观、纳观）构建了从战略到操作的全景视角，为职业教育理论转化为实践提供了认知层级的系统化支撑。五观层级包括达观、微观、中观、宏观和纳观五个层次，从达观（国家战略导向）到纳观（个体能力培养）的系统设计，确保教育目标与产业需求的精准对接。例如，“一带一路”倡议下鲁班工坊的海外布局（达观）与新能源专业课程开发（微观）形成战略协同。达观层次关注职业教育如何服务国家重大行动，如适应“一带一路”倡议，培养具有国际视野和跨文化交流能力的技术技能人才；纳观层次侧重于个体能力的培养，注重学生专业知识、技能和素质的全面提升；中观层次涉及院校与企业、行业之间的合作，构建产教融合的生态系统；宏观层次着眼于职业教育在整个教育体系中的定位和发展，推动职业教育与普通教育的融通发展；五观层级与墨子“名实耦”思想中的“合谛”境界相通，要求各层级目标与手段的统一。

2．五业联动转化：产教融合的资源整合机制

“五业联动”（产业、行业、企业、职业、专业）是EPIP落地的保障机制，提供了职业教育产教协同的运作机制。这一机制通过EPIP的“四元”要素转化为可操作路径。五业联动通过产业需求驱动专业设置、行业标准规范课程内

容、企业资源支撑实践教学，构建“产教融合”的资源网络。在EPIP的“五业联动”机制中，产业、行业、企业、职业、专业五个方面相互关联、相互促进，形成了一个有机的整体。产业的发展为职业教育提供了方向和需求，行业标准规范了职业教育的教学内容，企业资源支撑了职业教育的实践教学，职业岗位要求引导了专业设置和课程体系构建，而职业教育培养的人才又反哺产业的发展和升级。这种双向赋能的闭环生态，不仅提高了职业教育的适应性和有效性，也为产业的可持续发展提供了有力的人才保障。

3. 全球价值转化：鲁班工坊的教育实践效果

EPIP通过鲁班工坊覆盖全球30国，累计培养学历生23 000人、非学历生31 000人，分享了70余个专业。为“一带一路”项目输送本土人才，如中泰高铁、巴基斯坦经济走廊等。鲁班工坊被写入《共建“一带一路”：构建人类命运共同体的重大实践》白皮书，成为中外人文交流的国家名片。

（1）教学模式与平台载体的深度融合

EPIP作为鲁班工坊的“方法论内核”，贯穿课程开发、师资培训、实训设计全流程。例如，埃及鲁班工坊基于EPIP制定《自动化生产线安装与调试》课程标准，将工程实践分解为模块化项目。鲁班工坊为EPIP提供“试验田”，推动其理论迭代。例如，EPIP国际教育联盟通过泰国、葡萄牙等国的教学反馈，优化“工程化”层级划分。

（2）资源开发与标准输出

以赛促教：鲁班工坊引入世界技能大赛装备，转化为教学资源。2022年世界职业院校技能大赛中，中外联队依托EPIP模式斩获60%的金牌。

数字化赋能：开发虚拟仿真平台，打破地域限制。埃塞鲁班工坊通过在线资源库实现中埃教师同步授课，学生可远程操作天津的实训设备。

（3）本土化与全球化的平衡

因地制宜调整EPIP应用。例如，非洲鲁班工坊侧重基础设施领域（如铁路、能源），欧洲鲁班工坊聚焦先进制造和数字技术。建立认证体系：东非职教师资培养EPIP认证试验中心为非洲职教师资提供标准化培训，确保教学模式的可复制性。

EPIP与鲁班工坊的协同，不仅实现了中国职业教育的全球价值转化，更通过“授人以渔”助力合作国构建自主职教体系，成为“人类命运共同体”理念在教育领域的生动实践。

四、结语

工程实践创新项目（EPIP）四元逻辑的建构，既是对中国传统教育思想的创造性转化，也是对全球职业教育发展的实践回应。通过“工程化—实践性—创新型—项目式”的耦合逻辑运作与实践落地转化，EPIP实现了教育链与产业链、科技链、人才链、创新链、价值链的深度融合，其核心价值在于以“名实耦”的辩证思维为逻辑底座，融汇教学做合一的生活教育理念、建教合作的教育思想以及当代教育前沿理念，创造提出全新教育模式，推动职业教育的本土化与国际化协同发展，从而为全球职业教育高质量发展贡献“中国智慧”，提供“中国方案”。

——摘自《职业教育研究》2025年第6期中徐宏伟、吕景泉《论工程实践创新项目（EPIP）的“四元”：谱系定位、哲学意蕴与转化逻辑》。

第三节　EPIP 教学模式的概念谱系、理论框架与应用影响

【此文发表于 2024 年 6 月】

面向2035年教育强国建设，如何“讲好中国故事、传播中国经验、发出中国声音，增强我国教育的国际影响力和话语权”，是教育自强和服务强国建设的 关键。现阶段，中国职业教育形成了一系列改革重大成果，其中，鲁班工坊已成为新时代中外人文交流知名品牌、向世界推广中国职业教育理论和实践成果的 重要平台。作为鲁班工坊的灵魂和内涵根基，工程实践创新项目（EPIP）分别被写入《中国职业教育发展报告（2012—2022）》《教育部天津市人民政府关于深化产教城融合打造新时代职业教育创新发展标杆的意见》《天津市教育现代化“十四五”规划》等文件，明确要“推广工程实践创新项目（EPIP）教学模式应用”。葡萄牙鲁班工坊塞图巴尔理工学院何塞·卢卡斯教授认为，EPIP 与欧洲的PBL（项目式学习法）很类似，但它具有更强的实用性、创新性和创意性，其应用更接近并存在于工业行业中；肯尼亚鲁班工坊马查科斯大学乔伊斯阿加鲁校长认为，EPIP是一种变革性的教学模式，旨在培养学生的实践能力，促进创新，为他们能够适应现实世界做准备。2023年4月，天津市教育委员会批准成立了工程实践创新项目（EPIP）研究与推广中心，统筹推进EPIP应用与研究。为更好地促进EPIP 推广应用，本研究尝试对内涵丰富的EPIP做出概念谱系，剖析五观理论框架，总结在国内外的推广应用情况，以便让人们能更全面了解EPIP教学模式，并深刻认识EPIP教学模式的重大影响。

一、EPIP 教学模式的概念谱系

概念是理论构成的最基本要素，了解概念是理解、熟悉和掌握理论的前

提。理解一个概念需要知道它在理论框架中是如何被使用的，进而达到能够应用它的目的。本研究借鉴谱系学研究方法，对所有EPIP教学模式的论文、专著等文献进行系统梳理、分析，最终确定了以四组概念为基础的概念谱系。

（一）全概念组呈现 EPIP 理论全景图

第一组是全概念组，即一宗、两核、三谛、四元、五观，是EPIP 内涵的主要概念。一宗即知行合一，两核即真实和完整，三谛即实谛、名谛、合谛，四元即工程化、实践性、创新型、项目式，五观即宇观、宏观、中观、微观、纳观。

（二）关键四要素组是 EPIP 理论在五观各层面应用需把握的关键要素

第二组是关键四要素组，即工程化、实践性、创新型、项目式。这一组概念是EPIP教学模式的直接呈现。工程化是将课堂学习与真实世界（生活和生产）连接起来，即以问题形式把现实生产和生活中的实物、实事、实景，也就是将真实的生产或生活案例引入课堂，让学生知晓课堂中的学习是为了解决真实情境中的问题。工程化的课程遵循问题—学习—问题—创新的逻辑，强调课堂知识、技术（技能）、素养的学习要以工程为基础，源自、瞄准、服务于工程，课程活动对象、活动目标、项目内容等不能脱离真实世界。实践性强调学和做统一，理论教学体系和实践教学体系统一，动脑和动手统一，知识、技能学习与素养养成统一。创新型强调由单位模块学习到综合模块学习，学会基于真实工程中新问题、复杂问题等的解决，学会从整体上探索解决方案。项目式注重全过程的整体教学，强调在“准”项目中完整地学习，强调专业能力、方法能力、社会能力等关键能力的培养。关键四要素强调以实际工程为背景、以工程实践为导向、以能力培养为目标、以工程项目为统领。

（三）核心词组是产业与教育、行业企业与学校、职业岗位与专业课程联系的支撑点

第三组是核心词组，即核心技术一体化和关键能力。该组概念是支撑EPIP教学模式在专业建设、课程建设落地的核心概念。“核心技术和技能”是专业的属性，专业建设要从确立专业核心技术技能开始。确立专业核心技术技

能的过程是产与教、校与企深度融合的过程，也是职教与行业、学校与企业长效合作的过程。因此，专业建设的开始建立了产融入教、岗融入课的基础，推进专业的核心技术和技能贯穿于专业人才培养方案、课程体系的制定全过程。在EPIP教学模式中，强调基于专业核心技术和技能“四个一体化”的课程设置、教学环境、顶岗实习、职业资格，简称为“核心技术一体化”。通过核心技术一体化，扩充、深化和丰富教学内容，从职业和岗位出发确定毕业生知识、能力和素质结构，为产教融合的专业建设提供整体解决方案。如确立持续的产教融合路径、构建专业 教学理论和实践体系、设计课程结构和课程内容、开发“双证”课程、设置教学环境（实训基地）、推进教材建设和师资队伍建设等。在专业建设中形成课程、培养规格与职业标准高效对接机制，技术技能人才培养与选拔评价机制，实训条件建设与企业发展有效跟踪机制。同时，基于“核心技术一体化”开发赛项设计与资源，通过赛事促进学、教、改、建。

关键能力主要包括专业能力、方法能力和社会能力。专业能力要求学生会系统、综合地学习和掌握专业知识与技能；方法能力要求学生能自我学习，能处理和解决问题，能适应社会变化；社会能力要求学生有责任、能交往、会合作。

（四）方法概念组是对理解、熟悉、掌握、应用 EPIP 理论的过程概括

第四组是方法概念组，即理念、方式、路径、启示、探索。EPIP教学模式是基于中国职业教育教学实践，用理论思维反思职业教育教学，发现已有教学实 践的局限性，进而提出新的问题；同时对提出的新问题，剖析其根源，揭示其实质，形成解决问题的理念、思路和方法。EPIP作为一种理念，贯穿在职业教育办学、职业院校发展、专业组群建设、核心服务能力、课程教学设计、师资队伍建设、实训基地建设、教育教学管理、培养绩效评价等各方面。EPIP作为一种方式，重在激活，可用于谋事业、做工作、干项目、当教师、做学生。EPIP作为一种路径，是聚焦服务区域经济社会发展，构建院校核心竞争力，打造专业核心技术技能，追求德技并修、精益求精育人的路径。对教育工作者来说，EPIP是一种启示、一种探索，可在 EPIP 视域下探索产教融合，在EPIP视域下探索专业建设，在EPIP视域下探索教学团队，在EPIP视域下探

索赛教互动。

全概念组是EPIP理论的全景图，清晰地呈现了一宗、两核、三谛、四元、五观之间的逻辑关系，勾勒出应用EPIP理论需要以“如何做”为基本问题，以 激活现有、实现创新为终极目标（见图7-4）。关键四要素组是EPIP 理论在“五观”各个层面上应用时需要把握的关键要素，且四个关键要素呈依次递进关系。核心词组是建立产业与教育、行业企业与学校、职业岗位与专业课程关系的支撑点，有了核心技术一体化才能实现产教融合、校企合作、工学结合，才能将关键能力的培养落地、落实、落细。方法概念组是对理解、熟悉、掌握、应用EPIP理论的过程概括，最终达到学校办学、教师教学、学生学习的激活，实现创新发展。

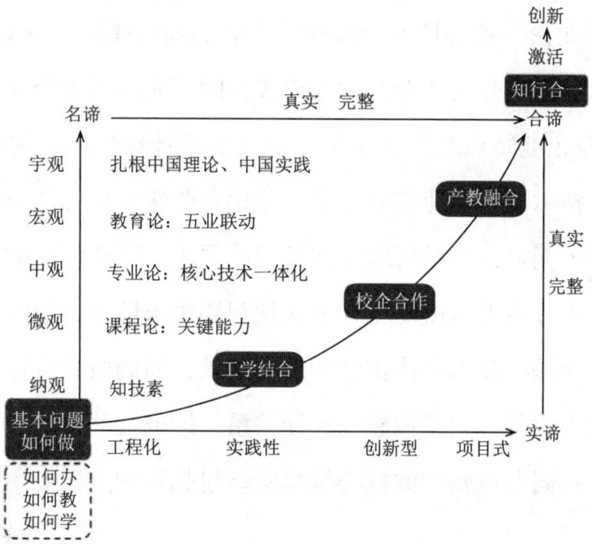

图　7-4

二、EPIP 教学模式的理论框架

EPIP教学模式的理论框架分为五观：宇观、宏观、中观、微观、纳观，是基于“如何做”这一基本问题，即“教育如何办”“学校如何办”“教师如何教”“学生如何学”，是经过长期的实践探索形成的。

（一）EPIP 宇观解决思想和理念层面的职业教育扎根问题

宇观属于战略层面的观点，回答了职业教育与社会、个体发展的关系问题，认为职业教育是现代产业体系发展的组成部分，也是营商环境改善的重要内容；主张举办职业教育要结合中国实际、围绕重大战略、服务经济社会发展，让青年成长成才。

（二）EPIP 宏观解决职业院校办学核心竞争力建设问题

宏观即教育论，回答了职业教育的本质、目的、方法，主张真实工程、真实世界、现实生活培养人，全面育人，院校办学要体现工程化、实践性、创新型和项目式四个基本要素。

（三）EPIP 中观解决“核心技术一体化”专业建设问题

中观即专业论，核心技术一体化是专业的固有属性。针对不同区域特点、不同院校实际，创建开放式专业建设模式，即专业的若干个核心技术和技能要结合 区域行业企业特点、院校实际情况，更富针对性地开展调研，校企共同确定专业核心技术要素，使核心技术一体化专业建设更加适应区域经济社会的发展要求。具体而言，针对区域经济发展的要求，职业院校的专业建设要及时跟踪了解专业人才培养规模变化、就业状况和供求情况，跟踪市场需求；专业建设团队要围绕核心技术一体化专业建设需求，借助校企合作、国际合作平台为企业提供技术服务，同企业建立长期关系，形成互动、互惠、互补的校企合作运行机制。不同专业属性的核心技术应该是趋同的，但应用领域和应用深度可以不同。

（四）EPIP 微观解决教与学“真实”“完整”问题

微观即课程论，课程改革的唯一目标是让课程活起来，教学中任何一个概念、情景、载体、项目、装备都可以通过EPIP激活，让其与生活、生产结合，与经济社会结合，与人的全面发展结合。以《工程实践创新项目教程》中的“自动门项目”为例予以说明，见表7-1。

表　7-1

课程名称	四元		课程组织与实施		三谛	六递进
自动化工程实践创新项目：项目一自动门	工程化	缘起工程化——生活中的工程	引子1	场景：商场、宾馆、办公楼等自动开启和关闭的大门	实谛	学而知其用
				问题：思考“谁”在为我们服务		
			引子2	场景：公元1世纪最早的自动门、希腊自动打开的庙门装置		
				问题：古代的真实工程、现实生活		
		“现实”工程化——生活中的工程	引子3	现代自动门起源于20世纪30年代军事仓库和重要工厂		
				20世纪50年代广泛应用于生活日常		
		“现实”工程化的再深化	任务一　了解生活中的自动门	认识几种典型的自动门		用而知其所
				自动门的定义与分类：平移自动门、旋转自动门、医用自动门、庭院自动门、车间自动门、道路智能闸机		
		技术维度工程化	任务二　自动门的结构与组成	了解典型自动门的结构和常用部件（解剖结构图）		所而知其在
				熟知日常见到的自动门的基本组成		
			任务三　了解自动门核心技术	了解典型自动门中传感器技术的应用		
				了解典型自动门中驱动技术的应用		
				了解典型自动门中控制技术的应用		
				自动门是集传感技术、驱动技术、控制技术一体的机电一体化产品		
	实践性	完整的项目学习体验	任务四　构建自动门系统	掌握自动门的结构与组成	名谛	在而知其代
				动手搭建自动门		
				分析自动门检测系统和控制系统		
				使用JVC为自动门编程和调试		
				用能力源套件完成一个完整的项目：“平移自动门”搭建、调试、运行		
		反复“回象”	项目小结	总结搭建自动门	合谛	代而知其原
				学习工程实践创新项目方案设计、材料准备、工程搭建、程序编写与调试的全过程		
				进一步熟悉能力源控制器及JVC图形化交互式开发系统的应用		
				掌握自动门系统的工程实现的主要技术环节		
	创新型	基于实践的创新思维养成	项目拓展	想一想，练一练		原而知其衍
				1.可以增加门的宽度、采用两扇平移门吗		
				2.可以增加报警功能吗？例如，当门开启时间超过1s，黄灯闪烁进行报警		
				3.门在闭合过程中如检测到有人要进出时，能立即停止闭合吗		
				4.能否统计通过门的人数		
				5.能否分别统计出门和进门的人数		
	项目式	—	—	从认识自动门到搭建自动门，再到解决不同问题，进行改进、优化自动门，形成一个完整、真实项目学习		

（五）EPIP 纳观解决课程和教学“全时空”知技素问题

纳观是指知技素，即课程中每个教学单元所包含的知识点、技能点、素养点要遵循EPIP进行组织实施；也指学校每项细小工作、环节或环境要遵循EPIP 进行组织实施；还指教育教学“全时空”的微片段、微间隙、微元素要遵循EPIP进行组织实施。EPIP主张将职业岗位要求嵌入高等职业教育专业教学体系，融入专业核心课程知技素中。

三、EPIP 在国内外推广应用的影响力分析

EPIP 是从中国职业教育教学实践探索中提炼并构建中国职业教育教学理论话语而形成的中国职业教育教学的叙事体系。EPIP是中国教育理念、智慧的结晶，在国内外产生了重大影响。

（一）EPIP 写入中国职业教育发展报告

2022年8月，EPIP写入教育部面向全球发布的《中国职业教育发展报告（2012—2022）》。在“第三篇守正创新：中国职业教育制度模式”的“四、坚持面向实践、强化能力”部分中，写入“推进工程实践创新项目教学、案例教学、工作过程导向教学模式”；在“第四篇开放共享：面向世界的合作与展望”的“三、合作共铸人类技能开发大体系”的“擦亮‘鲁班工坊’中国名片”部分中，写入“继续推动中国本土化、视野国际化的工程实践创新项目（EPIP）应用，发挥已建成的泰国、葡萄牙、埃塞俄比亚等国 EPIP教学研究中心作用，给更多境外合作伙伴带去先进的教学模式、优质的教学装备”。2022年8月，在首届世界职业技术教育发展大会上，来自亚洲、欧洲、非洲的22位特邀嘉宾发表了主旨演讲，向全球123个国家呈现了鲁班工坊、EPIP在不同国度和领域的运用成效。

（二）EPIP 国际教育联盟覆盖亚欧非 80 多家成员单位，产生辐射效应

2017年5月9日，在中国、美国、泰国等8个国家的20多所学校和30多名专家学者共同发起下，成立了工程实践创新项目（EPIP）国际教育联盟（Alliance EPIP International Education）（以下简称“联盟”）。联盟通过年会，搭建了EPIP 国际研究与交流的平台，聚集了各国专家学者、教育管理人员、

高等教育和职业教育学校研究人员与教师、行业企业人员100多人，覆盖亚非欧18个国家的80多家成员单位，深入研究、推广应用EPIP。7年来，EPIP 国际教育联盟举办了六届年会。联盟围绕EPIP共识、共享、共用的内外诉求及其成员相互之间交流与提升的要求，遵循国际化的逻辑，通过举办论坛、校企互动、项目培训等形式，建立交流、交融的通道，让越来越多的中外院校开始认识、了解并应用 EPIP教学模式，国际专业标准、国赛装备、教学资源不断丰富，一批国外师资在鲁班工坊的运行中成长。联盟探索出了一条理念共识、模式共享的发展路径，产生了联盟效应，推动了EPIP的国际应用和创新发展。

（三）EPIP 教学研究中心和认证试验中心推进在国际上的深度实践应用

截至2023 年11月底，在国内外相继建立了18个EPIP 教学研究或推广应用中心。国内的包括：2017年5月建立的天津渤海职业技术学院EPIP体验中心和EPIP国际教育联盟，2022年5月建立的天津中华职业教育社工程实践创新项目（EPIP）教学研究中心，2023年4月建立的天津市工程实践创新项目（EPIP）研究与推广中心，2023年9月建立的贵州省赫章县中等职业学校工程实践创新项目（EPIP）应用推广中心和中国—中亚工程实践创新项目（EPIP）教学研究与应用推广中心，2023年11月建立的台湾地区工程实践创新项目（EPIP）教学研究与应用推广中心。国外的包括：2017年5月建立的泰国EPIP教学研究中心，2017年12 月建立的印尼EPIP教学研究中心，2018年10月建立的葡萄牙EPIP教学研究中心，2018年12月建立的印度EPIP教学研究中心，2022年4月建立的埃塞俄比亚EPIP教学研究中心，2023 年4月建立的东非职教师资培养EPIP认证试验中心，2023年5月建立的葡萄牙自动化与人工智能类专业EPIP认证试验中心和泰国工程实践课程EPIP认证试验中心，2023 年9月建立的巴基斯坦职教师资培养EPIP认证试验中心和肯尼亚EPIP教学研究中心，2023年10月建立的埃及EPIP教学研究与推广应用中心。

试点开展师资培训、专业建设、课程建设认证。2023年4月，东非职教师资培养EPIP认证试验中心揭牌启运。此中心服务东非职教一体化世行项目（EASTRIP），为埃塞俄比亚、肯尼亚、坦桑尼亚、乌干达等四国16所职业院校培养高水平师资。2023年5 月，葡萄牙自动化与人工智能类专业EPIP认证试验中心和泰国工程实践课程EPIP认证试验中心分别揭牌启运，葡萄牙的认证试验中心专注于在自动化和人工智能领域向葡萄牙及欧洲国家提供基于EPIP的专业认证；泰国的认证试验中心专注于在工程实践课程领域向泰国及其他国家提供基于EPIP的专业认证。

（四）形成了专著—论文—课题—教学成果等系列学术研究成果

形成了《EPIP职业教育教学模式——改造我们 的学习》《工程实践创新项目（EPIP）解析》《EPIP 教学模式——中国职业教育的话语体系》《工程实践创新项目模式·学理·话语·应用（中英双语版）》等系列专题学术著作，其中重点专著已翻译为英文、泰文、葡萄牙文等在国内外出版发行。同时，还出版了《鲁班工坊解析》《鲁班工坊研究：溯源·要义·标准·策略》《鲁班工坊品牌·内涵·布局·目标（中英双语版）》《世界上首个鲁班工坊——泰国鲁班工坊研究》《鲁班工坊纵览与博观》《技能大赛解析》《职业院校技能大赛——中国职业教育的制度创新》等系列学术著作。

自2010年开始，尤其是2012年以来，对EPIP的相关研究快速增加，形成了《工程实践创新项目（EPIP）教学模式的逻辑演进与未来面向》《鲁班工坊本土师资能力建设：内涵、逻辑要素与行动》《工程实践创新项目（EPIP）国际教育联盟：发展路径、效应与展望》《基于EPIP的中国职业教育国际化发展路径研 究——以埃塞俄比亚鲁班工坊为例》《EPIP模式下埃及鲁班工坊建设与运行实践研究》等实践性研究成果，以及《EPIP 教学模式的教育论探究》《EPIP 教学模式的专业论探究》《EPIP教学模式的课程论探究》《工程实践创新项目（EPIP）的技术哲学基础探微》等学理性研究成果。近十年来，立项完成教育部重点课题“基于工程实践创新项目EPIP的教学模式研究与实践”、天津市重点课题“工程实践创新项目（EPIP）教学模式应用与推广研究”等省部级课题近二十项。

在2014年至2022年三届国家级职业教育教学成果奖和天津市职业教育教学成果奖中，有近40项EPIP相关成果获奖。其中包括：两项国家级教学成果

“特等奖”，如“模式创立、标准研制、资源开发、师资培养——鲁班工坊的创新实践”项目获得2022年国家级职业教育教学成果“特等奖”。

（五）出版以《工程实践创新项目教程》为代表的教材，并开展 EPIP 研训项目

以全国职业院校技能大赛为支撑，开发出《工程实践创新项目教程》《自动化生产线安装与调试》等近150 部（套）综合实训课程教材，其中不少教材还译为外文出版。开发出的100多个国际化专业中，有近50个在境外落地实施。截至2023年初，实施了52期432人次国外教师EPIP研训项目；开展了6期180 人次国内教师研训项目。

（六）形成全国职业院校技能大赛和世界职业院校技能大赛的赛事赛项设计开发实施实践成果

赛项承载着教育教学的思想、理念，是教学模式“如何推广应用和推广应用效果怎样”高度浓缩的具体实践形式，是检验教育教学的最有效方式之一。EPIP 在技能竞赛中的应用，形成了与产业紧密对接、与企业实践紧密对接、与岗位紧密对接的赛项开发机制。通过全国职业院校技能大赛等赛项开发、首届世界职业院校技能大赛赛制设计与赛项开发，彰显了 EPIP 教学模式的重大理论支撑和实践应用价值。

1．运用 EPIP 开发首届全国职业院校技能大赛赛项及其他赛项

在2008 年首届全国职业院校技能大赛上，工程实践创新项目（EPIP）教学模式首创者运用EPIP设计开发“自动化生产线安装与调试”“机器人技术应用”等赛项。此后又组织实施了“楼宇智能化系统安装与调试”“智能电梯装调与维护”“工业机器手与智能视觉系统应用”“机器人应用技术”“飞机发动机拆装与维护”等一系列国赛赛项、国际化赛项和企业性赛项。同时，围绕技能竞赛成果，开发了10个基于赛项成果服务专业综合实训教学的教学资源包，包括竞赛实训装备、彩色纸质教材、数字资源光盘及专题学习网站，形成“四位一体”的教学资源，出版了系列工程实践创新项目规划教材。

2．运用 EPIP 开发首届世界职业院校技能大赛

作为世界职业技术教育发展大会的品牌活动，2022年8月，在天津成功举办的首届世界职业院校技能大赛（简称“世校赛”）的赛事设计按照EPIP的“五观”理论，创新性构建了基于工程实践创新项目的比赛形式和基于工程实践创新项目的赛题设计。一是创新性构建基于工程实践创新项目的比赛形式。世校赛回应中国职业教育对接实体经济，聚焦装备制造、信创、新能源等，以装备制造类及相关竞赛类赛项为重点，创新性地构建了以产品逻辑、生产逻辑或应用逻辑形成的赛项单元，将技能比赛、技能展示、体验融为一体，创设竞赛类与展演类两类赛项类型。二是创新性构建基于工程实践创新项目的赛题设计。世校赛构建的基于工程实践创新项目比赛形式，突破单纯技能比拼，突出综合能力考核，将EPIP教学模式、标准、装备与资源有机融入比赛赛项。

3．开发 2023 年全国职业院校技能大赛中职短视频制作赛项

根据教育部《全国职业院校技能大赛执行规划（2023—2027年）》，该赛项为每年举办的常规赛项，且为首设试点的师生同赛项目。中职短视频制作赛项 命题紧贴岗位需求，紧贴现代生活实际、中职师生实际生活，试题覆盖短视频制作的全部工作流程，较完整地覆盖了短视频制作的每个环节，充分体现了产业与专业、岗位与教学、技术与艺术的结合，从素材管理到编制策划书、制作短视频、制作反思等几个方面考核参赛选手运用基础技能的能力和水平。赛项实现了以下功能：

一是将真实项目流程与专业核心技术技能有机统合。赛项设计运用工程实践创新项目（EPIP）教学模式，从工程化、实践性、创新型、项目式四个方面，把短视频制作的核心技术技能通过七个任务形成一个完整的项目，提升参赛选手操作能力和创新创意水平，提升参赛选手审美、价值判断、团队合作的能力，引导教学改革与产业发展、岗位需求的紧密结合，以赛促教、以赛促融。通过较为完整的竞赛项目，检验参赛选手策划书编制、素材管理、影视编辑、音画合成、制作反思的能力；通过参赛选手对自己参赛的策划、操作的过程和结果有意识地进行深入、细致、批判性地回顾、分析和检查，主动探究，提升参赛选手认识自我、完善自我的能力。

二是提高规范标准操作能力与培养创新创意水平密切结合。竞赛命题按照中等职业学校新闻传播类等相关专业教学标准，结合岗位需求及对人才培养的要求，统一命题。竞赛考核任务分为编制策划书、制作短视频、制作反思三个模块，整体呈现短视频制作程序与流程。同时，将自主创意策划及制作与命题相结合，考核选手的综合能力。

三是提高职业技能与培养职业精神高度融合。赛项在设计中体现师生协同工作、综合设计和团队协作能力。设立师生同赛项目，重点考查选手的工作组织能力和团队管理及合作精神，增进师生日常情感建立与沟通交流，加强对师生职业素养的考核，引导选手在提升职业技能的同时，养成遵守规范标准、团队合作、精益求精、善始善终等品质，以及产业发展、企业管理和精品制作所需要的综合职业素养和良好职业精神。

四、EPIP 推广应用的问题与对策建议

（一）加大统筹，推进以 EPIP 为核心的鲁班工坊高质量建设

在鲁班工坊四要素中，EPIP是内涵的根基和灵魂。鲁班工坊要高质量运行和发展，需要在专业建设、课程建设、装备与资源应用、师资培养培训上高质量推进EPIP。然而，在已建成的鲁班工坊中还存在对EPIP 认识不到位、理解不到位、应用不到位的问题，需要加强EPIP在已建成的鲁班工坊中的广泛应用和深度应用。一是根据各鲁班工坊的特点和特色，确定各鲁班工坊EPIP推广应用的重点内容和方法，形成实施方案；二是建立鲁班工坊EPIP研究与推广应用评价指标，形成推进应用与改进评价一体发展。

（二）建立 EPIP 推广应用长效机制，以其为抓手有组织地深化“三教”改革

目前，EPIP已经在国内不少学校应用，但还存在“三教”改革依托教学理论不足、实践经验多而理论支撑缺乏等问题，亟需中国职业教育教学理论的指导和支撑。因此，需要建立EPIP推广应用的长效机制。要将EPIP理论作为“三教”改革的支撑理论，充分发挥EPIP国际教育联盟、EPIP研究与推广中心的作用，在创优赋能项目、精品课程建设、专业教学资源库建设、优质课程建

设、实训基地建设等工作中，在教学能力提升、说课等具体的实践教学中，用中国特色的EPIP教学理论解决“三教”改革中的困难和问题。

（三）依托产业链和服务链，拓宽应用领域并探索各领域人才培养创新路径

EPIP 源于产业、行业、企业、职业与专业的五业联动，也推进五业联动。EPIP的推广应用离不开产业链和服务链，离不开职业岗位，需要将服务区域经济社会发展、服务区域产业发展、服务人的全面发展贯穿于EPIP推广应用中。建议开展有组织的科研，在智能制造、交通运输、现代物流等重点专业大类中分专题推进EPIP课程体系建设研究；同时，在劳动教育、职普融通中深化探索EPIP教学模式推广应用。

（四）系统解析 EPIP 发展构型，促进 EPIP 在更广泛的范围内实践应用和成果转化

EPIP从实践至理论再到实践的循环螺旋上升，需要进行系统深入的解析，构建以理论激活实践、以实践丰富理论的动态发展模型。联合国内外相关机构与院校，加大EPIP在专业群、专业、课程、教材、赛项、师资建设等方面应用研究。构建以泰国 EPIP 教学研究中心为主体的亚洲、以葡萄牙EPIP 教学研究中心为主体的欧洲、以埃塞俄比亚EPIP教学研究中心为主体的非洲等区域性在地国应用网络，研制典型方案，推广应用成果，助力境外合作伙伴有效运用EPIP。开发EPIP标准化进阶式教育项目和培训项目，培养培训骨干教师队伍，助力探 索鲁班工坊核心要义的致用之道，促进职业教育国际交流合作。

——摘自《职业教育研究》2024年第6期中耿洁《工程实践创新项目（EPIP）教学模式概念谱系、理论框架与应用影响研究》。

第四节　大型语料库对EPIP核心要义术语复译考察

【此文发表于2024年6月】

鲁班工坊是服务“一带一路”倡议、中国职业教育海外办学的国际化项目，EPIP教学模式是鲁班工坊的核心内容。EPIP，即工程实践创新项目，是工程（Engineering）、实践（Practice）、创新（Innovation）、项目（Project）四个元素英文首字母的缩写。EPIP教学模式是中国职业教育工作者结合中国实际创立的、适合技术技能人才培养的教学模式。EPIP教学模式的国际传播是中国学术“走出去”的重要组成部分，涉及EPIP教学模式核心要义的话语是中国职业教育长期实践成果的凝练表达，高质量的英译有利于增进国际学界对中国职业教育的了解，推广中国职业教育的学术成果，增进国际学术交流，对于中国职业教育的学术发展和国际影响具有重要意义。目前，学界对EPIP教学模式的外译主要围绕鲁班工坊相关材料的翻译展开研究：高冲等主要从翻译策略的角度探讨鲁班工坊相关资料的汉英翻译，相关资料包括鲁班工坊建设、体验馆展示墙翻译、陪同讲解翻译等。宫宇航从宏观的角度分析了转喻认知理论对鲁班工坊建设相关材料翻译工作的指导和启示。现有文献均未涉及EPIP教学模式术语复译和对外传播的比较研究。

复译是将已经被翻译过的作品再次译成同一种语言的行为。学术翻译是学术成果得以跨语言传播的媒介，学术成果的不断发展使复译成为必然。特别是当已有译本失误较多，理解有待于加深，表达有待于提高时，复译工作便更加必要和紧迫。复译是一个继承、借鉴、突破或另辟蹊径的过程。在对初译和复译进行对比研究时，应采取交叉性的综合研究，即广泛应用语言学、文化学等相关学科的研究成果，对复译进行全面的综合考察。关于复译的评价标准，很多学者从文学翻译出发，认为翻译诗学随着时代变迁而发展，研究者要具备多元的视角，不必过度困扰于翻译标准确定性的问题。然而，学术文本的功能与文学文本不同，前者的术语翻译要兼顾准确性、可读性以及透明性，准确性是第一位的，可读性、透明性不能以牺牲准确性为代价。也就是说，术语的翻译要忠实于原文，易于理解，读者要能够根据译名辨认出源词。

本文以EPIP的首创者——吕景泉教授系统论述 EPIP教学模式的两本著作的英译本为研究对象，两个译本分别为英国新经典出版社（New Classics Press）于 2019 年出版的*Teaching Model of EPIP—Discourse System of Vocational Education in China*（《EPIP 教学模式：中国职业教育的话语体系》的英译本）和中国铁道出版社有限公司于2022年出版的《工程实践创新项目：模式・学理・话语・应用（中英双语版）》。两本著作论述了 EPIP教学模式的总体内涵，本文选取其中同时出现的学术话语，即EPIP教学模式的核心要义作为研究对象。对EPIP概念内涵复译的语义分析主要以美国当代英语语料库（COCA）为工具（语料查询截止日期：2024 年2月18日）并参考权威词典的释义，对比分析两个译本对EPIP核心要义的英译，并在此基础上讨论EPIP 核心要义学术话语的英译对中国职业教育学术话语对外传播的启示意义。

一、EPIP 教学模式核心要义表述的历时演变

EPIP 是以实际工程为背景和基础，以工程实践为导向和贯穿，以能力培养为目标和归依，强化实践创新，强化项目统领的技术技能人才培养的教学模式。工程化、实践性、创新型、项目式是EPIP教学模式的重要内涵。EPIP教学模式在世界各地的鲁班工坊得到了广泛的实践，通过不断演变、发展、进步、完善，这一模式为不同层次的职业教育教学活动提供了全面、细致的指导，帮助教育者更好地关注教学的细节，同时关注职业教育办学的顶层设计。《EPIP 教学模式：中国职业教育的话语体系》（以下简称2019版）将EPIP的核心要义归纳为“三观”，即探讨课程论的微观EPIP，专业论的中观EPIP，教育论的宏观EPIP。其中，微观EPIP包含四个关键元素（“四元”），即工程化、实践性、创新型、项目式；中观 EPIP主要探讨“核心技术一体化”的建设模式；宏观

EPIP 指职业教育要兼具真实性和完整性。《工程实践创新项目：模式·学理·话语·应用（中英双语版）》（以下简称2022版）对EPIP“三观”的研究有了进一步的发展，增加了达观和纳观的论述，前者指职教院校的办学思想、办学策略，即一切教学活动的顶层设计；后者比微观的内涵更为精细，指课程中每一个知识点、技能点和素养点。此外，中观被描述为“三谛”，即三种境界——实谛、名谛、合谛。实谛是指技术知识所对应的本真实践世界，名谛是指以技术知识形式构建的替代世界，合谛是指技术知识本真与技术知识形式的综合化用。“三谛”打通了古今职业教育思想，传承创新了墨子的认识论和逻辑体系。

二、“四元”与“两核”英译的对比分析

在EPIP 教学思想不断演进的同时，不同时期英译本的译者对其精髓的把握也在不断深入。限于篇幅，本文主要关注在2019版和2022版中EPIP核心要义共有并得到充分阐释的“四元”和“两核”的英译情况，两个版本对“四元”和“两核”的英译有所不同，见表7-2。

表　7-2

要义	内涵	2019 版英译	2022 版英译
“四元”	工程化	engineering	engineering/engineering-driven
	实践性	practicalness	practice/practice-oriented
	创新型	innovation	innovation/innovation-targeted
	项目式	project type	project/project-based
“两核”	真实	true/truth	real/reality
	完整	complete/completeness	integral/integrity

从表7-2可以看出，2019版和2022版的翻译有所不同。整体上看，2019版“四元”的英译在形式上做了差异化处理，被译成三个单词和一个词组：engineering、practicalness、innovation、project type，分别采取了省译、名词化等策略。2022版中，“四元”的译文根据语境的不同做了两种处理：当小标题中出现“四元”的概念时采取省译的策略，译为：engineering、practice、innovation、project。这一处理根据简洁原则，将“化”“性”“型”“式”视为范畴词（categoryword）。范畴词用于表达行为、现象、属性等概念所属的范畴，是汉语常用的特指手段，主要发挥语法功能；在正文中以复合词的形

式译为名词加动词过去分词形式，如engineering driven、practice-oriented、innovation-targeted、project based。由此可见，两个英译版本对EPIP核心要义的术语处理并不统一，如何在翻译中达到术语形式和内涵的统一，是学术话语对外传播的关键。下面从“四元”和“两核”的概念内涵方面对两个版本中的英译的准确性和自洽性展开对比分析，从专著中概念的定义和描述出发，从术语翻译的准确性、可读性和透明性三个方面进行评价。

（一）“四元”的复译

课程论是教育学的一个重要分支，主要研究课程的设计、开发、实施和评估，从课程建设的角度回答课程应该如何教的问题。EPIP的“四元”指工程化、实践性、创新型、项目式，是EPIP的课程论，2019 版和 2022 版的译者对此做了不同的处理。

1.“工程化”的复译

“工程化”在2019版译为engineering，在2022 版的正文中译为engineering-driven。EPIP 的“工程化”，是指职业教育要让学生学会解决“真实”的问题、“实际”的问题，使学生能够在真实世界、现实生活中得心应手地工作、生活。在工程背景下，（职业教育）要实施工程实践导向、真实任务驱动式的教学。模仿真实工程的教学任务是“工程化”的模式，学生可以在实践中学习并应用所学的理论知识，加深对知识的理解和记忆。这种实践性的学习方式能够激发学生的学习兴趣，使他们更加主动地参与学习过程。2019版的engineering意为“工程”“工程学”，除非出于简短表达的目的，否则无法全面表达“工程化”概念的完整内涵，读者无法根据译文辨出源词。2022版的engineering-driven 表示工程驱动的概念，更符合工程化的意义。

engineering-driven 在COCA 语料库的词频和语境。engineering-driven 共出现在8个句子里，均为工程驱动之意，是一个通顺、自然的表达方式。虽然“工程化”的初译和复译版本都具备可读性，但复译的版本更符合这个概念的内涵，表达上有利于读者辨认出源词，因此，复译的版本准确性和透明性更高，是更可取的译法。

2．“实践性”的复译

“实践”“实操”是EPIP教学模式的本质属性，EPIP 的“实践性”要求课程的设计和实施理实一体，动手动脑相结合，技术技能训练贯穿始终。2019版中，“实践性”的译文为practicalness，其形容词形式的 practical 常取“真实的”“实用的”“可行的”之意，与EPIP实践性概念的内涵不符；practicalness 虽符合构词法，但并不是practical常见的名词化形式，未被最新版的牛津、朗文、柯林斯、韦氏等权威辞典收录，属于新词的范畴。诚然，随着科技和文化的迅猛发展，英语新词层出不穷，很多新词是通过构词机制形成的。然而，在译文中使用新词，需考虑其使用频率。practicalness 在 COCA 语料库的词频和语境。这个词在美国当代英语语料库中仅有一例：Liefknewhe had to be the first to start. It wasn't a matter of courage，nor of impatience，but a matter of practicalness. 此外，这个语料的来源为同人文创作（FanFiction），即由普通爱好者重新想象或诠释现有文本中的故事、人物和宇宙文体的类型，即在原作品基础上进行二次创作的文学形式，语言风格往往是非正式的。由此可见，这个译法并不符合语言规范。

“实践性”是指教育教学整体过程的实践性活动，要求职业教育要以工程实践为导向。职业教育要以实践应用为教学方向。在这个意义上，2022版译文将“实践性”处理为practice-oriented，是更为适宜的。在美国当代英语语料库中，practice-oriented 在COCA 语料库的词频和语境。practice-oriented共23个例句，均为实践导向之意。可见，这个译文是准确且自然的，符合英语的表达习惯。“实践性”的初译版本用准确性、可读性和透明性三个标准衡量均不尽如人意，而复译版本则对这一失误进行了纠正，实现了对初译的超越。

3．“创新型”的复译

“创新型”在2019版译为innovation，在2022版的正文中译为innovation-targeted。“创新”既是职业教育的过程，也是结果。“创新型”表示创新是职业教育的类型、特征和重要属性。“创新型”的职业教育教学模式是具有创新能力的、注重创新发展的、持续进行创新的教学模式。“型”为范畴词，英译中一般做省译处理。2019版的译文传达了创新型的核心内涵，符合术语翻译的准确性和透明性原则，但形式上与其他元素的英译不完全一致，不利于术语的高效传播，可读性有待于加强。为实现和EPIP其他元素英译在形式上保持一致，2022版的译者采取了增译的手段，根据原文的论述，深入挖掘“创新”在EPIP教学模式中的内涵。EPIP 强调，在而知其代，代而知其原，原而知其衍。这个“衍”，就是繁衍、衍化、变化。EPIP教学，创新能力的培养至关重要。也就是说，EPIP的教学模式帮助学生掌握先进的技术技能，并且理解其中的原理，能够将所学的知识和技术融会贯通、举一反三，创造出新的解决方案和创新的方法。这需要学生具备创新思维和能力，能够将所学的知识应用到不同的场景中，解决新的问题。因此，提高创新能力是EPIP教学模式重要的教学目标和教学重点，2022版的“创新型”译为 innovation-targeted，符合这一术语的深层次意义，并且做到了和其他元素英译保持形式上的统一。然而，在美国当代英语语料库未找到这个表达。名词+“-targeted”并不是一个常见的构成形容词的方法，在未来的翻译中还需探索更自然的表达。如果将“型”理解为教学重点，也符合“创新”的内涵，innovation-focused 在 COCA 语料库的词频和语境。参考美国当代英语语料库的语料，innovation-focused 是一个修改的方向。由此可见，虽然“创新型”复译的表达融入了译者对此术语的理解，复译的版本基本符合术语准确性和透明性的翻译标准，但需对其可读性进一步优化。

4.“项目式”的复译

“项目式”在2019版英译为project type，在 2022 版译为project-based。职业教育关键能力的培养是项目式的，要在项目中培养学生的能力。可见，“项目式”是EPIP教学模式的重要基础，以模拟真实的项目作为主要的教学方式。2019版的project type，是“项目”和“样式”的组合，与“项目式”的内涵不符。此外，根据美国当代英语语料库的22个查询结果，project type 的常见意义与“项目式”的概念相去甚远。project type 在 COCA 语料库的词频和语境。在 COCA 语料库22个查询结果中，一个例句的project和type 两个词分属不同的词组；另外21个例句中的 project type 意义为“项目类型”，这样的译文极容易产生歧义，使英语读者感到困惑。两种理解皆不符合“项目式”的内涵，因此“项目式”2019版英译属于误译，不符合术语翻译的准确性原则。2022 版的 project-based 的译法源自 project based learning（PBL），即项目式学习。项目式学习由美国的神经病学教授Barrows于1969年在加拿大的麦克马斯特大学首创，其根源可追溯至约翰•杜威的教育理论。项目式学习指学生通过理解概念，把所学知识运用于真实的情景中，基于情境提出实际问题，通过创造产品解决问题。这一概念符合EPIP的核心要义，project-based也是一个非常常见、自然的表达。在美国当代英语语料库中有303个查询结果，意义皆与项目式的教法、学法有关。“项目式”复译的版本对初译的失误进行了纠正，兼具准确性、可读性和透明性，实现了对初译的改进和超越。

（二）“两核”的复译

教育论是研究教育理论和原则的学科，探讨教育的目的、过程、方法和价值观，关注教育的整体性和普遍性，试图回答什么是教育的本质，以及如何实现最 有效的教育。在宏观教育层面，EPIP的两个核心是“真实”和“完整”，由于二者皆为单个词汇，不涉及搭配的问题，因此，此处译文的分析主要参考权威辞典的释义。

1．“真实”的复译

真实性作为EPIP教学模式的重要理念，需要在教学、学习和实践等各个环节中得到充分体现，如教学的任务设置、教学内容的呈现和表现形式、教学情境的模拟设计，以及教学过程中的实际实施，都必须具备真实性，教学活动应当根据真实工程项目的需求和现实场景展开。因此，“真实”的内涵是贴近现实，非虚构。“真实”在2019版译为true/truth，在2022版译为 real/reality。true 与“真实”最贴近的释义为 agreeing with the facts，not false，即“符合事实，非编造的”之意，强调符合具体的事实。real与“真实”最贴近的释义为 actually existing or happening，not imaginary，即“真实的，实际存在的，非凭空想象的”之意，强调的是与现实世界相符合、实际存在的特质。在描述职业教育的真实性时，强调的是其与实际工作环境和需求的贴近程度，而不是指与具体事实是否相符。因此，复译的版本更符合原文的本意，更加准确且兼具可读性和透明性。

2.“完整”的复译

EPIP 教育论的另一个核心是完整性，体现在实现教育的整体性上。要让学生完整地学，让教师完整地教，让项目完整地做，让教育教学完整……让技术技能人才培养与评价真实、完整。其中，具体的情境设计，深入的理论指导，容易出现问题的纠偏方法与思 路以及客观、公正的评估体系缺一不可。因此，要促使学生全面学习，教师全面教育，项目全面实施，教育教学全面发展。“完整”的内涵是指实现全面、系统的教与学。“完整”在2019版译为complete/completeness，在2022 版译为integral/integrity。complete 与“完整”最贴近的释义为including all the parts，etc. that are neces sary；whole，即全部的、完整的，非片面的，符合“完整”的内涵。而integral与“完整”最贴近的释义为having all the parts that are necessary for sth to be complete，即完整的、完备的，也符合“完整”的内涵。但后者的名词形式integrity 意为 the state of being whole and not di vided，即完整、完好，更能体现职业教育的综合性和内部的相互关联性。因此，为保证术语的一致性，integral/integrity 是更可取的译法。由此可见，虽然两个版本的“完整”均符合术语翻译的三原则，但复译的版本丰富了这个术语的内涵，让读者更全面地理解“完整”的内涵，进一步提高了译文的可读性。

3. EPIP 核心要义复译考察的启示

EPIP 核心要义是中国职业教育重要的学术话语，是中国职业教育思想、智慧和观念的学理化表达和体系传承。提高其关键术语的翻译质量，有助于提高中国职业教育理念对外传播的效果，进一步扩大中国学术的国际影响力，提升国际学术话语权。通过以上对EPIP“四元”和“两核”复译的考察，可得到以下启示。

首先，EPIP 学术话语的翻译要忠实地再现中国学者的学术思想与内容，特别是其创新性学术概念、观点、方法和逻辑。这是以国际传播效果为导向的翻译策略，是学术话语对外翻译传播的关键要素。

例1，EPIP真逻辑……是在真上教，在真上学，在真上做… The true logic

of EPIP is … to teach，study and work for true…例2，EPIP的核心就是“真实”和“完整”。EPIP的核心是在真上学，在真上教，在真上做，让教育教学真实。The cores of EPIP are “reality” and “integrity”，that is to learn，to teach and to do in real situations，making education and teaching real.

两个句子均讨论EPIP“两核”的“真实”，如上文所述，real 相较true 可以更好地反映真实的内涵。此外，两个句子都涉及了“做”的概念，在职业教育中，“做”通常指的是实际操作、实践，强调学生通过实际动手操作来掌握技能和知识。两个版本的译文也有所不同，例1 出自2019版的译文，work意为工作，或从事体力或脑力劳动；例2出自2022版，do是一个更宽泛的概念，意为做、干（某事）。因此，“做”更适合翻译为do，表示学生需要动手实操，而不仅仅进行理论学习。相比之下，work 更多指的是工作、职业，可能会给读者一种误解，认为职业教育只是在培养学生的工作能力，而不是通过实际操作来学习和提升技能。因此，do更能准确地传达职业教育强调学与做相统一的概念。学源上看，“做”的概念来源于陶行知的“教学做合一”的思想，这一思想深受杜威的“从做中学”的影响，即learn ing by doing 。因此，“做”译为do是更准确的译法。

其次，译者必要时可参照学术写作规范，对原著进行适当的形式上的改写，使译文既忠实原文的学术思想与著作内容，同时其表述要更符合学术英语的表达习惯，增加译文的可读性。学术话语的描述对象是客观存在的自然与社会现象，探索的是客观事物的规律性。名词化（nominalization）结构是用以提高客观程度的一种途径。2019 版译文将EPIP教学模式中的“实践性”译为practicalness，其译法符合学术英语的名 词化特点，但由于译文的表述不规范，反而使翻译走向歧路。2022版的“四元”在小标题出现时，均为名词形式，符合学术英语客观性的特点，且十分简明。在正文中出现时，译者则根据原文深层次的含义，必要时在形式上做了增译的处理，译为名词+分词的形式，形式统一，有利于读者纵向对比“四元”的概念，深入理解其内涵；形式统一的译文还有利于读者记忆，提高传播的效果。

三、结语

本文结合中国特色的职业教育学理论，利用大型语料库对EPIP教学模式核心要义重要术语的初译和复译版本进行比较研究，考察术语英译的实际使用情况，评估翻译质量。研究发现，初译版在处理关键术语时出现了多次失误，对其理解有待加深，表达也有待提高；而复译更符合术语翻译的准确性、可读性和透 明性三原则，实现了对初译的超越，是一个成功的复译。翻译质量的提升不仅反映了职业教育译者和研究者对学术话语理解的深化，更体现了对中国特色职业 教育教学方法的重视和研究水平的提升。未来，翻译者应持续不懈地精进翻译水平，以更高水准的译文为中国特色职业教育教学方法的国际传播注入更为深远的影响力。

——摘自《天津职业技术师范大学学报》2024年第2期中郑蕴蓉、李骠《“工程实践创新项目”核心要义术语复译考察》。

第五节　2021 年行知园，2022 年炎培园，2023 年班墨园

【此文发表于 2023 年 7 月】

2023年5月22日，《人民日报（海外版）》大篇幅刊载了“探访”系列八，题为:“职教黄埔”话鲁班——探访天津职业技术师范大学。文章第二部分“继承中国传统班墨文化，汲取陶行知、黄炎培教育智慧”讲到：工程实践创新项目（EPIP）具有中华传统文化基因，具体而言，就是把墨子重视实践的“行为本”“亲知”“名实耦”的思想、黄炎培主张学校与企业联合育人的“建教合作”思想、陶行知关于“生活即教育、社会即学校”的思想融会贯通起来，是中国职教在模式、话语、体系领域的一次成功实践；EPIP是在广泛汲取中国古代、近现代教育智慧，借鉴国际先进教育教学理念基础上创立的教学模式，适合培养技术技能人才。文中还翔实描述了“行知园”“炎培园”和建设中的“班墨园”风情风貌，写到：三园景观各具特色，但蕴含的理念贯通、根脉相连，让师生从不同视角尽情品味和领略中国职教文化的魅力。

2021年10月18日，在陶行知诞辰130周年之际，天津职业技术师范大学“行知园”重整开园。行知园包含“行园”“知园”“合园”，生动展现了行知教育思想，让教育与生活结合融合，营造了弘扬“行知”精神、铸造高尚师魂的浓厚氛围，实现了校园绿地为师生更好服务“走得进、坐得下、待得住”目标。

2022年5月6日，在黄炎培创立中华职教社105周年之际，为纪念习近平总书记为中华职教社建社百年贺信5周年、天津职教社建社25周年，天津职业技术师范大学“炎培园”重整开园。炎培园成为集“建教合作”思想展示、职教文化传播、办学理念呈现、传统书篆赏析为一体的育人园地，再度实现了校园绿地为师生更好服务“走得进、坐得下、待得住”目标。

2023年6月28日，在“百工之祖”鲁班诞辰2 530周年之际，天津职业技术师范大学将“谊园”提升完善，命名“班墨园”，重整开园。班墨园包括“班园”“墨园”“谊园”。穿行其中，可以感受到中国传统工匠精神与先贤教育哲思，感受到中华传统职业文化的厚重积淀，体悟“以墨子的爱心做人育人，以鲁班的精进做事创业”的职业信条。班墨园，也实现了校园绿地为师生更好服务“走得进、坐得下、待得住”目标。

从行知园，到炎培园，再到班墨园，三年“三重整”，实现“三目标”。

班墨园、炎培园、行知园，三园一脉相承，纵贯千年历史，横亘千亩校园，为新时代天津职业技术师范大学文化育人服务，为新时代中国职业技术师范教育寻根延脉、强枝拓维。

生活教育，提倡只有在生活中获得的教育才是有用的、真的教育。建教合作，倡导职业教育要与经济社会真实结合。班墨文化，是近现代中国职业教育的文化源头，是新时代中国特色职业教育的滋养宝库。班墨文化、建教合作、生活教育是中国职业教育教学模式“EPIP”、国际品牌“鲁班工坊”的底层逻辑。

创立中国职业教育的本土化模式、创成中国职业教育的国际化品牌，是中国优秀传统职业文化创造性转化、创新性发展的重大成果，是用中国道理总结好中国经验，把中国经验提升为中国理论的成功实践，是新时代中国职业教育的重大理论与重大实践创新。

——摘自《职业教育研究》2023年第7期中吕景泉、任雪浩《从“行知园”“炎培园”到“班墨园”》。

作 者

吕景泉，二级教授，工程硕士，职业技术教育学博士，正高级工程师，博士生导师。

“工程实践创新项目（EPIP）”教学模式的创立者。天津市工程实践创新项目（EPIP）研究与推广中心主任，天津中华职业教育社工程实践创新项目（EPIP）教学研究中心主任。

“鲁班工坊”国际品牌的主要创建者。教育部鲁班工坊建设专家委员会主任，天津市高校智库“鲁班工坊国际发展研究中心”主任，天津职业技术师范大学鲁班工坊国际发展研究中心（LB_IDRC）首席专家。

国务院政府特殊特贴专家，国家级高等学校教学名师，国家级机电专业组群教学团队负责人。2014年，牵头完成，获得职业教育领域首个国家级教学成果“特等奖”；2022年，牵头组织，天津职业技术师范大学作为第一完成单位获国家级教学成果“特等奖”；曾获国家级教学成果一等奖1项、国家级教学成果二等奖4项。

从事职业教育教学实践36年，专注职业教育理论“宏观”“中观”“微观”研究20余年。首创并探索实践“五业联动”产教融合办学模式（2020年国务院办公厅文件，被确立为职业教育发展新机制）；创成“鲁班工坊”国际品牌，创立“工程实践创新项目（EPIP）”教学模式，2022年载入《中国职业教育发展报告（2012—2022年》。

从事企业现场技术改造和升级服务跨度近20年。专注国际和国内技能赛项研制与资源开发近20年，开发国赛赛项、国际赛项、产业赛项14项。主编国家规划教材8部次，主编EPIP系列教材20余部。发表论文110余篇，完成省部级课题10余项。

出版专著20余部，其中“鲁班工坊”中外文著述12部、“工程实践创新项目（EPIP）”中外文著述10部。所著《EPIP教学模式——中国职业教育的话语体系》《鲁班工坊核心要义——中国职业教育的国际品牌》入选中宣部“中华文化走出去工作重点任务清单项目”，由境外出版社出版发行英文版、葡萄牙文版、泰文版、俄文版。主持编撰“鲁班工坊国际发展研究系列丛书”（2023年列入教育部主管出版社主题出版，2025年列入国家出版基金项目）。

2014年，获全国黄炎培职业教育理论杰出研究奖。2017年，获泰国政府“诗琳通公主奖”。2024年，获泰国教育部“EPIP推广应用特殊贡献奖”。

曾任2006—2012年教育部高等学校高职高专自动化技术类专业教学指导委员会主任委员，全国职业院校技能大赛工作委员会成果转化工作组主任，全国职业院校技能大赛成果转化中心负责人，国家职业教育教学资源开发与制作中心牵头人，天津中德职业技术学院（现天津中德应用技术大学）副院长，天津市教育委员会副主任，天津海河教育园区管理委员会副主任，天津职业技术师范大学副校长。现为天津职业技术师范大学教授，“吕景泉工作室”负责人。

后 记

记起十年前的一个晚上，我和夫人马老师在园区散步，我提到想尝试构建一种中国的教学模式。马老师惊愕地看向我，眼中是疑惑与不解，“疯了吧，说胡话了……”

时至2025年6月，我从事教育工作整整36个年头。

我的职业生涯很简单。

24年在天津中德，5.5年在天津教委，1.5年在天津海教园，到当下4年多在天职师大。时常恍惚，或是冥冥之中有种感觉：我职业生涯的主线，就是发现、发掘、构建、应用、推广EPIP，是EPIP萌发、生长、生成的过程！

我的职业生涯不简单。

1990年开始做教师，2007年获评首届有职业院校参评的国家级高等学校教学名师，2008年获评国家级教学团队负责人。2003年取得“教授”职称，2010年获评工程系列“正高级工程师”，2011年获评国务院自然科学研究领域“特殊津贴专家”，2014年获评“二级教授”资格。曾走进中南海，作为天津的唯一代表、全国九位代表之一，参加时任国务院总理温家宝主持，李克强、刘延东、马凯等同志参加的《国家中长期教育发展规划》座谈会；不久后，在天津海教园向温家宝汇报工作。曾走进人民大会堂，受到习近平总书记接见……

作为组织者，原天津中德职业技术学院以第一完成单位名义荣获国家级教学成果“特等奖”，该校也由此成为第一所在职教领域创新设立的“应用技术大学”；天津职业技术师范大学以第一完成单位名义荣获国家级教学成果“特等奖”，该校也成为最新设置的

“职业技术教育”领域首个博士授予单位和专博授权点；主持创立了本土化教学模式，创成了国际化教育品牌，构建起中国职教“软实力”和“硬功夫”……

我走过了一段让自己也感自豪的从教风景线。

从1991年开始在天津感光胶片厂做第一个工程项目“涤纶片基生产线西门子S5-135U控制系统参数调试与设备完善”，连续20余年，南到广州宝洁，北至哈尔滨雀巢，完成了数十个企业现场技术改造和设备升级项目。EPIP专业技术应用、专业技能掌握、职业素养养成、关键能力习得等方面的“名实耦，合也”，为开展教学模式探索提供了坚实的专业实践基础。

从1997年开始在《电子与自动化》杂志发表第一篇技术论文《PLC控制系统中信号灯的处理及测试方法》，相继不断，持续近30年，围绕自动化应用、课程改革、专业建设、产教融合、试验区（示范区）建设、师资团队和教育品牌打造、模式探索与国际合作探究等方面发表了百余篇论文。EPIP在多领域构建与应用、在多维度思考与研究等方面的“名实耦，合也”，为开展教学模式探索提供了坚实的专业理论基础。

从1998年开始在天津中德牵头组织电气自动化技术、机电一体化技术两个专业建设，探索“核心技术一体化”专业建设模式；2002年在《职教论坛》杂志发表第一篇EPIP实践研究论文《“核心技术一体化”的探索》；2006年开启EPIP在国家示范性高职院校建设计划专业组群广泛应用；2009年“核心技术一体化”专业建设模式获得国家教学成果奖；2014年提出产业、行业、企业、职业、专业“五业联动”产教融合机制，相继在《中国职业技术教育》杂志连续发表《专业群对接产业需求的实践探索》《职业教育：供给侧结构性改革》《开启中国特色职业教育的创新之路》《职业教育高质量发展：制度创新永远在路上》等文章，EPIP在专业领域（应用层级）、办学思想（应用层级）“名实耦，合也”的路径、方法逐渐清晰。

从2001年开始第一次参与并执笔国家级教学成果二等奖成功申报，24年来，主持完成、组织完成、参与完成国家级教学成果特等奖2项、一等奖4项、二等奖6项，描绘出EPIP在教育教学实践与理论创新实践等方面的“名实耦，合也”壮丽画面。

从2003年开始参与高职院校办学水平评估，从天津到东北，再到广西广东，现场评估30余个院校，担任评估组组长（副组长）近20次，启迪了EPIP在院校办学思想、产教融合机制等方面的“名实耦，合也”感悟与思考。

从2004年成功申报天津职教首门国家级精品课“可编程序控制器技术”，到2010年获评第二门国家级精品课“自动化生产线安装与调试”，再到组织带领99名专任教师的高职院校完成了15门国家级精品课程申报，在国家质量工程计划中，实现了精品课数与专任教师数之比全国第一，建设课程数量居全国职业院校第二；再到后来的精品网课资源建设，这一切为实现EPIP课程资源建设方面的“名实耦，合也”提供了强大给养和成功范式。

从2006年开始担任教育部高等学校高职高专自动化技术类专业教学指导委员会主任委员，组织全国职业院校自动化技术类专业改革、课程建设、教材编写；组织制定了10余个国家专业教学标准；从设计首届全国职业院校技能大赛赛项开始，连续为国赛、国际赛、行业企业赛设计了10余个赛项；牵头开发了10余套教学装备，转化赛项成果研制了10余套中外文教材教学资源，主编系列教材30余部，获评国家级规划教材近10部次；EPIP教育教学领域的“名实耦，合也”呈现出全新境界。

从2008年开始组建团队开展EPIP应用研究，吕景泉（天津）、李文（山东）、李军（黑龙江）、张文明（江苏）、汤晓华（湖北）5位教师（5名教授、5门国家级精品课第一负责人）组成的“熊猫团队”享誉全国。目前，在境内有魏炳举、耿洁、李云梅、于海祥、黎志东、翟风杰等6位EPIP研究专家和全国180余位EPIP认证骨干教师；在境外有泰国的哲仁、葡萄牙的卢卡斯、埃塞俄比亚的特萨利、乌兹别克斯坦的奥迪尔四位EPIP首席专家和100余名EPIP认证骨干教师，他们在推动EPIP应用走深走实，实现系统化梳理、体系化构建方面做出重要贡献。

从2012年开始我们使用“工程实践创新项目”这八个中文字、四个中文词，用来表述此种教学模式。以为证的，是2012年11月由中国铁道出版社出版了《工程实践创新项目教程》，2013年为了在境外推广出版了英文版。我们使用“工程实践创新项目（EPIP）”这种完整表述，特别是通过英文首字母缩写提炼出“EPIP”，是在2016年习近平总书记哲学社会科学工作座谈会讲话之后；总书记提出“要善于提炼标识性概念，打造易于为国际社会所理解和接受的新概念、新范畴、新表述，引导国际学术界展开研究和讨论。”以为证的，是2017年2月在《中国职业技术教育》杂志发表《工程实践创新项目（EPIP）教学模式的研究与实践》文章。近年来，随着EPIP在境外受到广泛关注，许多国际同仁喜欢称EPIP为“EPIP（益皮泼）”发音清脆，一气呵成。

我完整经历了天津职教从2005年国家试验区、2010年示范区、2015年示范区升级版，再到2021年新时代职业教育创新发展标杆、2023年新征程现代职教体系建设改革新模式建设，在其中主持了国家示范区验收，全面开启示范区升级版建设；完整经历了从2008年首届国赛永久落户天津，到2019年第十二届国赛天津主赛场，再到2022年首届世界职业院校技能大赛天津主办“鲁班工坊赛道”，2023年中华人民共和国第二届技能大赛天津承办，2024年世赛与国赛并轨探索，在其中发挥了至关重要的作用。

我有幸经历了30余个国家的专业学习、技术培训、专题研修、课题调研、项目推动、论坛发言、成果见证，作为主要成员参与了教育部重点课题“十国两地职业教育比较研究”，主持了12届次德国“双元制”IHK培养考核工作，主导了中国—西班牙两国政府合作项目教育教学装备选型引进，主持了空客A320天津总装线技术技能人才测评和培训工作，获得了德国VDMA/ZVEI标准“自动化设计师”和“自动化工程师”资质，获得泰国“诗琳通公主奖”，全程推动了鲁班工坊的品牌创建创成、内涵标准研制、路径政策探索，全程组织了EPIP教学模式的国际化进程和推广应用……

2022年8月20日下午，在天津职业技术师范大学工程实践创新中心一层，我向教育部部长怀进鹏、时任副部长孙尧等领导第一次汇报EPIP进展，我用了“聚焦工程实践，聚焦工程创新，聚焦工程项目，培养工程实践创新人才”等核心词汇，我同怀部长持续交流了45分钟左右，回馈到由衷的认可认同。2024年7月7日，在中亚乌兹别克斯坦塔什干国立交通大学，我向怀进鹏部长汇报EPIP教学中心境外推进状况；期间，他欣然接受邀约，在行程中正式安排见证罗延安副主任向奥迪尔校长颁授EPIP首席专家聘书环节。近年来，主持EPIP教学中心揭牌、EPIP成果发布的时任教育部领导还有孙尧、陈杰，以及我们目前的分管副部长吴岩、中国教育国际交流协会会长刘利民。这些也增加了我对EPIP教学研究与创新实践的底气和信心。

2025年2月9日（正月初十）下午，我们10位成员开展“EPIP学习型组织”教研，新近跻身“EPIP讲手”团队的李君副教授讲到：我一直在思考，为什么是吕校长能提出EPIP？！我反复在放空状态下研阅《工程实践创新项目（EPIP）解析（第二版）》，最近也在研读吕校长各个时期撰写的论文，对EPIP的感悟与感受加深了许多。

我将自己的职业生涯，做了一次“工程化、实践性、创新型、项目式”梳理和反求。可以说，EPIP是我36年职业生涯经验与教育教学成果的集中集成性呈现。

我将自己的职业心路，做了一次“工程化、实践性、创新型、项目式”组接和标注。我相信，通过文集收纳的原汁原味带有时代感的文献素材，以EPIP为主线将职业经历、职业实践、职业思考、职业成果串联出来，可以作为开篇时的马老师、当下的李老师疑惑与问究的一种回答。

《荀子》的《正名》篇有“知之在人者谓之知，知有所合谓之智。”天津海教园管委会旁边有一条临湖的林荫小路，蜿蜒盘旋，自成合径。疫情期间，我每天早、中、晚饭后三次，不停地盘走，不断地思考。我的同事们叫那条路：EPIP小路。在这自成合径的小路上，我的“知”得到了升华……

想到古代的一位理论家，叫董仲舒。据说他专精学业，曾经“三年不窥园”。他主张：“凡物必有合。”我们的团队，将我们自己视作世间一“物”，将继续用EPIP与真实工程、现实生活、现实社会、真实世界中的“实事、实物、实情、实况”相耦相合。因为，我们都是追梦人！

2025年6月，“吕景泉工作室”启用。以此文集为纪。

吕景泉

2025年6月16日